Vertrags-Check Arbeitsrecht Band 2 Spezialverträge

Die wichtigsten Spezialarbeitsverträge und Zusatzvereinbarungen mit rechtssicheren Ausfüllhilfen,
strategischen Tipps und Erläuterungen.

Als Kopiervorlage und auf CD-ROM

Vertrags-Check Arbeitsrecht

Die wichtigsten Spezialarbeitsverträge

... Und diese Musterarbeitsverträge finden Sie im Vertrags-Check Arbeitsrecht Band 1: Basisverträge

I. Was Sie vor Vertragsabschluss mit Ihrem Mitarbeiter klären sollten

Fragebogen für Ihren Bewerber

Fragebogen für geringfügig Beschäftigte

Verpflichtung auf das Datengeheimnis (Datenschutzerklärung)

Urheberrechtserklärung bei PC-Nutzung

II. Verträge für Geschäftsführer und leitende Angestellte

Dienstvertrag für den Fremdgeschäftsführer

Dienstvertrag für den Gesellschafter-Geschäftsführer

Dienstvertrag für den sozialversicherungspflichtigen Gesellschafter-Geschäftsführer

Dienstvertrag für Prokuristen

Arbeitsvertrag für leitende Angestellte

III. Beginn des Arbeitsverhältnisses, Unternehmen ohne Tarifbindung

Angestellte, Vollzeit

Unbefristeter Arbeitsvertrag

Befristeter Arbeitsvertrag aus sachlichem Grund

Befristeter Arbeitsvertrag nach dem Beschäftigungsförderungsgesetz

Befristeter Arbeitsvertrag, Erziehungsurlaubsvertretung

Befristeter Arbeitsvertrag zur Probe

Angestellte, Teilzeit

Unbefristeter Teilzeitarbeitsvertrag

Jobsharing-Vertrag

Befristeter Teilzeitarbeitsvertrag

Gewerbliche Arbeitnehmer

Arbeitsvertrag gewerblicher Arbeitnehmer, Vollzeitkraft

Teilzeitarbeitsvertrag gewerblicher Arbeitnehmer

Aushilfsarbeitsverträge

Arbeitsvertrag für geringfügig Beschäftigte

Arbeitsvertrag für kurzfristig Beschäftigte

Stunden-Abrufarbeitsvertrag

Schülerarbeitsvertrag

Praktikantenvertrag

Arbeitsverträge für Kleinbetriebe, ohne Tarifbindung

Arbeitsvertrag Vollzeitkraft

Teilzeitarbeitsvertrag

Befristeter Arbeitsvertrag für Kleinbetriebe

Arbeitsvertrag Vollzeitkraft in der Produktion

Arbeitsvertrag für ein mitarbeitendes Familienmitglied

Arbeitsvertrag gewerblicher Arbeitnehmer

IV. Beginn des Arbeitsverhältnisses, Unternehmen mit Tarifbindung

Angestellte, Vollzeit

Arbeitsvertrag für leitende Angestellte

Unbefristeter Arbeitsvertrag

Befristeter Arbeitsvertrag aus sachlichem Grund

Befristeter Arbeitsvertrag nach dem Beschäftigungsförderungsgesetz

Befristeter Arbeitsvertrag, Erziehungsurlaubsvertretung

Befristeter Arbeitsvertrag zur Probe

Angestellte, Teilzeit

Teilzeitarbeitsvertrag, unbefristet

Jobsharing-Vertrag

Befristeter Teilzeitarbeitsvertrag

Gewerbliche Arbeitnehmer

Arbeitsvertrag gewerblicher Arbeitnehmer, Vollzeitkraft

Teilzeitarbeitsvertrag gewerblicher Arbeitnehmer

Aushilfsarbeitsverträge

Arbeitsvertrag für geringfügig Beschäftigte

Arbeitsvertrag für kurzfristig Beschäftigte

Stunden-Abrufarbeitsvertrag

Schülerarbeitsvertrag

Praktikantenvertrag

Arbeitsverträge für Kleinbetriebe, mit Tarifbindung

Arbeitsvertrag Vollzeitkraft

Unbefristeter Teilzeitarbeitsvertrag

Arbeitsvertrag Vollzeitkraft in der Produktion

Arbeitsvertrag für ein mitarbeitendes Familienmitglied

Arbeitsvertrag gewerblicher Arbeitnehmer

V. Änderungen im Arbeitsverhältnis

Änderungsvertrag für den Arbeitsort

Änderungsvertrag für die Arbeitszeit

Änderungsvertrag für den Aufgabenbereich

VI. Beendigung des Arbeitsverhältnisses

Aufhebungsvertrag, ohne Tarifbindung

Aufhebungsvertrag, mit Tarifbindung

Stichwortverzeichnis

1 Bei einem Arbeitgeberdarlehen bis zu DM 5.000,--/EUR... kann nach der augenblicklichen Regelung der Lohnsteuerrichtinien (LStR) das Darlehen mit 0% verzinst werden. Bei einer Darlehenssumme von mehr als DM 5.000,--/EUR... ist ein Zinssatz von 6% p.a. zu zahlen. Gewähren Sie ein über DM 5.000,--/EUR... liegendes Arbeitgeberdarlehen zu einem Zinssatz, der unter dem in den LStR vorgegebenen Satz liegt, so muss der Mitarbeiter die Differenz zu diesem Zinssatz als geldwerten Vorteil versteuern.

2 Die Einbehaltung des Darlehensbetrages vom Nettogehalt darf nicht dazu führen, dass das verbleibende Entgelt unterhalb der Pfändungsfreigrenze liegt.

Arbeitgeberdarlehen

Zwischen

__Niederrheinische Ingenieurgemeinschaft GmbH__
__Rosengartenstr. 91__

__12345 Musterstadt__

nachfolgend „Arbeitgeber" genannt

und

__Herrn/Frau__
__Siegfried Hüsler__
__Karlspfalz 21__

__12345 Musterstadt__

nachfolgend „Mitarbeiter" genannt.

§ 1 Arbeitgeberdarlehen

1. Der Arbeitgeber gewährt dem Mitarbeiter ein Darlehen in Höhe von __DM 5.000,-/EUR...__ (in Worten: __fünftausend__ Deutsche Mark/EUR). Das Arbeitgeberdarlehen wird gemäß den Lohnsteuerrichtlinien (Abschnitt 31 Abs. 8 LStR) in der derzeit geltenden Fassung mit __0__ % per anno verzinst. Während der Laufzeit des Vertrages wird der Zinssatz eventuellen Änderungen der vorgenannten LStR jeweils angepasst.

2. Die Auszahlung des Darlehens erfolgt mit Wirkung zum __01.05.__

3. Die Gesamtlaufzeit wird auf __24__ Monate festgelegt und endet somit am __30.05.__

§ 2 Rückzahlung des Darlehensbetrages

1. Die Rückzahlung des Darlehens erfolgt in __24__ monatlichen Raten: 23 Raten von je __DM 200,-/EUR...__ . Die Rückzahlung beginnt mit der Gehaltsabrechnung für den Monat __Juni__. Die Rückzahlungsraten werden bei der Gehaltsabrechnung jeweils in Abzug gebracht.

2. Anfallende Zinsen werden jährlich mit Wirkung zum 31.12. des Kalenderjahres in Rechnung gestellt und bei der nächstfolgenden Gehaltsabrechnung ebenfalls zum Abzug gebracht.

3. Eine vorzeitige Tilgung des Darlehens durch Sonderzahlung ist möglich.

1/2

Kopiervorlage

Darlehensvertrag

Zwischen

_____

_____

_____

nachfolgend „Arbeitgeber" genannt

und

_____

_____

_____

_____

nachfolgend „Mitarbeiter" genannt.

§ 1 Arbeitgeberdarlehen

1. Der Arbeitgeber gewährt dem Mitarbeiter ein Darlehen in Höhe von _____ (in Worten: _____ Deutsche Mark/EUR). Das Arbeitgeberdarlehen wird gemäß den Lohnsteuerrichtlinien (Abschnitt 31 Abs. 8 LStR) in der derzeit geltenden Fassung mit _ % per anno verzinst. Während der Laufzeit des Vertrages wird der Zinssatz eventuellen Änderungen der vorgenannten LStR jeweils angepasst.

2. Die Auszahlung des Darlehens erfolgt mit Wirkung zum _____ .

3. Die Gesamtlaufzeit wird auf __ Monate festgelegt und endet somit am _____ .

§ 2 Rückzahlung des Darlehensbetrages

1. Die Rückzahlung des Darlehens erfolgt in _____ monatlichen Raten: 23 Raten von je _____ . Die Rückzahlung beginnt mit der Gehaltsabrechnung für den Monat _____ . Die Rückzahlungsraten werden bei der Gehaltsabrechnung jeweils in Abzug gebracht.

2. Anfallende Zinsen werden jährlich mit Wirkung zum 31.12. des Kalenderjahres in Rechnung gestellt und bei der nächstfolgenden Gehaltsabrechnung ebenfalls zum Abzug gebracht.

3. Eine vorzeitige Tilgung des Darlehens durch Sonderzahlung ist möglich.

Arbeitgeberdarlehen werden vor allem gewährt, um einen Mitarbeiter an das Unternehmen zu binden. Scheidet der Mitarbeiter – gleich aus welchem Rechtsgrund – aus dem Arbeitsverhältnis aus, haben Sie – wegen des Wegfalles der Verrechnungsmöglichkeit – keinen unmittelbaren Zugriff mehr auf das Einkommen des Mitarbeiters. Es ist daher in diesem Fall rechtlich zulässig, die restliche Darlehenssumme in einem Betrag zurückzufordern. Sofern Zinsen für das Darlehen vom Arbeitnehmer gezahlt werden müssen und aufgelaufen sind, erstreckt sich Ihre Rückforderung auch auf den Zinsbetrag.

Arbeitgeberdarlehen

§ 3 Fälligkeit bei Ausscheiden des Mitarbeiters

Scheidet der Mitarbeiter vor vollständiger Darlehensrückzahlung aus den Diensten des Arbeitgebers aus, ist die noch offene Darlehensschuld inklusive aufgelaufener Zinsen mit dem Tage des Ausscheidens in einer Summe fällig.

§ 4 Sonstiges

Mündliche Vereinbarungen wurden nicht getroffen. Änderungen oder Ergänzungen dieses Vertrages bedürfen zu ihrer Wirksamkeit der Schriftform.

Musterstadt, 18.05.
Ort, Datum

Werner Zumbusch
Geschäftsführer
Unterschrift Arbeitgeber

Siegfried Hüsler
Unterschrift Mitarbeiter

Kopiervorlage

2/2

Darlehensvertrag

§ 3 Fälligkeit bei Ausscheiden des Mitarbeiters

Scheidet der Mitarbeiter vor vollständiger Darlehensrückzahlung aus den Diensten des Arbeitgebers aus, ist die noch offene Darlehensschuld inklusive aufgelaufener Zinsen mit dem Tage des Ausscheidens in einer Summe fällig.

§ 4 Sonstiges

Mündliche Vereinbarungen wurden nicht getroffen. Änderungen oder Ergänzungen dieses Vertrages bedürfen zu ihrer Wirksamkeit der Schriftform.

_____

Ort, Datum

_____ _____

Unterschrift Arbeitgeber Unterschrift Mitarbeiter

1 Nach der Vorschrift des § 670 BGB muss der Arbeitgeber dem Arbeitnehmer die Aufwendungen ersetzen, die dem Arbeitnehmer in Ausführung von Aufträgen für den Arbeitgeber entstehen. Muss Ihr Mitarbeiter öfter dienstlich verreisen, ist es für Sie als Arbeitgeber sinnvoll, mit Ihrem Mitarbeiter eine Zusatzvereinbarung über den Ersatz von Reisekosten abzuschließen.

2 Eine solche Vereinbarung finden Sie in Vertrags-Check Arbeitsrecht, 2. Band: Spezialverträge, IV. Zusatzvereinbarungen für das laufende Arbeitsverhältnis, Dienstwagen-Verträge.

3 Tragen Sie hier den Betrag ein, den Sie Ihrem Mitarbeiter erstatten wollen.

Reisekostenvereinbarung

Zwischen

Grenzland Deko-Stoffe GmbH
Grenzlandring 11

12345 Musterstadt

nachfolgend „Arbeitgeber" genannt

und

Herrn/Frau
Norbert Falkenroth
Schildergasse 11

12345 Musterstadt

nachfolgend „Mitarbeiter" genannt.

Vorbemerkung

Zwischen den Vertragsparteien besteht seit dem **01.03.** ein unbefristetes Arbeitsverhältnis. Dies vorausgeschickt, vereinbaren die Parteien Folgendes:

1 ▶ **§ 1 Ersatz von Reisekosten**

Dem Mitarbeiter werden erforderliche Spesen im Rahmen steuerfrei zu erstattender Reisekostensätze vom Arbeitgeber ersetzt.

§ 2 Nutzung des privaten PKWs

2 ▶ Dem Mitarbeiter ist es nach vorheriger Absprache mit dem Arbeitgeber gestattet, für Dienstreisen seinen privaten PKW zu benutzen. Hierfür gilt die zwischen den Parteien gesondert getroffene Nutzungsvereinbarung für privaten PKW.

§ 3 Höhe des Kostenersatzes (Aufwendungsersatz)

3 ▶ 1. Dem Mitarbeiter werden Übernachtungskosten gegen Vorlage entsprechender Quittungen bis zur Höhe von maximal **DM 100,--/EUR...** pro Nacht erstattet.

2. Für Bahnreisen werden dem Mitarbeiter die Kosten einer Fahrkarte der 2. Klasse ersetzt. Die Nutzung von Flugzeugen oder Mietwagen bedarf des vorherigen Einverständnisses des Arbeitgebers.

1/2

Kopiervorlage

Zusatzvereinbarung zum Arbeitsvertrag

Zwischen

_____

_____

_____

nachfolgend „Arbeitgeber" genannt

und

_____

_____

_____

_____

nachfolgend „Mitarbeiter" genannt.

Vorbemerkung

Zwischen den Vertragsparteien besteht seit dem _____ ein unbefristetes Arbeitsverhältnis. Dies vorausgeschickt, vereinbaren die Parteien Folgendes:

§ 1 Ersatz von Reisekosten

Dem Mitarbeiter werden erforderliche Spesen im Rahmen steuerfrei zu erstattender Reisekostensätze vom Arbeitgeber ersetzt.

§ 2 Nutzung des privaten PKWs

Dem Mitarbeiter ist es nach vorheriger Absprache mit dem Arbeitgeber gestattet, für Dienstreisen seinen privaten PKW zu benutzen. Hierfür gilt die zwischen den Parteien gesondert getroffene Nutzungsvereinbarung für privaten PKW.

§ 3 Höhe des Kostenersatzes (Aufwendungsersatz)

1. Dem Mitarbeiter werden Übernachtungskosten gegen Vorlage entsprechender Quittungen bis zur Höhe von maximal _____ pro Nacht erstattet.

2. Für Bahnreisen werden dem Mitarbeiter die Kosten einer Fahrkarte der 2. Klasse ersetzt. Die Nutzung von Flugzeugen oder Mietwagen bedarf des vorherigen Einverständnisses des Arbeitgebers.

Bei Geschäfts- und Dienstreisen im Inland können ab 1997 bereits ab 8 Stunden Abwesenheit 10 DM/EUR... Verpflegungspauschale als Betriebsausgaben abgezogen und an den Arbeitnehmer ausgezahlt werden. Die Pauschalen von 20 DM/EUR... für Abwesenheit zwischen 14 und 24 Stunden und 46 DM/EUR... für den ganzen Tag gelten unverändert. Erstattet der Arbeitgeber mehr als die steuerfreie Verpflegungspauschale, kann er den Mehrbetrag mit 25 % steuerlich pauschalieren, soweit der Mehrbetrag nicht höher ist als die steuerfreie Grundpauschale. Ein Vorteil der Steuerpauschalierung besteht auch darin, dass aus dem Mehrbetrag keine Sozialversicherungsbeiträge entstehen. Für Auslandsreisen gelten unterschiedliche, vom jeweiligen Land abhängige Verpflegungspauschalen.

Reisekostenvereinbarung

 3. Verpflegungskosten werden durch ein Tagegeld abgegolten. Dieses beträgt für ganztägige Dienstreisen (mehr als 24 Stunden) <u>DM 46,–/EUR...</u>, bei Abwesenheit von 14 bis 24 Stunden <u>DM 20,–/EUR...</u> und bei Abwesenheit von 8 bis 14 Stunden <u>DM 10,–/EUR...</u>

4. Sonstige erforderliche Spesen werden dem Mitarbeiter je nach Aufwand gegen Vorlage entsprechender Quittungen erstattet.

§ 3 Sonstiges

Die übrigen Bestimmungen aus dem Arbeitsvertrag vom <u>15.02.</u> werden von dieser Zusatzvereinbarung nicht berührt. Weitergehende mündliche Abreden wurden nicht getroffen.

<u>Musterstadt, 01.05.</u>
Ort, Datum

<u>Josef Bertram</u>
<u>Geschäftsführer</u>   <u>Norbert Falkenroth</u>
Unterschrift Arbeitgeber   Unterschrift Mitarbeiter

2/2

Kopiervorlage

Zusatzvereinbarung zum Arbeitsvertrag

3. Verpflegungskosten werden durch ein Tagegeld abgegolten. Dieses beträgt für ganztägige Dienstreisen (mehr als 24 Stunden) _____, bei Abwesenheit von 14 bis 24 Stunden _____ und bei Abwesenheit von 8 bis 14 Stunden _____.

4. Sonstige erforderliche Spesen werden dem Mitarbeiter je nach Aufwand gegen Vorlage entsprechender Quittungen erstattet.

§ 3 Sonstiges

Die übrigen Bestimmungen aus dem Arbeitsvertrag vom _____ werden von dieser Zusatzvereinbarung nicht berührt. Weitergehende mündliche Abreden wurden nicht getroffen.

_____

Ort, Datum

_____   _____

Unterschrift Arbeitgeber   Unterschrift Mitarbeiter

1 Als Arbeitgeber wollen Sie vermeiden, dass Sie einen Mitarbeiter auf Ihre Kosten aus- oder fortbilden lassen und dieser dann zur Konkurrenz wechselt. Stattdessen wollen Sie den Mitarbeiter an Ihren Betrieb binden, damit er dort sein neu erlangtes Wissen einsetzt. Eine solche Bindung Ihres Mitarbeiters an Ihren Betrieb ist aber nur eingeschränkt und bei über 2 Monaten hinausgehenden Aus- oder Fortbildungen für einen Zeitraum von maximal 3 Jahren möglich. Aufgrund seines Grundrechtes auf freie Berufswahl können Sie Ihren Mitarbeiter nicht hindern, für einen anderen Arbeitgeber tätig zu werden und dort seine neuen Kenntnisse anzuwenden. Sie haben jedoch die Möglichkeit, die Aus- oder Fortbildungskosten von Ihrem Mitarbeiter zurück zu fordern. Dabei ist so zu verfahren, dass Ihrem Mitarbeiter für jeden Monat, den er nach seiner Aus- oder Fortbildung in Ihrem Betrieb arbeitet, 1/36 der Ausbildungskosten erlassen werden. Bei Berufsausbildungsverhältnissen nach dem Berufsbildungsgesetz (BBiG) haben Sie diese Möglichkeit der Rückforderung allerdings nicht. Hier gilt das Entschädigungsverbot.

2 Tragen Sie hier die Tätigkeit Ihres Mitarbeiters, die Abteilung, in der er beschäftigt ist sowie die Bezeichnung des Lehrganges ein.

---

1 ## Rückzahlungsvereinbarung

Zwischen

Wohnstift Haus Paulus
Grüne Gasse 11

12345 Musterstadt

nachfolgend „Arbeitgeber" genannt

und

Herrn/Frau
Petra Rudolf
Zeltstraße 23

12345 Musterstadt

nachfolgend „Mitarbeiter" genannt.

Präambel

Zwischen den Vertragsparteien besteht seit dem **01.03.** ein unbefristetes Arbeitsverhältnis. Dies vorausgeschickt, vereinbaren die Parteien Folgendes:

§ 1 Teilnahme/Kostenübernahme

2 ▶ 1. Der Mitarbeiter ist als **examinierte Altenpflegerin** in der Abteilung **Pflege** tätig. Er nimmt auf Wunsch des Arbeitgebers an einer Weiterbildung zur Erreichung des Abschlusses **„Pflegedienstleitung"** teil.

2. Der Arbeitgeber stellt den Mitarbeiter für die Tage, an denen die Aus- beziehungsweise Fortbildungsmaßnahme stattfindet, unter Fortzahlung der Bezüge von der Arbeit frei. Die Fortzahlung der Vergütung richtet sich nach dem von dem Mitarbeiter innerhalb der letzten drei Monate erzielten durchschnittlichen Brutto-Monatsverdienst.

3. Der Arbeitgeber trägt die folgenden Kosten der Aus- beziehungsweise Fortbildungsmaßnahme:

   - Unterrichts- beziehungsweise Schulungskosten nebst etwaiger Prüfungsgebühren,
   - Übernachtungs- und Tagungskosten sowie
   - An- und Abreisekosten.

   Die Erstattung dieser Kosten erfolgt nur gegen Vorlage von Belegen.

4. Der vorgenannte Kostenerstattungsanspruch des Mitarbeiters besteht nicht, soweit durch das Arbeitsamt oder einen sonstigen Sozialversicherungsträger eine Kostenübernahme erfolgt.

1/2

Kopiervorlage

Rückzahlungsvereinbarung

Zwischen

_____

_____

_____

nachfolgend „Arbeitgeber" genannt

und

_____

_____

_____

_____

nachfolgend „Mitarbeiter" genannt.

Präambel

Zwischen den Vertragsparteien besteht seit dem _____ ein unbefristetes Arbeitsverhältnis. Dies vorausgeschickt, vereinbaren die Parteien Folgendes:

§ 1 Teilnahme/Kostenübernahme

1. Der Mitarbeiter ist als _____ in der Abteilung _____ tätig. Er nimmt auf Wunsch des Arbeitgebers an einer Weiterbildung zur Erreichung des Abschlusses _____ _____ teil.

2. Der Arbeitgeber stellt den Mitarbeiter für die Tage, an denen die Aus- beziehungsweise Fortbildungsmaßnahme stattfindet, unter Fortzahlung der Bezüge von der Arbeit frei. Die Fortzahlung der Vergütung richtet sich nach dem von dem Mitarbeiter innerhalb der letzten drei Monate erzielten durchschnittlichen Brutto-Monatsverdienst.

3. Der Arbeitgeber trägt die folgenden Kosten der Aus- beziehungsweise Fortbildungsmaßnahme:

   ■ Unterrichts- beziehungsweise Schulungskosten nebst etwaiger Prüfungsgebühren,
   ■ Übernachtungs- und Tagungskosten sowie
   ■ An- und Abreisekosten.

   Die Erstattung dieser Kosten erfolgt nur gegen Vorlage von Belegen.

4. Der vorgenannte Kostenerstattungsanspruch des Mitarbeiters besteht nicht, soweit durch das Arbeitsamt oder einen sonstigen Sozialversicherungsträger eine Kostenübernahme erfolgt.

3 Ihr Mitarbeiter ist nicht bei jeder Kündigung durch Sie als Arbeitgeber zur Rückzahlung der Aus- beziehungsweise Fortbildungskosten verpflichtet. Kündigen Sie Ihrem Mitarbeiter innerhalb von drei Jahren nach seiner Aus- beziehungsweise Fortbildung, beispielsweise aus betriebsbedingten Gründen, ist es Ihrem Mitarbeiter nicht anzulasten, dass er keine drei Jahre nach seiner Aus- beziehungsweise Fortbildung für Ihren Betrieb tätig sein kann. Ist Ihrem Mitarbeiter jedoch seine – ordentliche oder außerordentliche (fristlose) – Kündigung anzulasten, weil diese aufgrund seines Fehlverhaltens ausgesprochen wurde, verdient er keinen Schutz. Er muss Ihnen daher die Kosten der Aus- beziehungsweise Fortbildung (anteilig) zurückerstatten.

Rückzahlungsvereinbarung

§ 2 Erstattung von Aus- beziehungsweise Fortbildungskosten

3 ▶ Kündigt der Mitarbeiter das Arbeitsverhältnis innerhalb eines Zeitraumes von drei Jahren oder wird ihm innerhalb dieses Zeitraumes von dem Arbeitgeber aus verhaltensbedingten Gründen oder einem sonstigen wichtigen Grund gekündigt, hat der Mitarbeiter dem Arbeitgeber die Kosten für die Aus- beziehungsweise Fortbildungsmaßnahme zumindest anteilig zu erstatten. Diese Erstattungspflicht des Mitarbeiters vermindert sich jedoch für jeden Monat, den er nach Beendigung der Aus- beziehungsweise Fortbildungsmaßnahme für den Arbeitgeber tätig ist, um 1/36.

§ 3 Sonstiges

Die übrigen Vereinbarungen des Arbeitsvertrages bleiben von dieser Regelung unberührt. Mündliche Vereinbarungen wurden nicht getroffen.

Musterstadt, 30.5.
Ort, Datum

Detlef Mittenzweig
Geschäftsführer
Unterschrift Arbeitgeber

Petra Rudolf
Unterschrift Mitarbeiter

Kopiervorlage

2/2

Rückzahlungsvereinbarung

§ 2 Erstattung von Aus- beziehungsweise Fortbildungskosten

Kündigt der Mitarbeiter das Arbeitsverhältnis innerhalb eines Zeitraumes von drei Jahren oder wird ihm innerhalb dieses Zeitraumes von dem Arbeitgeber aus verhaltensbedingten Gründen oder einem sonstigen wichtigen Grund gekündigt, hat der Mitarbeiter dem Arbeitgeber die Kosten für die Aus- beziehungsweise Fortbildungsmaßnahme zumindest anteilig zu erstatten. Diese Erstattungspflicht des Mitarbeiters vermindert sich jedoch für jeden Monat, den er nach Beendigung der Aus- beziehungsweise Fortbildungsmaßnahme für den Arbeitgeber tätig ist, um 1/36.

§ 3 Sonstiges

Die übrigen Vereinbarungen des Arbeitsvertrages bleiben von dieser Regelung unberührt. Mündliche Vereinbarungen wurden nicht getroffen.

_____

Ort, Datum

_____   _____

Unterschrift Arbeitgeber   Unterschrift Mitarbeiter

1 Ein in der Praxis bewährter Weg der Mitarbeitermotivation ist die Vereinbarung von Arbeitszielen, die an eine Erfolgsprämie gekoppelt werden.

2 Tragen Sie hier die Arbeitsziele ein, die Ihr Mitarbeiter erreichen soll. Um etwaige spätere Streitigkeiten mit Ihrem Mitarbeiter zu vermeiden, sollten Sie die Arbeitsziele so genau wie möglich festschreiben.

3 Fügen Sie hier die Höhe der Erfolgsprämie sowie den Zeitpunkt ein, an dem die Erfolgsprämie an Ihren Mitarbeiter ausgezahlt wird. Dies dient nicht nur der Klarstellung, sondern motiviert auch Ihren Mitarbeiter.

4 Die Erfolgsprämie beruht auf dem Prinzip, dass sie nur zu zahlen ist, wenn das angestrebte Ziel fristgemäß erreicht wird. Sie können zwar pro vereinbartem Ziel eine Prämie ausloben oder die Prämie anteilig gewähren, wenn die Ziele innerhalb der Frist nicht vollständig erreicht werden. Derartige „Teilprämien" weichen jedoch den Motivationseffekt auf. Zudem haben Sie immer noch die Möglichkeit, Ihrem Mitarbeiter eine anteilige Prämie zu zahlen, wenn er das Ziel nur knapp verfehlt hat.

Erfolgsprämienvereinbarung

Zwischen

__Willi Zeh Farben und Lacke GmbH__
__Hauptstraße 85__

__12345 Musterstadt__

nachfolgend „Arbeitgeber" genannt

und

__Herrn/Frau__
__Wolfgang Elfes__
__Zaungasse 11__

__12345 Musterstadt__

nachfolgend „Mitarbeiter" genannt.

Vorbemerkung

Zwischen den Vertragsparteien besteht seit dem __01.02.__ ein unbefristetes Arbeitsverhältnis. Auf der Grundlage des Arbeitsvertrages vom __26.01.__ , vereinbaren die Parteien zusätzlich Folgendes:

§ 1 Beginn der Zusatzvereinbarung

Diese Vereinbarung gilt ab dem Abschlussdatum, also ab dem __15.12.__

1 ▶ **§ 2 Zielvereinbarung**

Der Mitarbeiter wird bis zum __31.01.__ die folgenden Ziele erreichen: ◀ **2**

■ __Umstellung der DV-Anlage auf die neue Software „Großhandel Version 5"__
■ __Umstellung der DV-Anlage auf die neue Software „Lohnbuchhaltung Version 6"__

3 ▶ **§ 3 Erfolgsprämie**

1. Der Mitarbeiter erhält für das Erreichen der in § 2 genannten Ziele eine Erfolgsprämie. Diese beträgt __DM 5.000,--/EUR...__ brutto und wird nach Zielerreichung mit dem __Februargehalt des Folgejahres__ ausgezahlt.

4 ▶ 2. Sofern das Arbeitsverhältnis – unbeschadet aus welchem Rechtsgrund – vor Ablauf des in § 2 genannten Zieldatums endet, wird anhand der bisher vorliegenden Ergebnisse geprüft, ob eine anteilige Zahlung der Erfolgsprämie ggf. möglich ist. Einen Rechtsanspruch auf diese anteilige Auszahlung hat der Mitarbeiter jedoch nicht.

1/2

Kopiervorlage

Zusatzvereinbarung zum Arbeitsvertrag

Zwischen

_____

_____

_____

nachfolgend „Arbeitgeber" genannt

und

_____

_____

_____

_____

nachfolgend „Mitarbeiter" genannt.

Vorbemerkung

Zwischen den Vertragsparteien besteht seit dem _____ ein unbefristetes Arbeitsverhältnis. Auf der Grundlage des Arbeitsvertrages vom _____ , vereinbaren die Parteien zusätzlich Folgendes:

§ 1 Beginn der Zusatzvereinbarung

Diese Vereinbarung gilt ab dem Abschlussdatum, also ab dem _____.

§ 2 Zielvereinbarung

Der Mitarbeiter wird bis zum _____ die folgenden Ziele erreichen:

- ■ _____
- ■ _____

§ 3 Erfolgsprämie

1. Der Mitarbeiter erhält für das Erreichen der in § 2 genannten Ziele eine Erfolgsprämie. Diese beträgt _____ brutto und wird nach Zielerreichung mit dem _____ _____ ausgezahlt.

2. Sofern das Arbeitsverhältnis – unbeschadet aus welchem Rechtsgrund – vor Ablauf des in § 2 genannten Zieldatums endet, wird anhand der bisher vorliegenden Ergebnisse geprüft, ob eine anteilige Zahlung der Erfolgsprämie ggf. möglich ist. Einen Rechtsanspruch auf diese anteilige Auszahlung hat der Mitarbeiter jedoch nicht.

5 Wird das Arbeitsverhältnis von einer der beiden Parteien gekündigt, sollten Sie trotz dieser Klausel vorsorglich immer alle Zusatzvereinbarungen zum Arbeitsvertrag ebenfalls ausdrücklich kündigen.

Erfolgsprämienvereinbarung

§ 4 Kündigung

1. Unabhängig von dem zwischen den Parteien bestehenden Arbeitsvertrag vom <u>26.01.</u> kann diese Vereinbarung unter Einhaltung einer Frist von <u>1 Woche</u> gekündigt werden. Hiervon unberührt bleibt das Recht zur außerordentlichen Kündigung.

5 ▶ 2. Diese Vereinbarung endet, ohne dass es einer gesonderten Kündigung bedarf, mit der Beendigung des zugrunde liegenden Arbeitsverhältnisses aufgrund des Arbeitsverhältnisses vom <u>26.01.</u>.

§ 5 Sonstiges

Die Bestimmungen aus dem Arbeitsvertrag werden im Übrigen von dieser Zusatzvereinbarung nicht berührt. Weitergehende mündliche Abreden wurden nicht getroffen.

<u>Musterstadt, 15.12.</u>
Ort, Datum

<u>Willi Zeh</u>
<u>Geschäftsführer</u>
Unterschrift Arbeitgeber

<u>Wolfgang Elfes</u>
Unterschrift Mitarbeiter

Kopiervorlage

2/2

Zusatzvereinbarung zum Arbeitsvertrag

§ 4 Kündigung

1. Unabhängig von dem zwischen den Parteien bestehenden Arbeitsvertrag vom _____ kann diese Vereinbarung unter Einhaltung einer Frist von _____ gekündigt werden. Hiervon unberührt bleibt das Recht zur außerordentlichen Kündigung.

2. Diese Vereinbarung endet, ohne dass es einer gesonderten Kündigung bedarf, mit der Beendigung des zugrunde liegenden Arbeitsverhältnisses aufgrund des Arbeitsverhältnisses vom _____.

§ 5 Sonstiges

Die Bestimmungen aus dem Arbeitsvertrag werden im Übrigen von dieser Zusatzvereinbarung nicht berührt. Weitergehende mündliche Abreden wurden nicht getroffen.

_____
Ort, Datum

_____
Unterschrift Arbeitgeber

_____
Unterschrift Mitarbeiter

1 Ein in der Praxis bewährter Weg der Motivation von leitenden Angestellten ist die Vereinbarung einer Umsatzbeteiligung, die den Mitarbeiter unmittelbar am Unternehmenserfolg und damit an seiner eigenen Arbeit finanziell beteiligt. Als Arbeitgeber können Sie frei mit Ihrem Mitarbeiter darüber verhandeln, in welcher Höhe Ihr Mitarbeiter am Umsatz beteiligt werden soll.

2 Tragen Sie hier den Paragraphen aus dem Arbeitsvertrag mit Ihrem Mitarbeiter ein, in dem die Vergütung Ihres Mitarbeiters geregelt ist.

3 Fügen Sie hier die genaue Höhe der mit Ihrem Mitarbeiter ausgehandelten Umsatzbeteiligung ein.

4 Die Umsatzbeteiligung ist Teil der Vergütung Ihres Mitarbeiters und daher gegebenenfalls anteilig zu zahlen.

Umsatzbeteiligungsvereinbarung

Zwischen

Anton Himmrich Bohrwerk GmbH
Am Tiefengrund 44

12345 Musterstadt

nachfolgend „Arbeitgeber" genannt

und

Herrn/Frau
Waldemar Krieg
Husarenallee 23

12345 Musterstadt

nachfolgend „Mitarbeiter" genannt.

Präambel

Zwischen den Vertragsparteien besteht seit dem 01.06. ein unbefristetes Arbeitsverhältnis. Dies vorausgeschickt, vereinbaren die Parteien Folgendes:

§ 1 Umsatzbeteiligung

 Der Mitarbeiter erhält zusätzlich zu seiner Vergütung nach § 4 des Arbeitsvertrages vom 01.06. eine Umsatzbeteiligung in Höhe von 0,2 %, die sich nach folgender Bemessungs- grundlage richtet:

1. Der Jahresüberschuss, der sich aus dem unter Anwendung der steuerlichen Bilanzierungs- und Bewertungsvorschriften aufgestellten Jahresabschluss (Steuerbilanz) ergibt, wird modifiziert, indem folgende Aufwendungen mit einbezogen werden:

   ■ Die gesamte Gewerbesteuer auf den Gewerbeertrag wird hinzurechnet.
   ■ Die gesamte Körperschaftsteuer und die Umsatzbeteiligung selbst werden ebenfalls hinzugerechnet.
   ■ Verlustvorträge werden verrechnet.

2. Ändern sich im Falle späterer Betriebsprüfungen die steuerlichen Gewinnfeststellungen, erfolgt keine Korrektur der unter 1. genannten Bemessungsgrundlage.

3. Der Anspruch auf die Umsatzbeteiligung wird einen Monat nach Feststellung des Jahresabschlusses zur Zahlung fällig. Endet der Arbeitsvertrag vor Ablauf des Geschäftsjahres, entsteht lediglich ein anteiliger Anspruch auf die Umsatzbeteiligung in Höhe von 1/12 pro vollem Beschäftigungsmonat. Dies gilt ebenfalls bei einem vorzeitigen Ausscheiden des Mitarbeiters vor Ablauf des Geschäftsjahres.

1/2

Kopiervorlage

Zusatzvereinbarung zum Arbeitsvertrag

Zwischen

_____

_____

_____

nachfolgend „Arbeitgeber" genannt

und

_____

_____

_____

_____

nachfolgend „Mitarbeiter" genannt.

Präambel

Zwischen den Vertragsparteien besteht seit dem _____ ein unbefristetes Arbeitsverhältnis. Dies vorausgeschickt, vereinbaren die Parteien Folgendes:

§ 1 Umsatzbeteiligung

Der Mitarbeiter erhält zusätzlich zu seiner Vergütung nach _____ des Arbeitsvertrages vom _____ eine Umsatzbeteiligung in Höhe von ____%, die sich nach folgender Bemessungsgrundlage richtet:

1. Der Jahresüberschuss, der sich aus dem unter Anwendung der steuerlichen Bilanzierungs- und Bewertungsvorschriften aufgestellten Jahresabschluss (Steuerbilanz) ergibt, wird modifiziert, indem folgende Aufwendungen mit einbezogen werden:

   ■ Die gesamte Gewerbesteuer auf den Gewerbeertrag wird hinzurechnet.
   ■ Die gesamte Körperschaftsteuer und die Umsatzbeteiligung selbst werden ebenfalls hinzugerechnet.
   ■ Verlustvorträge werden verrechnet.

2. Ändern sich im Falle späterer Betriebsprüfungen die steuerlichen Gewinnfeststellungen, erfolgt keine Korrektur der unter 1. genannten Bemessungsgrundlage.

3. Der Anspruch auf die Umsatzbeteiligung wird einen Monat nach Feststellung des Jahresabschlusses zur Zahlung fällig. Endet der Arbeitsvertrag vor Ablauf des Geschäftsjahres, entsteht lediglich ein anteiliger Anspruch auf die Umsatzbeteiligung in Höhe von 1/12 pro vollem Beschäftigungsmonat. Dies gilt ebenfalls bei einem vorzeitigen Ausscheiden des Mitarbeiters vor Ablauf des Geschäftsjahres.

5 Wird das Arbeitsverhältnis von einer der beiden Parteien gekündigt, sollten Sie trotz dieser Klausel vorsorglich immer alle Zusatzvereinbarungen zum Arbeitsvertrag ebenfalls ausdrücklich kündigen.

Umsatzbeteiligungsvereinbarung

§ 2 Kündigung

1. Unabhängig von dem zwischen den Parteien bestehenden Arbeitsvertrag vom <u>01.06.</u> kann diese Vereinbarung unter Einhaltung einer Frist von 4 Wochen zum Monatsende gekündigt werden. Hiervon unberührt bleibt das Recht zur außerordentlichen Kündigung.

5 ▶ 2. Diese Vereinbarung endet, ohne dass es einer gesonderten Kündigung bedarf, mit der Beendigung des zugrundeliegenden Arbeitsverhältnisses.

§ 3 Sonstiges

Die übrigen Vereinbarungen des Arbeitsvertrages bleiben von dieser Regelung unberührt. Mündliche Vereinbarungen wurden nicht getroffen.

<u>Musterstadt, 01.03.</u>
Ort, Datum

<u>Anton Himmrich</u>
<u>Geschäftsführer</u>
Unterschrift Arbeitgeber

<u>Waldemar Krieg</u>
Unterschrift Mitarbeiter

2/2

Kopiervorlage

Zusatzvereinbarung zum Arbeitsvertrag

§ 2 Kündigung

1. Unabhängig von dem zwischen den Parteien bestehenden Arbeitsvertrag vom _____ kann diese Vereinbarung unter Einhaltung einer Frist von 4 Wochen zum Monatsende gekündigt werden. Hiervon unberührt bleibt das Recht zur außerordentlichen Kündigung.

2. Diese Vereinbarung endet, ohne dass es einer gesonderten Kündigung bedarf, mit der Beendigung des zugrundeliegenden Arbeitsverhältnisses.

§ 3 Sonstiges

Die übrigen Vereinbarungen des Arbeitsvertrages bleiben von dieser Regelung unberührt. Mündliche Vereinbarungen wurden nicht getroffen.

_____

Ort, Datum

_____   _____

Unterschrift Arbeitgeber   Unterschrift Mitarbeiter

1 Für Ihren Arbeitnehmerüberlassungsvertrag gilt das Arbeitnehmerüberlassungsgesetz (AÜG). Halten Sie Regelungen des AÜG nicht ein, laufen Sie unter anderem Gefahr, dass das zwischen Verleiher und Arbeitnehmer bestehende unbefristete Arbeitsverhältnis auf Sie übergeht.

---

1 ▶ Arbeitnehmerüberlassungsvertrag

Zwischen

Zeit GmbH & Co.KG
Überstraße 12

12345 Musterstadt

nachfolgend „Verleiher" genannt

und

Pfefferminzia Versicherungen
Trauweg 12

12345 Musterstadt

nachfolgend „Entleiher" genannt

wird folgender Arbeitnehmerüberlassungsvertrag geschlossen:

§ 1 Vertragsgegenstand

Der Verleiher überlässt dem Entleiher für die Zeit vom **01.04.** bis **31.10.** folgende Arbeitnehmer:

Pos.	Name	Geb.-Datum	Staatsangeh.	Tätigkeit	Std.-Satz/ DM/EUR
1.	Ina Fried	12.05.68	Deutsch	Grafikerin	45,- DM
2.	Eva Traut	23.07.76	Deutsch	Grafikerin	45,- DM
3.	Kira Trotz	11.11.74	Deutsch	Designerin	55,- DM

§ 2 Vergütung

1. Der Entleiher verpflichtet sich, die in § 1 genannten Preise pro Arbeitsstunde einschließlich Mehrwertsteuer zu zahlen. Die Rechnungsstellung erfolgt monatlich, der Verleiher kann angemessene wöchentliche Abschlagszahlungen verlangen. Durch diese Vergütung sind alle Ansprüche des Verleihers abgegolten.

2. Als Berechnungsgrundlage der Vergütung dient ein Stundennachweis. Der Entleiher hat mit seiner Unterschrift einen wöchentlichen Stundennachweis über die geleisteten Arbeitsstunden zu dokumentieren.

1/3

Kopiervorlage

Arbeitnehmerüberlassungsvertrag

Zwischen

_____

_____

_____

nachfolgend „Verleiher" genannt

und

_____

_____

_____

nachfolgend „Entleiher" genannt

wird folgender Arbeitnehmerüberlassungsvertrag geschlossen:

§ 1 Vertragsgegenstand

Der Verleiher überlässt dem Entleiher für die Zeit vom _____ bis _____ folgende Arbeitnehmer:

Pos.	Name	Geb.-Datum	Staatsangeh.	Tätigkeit	Std.-Satz/ DM/EUR
—	_____	_____	_____	_____	_____
—	_____	_____	_____	_____	_____
—	_____	_____	_____	_____	_____

§ 2 Vergütung

1. Der Entleiher verpflichtet sich, die in § 1 genannten Preise pro Arbeitsstunde einschließlich Mehrwertsteuer zu zahlen. Die Rechnungsstellung erfolgt monatlich, der Verleiher kann angemessene wöchentliche Abschlagszahlungen verlangen. Durch diese Vergütung sind alle Ansprüche des Verleihers abgegolten.

2. Als Berechnungsgrundlage der Vergütung dient ein Stundennachweis. Der Entleiher hat mit seiner Unterschrift einen wöchentlichen Stundennachweis über die geleisteten Arbeitsstunden zu dokumentieren.

Vertrags-Check Arbeitsrecht

II. Verträge für besondere Mitarbeiter
Unternehmen ohne Tarifbindung

2 Nach dem AÜG gibt es Ausnahmen, wonach die Arbeitnehmerüberlassung auch ohne die ansonsten zwingend vorgeschriebene Erlaubnis betrieben werden darf: Arbeitgeber, die weniger als 50 Mitarbeiter beschäftigen, können bis zu einer Dauer von 12 Monaten ihre Mitarbeiter entleihen. Voraussetzung hierfür ist, dass diese Maßnahme der Vermeidung von Entlassungen oder Kurzarbeit dient (sog. Kollegenhilfe, § 1a AÜG). In diesem Fall ist die Arbeitnehmerüberlassung vorab beim örtlich zuständigen Landesarbeitsamt schriftlich anzuzeigen. Zudem kann unabhängig von der Zahl der Beschäftigten zwischen Unternehmern desselben Wirtschaftszweiges zur Vermeidung von Kurzarbeit oder Entlassungen Arbeitnehmerüberlassung betrieben werden, wenn dies ein Tarifvertrag, der für den Entleiher gilt, vorsieht.

3 Zur Ausübung seiner Tätigkeit beim Entleiher ist es notwendig, dass der Leiharbeitnehmer Ihren Anweisungen als Entleiher folgt. Als Entleiher müssen Sie Ihren Leiharbeitnehmer auch noch einmal über die spezifischen Gefahren des jeweiligen Arbeitsplatzes umfassend aufklären.

4 Ein Leiharbeitnehmer darf nicht länger als 12 Monate beim selben Entleiher tätig sein. Andernfalls wird aufgrund des AÜG vermutet, dass der Verleiher Arbeitsvermittlung betreibt. Jede Arbeitsvermittlung bedarf aber einer gesonderten Erlaubnis. Ohne eine solche behördliche Erlaubnis drohen dem Verleiher empfindliche Geldbußen.

5 Die Vereinbarung zur Überlassung von Leiharbeitnehmern muss alle Umstände enthalten, die für die korrekte Abrechnung erforderlich sind. Werden zum Beispiel Überstundenzuschläge nicht erwähnt, kann der Verleiher auch keine Zuschläge abrechnen.

6 Der Entleiher hat für entstehende Schäden durch die Leiharbeitnehmer, sofern diese nicht selbst aus dem Gesichtspunkt der Arbeitnehmerhaftung einstehen müssen, aufzukommen. Als Entleiher müssen Sie selbst dafür sorgen, dass potenzielle Gefahrenquellen gesondert versichert werden oder das Risiko hierfür von Ihnen selbst getragen wird.

7 Diese Klausel bezieht sich auf mögliche Schäden, die Dritten durch den Leiharbeitnehmer entstanden sind. Sie soll ausschließen, dass über den Umweg der Inanspruchnahme durch Dritte das Haftungsrisiko doch auf den Verleiher übergeht.

Arbeitnehmerüberlassungsvertrag

§ 3 Vertragsgrundlage

2 1. Der Vertrag wird in Kenntnis der Tatsache geschlossen, dass für den Verleiher eine Erlaubnis gemäß § 1 AÜG besteht. Der Verleiher ist im Besitz der behördlichen Erlaubnis gemäß § 1 AÜG, erteilt am **26.05.** . Der Verleiher hat die Beendigung der Erlaubnis dem Entleiher unverzüglich anzuzeigen. Im Übrigen besteht Einvernehmen, dass das Arbeitnehmerüberlassungsgesetz gilt.

3 2. Leiharbeitnehmer unterliegen dem Weisungs- und Direktionsrecht des Entleihers, worauf der Arbeitnehmer ausdrücklich hinzuweisen ist.

3. Jede Änderung des Vertrages über Arbeitszeit, Einsatzdauer oder Art der Tätigkeit bedürfen einer Vereinbarung zwischen Verleiher und Entleiher.

4. Im Fall der Überlassung von ausländischen Arbeitnehmern verpflichtet sich der Verleiher, für diese eine Arbeitserlaubnis gemäß §§ 284 ff. SGB III vorzulegen.

§ 4 Vertragsbeendigung

4 Das Vertragsverhältnis ist beiderseits mit einer Frist von **3** Wochen kündbar; es endet, ohne dass es einer Kündigung bedarf, spätestens am **30.06.** . Davon unberührt bleibt die Möglichkeit einer außerordentlichen Kündigung bei Vorliegen eines wichtigen Grundes, ohne dass der Verleiher hieraus Ansprüche ableiten kann.

Bei Wegfall der Erlaubnis gemäß § 1 AÜG endet diese Vereinbarung, ohne dass es einer besonderen Kündigung bedarf.

§ 5 Arbeitszeit/Mehrarbeit

1. Die regelmäßige wöchentliche Arbeitszeit der überlassenen Arbeitnehmer beträgt jeweils **38,5** Stunden.

2. Für Arbeitsstunden, die über die regelmäßige wöchentliche Arbeitszeit hinausgehen, oder die in der Zeit zwischen **18.00 Uhr und 20.00 Uhr** geleistet werden, sind mit einem Zuschlag von **DM 10,-/EUR...** in Rechnung zu stellen. Gleiches gilt für Sonn- und Feiertagsarbeit, **5** welche mit einem Zuschlag von **DM 20,-/EUR... pro Arbeitsstunde** berechnet wird.

§ 6 Sonstige Pflichten des Entleihers

1. Der Entleiher verpflichtet sich, die Leiharbeitnehmer nur mit Arbeiten zu beschäftigen, für die sie vorgesehen waren, oder die der Ausbildung des Leiharbeitnehmers entsprechen.

6 2. Die Leiharbeitnehmer unterstehen der Weisung, Aufsicht und Anleitung des Entleihers. Der Verleiher haftet nicht für Schäden, die durch das überlassene Personal verursacht werden. Der Entleiher hat den Verleiher von möglichen Ansprüchen Dritter im Zusammenhang mit der Tätigkeit **7** der überlassenen Arbeitnehmer freizustellen.

3. Der Entleiher ist verpflichtet, die gesetzlichen Bestimmungen des Arbeitsschutzes und die Unfallverhütungsvorschriften zu erfüllen. Der Entleiher verpflichtet sich u. a., die sicherheitstechnische Einweisung am Arbeitsplatz sowie die Zurverfügungstellung von persönlichen Schutzausrüstungen zu gewährleisten. Im Verhältnis zum Zeitarbeitnehmer verpflichtet er sich auch, seinen etwaigen betriebsverfassungsrechtlichen Pflichten nachzukommen.

4. Arbeitsunfälle sind dem Verleiher vom Entleiher unverzüglich anzuzeigen.

2/3

Kopiervorlage

26 Vertrags-Check Arbeitsrecht, 2. Band: Spezialverträge

Arbeitnehmerüberlassungsvertrag

§ 3 Vertragsgrundlage

1. Der Vertrag wird in Kenntnis der Tatsache geschlossen, dass für den Verleiher eine Erlaubnis gemäß § 1 AÜG besteht. Der Verleiher ist im Besitz der behördlichen Erlaubnis gemäß § 1 AÜG, erteilt am _____ . Der Verleiher hat die Beendigung der Erlaubnis dem Entleiher unverzüglich anzuzeigen. Im Übrigen besteht Einvernehmen, dass das Arbeitnehmerüberlassungsgesetz gilt.

2. Leiharbeitnehmer unterliegen dem Weisungs- und Direktionsrecht des Entleihers, worauf der Arbeitnehmer ausdrücklich hinzuweisen ist.

3. Jede Änderung des Vertrages über Arbeitszeit, Einsatzdauer oder Art der Tätigkeit bedürfen einer Vereinbarung zwischen Verleiher und Entleiher.

4. Im Fall der Überlassung von ausländischen Arbeitnehmern verpflichtet sich der Verleiher, für diese eine Arbeitserlaubnis gemäß §§ 284 ff. SGB III vorzulegen.

§ 4 Vertragsbeendigung

Das Vertragsverhältnis ist beiderseits mit einer Frist von _ Wochen kündbar; es endet, ohne dass es einer Kündigung bedarf, spätestens am _____ . Davon unberührt bleibt die Möglichkeit einer außerordentlichen Kündigung bei Vorliegen eines wichtigen Grundes, ohne dass der Verleiher hieraus Ansprüche ableiten kann.

Bei Wegfall der Erlaubnis gemäß § 1 AÜG endet diese Vereinbarung, ohne dass es einer besonderen Kündigung bedarf.

§ 5 Arbeitszeit/Mehrarbeit

1. Die regelmäßige wöchentliche Arbeitszeit der überlassenen Arbeitnehmer beträgt jeweils _____ Stunden.

2. Für Arbeitsstunden, die über die regelmäßige wöchentliche Arbeitszeit hinausgehen, oder die in der Zeit zwischen _____ geleistet werden, sind mit einem Zuschlag von _____ in Rechnung zu stellen. Gleiches gilt für Sonn- und Feiertagsarbeit, welche mit einem Zuschlag von _____ berechnet wird.

§ 6 Sonstige Pflichten des Entleihers

1. Der Entleiher verpflichtet sich, die Leiharbeitnehmer nur mit Arbeiten zu beschäftigen, für die sie vorgesehen waren, oder die der Ausbildung des Leiharbeitnehmers entsprechen.

2. Die Leiharbeitnehmer unterstehen der Weisung, Aufsicht und Anleitung des Entleihers. Der Verleiher haftet nicht für Schäden, die durch das überlassene Personal verursacht werden. Der Entleiher hat den Verleiher von möglichen Ansprüchen Dritter im Zusammenhang mit der Tätigkeit der überlassenen Arbeitnehmer freizustellen.

3. Der Entleiher ist verpflichtet, die gesetzlichen Bestimmungen des Arbeitsschutzes und die Unfallverhütungsvorschriften zu erfüllen. Der Entleiher verpflichtet sich u. a., die sicherheitstechnische Einweisung am Arbeitsplatz sowie die Zurverfügungstellung von persönlichen Schutzausrüstungen zu gewährleisten. Im Verhältnis zum Zeitarbeitnehmer verpflichtet er sich auch, seinen etwaigen betriebsverfassungsrechtlichen Pflichten nachzukommen.

4. Arbeitsunfälle sind dem Verleiher vom Entleiher unverzüglich anzuzeigen.

8 Kommt der Verleiher seiner besonderen Verpflichtung nicht nach, können ansonsten Sie als Entleiher für die Zahlung von Sozialversicherungsbeiträgen herangezogen werden.

Arbeitnehmerüberlassungsvertrag

§ 7 Sonstige Pflichten des Verleihers

1. Der Verleiher sichert zu, dass die unter § 1 genannten Leiharbeitnehmer für die vorgesehenen Tätigkeiten geeignet sind und die erforderlichen Nachweise, Berechtigungen und Zeugnisse besitzen. Über die Auswahl der Leiharbeitnehmer hinaus übernimmt der Verleiher keine Haftung.

2. Der Verleiher steht dafür ein, dass er seine Mitarbeiter dem Entleiher nur im Rahmen der gesetzlich zulässigen Überlassungszeit überlässt. Bei erneuter Überlassung desselben Mitarbeiters haftet der Verleiher für die Zulässigkeit.

8 ▶ 3. Der Verleiher verpflichtet sich, Lohnsteuer und Sozialversicherungsbeiträge seiner Mitarbeiter rechtzeitig abzuführen und diese bei der zuständigen Berufsgenossenschaft zu versichern.

4. Der Verleiher verpflichtet seine Mitarbeiter vertraglich, über die ihnen im Rahmen ihrer Tätigkeit beim Entleiher zur Kenntnis gelangten geschäftlichen Angelegenheiten und Vorgänge sowie über die Entlohnung Stillschweigen zu bewahren.

§ 8 Zurückweisungsrecht und Abberufung

1. Der Entleiher hat das Recht, binnen 24 Stunden den Einsatz eines anderen Zeitarbeitnehmers zu verlangen, so dass dieser schon möglichst am nächsten Tag ausgetauscht wird. Kommt der Verleiher dieser Verpflichtung nicht nach, kann der Entleiher Schadensersatz verlangen oder vom gesamten Vertrag zurücktreten.

2. Der Verleiher ist berechtigt, von ihm überlassenes Personal abzuberufen und durch gleichwertiges zu ersetzen.

3. Im Fall krankheitsbedingter Ausfälle ist der Verleiher bemüht, dem Entleiher unverzüglich Ersatzkräfte zu stellen.

§ 9 Schlussvorschriften

1. Die etwaige Unwirksamkeit einzelner Bestimmungen dieser Vereinbarung berührt deren Wirksamkeit im Übrigen nicht.

2. Alle Änderungen und Ergänzungen dieses Vertrages bedürfen der Schriftform.

3. Erfüllungsort und ausschließlicher Gerichtsstand ist für beide Teile der Sitz des Verleihers.

Musterstadt, 28.03.
Ort, Datum

Otto Klug
Geschäftsführer
Unterschrift Verleiher

Hans Meier
Geschäftsführer
Unterschrift Entleiher

3/3

Kopiervorlage

Arbeitnehmerüberlassungsvertrag

§ 7 Sonstige Pflichten des Verleihers

1. Der Verleiher sichert zu, dass die unter § 1 genannten Leiharbeitnehmer für die vorgesehenen Tätigkeiten geeignet sind und die erforderlichen Nachweise, Berechtigungen und Zeugnisse besitzen. Über die Auswahl der Leiharbeitnehmer hinaus übernimmt der Verleiher keine Haftung.

2. Der Verleiher steht dafür ein, dass er seine Mitarbeiter dem Entleiher nur im Rahmen der gesetzlich zulässigen Überlassungszeit überlässt. Bei erneuter Überlassung desselben Mitarbeiters haftet der Verleiher für die Zulässigkeit.

3. Der Verleiher verpflichtet sich, Lohnsteuer und Sozialversicherungsbeiträge seiner Mitarbeiter rechtzeitig abzuführen und diese bei der zuständigen Berufsgenossenschaft zu versichern.

4. Der Verleiher verpflichtet seine Mitarbeiter vertraglich, über die ihnen im Rahmen ihrer Tätigkeit beim Entleiher zur Kenntnis gelangten geschäftlichen Angelegenheiten und Vorgänge sowie über die Entlohnung Stillschweigen zu bewahren.

§ 8 Zurückweisungsrecht und Abberufung

1. Der Entleiher hat das Recht, binnen 24 Stunden den Einsatz eines anderen Zeitarbeitnehmers zu verlangen, so dass dieser schon möglichst am nächsten Tag ausgetauscht wird. Kommt der Verleiher dieser Verpflichtung nicht nach, kann der Entleiher Schadensersatz verlangen oder vom gesamten Vertrag zurücktreten.

2. Der Verleiher ist berechtigt, von ihm überlassenes Personal abzuberufen und durch gleichwertiges zu ersetzen.

3. Im Fall krankheitsbedingter Ausfälle ist der Verleiher bemüht, dem Entleiher unverzüglich Ersatzkräfte zu stellen.

§ 9 Schlussvorschriften

1. Die etwaige Unwirksamkeit einzelner Bestimmungen dieser Vereinbarung berührt deren Wirksamkeit im Übrigen nicht.

2. Alle Änderungen und Ergänzungen dieses Vertrages bedürfen der Schriftform.

3. Erfüllungsort und ausschließlicher Gerichtsstand ist für beide Teile der Sitz des Verleihers.

Ort, Datum

Unterschrift Verleiher   Unterschrift Entleiher

Vertrags-Check Arbeitsrecht

1 Tragen Sie hier das Datum ein, an welchem das Arbeitsverhältnis beginnen soll. In der Regel wird dies der erste Tag eines Monats sein. Soll das Arbeitsverhältnis während des laufenden Monats beginnen, so ist das Arbeitsentgelt im ersten Monat nur anteilig zu zahlen. Auch der Urlaubsanspruch entsteht dann nur anteilig.

2 Legen Sie hier den Bezirk fest, in dem der Außendienstmitarbeiter eingesetzt werden soll. Die Zuweisung eines anderen Bezirkes ist nur im Wege einer Änderungskündigung oder einvernehmlichen Vereinbarung möglich.

Arbeitsvertrag, Außendienstmitarbeiter

Zwischen

Firma
Ole Petersen
Hafenstraße 1

12345 Musterstadt

nachfolgend „Arbeitgeber" genannt

und

Herrn/Frau
Hinnerk Hinrichsen
Ole Hop 1

12345 Musterstadt

nachfolgend „Außendienstmitarbeiter" genannt.

§ 1 Beginn des Arbeitsverhältnisses

1 ▶ 1. Das Arbeitsverhältnis beginnt am <u>01.02.</u> .

2. Die ersten 6 Monate gelten als Probezeit. Während der Probezeit gilt eine 2-wöchige Kündigungsfrist. Erfolgt eine Kündigung nach der Probezeit, so gelten die Kündigungsfristen gemäß § 8 dieses Vertrages.

§ 2 Tätigkeitsgebiet

2 ▶ 1. Der Außendienstmitarbeiter wird in dem Bezirk <u>Schleswig-Holstein (Postleitzahlenbereich 21 - 26)</u> für den Arbeitgeber tätig. Zu seinen Aufgaben gehören der Besuch, die Beratung und Akquisition von Kunden bzw. Neukunden in dem ihm zugewiesenen Bezirk.

2. Der Außendienstmitarbeiter hat dem Arbeitgeber wöchentlich über seine Kundenbesuche, seine sonstigen Aktivitäten und andere, für den Geschäftsverlauf wesentliche Ergebnisse zu berichten. Er ist verpflichtet, über jeden Kundenbesuch ein kurzes Protokoll anzulegen. Auf Anweisung des Arbeitgebers hat er an den regelmäßig stattfindenden Vertriebsbesprechungen sowie sonstigen Zusammenkünften teilzunehmen.

3. Der Außendienstmitarbeiter ist nicht zum Inkasso berechtigt.

4. Der Außendienstmitarbeiter verpflichtet sich, seine fachlichen Kenntnisse und Erfahrungen ausschließlich dem Arbeitgeber zur Verfügung zu stellen. Während der Dauer des Arbeitsverhältnisses ist die Aufnahme einer entgeltlichen oder unentgeltlichen Nebentätigkeit nur mit vorheriger Zustimmung des Arbeitgebers zulässig.

1/5

Kopiervorlage

Arbeitsvertrag

Zwischen

_____

_____

_____

_____

nachfolgend „Arbeitgeber" genannt

und

_____

_____

_____

_____

nachfolgend „Außendienstmitarbeiter" genannt.

§ 1 Beginn des Arbeitsverhältnisses

1. Das Arbeitsverhältnis beginnt am _____.

2. Die ersten 6 Monate gelten als Probezeit. Während der Probezeit gilt eine 2-wöchige Kündigungsfrist. Erfolgt eine Kündigung nach der Probezeit, so gelten die Kündigungsfristen gemäß § 8 dieses Vertrages.

§ 2 Tätigkeitsgebiet

1. Der Außendienstmitarbeiter wird in dem Bezirk _____ _____ für den Arbeitgeber tätig. Zu seinen Aufgaben gehören der Besuch, die Beratung und Akquisition von Kunden bzw. Neukunden in dem ihm zugewiesenen Bezirk.

2. Der Außendienstmitarbeiter hat dem Arbeitgeber wöchentlich über seine Kundenbesuche, seine sonstigen Aktivitäten und andere, für den Geschäftsverlauf wesentliche Ergebnisse zu berichten. Er ist verpflichtet, über jeden Kundenbesuch ein kurzes Protokoll anzulegen. Auf Anweisung des Arbeitgebers hat er an den regelmäßig stattfindenden Vertriebsbesprechungen sowie sonstigen Zusammenkünften teilzunehmen.

3. Der Außendienstmitarbeiter ist nicht zum Inkasso berechtigt.

4. Der Außendienstmitarbeiter verpflichtet sich, seine fachlichen Kenntnisse und Erfahrungen ausschließlich dem Arbeitgeber zur Verfügung zu stellen. Während der Dauer des Arbeitsverhältnisses ist die Aufnahme einer entgeltlichen oder unentgeltlichen Nebentätigkeit nur mit vorheriger Zustimmung des Arbeitgebers zulässig.

3 Fügen Sie hier das mit dem Außendienstmitarbeiter verhandelte Bruttomonatsgehalt ein. Dieses wird in Anbetracht der bei Außendienstmitarbeitern fast immer vereinbarten Provisionen als variabler Gehaltsbestandteil für Geschäftsabschlüsse verhältnismäßig gering sein.

4 Hier findet sich oft die Klausel, dass auch Gehaltspfändungen nur mit Zustimmung des Arbeitgebers erfolgen dürfen. Ob wirksam gepfändet wird, haben aber weder Sie als Arbeitgeber noch Ihr Außendienstmitarbeiter in der Hand, sondern der Gläubiger des Außendienstmitarbeiters, der ihm gegenüber einen wirksamen Titel erwirkt hat.

5 Sie haben als Arbeitgeber das Recht, bereits ab dem ersten Tag der Arbeitsunfähigkeit eine Bescheinigung zu verlangen, § 5 Absatz 1 Entgeltfortzahlungsgesetz (EFZG). Allerdings müssen Sie dies nachweisbar vor einer Erkrankung gefordert haben. Möglich ist also bereits die Festlegung im Arbeitsvertrag. Vorsicht! Manche Tarifverträge lassen eine frühere Vorlage nicht zu.

Arbeitsvertrag, Außendienstmitarbeiter

§ 3 Arbeitszeit

Der Außendienstmitarbeiter stellt seine ganze Arbeitskraft dem Unternehmen zur Verfügung. Die wöchentliche Arbeitszeit beträgt derzeit <u>38</u> Stunden.

§ 4 Vergütung

1. Die Bezüge des Außendienstmitarbeiters setzen sich aus einem Festgehalt und variablen Vergütungsbestandteilen zusammen. Das Festgehalt des Außendienstmitarbeiters beträgt pro Monat

3 <u>DM 2.100,--/EUR...</u> brutto

   und wird jeweils am Ende des Monats gezahlt. Dieses Gehalt ist jeweils am letzten Arbeitstag eines Monats fällig. Die Zahlung erfolgt bargeldlos. Der Außendienstmitarbeiter wird innerhalb von 14 Tagen nach Beginn des Arbeitsverhältnisses ein Bank- oder Postbankkonto benennen, auf das die Bezüge überwiesen werden.

2. Als variable Vergütung erhält der Außendienstmitarbeiter zusätzlich für alle in seinem Bezirk abgeschlossenen Aufträge Provision, gemäß beigefügter Provisionsstaffel, Anlage 1 dieses Vertrages. Die Provisionssätze können, wenn es die wirtschaftlichen Verhältnisse erforderlich machen, angepasst werden. Geplante Änderungen müssen dem Außendienstmitarbeiter 3 Monate im Voraus angezeigt werden. Die bisherigen durchschnittlichen Provisionseinkünfte der letzten 12 Monate dürfen dabei nicht unterschritten werden.
   Die Provision errechnet sich aus dem in Rechnung gestellten Waren-Nettowert, d. h. dem Warenwert ohne Mehrwertsteuer. Skontoabzüge mindern den Provisionsanspruch nicht. Nebenkosten, namentlich für Steuern, Fracht, Zoll und Verpackung, werden bei der Provisionsermittlung nicht berücksichtigt.

3. Die Provision wird am Ende des Monats fällig, der der Ausführung des Geschäftes folgt.

4. Zahlungen von Gratifikationen, Prämien und ähnlichen Leistungen, liegen im freien Ermessen des Arbeitgebers. Sie sind freiwillig und begründen auch bei wiederholter, ohne ausdrücklichen Vorbehalt der Freiwilligkeit erfolgter Zahlung keinen Rechtsanspruch im Folgejahr.

4 5. Gehaltsabtretungen sind nur mit Zustimmung des Arbeitgebers zulässig und wirksam. Jede Gehaltsabtretung bzw. -pfändung ist dem Arbeitgeber unverzüglich schriftlich anzuzeigen. Der Außendienstmitarbeiter trägt die hierfür entstehenden Kosten, mindestens aber pro Überweisung <u>DM 7,50--/EUR ...</u> und pro notwendigem Schreiben <u>DM 20,--/EUR ...</u> . Die Firma ist berechtigt, bei Nachweis der höheren, tatsächlichen Kosten diese in Ansatz zu bringen.

§ 5 Arbeitsverhinderung

1. Der Außendienstmitarbeiter ist verpflichtet, dem Arbeitgeber jede Arbeitsverhinderung unter Angabe des Grundes und ihrer voraussichtlichen Dauer unverzüglich mitzuteilen.

5 2. Der Außendienstmitarbeiter verpflichtet sich weiter, vor Ablauf des dritten Kalendertages nach Beginn einer Arbeitsunfähigkeit eine ärztliche Bescheinigung darüber sowie über deren voraussichtliche Dauer vorzulegen. Dauert die Arbeitsunfähigkeit über den letzten bescheinigten Tag hinaus fort, so ist der Mitarbeiter, unabhängig von der Gesamtdauer der Arbeitsunfähigkeit, verpflichtet, jeweils eine Folgebescheinigung innerhalb von weiteren 3 Tagen nach Ablauf der vorangegangenen Bescheinigung, einzureichen.

2/5

Kopiervorlage

Arbeitsvertrag

§ 3 Arbeitszeit

Der Außendienstmitarbeiter stellt seine ganze Arbeitskraft dem Unternehmen zur Verfügung. Die wöchentliche Arbeitszeit beträgt derzeit ____ Stunden.

§ 4 Vergütung

1. Die Bezüge des Außendienstmitarbeiters setzen sich aus einem Festgehalt und variablen Vergütungsbestandteilen zusammen. Das Festgehalt des Außendienstmitarbeiters beträgt pro Monat

   _____ brutto

   und wird jeweils am Ende des Monats gezahlt. Dieses Gehalt ist jeweils am letzten Arbeitstag eines Monats fällig. Die Zahlung erfolgt bargeldlos. Der Außendienstmitarbeiter wird innerhalb von 14 Tagen nach Beginn des Arbeitsverhältnisses ein Bank- oder Postbankkonto benennen, auf das die Bezüge überwiesen werden.

2. Als variable Vergütung erhält der Außendienstmitarbeiter zusätzlich für alle in seinem Bezirk abgeschlossenen Aufträge Provision, gemäß beigefügter Provisionsstaffel, Anlage 1 dieses Vertrages. Die Provisionssätze können, wenn es die wirtschaftlichen Verhältnisse erforderlich machen, angepasst werden. Geplante Änderungen müssen dem Außendienstmitarbeiter 3 Monate im Voraus angezeigt werden. Die bisherigen durchschnittlichen Provisionseinkünfte der letzten 12 Monate dürfen dabei nicht unterschritten werden.
   Die Provision errechnet sich aus dem in Rechnung gestellten Waren-Nettowert, d. h. dem Warenwert ohne Mehrwertsteuer. Skontoabzüge mindern den Provisionsanspruch nicht. Nebenkosten, namentlich für Steuern, Fracht, Zoll und Verpackung, werden bei der Provisionsermittlung nicht berücksichtigt.

3. Die Provision wird am Ende des Monats fällig, der der Ausführung des Geschäftes folgt.

4. Zahlungen von Gratifikationen, Prämien und ähnlichen Leistungen, liegen im freien Ermessen des Arbeitgebers. Sie sind freiwillig und begründen auch bei wiederholter, ohne ausdrücklichen Vorbehalt der Freiwilligkeit erfolgter Zahlung keinen Rechtsanspruch im Folgejahr.

5. Gehaltsabtretungen sind nur mit Zustimmung des Arbeitgebers zulässig und wirksam. Jede Gehaltsabtretung bzw. -pfändung ist dem Arbeitgeber unverzüglich schriftlich anzuzeigen. Der Außendienstmitarbeiter trägt die hierfür entstehenden Kosten, mindestens aber pro Überweisung _____ und pro notwendigem Schreiben _____ . Die Firma ist berechtigt, bei Nachweis der höheren, tatsächlichen Kosten diese in Ansatz zu bringen.

§ 5 Arbeitsverhinderung

1. Der Außendienstmitarbeiter ist verpflichtet, dem Arbeitgeber jede Arbeitsverhinderung unter Angabe des Grundes und ihrer voraussichtlichen Dauer unverzüglich mitzuteilen.

2. Der Außendienstmitarbeiter verpflichtet sich weiter, vor Ablauf des dritten Kalendertages nach Beginn einer Arbeitsunfähigkeit eine ärztliche Bescheinigung darüber sowie über deren voraussichtliche Dauer vorzulegen. Dauert die Arbeitsunfähigkeit über den letzten bescheinigten Tag hinaus fort, so ist der Mitarbeiter, unabhängig von der Gesamtdauer der Arbeitsunfähigkeit, verpflichtet, jeweils eine Folgebescheinigung innerhalb von weiteren 3 Tagen nach Ablauf der vorangegangenen Bescheinigung, einzureichen.

6 Gemäß Entgeltfortzahlungsgesetz geht die Forderung gegenüber einem Dritten auch ohne gesonderte Abtretung auf Sie über, sofern Sie Entgeltfortzahlung geleistet haben. Diese Klausel dient ausschließlich der Klarstellung gegenüber dem Außendienstmitarbeiter.

7 Nach der Neuregelung des § 623 Bürgerliches Gesetzbuch (BGB) ist jede mündliche Kündigung unwirksam. Auch hier hat die Formulierung klarstellenden Charakter.

8 Ihr Außendienstmitarbeiter kann nach seiner Kündigung Ihrem Betrieb erheblichen Schaden zufügen. Sichern Sie also Ihre Rechte und vereinbaren Sie eine Freistellungsklausel. Allerdings müssen Sie während der Freistellung bis zum Ende des Arbeitsverhältnisses die durchschnittliche Vergütung (Fixum zuzüglich Provision) weiterzahlen.

Arbeitsvertrag, Außendienstmitarbeiter

§ 6 Entgeltfortzahlung im Krankheitsfall

1. Ist der Außendienstmitarbeiter an der Arbeitsleistung infolge von auf unverschuldeter Krankheit beruhender Arbeitsunfähigkeit verhindert, leistet der Arbeitgeber, entsprechend den gesetzlichen Bestimmungen des Entgeltfortzahlungsgesetzes, Fortzahlung der Vergütung (Entgeltfortzahlung) für die Dauer von 6 Wochen.

6 ▶ 2. Wird der Außendienstmitarbeiter durch Handlungen eines Dritten arbeitsunfähig, gehen die dem Außendienstmitarbeiter gegenüber dem Dritten zustehenden Schadenersatzansprüche wegen Verdienstausfalles in der Höhe auf den Arbeitgeber über, in welcher der Arbeitgeber während der Zeit der Arbeitsunfähigkeit Entgeltfortzahlung geleistet hat.

§ 7 Urlaub

1. Der Außendienstmitarbeiter hat Anspruch auf einen jährlichen Erholungsurlaub von <u>28</u> Werktagen.

2. Der Urlaub kann erstmalig nach 6-monatiger ununterbrochener Firmentätigkeit beansprucht werden. Er ist beim Arbeitgeber zu beantragen und genehmigen zu lassen.

§ 8 Aufwendungen und Auslagen

Der Außendienstmitarbeiter erhält Tage- und Übernachtungsgelder nach den jeweils geltenden steuerlichen Höchstsätzen. Durch Bewirtungen/Einladungen entstehende Kosten werden gegen Begründung und Vorlage des Original-Beleges abgerechnet. Der Arbeitgeber übernimmt außerdem die notwendigen und nachgewiesenen Porto- und Telefonkosten.

§ 9 Kündigung

1. Es gelten für beide Parteien die gesetzlichen Kündigungsfristen.

7 ▶ 2. Die Kündigung hat in jedem Fall schriftlich zu erfolgen.

3. Das Arbeitsverhältnis endet, ohne dass es einer Kündigung bedarf, mit Ablauf des Monats, nach welchem der Außendienstmitarbeiter Rente wegen Erwerbsunfähigkeit oder Erreichung der Altersgrenze bezieht. Den Bescheid der zuständigen Behörden hierüber hat der Außendienstmitarbeiter unverzüglich dem Arbeitgeber vorzulegen. Die Parteien sind sich darüber einig, dass das Arbeitsverhältnis spätestens mit Ablauf des 65. Lebensjahres endet.

8 ▶ 4. Nach einer Kündigung des Arbeitsvertrages, gleich durch welche Partei, ist der Arbeitgeber jederzeit befugt, den Außendienstmitarbeiter mit sofortiger Wirkung von seiner Verpflichtung zur Arbeitsleistung für den Arbeitgeber unter Fortzahlung der Vergütung freizustellen.

§ 10 Dienstfahrzeug

Der Arbeitgeber stellt dem Außendienstmitarbeiter für seine Reisetätigkeit einen Dienstwagen und übernimmt alle für das Fahrzeug anfallenden Kosten. Der Außendienstmitarbeiter ist berechtigt, den Dienstwagen auch privat zu nutzen.

3/4

Kopiervorlage

Arbeitsvertrag

§ 6 Entgeltfortzahlung im Krankheitsfall

1. Ist der Außendienstmitarbeiter an der Arbeitsleistung infolge von auf unverschuldeter Krankheit beruhender Arbeitsunfähigkeit verhindert, leistet der Arbeitgeber, entsprechend den gesetzlichen Bestimmungen des Entgeltfortzahlungsgesetzes, Fortzahlung der Vergütung (Entgeltfortzahlung) für die Dauer von 6 Wochen.

2. Wird der Außendienstmitarbeiter durch Handlungen eines Dritten arbeitsunfähig, gehen die dem Außendienstmitarbeiter gegenüber dem Dritten zustehenden Schadenersatzansprüche wegen Verdienstausfalles in der Höhe auf den Arbeitgeber über, in welcher der Arbeitgeber während der Zeit der Arbeitsunfähigkeit Entgeltfortzahlung geleistet hat.

§ 7 Urlaub

1. Der Außendienstmitarbeiter hat Anspruch auf einen jährlichen Erholungsurlaub von ____ Werktagen.

2. Der Urlaub kann erstmalig nach 6-monatiger ununterbrochener Firmentätigkeit beansprucht werden. Er ist beim Arbeitgeber zu beantragen und genehmigen zu lassen.

§ 8 Aufwendungen und Auslagen

Der Außendienstmitarbeiter erhält Tage- und Übernachtungsgelder nach den jeweils geltenden steuerlichen Höchstsätzen. Durch Bewirtungen/Einladungen entstehende Kosten werden gegen Begründung und Vorlage des Original-Beleges abgerechnet. Der Arbeitgeber übernimmt außerdem die notwendigen und nachgewiesenen Porto- und Telefonkosten.

§ 9 Kündigung

1. Es gelten für beide Parteien die gesetzlichen Kündigungsfristen.

2. Die Kündigung hat in jedem Fall schriftlich zu erfolgen.

3. Das Arbeitsverhältnis endet, ohne dass es einer Kündigung bedarf, mit Ablauf des Monats, nach welchem der Außendienstmitarbeiter Rente wegen Erwerbsunfähigkeit oder Erreichung der Altersgrenze bezieht. Den Bescheid der zuständigen Behörden hierüber hat der Außendienstmitarbeiter unverzüglich dem Arbeitgeber vorzulegen. Die Parteien sind sich darüber einig, dass das Arbeitsverhältnis spätestens mit Ablauf des 65. Lebensjahres endet.

4. Nach einer Kündigung des Arbeitsvertrages, gleich durch welche Partei, ist der Arbeitgeber jederzeit befugt, den Außendienstmitarbeiter mit sofortiger Wirkung von seiner Verpflichtung zur Arbeitsleistung für den Arbeitgeber unter Fortzahlung der Vergütung freizustellen.

§ 10 Dienstfahrzeug

Der Arbeitgeber stellt dem Außendienstmitarbeiter für seine Reisetätigkeit einen Dienstwagen und übernimmt alle für das Fahrzeug anfallenden Kosten. Der Außendienstmitarbeiter ist berechtigt, den Dienstwagen auch privat zu nutzen.

9 Ein Muster für eine Dienstwagenregelung finden Sie in Vertrags-Check Arbeitsrecht, 2. Band: Spezialverträge, IV. Zusatzvereinbarungen für das laufende Arbeitsverhältnis, Dienstwagen-Verträge.

Arbeitsvertrag, Außendienstmitarbeiter

Die lohnsteuerrechtliche Behandlung der Privat-Nutzung richtet sich nach den jeweiligen maßgeblichen Vorschriften. Demnach ist zur Zeit zu versteuern:

> Monatlich 1 % vom Brutto-Listenpreis = **DM 320,--/EUR...**

Der Außendienstmitarbeiter verpflichtet sich zum Führen eines Fahrtenbuches.

9 ▶ Die Nutzung des Dienstwagens und die Behandlung des Fahrzeuges nach Kündigung dieses Vertrages richten sich nach der zwischen den Parteien getroffenen Dienstwagenvereinbarung, Anlage 2 dieses Vertrages.

§ 11 Verschwiegenheitspflicht, Rückgabe von Unterlagen und sonstigem Firmeneigentum, Datenschutz

1. Der Außendienstmitarbeiter verpflichtet sich, über alle ihm bekannten Angelegenheiten, Vorgänge, Verträge und Geschäftsbeziehungen innerhalb und außerhalb des Betriebes und auch nach seinem Ausscheiden aus dem Arbeitsverhältnis, absolutes Stillschweigen zu bewahren.

2. Die Geheimhaltungspflicht besteht nicht nur gegenüber Dritten, sondern auch gegenüber den Mitarbeitern der Firma, sofern nicht die Wahrnehmung der betrieblichen Aufgaben und die reibungslose Zusammenarbeit eine Mitteilung erforderlich machen.

3. Der Außendienstmitarbeiter verpflichtet sich insbesondere, über die Höhe seines Gehaltes sowie Provisionen, Prämien und/oder weitere Bezüge Verschwiegenheit zu bewahren.

4. Jeder Verstoß gegen die Geheimhaltungspflicht führt zu einem Schadensersatzanspruch des Arbeitgebers; im Einzelfall kann ordentlich bzw. außerordentlich gekündigt werden.

5. Der Außendienstmitarbeiter hat jederzeit auf Verlangen des Arbeitgebers, spätestens aber unaufgefordert bei Beendigung des Arbeitsverhältnisses, alles Material, insbesondere alle Unterlagen, Kopien usw. zurückzugeben, die im Zusammenhang mit seiner Tätigkeit für den Arbeitgeber in seinen Besitz gelangt sind. Ein Zurückbehaltungsrecht steht dem Außendienstmitarbeiter nicht zu.

6. Der Außendienstmitarbeiter verpflichtet sich durch seine Unterschrift auf einem gesonderten Formblatt, das Datengeheimnis gemäß § 5 Bundesdatenschutzgesetz (BDSG) zu wahren. Die Verpflichtung auf das Datengeheimnis ist Bestandteil dieses Vertrages und zwingend als Anlage 3 zu diesem Vertrag zu führen.

§ 12 Vertragsstrafe

Im Fall einer schuldhaften Nichtaufnahme der Tätigkeit oder der Nichteinhaltung der gesetzlichen Kündigungsfrist durch den Außendienstmitarbeiter sowie bei Verstößen gegen die Verschwiegenheitspflicht gemäß § 111 dieses Vertrages, verpflichtet sich der Außendienstmitarbeiter, dem Arbeitgeber eine Vertragsstrafe in Höhe eines durchschnittlichen Bruttomonatseinkommens zu zahlen.

Gleiches gilt auch für den Vertragsrücktritt vor Beginn des Arbeitsverhältnisses.

Der Arbeitgeber ist berechtigt, weitergehende Schadensersatzansprüche geltend zu machen.

4/5

Kopiervorlage

Arbeitsvertrag

Die lohnsteuerrechtliche Behandlung der Privat-Nutzung richtet sich nach den jeweiligen maßgeblichen Vorschriften. Demnach ist zur Zeit zu versteuern:

Monatlich 1 % vom Brutto-Listenpreis = _____

Der Außendienstmitarbeiter verpflichtet sich zum Führen eines Fahrtenbuches.

Die Nutzung des Dienstwagens und die Behandlung des Fahrzeuges nach Kündigung dieses Vertrages richten sich nach der zwischen den Parteien getroffenen Dienstwagenvereinbarung, Anlage 2 dieses Vertrages.

§ 11 Verschwiegenheitspflicht, Rückgabe von Unterlagen und sonstigem Firmeneigentum, Datenschutz

1. Der Außendienstmitarbeiter verpflichtet sich, über alle ihm bekannten Angelegenheiten, Vorgänge, Verträge und Geschäftsbeziehungen innerhalb und außerhalb des Betriebes und auch nach seinem Ausscheiden aus dem Arbeitsverhältnis, absolutes Stillschweigen zu bewahren.

2. Die Geheimhaltungspflicht besteht nicht nur gegenüber Dritten, sondern auch gegenüber den Mitarbeitern der Firma, sofern nicht die Wahrnehmung der betrieblichen Aufgaben und die reibungslose Zusammenarbeit eine Mitteilung erforderlich machen.

3. Der Außendienstmitarbeiter verpflichtet sich insbesondere, über die Höhe seines Gehaltes sowie Provisionen, Prämien und/oder weitere Bezüge Verschwiegenheit zu bewahren.

4. Jeder Verstoß gegen die Geheimhaltungspflicht führt zu einem Schadensersatzanspruch des Arbeitgebers; im Einzelfall kann ordentlich bzw. außerordentlich gekündigt werden.

5. Der Außendienstmitarbeiter hat jederzeit auf Verlangen des Arbeitgebers, spätestens aber unaufgefordert bei Beendigung des Arbeitsverhältnisses, alles Material, insbesondere alle Unterlagen, Kopien usw. zurückzugeben, die im Zusammenhang mit seiner Tätigkeit für den Arbeitgeber in seinen Besitz gelangt sind. Ein Zurückbehaltungsrecht steht dem Außendienstmitarbeiter nicht zu.

6. Der Außendienstmitarbeiter verpflichtet sich durch seine Unterschrift auf einem gesonderten Formblatt, das Datengeheimnis gemäß § 5 Bundesdatenschutzgesetz (BDSG) zu wahren. Die Verpflichtung auf das Datengeheimnis ist Bestandteil dieses Vertrages und zwingend als Anlage 3 zu diesem Vertrag zu führen.

§ 12 Vertragsstrafe

Im Fall einer schuldhaften Nichtaufnahme der Tätigkeit oder der Nichteinhaltung der gesetzlichen Kündigungsfrist durch den Außendienstmitarbeiter sowie bei Verstößen gegen die Verschwiegenheitspflicht gemäß § 111 dieses Vertrages, verpflichtet sich der Außendienstmitarbeiter, dem Arbeitgeber eine Vertragsstrafe in Höhe eines durchschnittlichen Bruttomonatseinkommens zu zahlen.

Gleiches gilt auch für den Vertragsrücktritt vor Beginn des Arbeitsverhältnisses.

Der Arbeitgeber ist berechtigt, weitergehende Schadensersatzansprüche geltend zu machen.

10 Bei Außendienstmitarbeitern ist der Abschluss eines nachvertraglichen Wettbewerbsverbotes immer sinnvoll. Hierfür müssen Sie allerdings eine so genannte Karenzentschädigung zahlen.

11 Die Vereinbarung einer Wettbewerbsabrede in Form eines nachvertraglichen Wettbewerbsverbotes für einen Zeitraum nach Beendigung des Vertrages bedarf der Zustimmung des Außendienstmitarbeiters. Die vorgeschlagene Klausel trägt daher das Risiko in sich, dass der Außendienstmitarbeiter nicht zustimmt. Sie finden in Vertrags-Check Arbeitsrecht, 2. Band: Spezialverträge, IV. Zusatzvereinbarungen für das laufende Arbeitsverhältnis/Wettbewerbsverbot eine detaillierte Wettbewerbsklausel, die dieses Risiko ausschließt.

12 Verfallsklauseln finden sich sehr häufig auch in Tarifverträgen. Sie haben den Vorteil, dass nach Ablauf der genannten Fristen der Anspruch des Außendienstmitarbeiters nicht mehr besteht.

Arbeitsvertrag, Außendienstmitarbeiter

10 § 13 Nachvertragliches Wettbewerbsverbot

Der Arbeitgeber behält sich vor, nach Ablauf einer einjährigen Vertragsdauer ein nachvertragliches Wettbewerbsverbot vom Außendienstmitarbeiter zu verlangen. Sofern die gesetzlichen Voraussetzungen erfüllt sind, verpflichtet sich der Außendienstmitarbeiter bereits jetzt zum Abschluss einer solchen Wettbewerbsabrede. **11**

12 § 14 Ausschluss- und Verfallsfristen

1. Alle Ansprüche aus diesem Arbeitsvertrag und solche, die damit in Verbindung stehen, verfallen, wenn sie nicht innerhalb von 3 Monaten nach Fälligkeit gegenüber der anderen Vertragspartei schriftlich geltend gemacht worden sind.

2. Lehnt die andere Vertragspartei den Anspruch ab oder erklärt sie sich nicht innerhalb von 4 Wochen nach der Geltendmachung des Anspruches, so verfällt dieser, wenn er nicht innerhalb von 3 Monaten nach der Ablehnung oder dem Fristablauf gerichtlich geltend gemacht wird.

§ 15 Sonstige Bestimmungen

1. Jede Änderung und Ergänzung dieses Vertrages bedarf der Schriftform.

2. Nebenabreden zu diesem Vertrag, egal ob mündlich oder schriftlich, bestehen nicht.

§ 16 Salvatorische Klausel

Sollten sich einzelne Bestimmungen dieses Vertrages als unwirksam erweisen, so wird dadurch die Wirksamkeit der übrigen Bestimmungen nicht berührt. Eine ungültige oder unklare Bestimmung ist so zu ersetzen bzw. zu deuten, dass der mit ihr beabsichtigte wirtschaftliche Zweck erreicht wird. Lücken sind dem beabsichtigten wirtschaftlichen Zweck entsprechend zu füllen.

Musterstadt, 01.02.
Ort, Datum

Ole Petersen
Unterschrift Arbeitgeber

Hinnerk Hinrichsen
Unterschrift Außendienstmitarbeiter

5/5

Kopiervorlage

§ 13 Nachvertragliches Wettbewerbsverbot

Der Arbeitgeber behält sich vor, nach Ablauf einer einjährigen Vertragsdauer ein nachvertragliches Wettbewerbsverbot vom Außendienstmitarbeiter zu verlangen. Sofern die gesetzlichen Voraussetzungen erfüllt sind, verpflichtet sich der Außendienstmitarbeiter bereits jetzt zum Abschluss einer solchen Wettbewerbsabrede.

§ 14 Ausschluss- und Verfallsfristen

1. Alle Ansprüche aus diesem Arbeitsvertrag und solche, die damit in Verbindung stehen, verfallen, wenn sie nicht innerhalb von 3 Monaten nach Fälligkeit gegenüber der anderen Vertragspartei schriftlich geltend gemacht worden sind.

2. Lehnt die andere Vertragspartei den Anspruch ab oder erklärt sie sich nicht innerhalb von 4 Wochen nach der Geltendmachung des Anspruches, so verfällt dieser, wenn er nicht innerhalb von 3 Monaten nach der Ablehnung oder dem Fristablauf gerichtlich geltend gemacht wird.

§ 15 Sonstige Bestimmungen

1. Jede Änderung und Ergänzung dieses Vertrages bedarf der Schriftform.

2. Nebenabreden zu diesem Vertrag, egal ob mündlich oder schriftlich, bestehen nicht.

§ 16 Salvatorische Klausel

Sollten sich einzelne Bestimmungen dieses Vertrages als unwirksam erweisen, so wird dadurch die Wirksamkeit der übrigen Bestimmungen nicht berührt. Eine ungültige oder unklare Bestimmung ist so zu ersetzen bzw. zu deuten, dass der mit ihr beabsichtigte wirtschaftliche Zweck erreicht wird. Lücken sind dem beabsichtigten wirtschaftlichen Zweck entsprechend zu füllen.

_____

Ort, Datum

_____   _____

Unterschrift Arbeitgeber   Unterschrift Außendienstmitarbeiter

Vertrags-Check Arbeitsrecht

1 Der Abschluss eines Berufsausbildungsvertrages erfolgt nach Maßgabe des Berufsbildungsgesetzes (BBiG). Häufig bieten berufsständische Kammern oder die Industrie- und Handelskammer Musterverträge an, die den jeweiligen Ausbildungsberuf genau berücksichtigen. Die Ausbildung ist bei der zuständigen Kammer einzutragen.

2 Der Berufsausbildungsvertrag muss nach § 4 Absatz 2 BBiG bei minderjährigen Auszubildenden auch von den gesetzlichen Vertretern unterschrieben und ihnen zusätzlich ausgehändigt werden.

3 Jeder Ausbildungsberuf ist in einer Ausbildungsordnung genau beschrieben. Diese legt fest, wann ein Auszubildender welche Fertigkeiten zu erlernen hat, damit er den Ausbildungsinhalt beherrscht und die Zwischen-/Abschlussprüfung bestehen kann.

4 Die Dauer der Ausbildung entnehmen Sie bitte der jeweiligen Ausbildungsordnung.

5 Sofern der Auszubildende bereits Vorkenntnisse hat, die laut Ausbildungsordnung auf die Ausbildungszeit anzurechnen sind, ist ein Antrag bei der zuständigen Industrie- und Handelskammer zu stellen.

6 Eine Probezeit von lediglich 3 Monaten ist für Auszubildende gesetzlich vorgeschrieben. Nur ausnahmsweise kann die Probezeit, so wie in der Klausel selbst beschrieben, verlängert werden. Die maximale Probezeit von 3 Monaten sollten Sie als Ausbilder immer nutzen, da nur während dieser Zeit eine problemlose Trennung von Ihrem Auszubildenden möglich ist. Weitere Einzelheiten hierzu finden Sie unter § 7 dieses Vertrages.

---

1 Berufsausbildungsvertrag

Zwischen

Firma IT-Future AG
Langwisch 2

12345 Musterstadt

nachfolgend „Arbeitgeber bzw. Ausbilder" genannt

und

Herrn/Frau
Ulrike Sonnenschein
Sonnenweg 2

12345 Musterstadt

2 nachfolgend „Auszubildender" genannt, gesetzlich vertreten durch die **Eheleute Gitta und Alf Sonnenschein**.

wird nachstehender Vertrag zur Ausbildung im Ausbildungsberuf **Informatikkauffrau** nach **3** Maßgabe der Ausbildungsordnung für **Informatikkaufleute** geschlossen.

§ 1 Ausbildungszeit

4 1. Die Ausbildungszeit beträgt **4** Jahre. Vorausgegangen ist eine Ausbildung mit dem Abschluss **der Allgemeinen Hochschulreife**. Sie soll auf die Ausbildungszeit mit **6** Monaten angerechnet werden. Es wird eine entsprechende Abkürzung beantragt. **5**

2. Das Berufsausbildungsverhältnis beginnt am **01.08.** und endet am **31.07.** .

6 3. Die Probezeit beträgt 3 Monate. Wird die Ausbildung während der Probezeit insgesamt um mehr als ein Drittel unterbrochen, so verlängert sich die Probezeit um den Zeitraum der Unterbrechung.

4. Besteht der Auszubildende vor Ablauf der unter Ziffer 2 vereinbarten Ausbildungszeit die Abschlussprüfung, so endet das Berufsausbildungsverhältnis mit Bestehen der Abschlussprüfung.

5. Besteht der Auszubildende die Abschlussprüfung nicht, so verlängert sich das Berufsausbildungsverhältnis auf sein Verlangen bis zur nächstmöglichen Wiederholungsprüfung, höchstens jedoch um ein Jahr.

§ 2 Ausbildungsort

Die Ausbildung findet vorbehaltlich der Regelung in § 3 Ziffer 12 beim Ausbilder und in den mit dem Betriebssitz zusammenhängenden Arbeitsstätten statt.

1/5

Kopiervorlage

Berufsausbildungsvertrag

Zwischen

_____

_____

_____

nachfolgend „Arbeitgeber bzw. Ausbilder" genannt

und

_____

_____

_____

_____

nachfolgend „Auszubildender" genannt, gesetzlich vertreten durch die _____
_____ .

wird nachstehender Vertrag zur Ausbildung im Ausbildungsberuf _____ nach
Maßgabe der Ausbildungsordnung für _____ geschlossen.

§ 1 Ausbildungszeit

1. Die Ausbildungszeit beträgt __ Jahre. Vorausgegangen ist eine Ausbildung mit dem Abschluss
_____. Sie soll auf die Ausbildungszeit mit __ Monaten angerechnet
werden. Es wird eine entsprechende Abkürzung beantragt.

2. Das Berufsausbildungsverhältnis beginnt am _____ und endet am _____ .

3. Die Probezeit beträgt 3 Monate. Wird die Ausbildung während der Probezeit insgesamt um
mehr als ein Drittel unterbrochen, so verlängert sich die Probezeit um den Zeitraum der Unterbrechung.

4. Besteht der Auszubildende vor Ablauf der unter Ziffer 2 vereinbarten Ausbildungszeit die Abschlussprüfung, so endet das Berufsausbildungsverhältnis mit Bestehen der Abschlussprüfung.

5. Besteht der Auszubildende die Abschlussprüfung nicht, so verlängert sich das Berufsausbildungsverhältnis auf sein Verlangen bis zur nächstmöglichen Wiederholungsprüfung, höchstens
jedoch um ein Jahr.

§ 2 Ausbildungsort

Die Ausbildung findet vorbehaltlich der Regelung in § 3 Ziffer 12 beim Ausbilder und in den mit
dem Betriebssitz zusammenhängenden Arbeitsstätten statt.

7 Die hier aufgeführten gesetzlichen Pflichten ergeben sich aus dem BBiG. Sie sind vorgeschrieben und können von Ihnen nicht abgeändert werden.

8 Ausbilden dürfen Sie nur, wenn Sie nach der Ausbildungsordnung hierzu befähigt sind. In Handwerksberufen ist regelmäßig Voraussetzung, dass Sie als Ausbilder selbst Meister sind oder einen Meister beschäftigen, der die Ausbildung übernimmt. In anderen Berufen ist eine sogenannte Ausbildereignungsprüfung erforderlich.

Berufsausbildungsvertrag

7 **§ 3 Pflichten des Ausbilders**

Der Ausbilder verpflichtet sich,

1. dafür Sorge zu tragen, dass dem Auszubildenden die Kenntnisse und Fertigkeiten vermittelt werden, die zum Erreichen des Ausbildungsziels nach der Ausbildungsordnung erforderlich sind;

2. die Berufsausbildung nach den beigefügten Angaben zur sachlichen und zeitlichen Gliederung des Ausbildungsablaufes so durchzuführen, dass das Ausbildungsziel in der vorgesehenen Ausbildungszeit erreicht werden kann;

8 3. dem Auszubildenden vor Beginn der Ausbildung die Ausbildungsordnung kostenlos auszuhändigen sowie selbst auszubilden oder einen persönlich/fachlich geeigneten Ausbilder zu beauftragen und diesen dem Auszubildenden schriftlich bekannt zu geben;

4. dem Auszubildenden kostenlos die Ausbildungsmittel, insbesondere Werkzeuge, Werkstoffe und Fachliteratur zur Verfügung zu stellen, die für die Ausbildung in den betrieblichen und überbetrieblichen Ausbildungsstätten und zum Ablegen der Zwischen- und Abschlussprüfung erforderlich sind;

5. den Auszubildenden zum Besuch der Berufsschule anzuhalten und freizustellen; Gleiches gilt, wenn Ausbildungsmaßnahmen außerhalb der Ausbildungsstätte vorgeschrieben oder nach Ziffer 12 durchzuführen sind;

6. soweit im Rahmen der Berufsausbildung das Führen von Berichtsheften verlangt wird, dem Auszubildenden vor Ausbildungsbeginn und während der Ausbildung die Berichtshefte kostenlos zur Verfügung zu stellen und ihm Gelegenheit zu geben, die Berichtshefte in Form eines Ausbildungsnachweises während der Ausbildungszeit zu führen sowie die ordnungsgemäße Führung durch regelmäßige Abzeichnung zu überwachen;

7. dem Auszubildenden nur Tätigkeiten zu übertragen, die seinen körperlichen Kräften angemessen sind und dem Ausbildungszweck dienen;

8. dafür zu sorgen, dass der Auszubildende charakterlich gefördert sowie sittlich und körperlich nicht gefährdet wird;

9. sich von dem jugendlichen Auszubildenden Bescheinigungen gemäß §§ 32, 33 Jugendarbeitsschutzgesetz darüber vorlegen zu lassen, dass dieser vor der Aufnahme der Ausbildung ärztlich untersucht und vor Ablauf des ersten Ausbildungsjahres nachuntersucht wurde;

10. unverzüglich nach Abschluss des Berufsausbildungsvertrages die Eintragung in das Verzeichnis der Berufsausbildungsverhältnisse bei der zuständigen Stelle zu beantragen. Dem Antrag ist die Vertragsniederschrift und – bei Auszubildenden unter 18 Jahren – eine Kopie der ärztlichen Bescheinigung über die Erstuntersuchung gemäß § 32 Jugendarbeitsschutzgesetz beizufügen; Entsprechendes gilt auch bei späteren Änderungen des wesentlichen Vertragsinhaltes;

11. den Auszubildenden rechtzeitig zu den angesetzten Zwischen- und Abschlussprüfungen anzumelden und für die Teilnahme freizustellen. Der Anmeldung zur Zwischenprüfung bei Auszubildenden unter 18 Jahren ist eine Kopie der ärztlichen Bescheinigung über die erste Nachuntersuchung gemäß § 33 Jugendarbeitsschutzgesetz beizufügen;

12. Der Arbeitgeber kann aufgrund der Betriebsstruktur nicht alle Ausbildungsmaßnahmen im Rahmen seiner Ausbildungsstätte durchführen. Der Auszubildende wird für den Ausbildungsteil <u>Datenbanken</u> eine Hospitation bei der Firma <u>Generation Y2K</u> besuchen und den Ausbildungsteil Programmierung II bei <u>Firma Orga</u> absolvieren.

2/5

Kopiervorlage

Berufsausbildungsvertrag

§ 3 Pflichten des Ausbilders

Der Ausbilder verpflichtet sich,

1. dafür Sorge zu tragen, dass dem Auszubildenden die Kenntnisse und Fertigkeiten vermittelt werden, die zum Erreichen des Ausbildungsziels nach der Ausbildungsordnung erforderlich sind;

2. die Berufsausbildung nach den beigefügten Angaben zur sachlichen und zeitlichen Gliederung des Ausbildungsablaufes so durchzuführen, dass das Ausbildungsziel in der vorgesehenen Ausbildungszeit erreicht werden kann;

3. dem Auszubildenden vor Beginn der Ausbildung die Ausbildungsordnung kostenlos auszuhändigen sowie selbst auszubilden oder einen persönlich/fachlich geeigneten Ausbilder zu beauftragen und diesen dem Auszubildenden schriftlich bekannt zu geben;

4. dem Auszubildenden kostenlos die Ausbildungsmittel, insbesondere Werkzeuge, Werkstoffe und Fachliteratur zur Verfügung zu stellen, die für die Ausbildung in den betrieblichen und überbetrieblichen Ausbildungsstätten und zum Ablegen der Zwischen- und Abschlussprüfung erforderlich sind;

5. den Auszubildenden zum Besuch der Berufsschule anzuhalten und freizustellen; Gleiches gilt, wenn Ausbildungsmaßnahmen außerhalb der Ausbildungsstätte vorgeschrieben oder nach Ziffer 12 durchzuführen sind;

6. soweit im Rahmen der Berufsausbildung das Führen von Berichtsheften verlangt wird, dem Auszubildenden vor Ausbildungsbeginn und während der Ausbildung die Berichtshefte kostenlos zur Verfügung zu stellen und ihm Gelegenheit zu geben, die Berichtshefte in Form eines Ausbildungsnachweises während der Ausbildungszeit zu führen sowie die ordnungsgemäße Führung durch regelmäßige Abzeichnung zu überwachen;

7. dem Auszubildenden nur Tätigkeiten zu übertragen, die seinen körperlichen Kräften angemessen sind und dem Ausbildungszweck dienen;

8. dafür zu sorgen, dass der Auszubildende charakterlich gefördert sowie sittlich und körperlich nicht gefährdet wird;

9. sich von dem jugendlichen Auszubildenden Bescheinigungen gemäß §§ 32, 33 Jugendarbeitsschutzgesetz darüber vorlegen zu lassen, dass dieser vor der Aufnahme der Ausbildung ärztlich untersucht und vor Ablauf des ersten Ausbildungsjahres nachuntersucht wurde;

10. unverzüglich nach Abschluss des Berufsausbildungsvertrages die Eintragung in das Verzeichnis der Berufsausbildungsverhältnisse bei der zuständigen Stelle zu beantragen. Dem Antrag ist die Vertragsniederschrift und – bei Auszubildenden unter 18 Jahren – eine Kopie der ärztlichen Bescheinigung über die Erstuntersuchung gemäß § 32 Jugendarbeitsschutzgesetz beizufügen; Entsprechendes gilt auch bei späteren Änderungen des wesentlichen Vertragsinhaltes;

11. den Auszubildenden rechtzeitig zu den angesetzten Zwischen- und Abschlussprüfungen anzumelden und für die Teilnahme freizustellen. Der Anmeldung zur Zwischenprüfung bei Auszubildenden unter 18 Jahren ist eine Kopie der ärztlichen Bescheinigung über die erste Nachuntersuchung gemäß § 33 Jugendarbeitsschutzgesetz beizufügen.

12. Der Arbeitgeber kann aufgrund der Betriebsstruktur nicht alle Ausbildungsmaßnahmen im Rahmen seiner Ausbildungsstätte durchführen. Der Auszubildende wird für den Ausbildungsteil _____ eine Hospitation bei der Firma _____ besuchen und den Ausbildungsteil Programmierung II bei _____ absolvieren.

9 Die genannten Pflichten des Auszubildenden bestehen per Gesetz. Bei Verstößen gegen diese Pflichten sollten Sie eine Abmahnung aussprechen. Weigert sich der Auszubildende dennoch beharrlich, seinen Pflichten nachzukommen und ist die Beendigung der Ausbildung aufgrund der Nichteinhaltung der Lernverpflichtung unmöglich, können Sie das Ausbildungsverhältnis im Einzelfall sogar kündigen. Lesen Sie hierzu weitere Einzelheiten unter § 7 dieses Vertrages.

10 Die Ausbildungsvergütung muss mindestens einmal pro Jahr ansteigen. Sie soll die ansteigenden Fähigkeiten und Kenntnisse des Auszubildenden in seinem Ausbildungsberuf angemessen berücksichtigen.

11 Als Ausbilder sind Sie verpflichtet, die Kosten der Ausbildung zusätzlich zu der an den Auszubildenden zu zahlenden Vergütung zu übernehmen.

Berufsausbildungsvertrag

9 ▶ **§ 4 Pflichten des Auszubildenden**

Der Auszubildende hat sich zu bemühen, die Fertigkeiten und Kenntnisse zu erwerben, die erforderlich sind, um das Ausbildungsziel zu erreichen. Er verpflichtet sich insbesondere,

1. die ihm im Rahmen seiner Berufsausbildung übertragenen Tätigkeiten und Aufgaben sorgfältig auszuführen;

2. am Berufsschulunterricht und an Prüfungen sowie an den externen Ausbildungsmaßnahmen teilzunehmen, für die er nach § 3 Ziffern 5 und 12 dieses Vertrages freigestellt wird;

3. den Weisungen zu folgen, die ihm im Rahmen der Berufsausbildung vom Ausbilder sowie von anderen, ihm als weisungsberechtigt bekannt gemachten Personen erteilt werden;

4. die für die Ausbildungsstätte geltenden Betriebsordnungen und Unfallverhütungsvorschriften zu beachten;

5. Werkzeuge, Maschinen und sonstige Einrichtungen der Ausbildungsstätte pfleglich zu behandeln und sie nur zu den ihm übertragenen Arbeiten zu verwenden;

6. über alle Betriebs- und Geschäftsgeheimnisse Stillschweigen zu bewahren;

7. ein ggf. vorgeschriebenes Berichtsheft ordnungsgemäß zu führen und regelmäßig vorzulegen;

8. bei Fernbleiben von der betrieblichen Ausbildung, vom Berufsschulunterricht oder von sonstigen Ausbildungsveranstaltungen den Ausbilder unter Angabe von Gründen unverzüglich zu informieren und ihm bei krankheitsbedingtem Fernbleiben spätestens am dritten Tag zusätzlich eine ärztliche Bescheinigung vorzulegen. Im Übrigen gilt das Entgeltfortzahlungsgesetz;

9. sich bei Geltung des Jugendarbeitsschutzgesetzes nach den §§ 32 und 33 dieses Gesetzes bei Beginn der Ausbildung ärztlich untersuchen und vor Ablauf des Ausbildungsjahres nachuntersuchen zu lassen und die Bescheinigungen hierüber dem Ausbilder vorzulegen.

10 ▶ **§ 5 Vergütung**

Der Auszubildende erhält eine angemessene Vergütung; sie beträgt z. Zt. monatlich

DM   980,--/EUR... brutto im 1. Ausbildungsjahr
DM 1.260,--/EUR... brutto im 2. Ausbildungsjahr
DM 1.480,--/EUR... brutto im 3. Ausbildungsjahr
DM 1.510,--/EUR... brutto im 4. Ausbildungsjahr

Die Vergütung wird jeweils am Monatsende gezahlt und auf das dem Ausbilder mitgeteilte Konto angewiesen.

11 Die Kosten für externe Ausbildungsmaßnahmen trägt der Ausbilder, soweit sie nicht anderweitig abgedeckt werden.

Soweit der Ausbilder eine besondere Berufskleidung vorschreibt, hat er sie dem Auszubildenden kostenlos zur Verfügung zu stellen.

3/5

Kopiervorlage

Berufsausbildungsvertrag

§ 4 Pflichten des Auszubildenden

Der Auszubildende hat sich zu bemühen, die Fertigkeiten und Kenntnisse zu erwerben, die erforderlich sind, um das Ausbildungsziel zu erreichen. Er verpflichtet sich insbesondere,

1. die ihm im Rahmen seiner Berufsausbildung übertragenen Tätigkeiten und Aufgaben sorgfältig auszuführen;

2. am Berufsschulunterricht und an Prüfungen sowie an den externen Ausbildungsmaßnahmen teilzunehmen, für die er nach § 3 Ziffern 5 und 12 dieses Vertrages freigestellt wird;

3. den Weisungen zu folgen, die ihm im Rahmen der Berufsausbildung vom Ausbilder sowie von anderen, ihm als weisungsberechtigt bekannt gemachten Personen erteilt werden;

4. die für die Ausbildungsstätte geltenden Betriebsordnungen und Unfallverhütungsvorschriften zu beachten;

5. Werkzeuge, Maschinen und sonstige Einrichtungen der Ausbildungsstätte pfleglich zu behandeln und sie nur zu den ihm übertragenen Arbeiten zu verwenden;

6. über alle Betriebs- und Geschäftsgeheimnisse Stillschweigen zu bewahren;

7. ein ggf. vorgeschriebenes Berichtsheft ordnungsgemäß zu führen und regelmäßig vorzulegen;

8. bei Fernbleiben von der betrieblichen Ausbildung, vom Berufsschulunterricht oder von sonstigen Ausbildungsveranstaltungen den Ausbilder unter Angabe von Gründen unverzüglich zu informieren und ihm bei krankheitsbedingtem Fernbleiben spätestens am dritten Tag zusätzlich eine ärztliche Bescheinigung vorzulegen. Im Übrigen gilt das Entgeltfortzahlungsgesetz;

9. sich bei Geltung des Jugendarbeitsschutzgesetzes nach den §§ 32 und 33 dieses Gesetzes bei Beginn der Ausbildung ärztlich untersuchen und vor Ablauf des Ausbildungsjahres nachuntersuchen zu lassen und die Bescheinigungen hierüber dem Ausbilder vorzulegen.

§ 5 Vergütung

Der Auszubildende erhält eine angemessene Vergütung; sie beträgt z. Zt. monatlich

_____ brutto im 1. Ausbildungsjahr
_____ brutto im 2. Ausbildungsjahr
_____ brutto im 3. Ausbildungsjahr
_____ brutto im 4. Ausbildungsjahr

Die Vergütung wird jeweils am Monatsende gezahlt und auf das dem Ausbilder mitgeteilte Konto angewiesen.

Die Kosten für externe Ausbildungsmaßnahmen trägt der Ausbilder, soweit sie nicht anderweitig abgedeckt werden.

Soweit der Ausbilder eine besondere Berufskleidung vorschreibt, hat er sie dem Auszubildenden kostenlos zur Verfügung zu stellen.

12 Es handelt sich um den Arbeitstag, der der schriftlichen Abschlussprüfung unmittelbar vorangeht.

13 Den Auszubildenden müssen Sie für die vorgeschriebenen ärztlichen Untersuchungen auf Ihre Kosten freistellen.

14 Gründe, die zwar in der Person des Auszubildenden liegen, aber von ihm nicht verschuldet wurden, liegen vor, wenn diese auch eine Freistellung nach § 616 BGB (Sonderurlaub) rechtfertigen würden.

15 Bei Jugendlichen darf die tägliche Arbeitszeit nicht mehr als 8 Stunden betragen.

16 Der Urlaubsanspruch des Auszubildenden muss bei Beginn des Vertrages genau festgelegt werden. Im ersten Jahr der Ausbildung kann der Urlaubsanspruch zeitanteilig (Jahresurlaub geteilt durch 12 Monate mal Monate der Beschäftigung in dem Kalenderjahr) festgelegt werden. Im letzten Jahr der Ausbildung können Sie Urlaub nur anteilig berechnen, wenn der Auszubildende in der ersten Hälfte des Kalenderjahres ausscheidet. Bei Beendigung in der zweiten Hälfte des Kalenderjahres entsteht der Urlaubsanspruch in voller Höhe. Jugendliche haben nach Maßgabe des § 19 Jugendarbeitsschutzgesetz Anspruch auf erhöhten Urlaub, der sich nach dem Lebensalter richtet.

17 Nach Ablauf der Probezeit ist eine Kündigung des Ausbildungsverhältnisses nur noch sehr schwer möglich. Nur ein wichtiger Grund, der eine außerordentliche Kündigung rechtfertigen würde, kann allenfalls für eine Kündigung in Frage kommen. Aber auch dann ist eine Interessenabwägung erforderlich. Hier wird geprüft, ob das Interesse des Auszubildenden an dem Abschluss der Ausbildung, gegenüber dem Interesse an der sofortigen Beendigung des Ausbildungsverhältnisses überwiegt. Je länger der Auszubildende bereits in der Ausbildung ist, desto schwieriger wird eine Kündigung. Kurz vor Schluss der Ausbildung ist eine Kündigung also fast unmöglich.

Berufsausbildungsvertrag

12 Der Auszubildende erhält die Vergütung auch für die Zeit der Freistellung nach § 3 Ziffern 5 und 12 dieses Vertrages sowie nach § 10 Absatz 1 und § 43 Jugendarbeitsschutzgesetz und bis zur Dauer von 6 Wochen, wenn er **13**

- sich für die Berufsausbildung bereithält, diese aber ausfällt,
- infolge unverschuldeter Krankheit nicht an der Berufsausbildung teilnehmen kann oder
14 ■ aus einem sonstigen, in seiner Person liegenden Grund, unverschuldet verhindert ist, seine Pflichten aus dem Vertrag zu erfüllen.

§ 6 Ausbildungszeit / Urlaub

15 Die regelmäßige Arbeitszeit beträgt __38__ Stunden wöchentlich.

16 Der Auszubildende erhält Urlaub nach den gesetzlichen Bestimmungen. Der Urlaubsanspruch beträgt

im __1.__ Jahr : __10__ Arbeitstage
im __2.__ Jahr : __30__ Arbeitstage
im __3.__ Jahr : __30__ Arbeitstage
im __4.__ Jahr : __30__ Arbeitstage

Der Urlaub soll zusammenhängend und in der Zeit der Berufsschulferien gewährt und genommen werden. Der Auszubildende darf während des Urlaubes keine dem Urlaubszweck widersprechende Erwerbsarbeit leisten.

17 ### § 7 Kündigung

1. Nach der Probezeit kann das Ausbildungsverhältnis nur aus wichtigem Grund ohne Einhaltung einer Kündigungsfrist gekündigt werden. Die ordentliche Kündigung durch den Ausbilder ist ausgeschlossen.

2. Der Auszubildende kann das Ausbildungsverhältnis unter Einhaltung einer Frist von 4 Wochen kündigen, wenn er die Berufsausbildung aufgeben oder eine andere Berufsausbildung beginnen möchte.

3. Die Kündigung muss schriftlich unter Angabe der Gründe erfolgen.

4. Eine Kündigung aus wichtigem Grund ist unwirksam, wenn die ihr zugrunde liegenden Tatsachen dem Kündigenden länger als 2 Wochen vor Ausspruch der Kündigung bekannt waren. Bei Einleitung eines Schlichtungsverfahrens nach § 9 dieses Vertrages wird der Lauf dieser Frist bis zur Beendigung des Verfahrens gehemmt.

5. Wird das Berufsausbildungsverhältnis nach Ablauf der Probezeit vorzeitig gelöst, können der Ausbilder oder der Auszubildende Schadensersatz verlangen, wenn der andere den Grund für die Auflösung zu vertreten hat. Dies gilt nicht, wenn der Auszubildende wegen Aufgabe oder Wechsels der Berufsausbildung kündigt. Der Anspruch erlischt, wenn er nicht innerhalb von 3 Monaten nach Beendigung des Berufsausbildungsverhältnisses geltend gemacht wird.

6. Kündigt der Ausbilder wegen Betriebsaufgabe oder Wegfall der Ausbildungseignung, ist er verpflichtet, sich rechtzeitig unter Einschaltung der zuständigen Kammer und des Arbeitsamtes um einen anderen Ausbildungsplatz für den Auszubildenden zu bemühen.

4/5

Kopiervorlage

Berufsausbildungsvertrag

Der Auszubildende erhält die Vergütung auch für die Zeit der Freistellung nach § 3 Ziffern 5 und 12 dieses Vertrages sowie nach § 10 Absatz 1 und § 43 Jugendarbeitsschutzgesetz und bis zur Dauer von 6 Wochen, wenn er

- sich für die Berufsausbildung bereithält, diese aber ausfällt,
- infolge unverschuldeter Krankheit nicht an der Berufsausbildung teilnehmen kann oder
- aus einem sonstigen, in seiner Person liegenden Grund, unverschuldet verhindert ist, seine Pflichten aus dem Vertrag zu erfüllen.

§ 6 Ausbildungszeit / Urlaub

Die regelmäßige Arbeitszeit beträgt ____ Stunden wöchentlich.

Der Auszubildende erhält Urlaub nach den gesetzlichen Bestimmungen. Der Urlaubsanspruch beträgt

im __ Jahr : ___ Arbeitstage
im __ Jahr : ___ Arbeitstage
im __ Jahr : ___ Arbeitstage
im __ Jahr : ___ Arbeitstage

Der Urlaub soll zusammenhängend und in der Zeit der Berufsschulferien gewährt und genommen werden. Der Auszubildende darf während des Urlaubes keine dem Urlaubszweck widersprechende Erwerbsarbeit leisten.

§ 7 Kündigung

1. Nach der Probezeit kann das Ausbildungsverhältnis nur aus wichtigem Grund ohne Einhaltung einer Kündigungsfrist gekündigt werden. Die ordentliche Kündigung durch den Ausbilder ist ausgeschlossen.

2. Der Auszubildende kann das Ausbildungsverhältnis unter Einhaltung einer Frist von 4 Wochen kündigen, wenn er die Berufsausbildung aufgeben oder eine andere Berufsausbildung beginnen möchte.

3. Die Kündigung muss schriftlich unter Angabe der Gründe erfolgen.

4. Eine Kündigung aus wichtigem Grund ist unwirksam, wenn die ihr zugrunde liegenden Tatsachen dem Kündigenden länger als 2 Wochen vor Ausspruch der Kündigung bekannt waren. Bei Einleitung eines Schlichtungsverfahrens nach § 9 dieses Vertrages wird der Lauf dieser Frist bis zur Beendigung des Verfahrens gehemmt.

5. Wird das Berufsausbildungsverhältnis nach Ablauf der Probezeit vorzeitig gelöst, können der Ausbilder oder der Auszubildende Schadensersatz verlangen, wenn der andere den Grund für die Auflösung zu vertreten hat. Dies gilt nicht, wenn der Auszubildende wegen Aufgabe oder Wechsels der Berufsausbildung kündigt. Der Anspruch erlischt, wenn er nicht innerhalb von 3 Monaten nach Beendigung des Berufsausbildungsverhältnisses geltend gemacht wird.

6. Kündigt der Ausbilder wegen Betriebsaufgabe oder Wegfall der Ausbildungseignung, ist er verpflichtet, sich rechtzeitig unter Einschaltung der zuständigen Kammer und des Arbeitsamtes um einen anderen Ausbildungsplatz für den Auszubildenden zu bemühen.

18 Als Ausbilder müssen Sie bei jeder Beendigung der Ausbildung ein Zeugnis ausstellen. Ob es sich bei dem Zeugnis aber um ein qualifiziertes Zeugnis handeln soll, legt Ihr Auszubildender einseitig fest (§ 8 Berufsbildungsgesetz).

19 Ein Ausbildungsverhältnis kann nicht ohne weiteres enden. Ausbilder und Auszubildender müssen also in der Regel mindestens für die Dauer der Ausbildung miteinander auskommen. Bevor das Arbeitsgericht eingeschaltet wird, ist ein Schlichtungsverfahren einzuleiten. Hierbei soll versucht werden, wieder zu einer vernünftigen Zusammenarbeit zu kommen. Der Schlichtungsausschuss setzt sich aus Mitgliedern der zuständigen Kammer und in der Regel Vertretern der Berufsschule zusammen.

20 Mindestens der Auszubildende, Sie als Ausbilder und die zuständige Kammer, bei der die Ausbildung eingetragen wird, müssen jeweils ein von den Parteien unterschriebenes Exemplar des Ausbildungsvertrages im Original erhalten (§ 4 Berufsbildungsgesetz).

21 Verfallsklauseln befinden sich sehr häufig auch in Tarifverträgen. Sie haben den Vorteil, dass nach Ablauf der genannten Fristen der Anspruch des Auszubildenden nicht mehr besteht.

22 Die Speicherung und Verarbeitung von personenbezogenen Daten ist in jedem Betrieb zur Führung des Arbeitsverhältnisses erforderlich. Spätestens bei der Lohnabrechnung müssen nämlich die Daten des Auszubildenden in eine DV-Anlage eingegeben und verarbeitet werden.

Berufsausbildungsvertrag

18 ▶ **§ 8 Zeugnis**

Bei Beendigung des Berufsausbildungsverhältnisses hat der Auszubildende Anspruch auf ein Zeugnis, das Angaben über Art, Dauer und Ziel der Berufsausbildung sowie über die erworbenen Fähigkeiten und Kenntnisse des Auszubildenden enthalten muss. Auf Wunsch des Auszubildenden sind auch Angaben über seine Führung und Leistung sowie über besondere fachliche Fähigkeiten aufzunehmen. Hat der Arbeitgeber die Ausbildung nicht selbst durchgeführt, hat auch der Ausbilder das Zeugnis zu unterschreiben.

19 ▶ **§ 9 Schlichtung**

Bei Streitigkeiten aus dem Berufsausbildungsverhältnis ist vor Anrufung des Arbeitsgerichts ein Schlichtungsversuch bei dem nach § 111 Abs. 2 Arbeitsgerichtsgesetz zu errichtenden Ausschuss durchzuführen.

§ 10 Nebenabreden

Nebenabreden oder Vertragsänderungen oder -ergänzungen bedürfen zu ihrer Rechtswirksamkeit der Schriftform. Dieses Formerfordernis kann weder mündlich noch stillschweigend außer **20** ▶ Kraft gesetzt werden. Vorstehender Vertrag wurde in **4** gleichlautenden Ausfertigungen ausgestellt und von den Vertragschließenden eigenhändig unterzeichnet.

21 ▶ **§ 11 Ausschluss- und Verfallsfristen**

1. Alle Ansprüche aus diesem Ausbildungsvertrag und solche, die damit in Verbindung stehen, verfallen, wenn sie nicht innerhalb von drei Monaten nach Fälligkeit gegenüber der anderen Vertragspartei schriftlich geltend gemacht worden sind.

2. Lehnt die andere Vertragspartei den Anspruch ab oder erklärt sie sich nicht innerhalb von vier Wochen nach der Geltendmachung des Anspruchs ab, so verfällt dieser, wenn er nicht innerhalb von drei Monaten nach der Ablehnung oder dem Fristablauf gerichtlich geltend gemacht wird.

22 ▶ **§ 12 Speicherung von Daten**

Der Auszubildende ist im Sinne des Bundesdatenschutzgesetzes (BDSG) darüber unterrichtet worden, dass seine persönlichen Daten im Zusammenhang mit dem Ausbildungsverhältnis in einer DV-Anlage gespeichert werden und erklärt sich damit einverstanden.

Musterstadt, 20.03.
Ort, Datum

Ulrich Oracle   _U. Sonnenschein_
Unterschrift Arbeitgeber   Unterschrift Auszubildender

G. Sonnenschein   _A. Sonnenschein_
Unterschrift Gesetzliche Vertreter (bei Minderjährigkeit des Auszubildenden)

5/5

Kopiervorlage

Berufsausbildungsvertrag

§ 8 Zeugnis

Bei Beendigung des Berufsausbildungsverhältnisses hat der Auszubildende Anspruch auf ein Zeugnis, das Angaben über Art, Dauer und Ziel der Berufsausbildung sowie über die erworbenen Fähigkeiten und Kenntnisse des Auszubildenden enthalten muss. Auf Wunsch des Auszubildenden sind auch Angaben über seine Führung und Leistung sowie über besondere fachliche Fähigkeiten aufzunehmen. Hat der Arbeitgeber die Ausbildung nicht selbst durchgeführt, hat auch der Ausbilder das Zeugnis zu unterschreiben.

§ 9 Schlichtung

Bei Streitigkeiten aus dem Berufsausbildungsverhältnis ist vor Anrufung des Arbeitsgerichts ein Schlichtungsversuch bei dem nach § 111 Abs. 2 Arbeitsgerichtsgesetz zu errichtenden Ausschuss durchzuführen.

§ 10 Nebenabreden

Nebenabreden oder Vertragsänderungen oder -ergänzungen bedürfen zu ihrer Rechtswirksamkeit der Schriftform. Dieses Formerfordernis kann weder mündlich noch stillschweigend außer Kraft gesetzt werden. Vorstehender Vertrag wurde in ___ gleichlautenden Ausfertigungen ausgestellt und von den Vertragschließenden eigenhändig unterzeichnet.

§ 11 Ausschluss- und Verfallsfristen

1. Alle Ansprüche aus diesem Ausbildungsvertrag und solche, die damit in Verbindung stehen, verfallen, wenn sie nicht innerhalb von drei Monaten nach Fälligkeit gegenüber der anderen Vertragspartei schriftlich geltend gemacht worden sind.

2. Lehnt die andere Vertragspartei den Anspruch ab oder erklärt sie sich nicht innerhalb von vier Wochen nach der Geltendmachung des Anspruchs, so verfällt dieser, wenn er nicht innerhalb von drei Monaten nach der Ablehnung oder dem Fristablauf gerichtlich geltend gemacht wird.

§ 12 Speicherung von Daten

Der Auszubildende ist im Sinne des Bundesdatenschutzgesetzes (BDSG) darüber unterrichtet worden, dass seine persönlichen Daten im Zusammenhang mit dem Ausbildungsverhältnis in einer DV-Anlage gespeichert werden und erklärt sich damit einverstanden.

_____
Ort, Datum

_____   _____
Unterschrift Arbeitgeber   Unterschrift Auszubildender

_____
Unterschrift Gesetzliche Vertreter (bei Minderjährigkeit des Auszubildenden)

Vertrags-Check Arbeitsrecht

1 Freie Mitarbeiter sind im Gegensatz zu Arbeitnehmern wirtschaftlich und sozial selbstständig. Sie sind unabhängig, so dass es sich rechtlich um einen Dienstvertrag (§ 611 BGB) handelt. Im Gegensatz zum Werkvertrag schuldet der Dienstverpflichtete keinen Erfolg seiner Tätigkeit, sondern seine Dienstleistung.

2 Hier müssen Sie das Datum eintragen, an welchem das Vertragsverhältnis beginnen soll.

3 Der Gegenstand des Vertrages muss bei Dienstleistungsverträgen präzise genannt sein. Da beim freien Dienstvertrag vom Dienstnehmer, d. h. vom freien Mitarbeiter, lediglich sein Bemühen geschuldet wird und er nicht wie ein Arbeitnehmer in einem abhängigen Weisungsverhältnis steht, könnte ein Fehlen der genauen Bezeichnung dazu führen, dass der Leistungsumfang nicht den Vereinbarungen entspricht. Achten Sie also auf eine vollständige Aufstellung aller, für Ihr Unternehmen wichtigen Tätigkeiten.

---

1 ▶ **Vertrag über freie Mitarbeit**

Zwischen

Universa GmbH
Sportallee2

12345 Musterstadt

nachfolgend „Firma" genannt

und

Dr. Gerhard Muster
Dorfweg 1

12345 Musterstadt

nachfolgend „Berater" genannt

wird Folgendes vereinbart:

Präambel

Der Berater ist anerkannter Fachmann auf dem Gebiet der Personalentwicklung und gleichzeitig Motivationstrainer für Führungskräfte. Er stellt der Firma über diesen Vertrag sein Wissen zur Verfügung.

§ 1 Gegenstand des Vertrages

2 ▶ Der Berater wird die Firma mit Wirkung ab dem **01.01.** in allen Fragen der Bereiche „Führungstraining und Motivation von Führungskräften" beraten. Die Beratung erfolgt in Abstimmung mit der Geschäftsleitung.

3 ▶ Zur Beratertätigkeit gehören insbesondere:

- Konzeptionelles Entwickeln neuer Trainingsmaßnahmen für Führungskräfte,
- Durchführung von Motivations-Trainings,
- Durchführung von Führungstrainings,
- Aufbau eines eigenen Trainings-Centers,
- Beratung der Geschäftsführung in allen Fragen der Personalentwicklung.

1/4

Kopiervorlage

Vertrag über freie Mitarbeit

Zwischen

_____

_____

_____

nachfolgend „Firma" genannt

und

_____

_____

_____

nachfolgend „Berater" genannt

wird Folgendes vereinbart:

Präambel

Der Berater ist anerkannter Fachmann auf dem Gebiet der Personalentwicklung und gleichzeitig Motivationstrainer für Führungskräfte. Er stellt der Firma über diesen Vertrag sein Wissen zur Verfügung.

§ 1 Gegenstand des Vertrages

Der Berater wird die Firma mit Wirkung ab dem _____ in allen Fragen der Bereiche „Führungstraining und Motivation von Führungskräften" beraten. Die Beratung erfolgt in Abstimmung mit der Geschäftsleitung.

Zur Beratertätigkeit gehören insbesondere:

- Konzeptionelles Entwickeln neuer Trainingsmaßnahmen für Führungskräfte,
- Durchführung von Motivations-Trainings,
- Durchführung von Führungstrainings,
- Aufbau eines eigenen Trainings-Centers,
- Beratung der Geschäftsführung in allen Fragen der Personalentwicklung.

4 Beim Dienstvertrag ist es besonders wichtig, die Frage der Scheinselbstständigkeit vollständig auszuschließen. Achten Sie darauf, dass Ihr Berater/freier Mitarbeiter in jedem Fall seine Arbeitszeit frei bestimmen kann, nicht in die Organisation Ihres Unternehmens eingebunden ist und vor allem weisungsunabhängig bleibt. Als Selbstständiger muss er auch sein unternehmerisches Risiko selbst tragen.

5 Die Höhe des Beratungshonorars müssen Sie zwischen sich und dem Berater frei verhandeln. Die Kosten für die externe Beratung sind nach Branche und Qualifikation des Beraters zu bemessen.

6 Achten Sie darauf, dass der Berater seine Beratungsleistung unabhängig von Ihrem Unternehmen erbringt. Jede Einflussnahme Ihrerseits kann als Indiz für ein festes Arbeitsverhältnis gewertet werden. Der Berater wird regelmäßig im Laufe eines bestimmten Zeitabschnittes seine Beratungsleistung erbringen.

Vertrag über freie Mitarbeit

§ 2 Ort und Zeit der Tätigkeit

1. Der Berater ist in der Bestimmung seines Arbeitsortes frei. Er wird der Geschäftsführung jedoch einmal im Monat halbtägig am Firmensitz zur Verfügung stehen. Zur Vorbereitung dieser Treffen fertigt der Berater einen kurzen schriftlichen Bericht über seine aktuellen Maßnahmen. **4 ▶** Der Berater gestaltet seine Arbeitszeit im Übrigen nach pflichtgemäßem Ermessen.

2. Sollte die Tätigkeit des Beraters im Unternehmen zusätzlich erforderlich sein, erfolgt kurzfristig eine Terminabsprache zwischen den Parteien.

§ 3 Weiterbildung

Der Berater verpflichtet sich, sich auf dem Gebiet seiner Beratertätigkeit weiterzubilden.

§ 4 Vergütung

5 ▶ 1. Der Berater erhält für seine Tätigkeit ein Jahreshonorar in Höhe von **DM 80.000,–/EUR...** . Das Honorar wird jeweils zum Ende eines Kalendervierteljahres, also in vier gleichen Teilen fällig. Sofern der Berater vorsteuerabzugsberechtigt ist, wird das Honorar zzgl. Mehrwertsteuer in gesetzlicher Höhe gezahlt. Der Berater verpflichtet sich, einen entsprechenden Nachweis des Finanzamtes vorzulegen. Die Mehrwertsteuer ist in den Rechnungen gesondert auszuweisen. Der Berater ist für seine soziale Absicherung selbst verantwortlich. Mit dem Jahreshonorar ist ein monatlicher Zeitaufwand von 40 Stunden abgegolten.

2. Besondere Leistungen, die über die übliche Beratertätigkeit hinausgehen, sind gesondert zu honorieren. Hierzu gehören beispielsweise

   - die Erstellung umfangreicher schriftlicher Gutachten
   - Studien oder
   - Analysen

   Das Honorar für besondere Leistungen ist vor Leistungserbringung schriftlich zu vereinbaren.

3. Übt der Berater seine vertraglich geschuldete Tätigkeit nicht aus, entfällt sein Anspruch auf das Honorar. Wird die vertraglich geschuldete Tätigkeit nur teilweise erbracht, entsteht der **6 ▶** Honoraranspruch entsprechend nur anteilig.

§ 5 Aufwendungsersatz

1. Der Berater hat Anspruch auf Ersatz der erforderlichen und nach Absatz 2 abgerechneten und nachgewiesenen Abrechnungen, die im Rahmen dieses Vertrages entstehen. Aufwendungen, die im Einzelfall **DM 1.500,–/EUR...** überschreiten, werden nur nach vorheriger schriftlicher Genehmigung von der Firma erstattet.

2. Der Berater hat die Verpflichtung, über seine Aufwendungen monatlich eine Abrechnung zu erstellen. Dieser Abrechnung sind Original-Nachweise beizufügen.

2/4

Kopiervorlage

Vertrag über freie Mitarbeit

§ 2 Ort und Zeit der Tätigkeit

1. Der Berater ist in der Bestimmung seines Arbeitsortes frei. Er wird der Geschäftsführung jedoch einmal im Monat halbtägig am Firmensitz zur Verfügung stehen. Zur Vorbereitung dieser Treffen fertigt der Berater einen kurzen schriftlichen Bericht über seine aktuellen Maßnahmen. Der Berater gestaltet seine Arbeitszeit im Übrigen nach pflichtgemäßem Ermessen.

2. Sollte die Tätigkeit des Beraters im Unternehmen zusätzlich erforderlich sein, erfolgt kurzfristig eine Terminabsprache zwischen den Parteien.

§ 3 Weiterbildung

Der Berater verpflichtet sich, sich auf dem Gebiet seiner Beratertätigkeit weiterzubilden.

§ 4 Vergütung

1. Der Berater erhält für seine Tätigkeit ein Jahreshonorar in Höhe von _____ . Das Honorar wird jeweils zum Ende eines Kalendervierteljahres, also in vier gleichen Teilen fällig. Sofern der Berater vorsteuerabzugsberechtigt ist, wird das Honorar zzgl. Mehrwertsteuer in gesetzlicher Höhe gezahlt. Der Berater verpflichtet sich, einen entsprechenden Nachweis des Finanzamtes vorzulegen. Die Mehrwertsteuer ist in den Rechnungen gesondert auszuweisen. Der Berater ist für seine soziale Absicherung selbst verantwortlich. Mit dem Jahreshonorar ist ein monatlicher Zeitaufwand von 40 Stunden abgegolten.

2. Besondere Leistungen, die über die übliche Beratertätigkeit hinausgehen, sind gesondert zu honorieren. Hierzu gehören beispielsweise

   ■ die Erstellung umfangreicher schriftlicher Gutachten
   ■ Studien oder
   ■ Analysen

   Das Honorar für besondere Leistungen ist vor Leistungserbringung schriftlich zu vereinbaren.

3. Übt der Berater seine vertraglich geschuldete Tätigkeit nicht aus, entfällt sein Anspruch auf das Honorar. Wird die vertraglich geschuldete Tätigkeit nur teilweise erbracht, entsteht der Honoraranspruch entsprechend nur anteilig.

§ 5 Aufwendungsersatz

1. Der Berater hat Anspruch auf Ersatz der erforderlichen und nach Absatz 2 abgerechneten und nachgewiesenen Abrechnungen, die im Rahmen dieses Vertrages entstehen. Aufwendungen, die im Einzelfall _____ überschreiten, werden nur nach vorheriger schriftlicher Genehmigung von der Firma erstattet.

2. Der Berater hat die Verpflichtung, über seine Aufwendungen monatlich eine Abrechnung zu erstellen. Dieser Abrechnung sind Original-Nachweise beizufügen.

7 Beim Dienstvertrag mit einem freien Mitarbeiter muss ein Wettbewerbsverbot während der Laufzeit des Vertrages ausdrücklich vereinbart werden.

8 Der Berater könnte – ohne diese Klausel – im Fall eines Dauerverstoßes in einem Prozess die Einrede des Fortsetzungszusammenhanges erheben und damit zum Ausdruck bringen, dass die Vertragsstrafe lediglich ein einziges Mal verwirkt ist. Der Fortsetzungszusammenhang verhindert, dass eine erneute Verwirkung eingetreten ist.

9 Hinsichtlich der Kündigungsfristen sind Sie frei. Sie können sie einvernehmlich mit Ihrem freien Mitarbeiter festlegen, da Sie nicht an die gesetzlichen Mindestfristen gebunden sind.

Vertrag über freie Mitarbeit

§ 6 Verschwiegenheit

Der Berater verpflichtet sich, über alle ihm während der Dauer des Vertragsverhältnisses bekannt gewordenen oder bekannt werdenden geschäftlichen und betrieblichen Angelegenheiten, auch über das Ende dieses Beratervertrages hinaus, absolutes Stillschweigen zu bewahren. Er wird die ihm übergebenen Geschäfts- und Betriebsunterlagen sorgfältig verwahren, vor der Einsicht Dritter schützen und nach dem Ende des Beratervertrages zurückgeben.

§ 7 Wettbewerbsverbot

7 1. Der Berater verpflichtet sich, während der Dauer dieses Beratervertrages sich jeder selbstständigen oder unselbstständigen, direkten oder indirekten Tätigkeit für ein Unternehmen zu enthalten, das mit der Firma in Konkurrenz steht.

2. Er verpflichtet sich zusätzlich, zu keinem solchen Unternehmen in Dienst oder Arbeit zu treten, keinen Beratungsvertrag abzuschließen, es weder zu erwerben noch sich mittelbar oder unmittelbar an ihm zu beteiligen.

3. Ihm ist ferner untersagt, ein Konkurrenzunternehmen zu gründen. Von diesem Wettbewerbsverbot ausgenommen ist die vom Berater bereits begonnene Betätigung für nachfolgende Firmen: 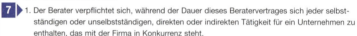 Interaktiv AG, Meisenweg 14 23456 Beispielstadt

4. Der Berater verpflichtet sich, der Firma jeden möglichen Interessenkonflikt anzuzeigen, der sich aus einer anderen Tätigkeit ergeben kann. Eine solche Tätigkeit ist erst nach Zustimmung der Firma aufzunehmen. Diese Zustimmung darf die Firma nur aus berechtigtem Grund verweigern.

§ 8 Vertragsstrafe

Der Berater verpflichtet sich für den Fall der Zuwiderhandlung gegen die Verpflichtungen aus § 6 und § 7 zur Zahlung einer Vertragsstrafe in Höhe von DM 150.000,--/EUR... Im Fall des Dauerverstoßes ist die Vertragsstrafe jeden Monat neu verwirkt. Die Einrede des Fort-

8 setzungszusammenhanges ist ausgeschlossen.

§ 9 Vertragsende, Kündbarkeit

9 1. Der Beratervertrag ist befristet bis zum 31.12.   . Innerhalb dieses Zeitraumes ist er von beiden Seiten mit einer Frist von 1 Monat zum Quartalsende kündbar, erstmals jedoch zum 30.06.   .
Das Recht zur außerordentlichen Kündigung bleibt hiervon unberührt.

2. Die Kündigung bedarf der Schriftform. Einer Begründung bedarf die ordentliche Kündigung des Vertrages nicht.

3/4

Kopiervorlage

Vertrag über freie Mitarbeit

§ 6 Verschwiegenheit

Der Berater verpflichtet sich, über alle ihm während der Dauer des Vertragsverhältnisses bekannt gewordenen oder bekannt werdenden geschäftlichen und betrieblichen Angelegenheiten, auch über das Ende dieses Beratervertrages hinaus, absolutes Stillschweigen zu bewahren. Er wird die ihm übergebenen Geschäfts- und Betriebsunterlagen sorgfältig verwahren, vor der Einsicht Dritter schützen und nach dem Ende des Beratervertrages zurückgeben.

§ 7 Wettbewerbsverbot

1. Der Berater verpflichtet sich, während der Dauer dieses Beratervertrages sich jeder selbstständigen oder unselbstständigen, direkten oder indirekten Tätigkeit für ein Unternehmen zu enthalten, das mit der Firma in Konkurrenz steht.

2. Er verpflichtet sich zusätzlich, zu keinem solchen Unternehmen in Dienst oder Arbeit zu treten, keinen Beratungsvertrag abzuschließen, es weder zu erwerben noch sich mittelbar oder unmittelbar an ihm zu beteiligen.

3. Ihm ist ferner untersagt, ein Konkurrenzunternehmen zu gründen. Von diesem Wettbewerbsverbot ausgenommen ist die vom Berater bereits begonnene Betätigung für nachfolgende Firmen: _____

4. Der Berater verpflichtet sich, der Firma jeden möglichen Interessenkonflikt anzuzeigen, der sich aus einer anderen Tätigkeit ergeben kann. Eine solche Tätigkeit ist erst nach Zustimmung der Firma aufzunehmen. Diese Zustimmung darf die Firma nur aus berechtigtem Grund verweigern.

§ 8 Vertragsstrafe

Der Berater verpflichtet sich für den Fall der Zuwiderhandlung gegen die Verpflichtungen aus § 6 und § 7 zur Zahlung einer Vertragsstrafe in Höhe von _____. Im Fall des Dauerverstoßes ist die Vertragsstrafe jeden Monat neu verwirkt. Die Einrede des Fortsetzungszusammenhanges ist ausgeschlossen.

§ 9 Vertragsende, Kündbarkeit

1. Der Beratervertrag ist befristet bis zum _____. Innerhalb dieses Zeitraumes ist er von beiden Seiten mit einer Frist von 1 Monat zum Quartalsende kündbar, erstmals jedoch zum _____ .

   Das Recht zur außerordentlichen Kündigung bleibt hiervon unberührt.

2. Die Kündigung bedarf der Schriftform. Einer Begründung bedarf die ordentliche Kündigung des Vertrages nicht.

10 Diese Regelung wird als Teilunwirksamkeitsklausel oder auch als Salvatorische Klausel bezeichnet. Sie soll verhindern, dass bei einem unwirksamen Teil des Vertrages gleich das gesamte Vertragswerk entfällt. Sie finden diese oder ähnliche Klauseln auch in einer Vielzahl von anderen Verträgen.

Vertrag über freie Mitarbeit

10 ▶ **§ 10 Salvatorische Klausel**

Bei Unwirksamkeit einzelner Bestimmungen dieses Vertrages soll keine Nichtigkeit des gesamten Vertrages eintreten. Vielmehr verpflichten sich die Parteien, eine ergänzende Regelung zu treffen, die dem ursprünglichen, bei Vertragsformulierung bestehenden, wirtschaftlichen Zweck der Regelung möglichst nahekommt.

§ 11 Schlussbestimmungen

Mündliche Nebenabreden bestehen nicht. Änderungen oder Ergänzungen dieses Vertrages bedürfen zu ihrer Wirksamkeit der Schriftform. Gerichtssitz ist der Sitz der Firma.

Musterstadt, 01.02.
Ort, Datum

Max Beispiel
Geschäftsführer
Unterschrift Firma

Dr. Gerhard Muster
Unterschrift Berater

4/4

Kopiervorlage

Vertrag über freie Mitarbeit

§ 10 Salvatorische Klausel

Bei Unwirksamkeit einzelner Bestimmungen dieses Vertrages soll keine Nichtigkeit des gesamten Vertrages eintreten. Vielmehr verpflichten sich die Parteien, eine ergänzende Regelung zu treffen, die dem ursprünglichen, bei Vertragsformulierung bestehenden, wirtschaftlichen Zweck der Regelung möglichst nahekommt.

§ 11 Schlussbestimmungen

Mündliche Nebenabreden bestehen nicht. Änderungen oder Ergänzungen dieses Vertrages bedürfen zu ihrer Wirksamkeit der Schriftform. Gerichtssitz ist der Sitz der Firma.

_____
Ort, Datum

_____   _____
Unterschrift Firma   Unterschrift Berater

1 Bei einem Arbeitsvertrag mit einem Gesellen handelt es sich um einen Spezialfall des Arbeitsvertrages mit einem gewerblichen Arbeitnehmer.

2 Tragen Sie hier das Datum ein, an dem das Arbeitsverhältnis beginnen soll. Beginnt das Arbeitsverhältnis nicht am Monatsanfang, sondern während des laufenden Monats, brauchen Sie das Arbeitsentgelt für diesen Monat nur anteilig zu zahlen.

3 Sie können auch eine kürzere Probezeit als 6 Monate vereinbaren (§ 622 Absatz 3 BGB). Eine Verlängerung sollten Sie – obwohl unter Verlust der kurzen Kündigungsfrist möglich – vermeiden, da Sie den Kündigungsschutz nach dem Kündigungsschutzgesetz in Gang setzen.

4 Nach dem neu eingeführten § 623 Bürgerliches Gesetzbuch (BGB) ist eine mündliche Kündigung unwirksam. Dies gilt auch für eine mündliche Kündigung in der Probezeit.

5 Tragen Sie hier die genaue Berufsbezeichnung Ihres Mitarbeiters ein, und fügen Sie auch die Bezeichnung „Geselle" hinzu.

6 Die Aufnahme dieser so genannten Öffnungsklausel in den Arbeitsvertrag bietet Ihnen als Arbeitgeber eine wesentliche Erleichterung: Sie dürfen Ihren Mitarbeiter auch mit anderen, außerhalb seines Berufsbildes liegenden Arbeiten beschäftigen, ohne dass Sie zuvor eine Änderungskündigung aussprechen müssen.

---

1 ▸ **Arbeitsvertrag mit einem Gesellen**

Zwischen

Huber & Sohn Maschinenbau GmbH
Kleestraße 4

12345 Musterstadt

nachfolgend „Arbeitgeber" genannt

und

Herrn/Frau
Peter Otto
Bachstelzenweg 20

12345 Musterstadt

nachfolgend „Mitarbeiter" genannt

wird der folgende Vertrag geschlossen:

§ 1 Beginn des Arbeitsverhältnisses und Probezeit

2 ▸ 1. Das Arbeitsverhältnis beginnt am <u>01.05.</u> und gilt für unbestimmte Zeit (unbefristetes Arbeitsverhältnis).

3 ▸ 2. Die ersten <u>6</u> Monate gelten als Probezeit. Während der Probezeit kann das Arbeitsverhältnis jederzeit von beiden Seiten unter Einhaltung einer Kündigungsfrist von 2 Wochen schriftlich ◂**4** gekündigt werden.

3. Für die Kündigung nach Ablauf der Probezeit gelten die in § 8 dieses Vertrages getroffenen Bestimmungen.

5 ▸ **§ 2 Tätigkeit**

1. Der Mitarbeiter wird als <u>Schlossergeselle</u> eingestellt. Er ist nach näherer Weisung verpflichtet, alle Tätigkeiten wie nach dem Berufsbild vorgesehen und üblich, zu verrichten.

2. Der Mitarbeiter verpflichtet sich, seinen Gesellenbrief dem Arbeitgeber auf dessen Verlangen zum Aushang im Betrieb zur Verfügung zu stellen.

6 ▸ 3. Der Arbeitgeber behält sich ausdrücklich vor, den Mitarbeiter auch mit anderen, außerhalb seines Aufgabenbereiches liegenden Arbeiten zu beschäftigen, sofern diese Arbeiten der Aus- und Fortbildung des Mitarbeiters entsprechen und für ihn zumutbar sind.

1/5

Kopiervorlage

Arbeitsvertrag

Zwischen

_____

_____

_____

nachfolgend „Arbeitgeber" genannt

und

_____

_____

_____

_____

nachfolgend „Mitarbeiter" genannt

wird der folgende Vertrag geschlossen:

§ 1 Beginn des Arbeitsverhältnisses und Probezeit

1. Das Arbeitsverhältnis beginnt am _____ und gilt für unbestimmte Zeit (unbefristetes Arbeitsverhältnis).

2. Die ersten __ Monate gelten als Probezeit. Während der Probezeit kann das Arbeitsverhältnis jederzeit von beiden Seiten unter Einhaltung einer Kündigungsfrist von 2 Wochen schriftlich gekündigt werden.

3. Für die Kündigung nach Ablauf der Probezeit gelten die in § 8 dieses Vertrages getroffenen Bestimmungen.

§ 2 Tätigkeit

1. Der Mitarbeiter wird als _____ eingestellt. Er ist nach näherer Weisung verpflichtet, alle Tätigkeiten wie nach dem Berufsbild vorgesehen und üblich, zu verrichten.

2. Der Mitarbeiter verpflichtet sich, seinen Gesellenbrief dem Arbeitgeber auf dessen Verlangen zum Aushang im Betrieb zur Verfügung zu stellen.

3. Der Arbeitgeber behält sich ausdrücklich vor, den Mitarbeiter auch mit anderen, außerhalb seines Aufgabenbereiches liegenden Arbeiten zu beschäftigen, sofern diese Arbeiten der Aus- und Fortbildung des Mitarbeiters entsprechen und für ihn zumutbar sind.

7 Fügen Sie hier die Anzahl der Wochenarbeitsstunden ein.

8 Hier müssen Sie ankreuzen, was für die Lage der Arbeitzeit gelten soll. Besteht keine Arbeitszeitregelung in Ihrem Betrieb, ist es erforderlich, dass Sie die Lage der Arbeitszeit in den Vertrag aufnehmen.

9 Tragen Sie hier die zeitliche Lage der Mittagspause ein. Sie können auch einen Zeitrahmen vorgeben, innerhalb dessen Ihr Mitarbeiter die Mittagspause zu nehmen hat.

10 Für Montage- und Reparaturbetriebe ist eine solche Öffnungsklausel unerlässlich, es sei denn, der Arbeitgeber unterhält eine besondere Reparatur- und Montagekolonne.

11 Tragen Sie das monatliche Brutto-Gehalt Ihres Mitarbeiters ein.

12 Hier können Sie einfügen, zu welchem Zeitpunkt das Arbeitsentgelt ausbezahlt wird.

13 Tragen Sie hier einen angemessenen Pauschalbetrag für Ihren Arbeitsaufwand ein. Häufig wird in Arbeitsverträgen auch eine Klausel des Inhaltes aufgenommen, dass Gehaltspfändungen nur mit Zustimmung des Arbeitgebers erfolgen dürfen. Auf Gehaltspfändungen haben Sie jedoch keinen Einfluss, sondern nur der Gläubiger des Mitarbeiters, der diesem gegenüber einen wirksamen Titel erwirkt hat.

14 Als Arbeitgeber können Sie bereits ab dem ersten Tag der Arbeitsunfähigkeit eine entsprechende Bescheinigung (Arbeitsunfähigkeitsbescheinigung des Arztes) verlangen, § 5 Absatz 1 Entgeltfortzahlungsgesetz (EFZG). Dies können Sie im Arbeitsvertrag festlegen.

Arbeitsvertrag mit einem Gesellen

§ 3 Arbeitszeit

7 1. Die Arbeitszeit beträgt 40 Stunden in der Woche. Die Lage der Arbeitszeit

8
- richtet sich nach der jeweils gültigen Arbeitszeitregelung, die automatisch Bestandteil dieses Vertrages wird,
- wird wie folgt vereinbart:
  <u>montags bis freitags jeweils von 8.00 Uhr bis 16.30 Uhr</u> .

9 2. Der Mitarbeiter hat pro Arbeitstag eine halbstündige Mittagspause einzuhalten, die in der Zeit von <u>12.00 Uhr bis 12.30 Uhr</u> zu nehmen ist.

§ 4 Arbeitsort

10 Der Mitarbeiter verrichtet seine Tätigkeit grundsätzlich in der Betriebsstätte in Musterstadt. Der Arbeitgeber behält sich jedoch ausdrücklich vor, den Mitarbeiter bei Bedarf auch an einer auswärtigen Arbeitsstelle einzusetzen. Dies gilt insbesondere für Reparatur- und Montagearbeiten außerhalb der Betriebsstätte.

§ 5 Vergütung

12 1. Das monatliche Brutto-Festgehalt des Mitarbeiters beträgt <u>DM 4.008 ,--/ EUR...</u> und wird **11** jeweils <u>am 15. des Folgemonats</u> ausgezahlt. Der Mitarbeiter erklärt sich damit einverstanden, dass sein Arbeitsentgelt auf ein von ihm zu benennendes Bank- oder Postbankkonto überwiesen wird.

2. Die Zahlung von Gratifikationen, Prämien und sonstigen Sonderzahlungen liegt im freien Ermessen des Arbeitgebers und begründet keinen Rechtsanspruch des Mitarbeiters für die Zukunft, auch wenn die Zahlung wiederholt und ohne ausdrücklichen Vorbehalt der Freiwilligkeit erfolgt.

3. Der Mitarbeiter darf Gehaltsabtretungen nur nach vorheriger Zustimmung des Arbeitgebers vornehmen. Wird das Gehalt des Mitarbeiters abgetreten bzw. gepfändet, trägt der Mitarbeiter die hierfür entstehenden Kosten, mindestens aber pro Überweisung des Arbeitgebers **13** <u>DM 5,--/ EUR...</u> und pro notwendigem Schreiben des Arbeitgebers <u>DM 5,--/ EUR ...</u> .

§ 6 Arbeitsverhinderung und Entgeltfortzahlung im Krankheitsfall

1. Der Mitarbeiter ist verpflichtet, dem Arbeitgeber jede Arbeitsverhinderung und ihre voraussichtliche Dauer unverzüglich mitzuteilen.

14 2. Im Falle der Arbeitsunfähigkeit infolge Krankheit ist der Mitarbeiter verpflichtet, unverzüglich, spätestens jedoch vor Ablauf des <u>3.</u> Kalendertages nach Beginn der Arbeitsunfähigkeit eine ärztliche Bescheinigung darüber sowie über deren voraussichtliche Dauer vorzulegen. Bei einer über den angegebenen Zeitraum hinausgehenden Erkrankung ist eine Folgebescheinigung innerhalb von weiteren 3 Tagen nach Ablauf der vorangegangenen Bescheinigung dem Arbeitgeber vorzulegen.

2/5

Kopiervorlage

Arbeitsvertrag

§ 3 Arbeitszeit

1. Die Arbeitszeit beträgt 40 Stunden in der Woche. Die Lage der Arbeitszeit

   ■ richtet sich nach der jeweils gültigen Arbeitszeitregelung, die automatisch Bestandteil dieses Vertrages wird,
   ■ wird wie folgt vereinbart:

   _____ .

2. Der Mitarbeiter hat pro Arbeitstag eine halbstündige Mittagspause einzuhalten, die in der Zeit von _____ zu nehmen ist.

§ 4 Arbeitsort

Der Mitarbeiter verrichtet seine Tätigkeit grundsätzlich in der Betriebsstätte in Musterstadt. Der Arbeitgeber behält sich jedoch ausdrücklich vor, den Mitarbeiter bei Bedarf auch an einer auswärtigen Arbeitsstelle einzusetzen. Dies gilt insbesondere für Reparatur- und Montagearbeiten außerhalb der Betriebsstätte.

§ 5 Vergütung

1. Das monatliche Brutto-Festgehalt des Mitarbeiters beträgt _____ und wird jeweils _____ ausgezahlt. Der Mitarbeiter erklärt sich damit einverstanden, dass sein Arbeitsentgelt auf ein von ihm zu benennendes Bank- oder Postbankkonto überwiesen wird.

2. Die Zahlung von Gratifikationen, Prämien und sonstigen Sonderzahlungen liegt im freien Ermessen des Arbeitgebers und begründet keinen Rechtsanspruch des Mitarbeiters für die Zukunft, auch wenn die Zahlung wiederholt und ohne ausdrücklichen Vorbehalt der Freiwilligkeit erfolgt.

3. Der Mitarbeiter darf Gehaltsabtretungen nur nach vorheriger Zustimmung des Arbeitgebers vornehmen. Wird das Gehalt des Mitarbeiters abgetreten bzw. gepfändet, trägt der Mitarbeiter die hierfür entstehenden Kosten, mindestens aber pro Überweisung des Arbeitgebers _____ und pro notwendigem Schreiben des Arbeitgebers _____.

§ 6 Arbeitsverhinderung und Entgeltfortzahlung im Krankheitsfall

1. Der Mitarbeiter ist verpflichtet, dem Arbeitgeber jede Arbeitsverhinderung und ihre voraussichtliche Dauer unverzüglich mitzuteilen.

2. Im Falle der Arbeitsunfähigkeit infolge Krankheit ist der Mitarbeiter verpflichtet, unverzüglich, spätestens jedoch vor Ablauf des ___ Kalendertages nach Beginn der Arbeitsunfähigkeit eine ärztliche Bescheinigung darüber sowie über deren voraussichtliche Dauer vorzulegen. Bei einer über den angegebenen Zeitraum hinausgehenden Erkrankung ist eine Folgebescheinigung innerhalb von weiteren 3 Tagen nach Ablauf der vorangegangenen Bescheinigung dem Arbeitgeber vorzulegen.

15 Diese Klausel stellt lediglich gegenüber Ihrem Mitarbeiter klar, dass der Anspruch auf Schadensersatz in Höhe der von Ihnen geleisteten Entgeltfortzahlung auf Sie als Arbeitgeber kraft Gesetzes übergeht, so genannter gesetzlicher Forderungsübergang bei Dritthaftung, § 6 Absatz 1 EFZG.

16 Als Arbeitgeber sind Sie nach § 81 Betriebsverfassungsgesetz (BetrVG) verpflichtet, Ihren Mitarbeiter über Unfall- und Gesundheitsgefahren aufzuklären. Dies gilt auch, wenn Sie keinen Betriebsrat haben.

17 Tragen Sie hier die Anzahl der Tage des Erholungsurlaubs ein, die Sie Ihrem Mitarbeiter gewähren. Nach dem Bundesurlaubsgesetz sind Sie verpflichtet, Ihrem Mitarbeiter mindestens an 24 Werktagen im Jahr Erholungsurlaub zu gewähren; Sie können dem Arbeitnehmer jedoch auch mehr Urlaubstage einräumen, das Bundesurlaubsgesetz legt lediglich den Mindesturlaub fest. Der Samstag wird dabei als Werktag mitgezählt, auch wenn in Ihrem Betrieb samstags nicht gearbeitet wird.

18 Ein generelles Verbot einer Nebentätigkeit ist unzulässig.

19 Nach dem neu gefassten § 623 Bürgerliches Gesetzbuch (BGB) ist eine mündliche Kündigung unwirksam.

20 Häufig führen Kündigungen zu Streitigkeiten zwischen den Parteien. Ein dadurch verärgerter oder demotivierter Mitarbeiter kann den Betriebsfrieden erheblich stören, aber auch Schäden am Betriebseigentum verursachen. Um sich davor zu schützen, können Sie den Mitarbeiter von der Arbeitsleistung freistellen. Sein Gehalt müssen Sie jedoch während der Freistellung bis zum Ende des Arbeitsverhältnisses fortzahlen.

Arbeitsvertrag mit einem Gesellen

3. Ist der Mitarbeiter an der Arbeitsleistung infolge auf unverschuldeter Krankheit beruhender Arbeitsunfähigkeit verhindert, leistet der Arbeitgeber Fortzahlung der Vergütung nach Maßgabe des Entgeltfortzahlungsgesetzes.

4. Beruht die Arbeitsunfähigkeit des Mitarbeiters auf Handlungen eines Dritten, gehen die dem Mitarbeiter gegenüber dem Dritten zustehenden Schadensersatzansprüche wegen Verdienstausfalles in der Höhe auf den Arbeitgeber über, in welcher der Arbeitgeber während der Zeit **15** der Arbeitsunfähigkeit Entgeltfortzahlung geleistet hat.

16 ### § 7 Arbeitsschutz

Der Mitarbeiter wird bei Beginn seiner Arbeit in die jeweiligen Arbeitsschutz- und Unfallverhütungsvorschriften eingewiesen sowie über die Unfall- und Gesundheitsgefahren gemäß § 81 BetrVG belehrt. Ihm wird als Anlage zu diesem Vertrag eine schriftliche Zusammenfassung der Arbeitsschutz- und Unfallverhütungsvorschriften ausgehändigt. Der Mitarbeiter wird die besonderen Gefahren seines Arbeitsplatzes beachten und den Arbeitgeber unverzüglich informieren, wenn weitere mögliche Gefahren auftreten.

§ 8 Urlaub

17 1. Der Mitarbeiter erhält im Kalenderjahr Erholungsurlaub in Höhe von **28** Werktagen.

2. Der Zeitpunkt des Urlaubsantritts ist vom Arbeitgeber unter Berücksichtigung der betrieblichen Belange und der Belange des Arbeitnehmers (Mitarbeiters) festzulegen.

3. Im Übrigen gelten die Vorschriften des Bundesurlaubsgesetzes.

18 ### § 9 Nebentätigkeit

Jede entgeltliche oder unentgeltliche Nebentätigkeit des Mitarbeiters bedarf der vorherigen Zustimmung des Arbeitgebers. Dies gilt auch für Ehrenämter.

§ 10 Kündigung, Freistellung und Beendigung des Arbeitsverhältnisses

19 1. Beide Parteien können das Arbeitsverhältnis unter Einhaltung der gesetzlichen Kündigungsfristen schriftlich kündigen. Für die ordentliche Kündigung gelten die Fristen gemäß § 622 BGB.

2. Im Falle einer Kündigung durch eine der Parteien ist der Arbeitgeber jederzeit berechtigt, den Mitarbeiter mit sofortiger Wirkung von seiner Verpflichtung zur Arbeitsleistung unter Fortzah-
20 lung der Vergütung freizustellen.

3. Das Arbeitsverhältnis endet ohne dessen Kündigung mit Ablauf des Monats, nach welchem der Mitarbeiter Rente wegen Erwerbsunfähigkeit oder Erreichung der Altersgrenze bezieht. Den entsprechenden Bescheid des Rentenversicherungsträgers hat der Mitarbeiter dem Arbeitgeber unverzüglich vorzulegen. Dessen ungeachtet vereinbaren die Parteien, dass das Arbeitsverhältnis spätestens dann endet, wenn der Mitarbeiter sein 65. Lebensjahr vollendet hat.

3/5

Kopiervorlage

Arbeitsvertrag

3. Ist der Mitarbeiter an der Arbeitsleistung infolge auf unverschuldeter Krankheit beruhender Arbeitsunfähigkeit verhindert, leistet der Arbeitgeber Fortzahlung der Vergütung nach Maßgabe des Entgeltfortzahlungsgesetzes.

4. Beruht die Arbeitsunfähigkeit des Mitarbeiters auf Handlungen eines Dritten, gehen die dem Mitarbeiter gegenüber dem Dritten zustehenden Schadensersatzansprüche wegen Verdienstausfalles in der Höhe auf den Arbeitgeber über, in welcher der Arbeitgeber während der Zeit der Arbeitsunfähigkeit Entgeltfortzahlung geleistet hat.

§ 7 Arbeitsschutz

Der Mitarbeiter wird bei Beginn seiner Arbeit in die jeweiligen Arbeitsschutz- und Unfallverhütungsvorschriften eingewiesen sowie über die Unfall- und Gesundheitsgefahren gemäß § 81 BetrVG belehrt. Ihm wird als Anlage zu diesem Vertrag eine schriftliche Zusammenfassung der Arbeitsschutz- und Unfallverhütungsvorschriften ausgehändigt. Der Mitarbeiter wird die besonderen Gefahren seines Arbeitsplatzes beachten und den Arbeitgeber unverzüglich informieren, wenn weitere mögliche Gefahren auftreten.

§ 8 Urlaub

1. Der Mitarbeiter erhält im Kalenderjahr Erholungsurlaub in Höhe von ____ Werktagen.

2. Der Zeitpunkt des Urlaubsantritts ist vom Arbeitgeber unter Berücksichtigung der betrieblichen Belange und der Belange des Arbeitnehmers (Mitarbeiters) festzulegen.

3. Im Übrigen gelten die Vorschriften des Bundesurlaubsgesetzes.

§ 9 Nebentätigkeit

Jede entgeltliche oder unentgeltliche Nebentätigkeit des Mitarbeiters bedarf der vorherigen Zustimmung des Arbeitgebers. Dies gilt auch für Ehrenämter.

§ 10 Kündigung, Freistellung und Beendigung des Arbeitsverhältnisses

1. Beide Parteien können das Arbeitsverhältnis unter Einhaltung der gesetzlichen Kündigungsfristen schriftlich kündigen. Für die ordentliche Kündigung gelten die Fristen gemäß § 622 BGB.

2. Im Falle einer Kündigung durch eine der Parteien ist der Arbeitgeber jederzeit berechtigt, den Mitarbeiter mit sofortiger Wirkung von seiner Verpflichtung zur Arbeitsleistung unter Fortzahlung der Vergütung freizustellen.

3. Das Arbeitsverhältnis endet ohne dessen Kündigung mit Ablauf des Monats, nach welchem der Mitarbeiter Rente wegen Erwerbsunfähigkeit oder Erreichung der Altersgrenze bezieht. Den entsprechenden Bescheid des Rentenversicherungsträgers hat der Mitarbeiter dem Arbeitgeber unverzüglich vorzulegen. Dessen ungeachtet vereinbaren die Parteien, dass das Arbeitsverhältnis spätestens dann endet, wenn der Mitarbeiter sein 65. Lebensjahr vollendet hat.

21 In jedem Betrieb müssen personenbezogene Daten gespeichert und verarbeitet werden. Die Daten Ihres Mitarbeiters werden spätestens bei der Lohnabrechnung (gegebenenfalls bei einem von Ihnen damit beauftragten Steuerberater) DV-mäßig erfasst und verarbeitet.

22 Die Vereinbarung einer Vertragsstrafe bietet Ihnen als Arbeitgeber einen wesentlichen Vorteil. Sie brauchen den Schaden, den Ihr Mitarbeiter Ihnen durch sein Verhalten zugefügt hat und für den er ersatzpflichtig ist, nicht im Einzelnen zu beweisen. Gerade dieser Beweis ist in der Praxis sehr schwierig zu führen.

23 Ausschluss- und Verfallsklauseln bieten Ihnen den Vorteil, dass nach Ablauf der jeweiligen Fristen der Anspruch Ihres Mitarbeiters nicht mehr besteht. Werden solche Fristen in einem Arbeitsvertrag vereinbart, dürfen sie nicht kürzer als mindestens 2 Monate sein.

Arbeitsvertrag mit einem Gesellen

§ 11 Verschwiegenheitspflicht, Rückgabe von Unterlagen und sonstigem Firmeneigentum

1. Der Mitarbeiter ist verpflichtet, über alle ihm während seiner Tätigkeit für den Arbeitgeber bekannt gewordenen inner- und außerbetrieblichen Vorgänge, insbesondere Geschäfts- und Betriebsgeheimnisse, Verschwiegenheit zu bewahren; dies gilt auch für die Zeit nach dem Ausscheiden aus dem Arbeitsverhältnis.

2. Verstößt der Mitarbeiter gegen die Verschwiegenheitspflicht, kann der Arbeitgeber Ersatz des daraus für ihn entstehenden Schadens verlangen. Zudem ist der Arbeitgeber im Ausnahmefall berechtigt, dem Mitarbeiter ordentlich bzw. außerordentlich zu kündigen.

3. Auf Verlangen des Arbeitgebers hat der Mitarbeiter jederzeit – spätestens aber unaufgefordert bei Beendigung des Arbeitsverhältnisses – alle Gegenstände, insbesondere Unterlagen, Kopien, Werkzeuge usw. zurückzugeben, die er im Zusammenhang mit seiner Tätigkeit von dem Arbeitgeber erhalten hat. Ein Zurückbehaltungsrecht an diesen Gegenständen steht dem Mitarbeiter nicht zu.

21 ▶ ### § 12 Speicherung von Daten

Der Mitarbeiter wurde im Sinne des Bundesdatenschutzgesetzes von der Speicherung seiner persönlichen, im Zusammenhang mit dem Arbeitsverhältnis stehenden Daten in eine DV-Anlage unterrichtet. Mit dieser Speicherung erklärt sich der Mitarbeiter einverstanden.

22 ▶ ### § 13 Vertragsstrafe

Nimmt der Mitarbeiter seine Arbeit schuldhaft nicht auf oder hält er die gesetzlichen Kündigungsfristen nicht ein, verpflichtet er sich, dem Arbeitgeber eine Vertragsstrafe in Höhe <u>eines monatlichen Brutto-Gehaltes</u> zu zahlen. Dies gilt auch, wenn der Mitarbeiter vor Beginn des Arbeitsverhältnisses von diesem Vertrag zurücktritt. Dem Arbeitgeber bleibt vorbehalten, einen weitergehenden Schaden geltend zu machen.

23 ▶ ### § 14 Ausschluss- und Verfallsfristen

1. Alle beiderseitigen Ansprüche aus diesem Arbeitsvertrag und solche, die damit in Verbindung stehen, verfallen, wenn sie nicht innerhalb von <u>3 Monaten</u> nach Fälligkeit gegenüber der anderen Vertragspartei schriftlich geltend gemacht worden sind.

2. Lehnt die andere Vertragspartei den Anspruch ab oder erklärt sie sich nicht innerhalb von <u>4 Wochen</u> nach der Geltendmachung des Anspruchs, so verfällt dieser, wenn er nicht innerhalb von <u>3 Monaten</u> nach der Ablehnung oder dem Fristablauf gerichtlich geltend gemacht wird.

4/5

Kopiervorlage

Arbeitsvertrag

§ 11 Verschwiegenheitspflicht, Rückgabe von Unterlagen und sonstigem Firmeneigentum

1. Der Mitarbeiter ist verpflichtet, über alle ihm während seiner Tätigkeit für den Arbeitgeber bekannt gewordenen inner- und außerbetrieblichen Vorgänge, insbesondere Geschäfts- und Betriebsgeheimnisse, Verschwiegenheit zu bewahren; dies gilt auch für die Zeit nach dem Ausscheiden aus dem Arbeitsverhältnis.

2. Verstößt der Mitarbeiter gegen die Verschwiegenheitspflicht, kann der Arbeitgeber Ersatz des daraus für ihn entstehenden Schadens verlangen. Zudem ist der Arbeitgeber im Ausnahmefall berechtigt, dem Mitarbeiter ordentlich bzw. außerordentlich zu kündigen.

3. Auf Verlangen des Arbeitgebers hat der Mitarbeiter jederzeit – spätestens aber unaufgefordert bei Beendigung des Arbeitsverhältnisses – alle Gegenstände, insbesondere Unterlagen, Kopien, Werkzeuge usw. zurückzugeben, die er im Zusammenhang mit seiner Tätigkeit von dem Arbeitgeber erhalten hat. Ein Zurückbehaltungsrecht an diesen Gegenständen steht dem Mitarbeiter nicht zu.

§ 12 Speicherung von Daten

Der Mitarbeiter wurde im Sinne des Bundesdatenschutzgesetzes von der Speicherung seiner persönlichen, im Zusammenhang mit dem Arbeitsverhältnis stehenden Daten in eine DV-Anlage unterrichtet. Mit dieser Speicherung erklärt sich der Mitarbeiter einverstanden.

§ 13 Vertragsstrafe

Nimmt der Mitarbeiter seine Arbeit schuldhaft nicht auf oder hält er die gesetzlichen Kündigungsfristen nicht ein, verpflichtet er sich, dem Arbeitgeber eine Vertragsstrafe in Höhe _____ _____ zu zahlen. Dies gilt auch, wenn der Mitarbeiter vor Beginn des Arbeitsverhältnisses von diesem Vertrag zurücktritt. Dem Arbeitgeber bleibt vorbehalten, einen weitergehenden Schaden geltend zu machen.

§ 14 Ausschluss- und Verfallsfristen

1. Alle beiderseitigen Ansprüche aus diesem Arbeitsvertrag und solche, die damit in Verbindung stehen, verfallen, wenn sie nicht innerhalb von _____ nach Fälligkeit gegenüber der anderen Vertragspartei schriftlich geltend gemacht worden sind.

2. Lehnt die andere Vertragspartei den Anspruch ab oder erklärt sie sich nicht innerhalb von _____ nach der Geltendmachung des Anspruchs, so verfällt dieser, wenn er nicht innerhalb von _____ nach der Ablehnung oder dem Fristablauf gerichtlich geltend gemacht wird.

24 Aufgrund dieses Schriftformerfordernisses sind mündliche Vereinbarungen unwirksam.

25 Es handelt sich hierbei um eine so genannte Teilnichtigkeitsklausel bzw. Teilunwirksamkeitsklausel, die auch als salvatorische Klausel bezeichnet wird. Hierdurch wird verhindert, dass für den Fall der Unwirksamkeit eines Teils des Arbeitsvertrages gleich das gesamte Vertragswerk ungültig wird. Die Verwendung einer solchen Klausel ist auch in einer Vielzahl von anderen Verträgen üblich.

Arbeitsvertrag mit einem Gesellen

§ 15 Schlussbestimmungen

24 ▶ 1. Änderungen oder Ergänzungen dieses Vertrages bedürfen der Schriftform; dies gilt auch für den Verzicht auf das Schriftformerfordernis selbst. Mündliche Nebenabreden wurden nicht getroffen.

25 ▶ 2. Sofern einzelne Bestimmungen dieses Vertrages unwirksam sind, berührt dies nicht die Wirksamkeit der übrigen Bestimmungen.

Musterstadt, den 27.04.

Erich Huber
Geschäftsführer
Unterschrift Arbeitgeber

Peter Otto
Unterschrift Mitarbeiter

5/5

Kopiervorlage

§ 15 Schlussbestimmungen

1. Änderungen oder Ergänzungen dieses Vertrages bedürfen der Schriftform; dies gilt auch für den Verzicht auf das Schriftformerfordernis selbst. Mündliche Nebenabreden wurden nicht getroffen.

2. Sofern einzelne Bestimmungen dieses Vertrages unwirksam sind, berührt dies nicht die Wirksamkeit der übrigen Bestimmungen.

_____

Ort, Datum

_____   _____

Unterschrift Arbeitgeber   Unterschrift Mitarbeiter

1 Handelsvertreter sind nach § 84 Handelsgesetzbuch (HGB) selbstständige Gewerbetreibende. Im Gegensatz zu Ihren Außendienstmitarbeitern trägt der Handelsvertreter sein unternehmerisches Risiko selbst. Zugleich ist er nur in eng begrenztem Rahmen an Ihre Vorgaben als Unternehmer gebunden. Sie dürfen dem Handelsvertreter vorschreiben, welche Werbematerialien benutzt werden und wie die Geschäftsbedingungen aussehen. Keinen Einfluss haben Sie allerdings darauf, wie der Handelsvertreter seine Arbeitszeit festlegt und welchen Kunden er wann zu besuchen hat.

2 Ein Handelsvertreter kann verpflichtet sein, eine Rentenversicherung abzuschließen. Die Kosten für die Rentenversicherung trägt der Handelsvertreter als selbstständiger Unternehmer allein.

3 Häufig werden Handelsvertreter in Gebietsgrenzen tätig. Ziel ist dabei, dass eine gute und dauerhafte Kundenbindung erreicht wird. Das Gebiet sollten Sie möglichst genau beschreiben. In der Praxis erfolgt die Abgrenzung nach Postleitzahlenbereichen.

4 Sofern Sie einem Handelsvertreter das Alleinvertretungsrecht für einen bestimmten Bezirk zuweisen würden, könnte er auch für von anderen Personen in seinem Bezirk abgeschlossene Geschäfte von Ihnen als Unternehmer Provision verlangen.

5 Sollte eine behördliche Genehmigung erforderlich sein wie zum Beispiel bei der Vermittlung von Wohnraum, ist diese Klausel zu verwenden. Sofern dies in Ihrer Branche nicht der Fall sein sollte, ist diese Klausel zu streichen.

---

1 ## Handelsvertretervertrag

Zwischen

Hansen Schiffsausrüstungen GmbH
Luftweg 15

12345 Musterstadt

im folgenden „Firma" genannt

und

der Handelsvertretung
Jan Jansen
Wiesenstr. 3

12345 Musterstadt

nachfolgend „Handelsvertreter" genannt.

Stellung des Handelsvertreters

2 Der Handelsvertreter wird zum **01.02.** für die Firma als selbstständiger Handelsvertreter im Sinne der §§ 84 ff., 87 Absatz 1 HGB tätig. Ein Angestelltenverhältnis wird durch diesen Vertrag nicht begründet. Dem Handelsvertreter obliegt die Sicherstellung seines sozialversicherungsrechtlichen Status, er trägt sein unternehmerisches Risiko selbst und ist im Wesentlichen weisungsunabhängig.

§ 1 Tätigkeitsgebiet

Der Handelsvertreter ist für den Unternehmer in dem Gebiet **Norddeutschland PLZ 2** tätig. Der **3** Firma ist es gestattet, selbst Geschäfte in diesem Gebiet abzuschließen bzw. weitere Handels-**4** vertreter einzusetzen. Der Handelsvertreter übernimmt den im Vertragsgebiet vorhandenen Kundenstamm. Die Handelsvertretung erstreckt sich auf alle Produkte der Firma.

§ 2 Pflichten des Handelsvertreters

5 1. Der Handelsvertreter bedarf der Erlaubnis gemäß **MaBV**, ausgestellt von der zuständigen Verwaltungsbehörde. Diese Erlaubnis ist der Firma bei Vertragsschluss vorzulegen. Prinzipiell ist der Handelsvertreter selbst dafür verantwortlich, dass die notwendigen Genehmigungen für seine Tätigkeit vorliegen.

2. Der Handelsvertreter hat für die Firma Geschäfte zu vermitteln. Die Produkte der Firma sind in der Anlage 1 zu diesem Vertrag genau bezeichnet. Neue Produkte können nur einvernehmlich von den Parteien in das Vertragsverhältnis einbezogen werden.

1/4

Kopiervorlage

Handelsvertretervertrag

Zwischen

_____

_____

im folgenden „Firma" genannt

und

_____

_____

_____

nachfolgend „Handelsvertreter" genannt.

Stellung des Handelsvertreters

Der Handelsvertreter wird zum _____ für die Firma als selbstständiger Handelsvertreter im Sinne der §§ 84 ff., 87 Absatz 1 HGB tätig. Ein Angestelltenverhältnis wird durch diesen Vertrag nicht begründet. Dem Handelsvertreter obliegt die Sicherstellung seines sozialversicherungs-rechtlichen Status, er trägt sein unternehmerisches Risiko selbst und ist im Wesentlichen wei-sungsunabhängig.

§ 1 Tätigkeitsgebiet

Der Handelsvertreter ist für den Unternehmer in dem Gebiet _____ tätig. Der Firma ist es gestattet, selbst Geschäfte in diesem Gebiet abzuschließen bzw. weitere Handels-vertreter einzusetzen. Der Handelsvertreter übernimmt den im Vertragsgebiet vorhandenen Kundenstamm. Die Handelsvertretung erstreckt sich auf alle Produkte der Firma.

§ 2 Pflichten des Handelsvertreters

1. Der Handelsvertreter bedarf der Erlaubnis gemäß _____, ausgestellt von der zuständigen Ver-waltungsbehörde. Diese Erlaubnis ist der Firma bei Vertragsschluss vorzulegen. Prinzipiell ist der Handelsvertreter selbst dafür verantwortlich, dass die notwendigen Genehmigungen für seine Tätigkeit vorliegen.

2. Der Handelsvertreter hat für die Firma Geschäfte zu vermitteln. Die Produkte der Firma sind in der Anlage 1 zu diesem Vertrag genau bezeichnet. Neue Produkte können nur einvernehmlich von den Parteien in das Vertragsverhältnis einbezogen werden.

6 Soll der Handelsvertreter jedoch auch Forderungen für den Unternehmer einziehen, so hat er Anspruch auf eine gesonderte Provision, die so genannte Inkassoprovision.

7 Die Nichtannahme des Geschäfts hat unmittelbare Auswirkung auf die Provisionshöhe des Handelsvertreters. Ohne berechtigten Grund dürfen Sie ein Geschäft nicht ablehnen.

8 Es empfiehlt sich, die Provisionsstaffel in einer gesonderten Anlage zum Vertrag zu führen. Bei Änderungen in der Provisionsstaffel müssen Sie dann nur die Anlage austauschen und nicht den ganzen Vertrag neu schreiben. Die Höhe der Provision können Sie allerdings nicht einseitig verändern.

Handelsvertretervertrag

6 ▶ 3. Der Handelsvertreter ist nicht zur Rechnungsstellung oder zum Inkasso berechtigt.

4. Der Handelsvertreter hat die Geschäftsbeziehungen mit den potenziellen Kunden des Unternehmers zu pflegen. Er ist verpflichtet, die Interessen der Firma wahrzunehmen.

5. Der Handelsvertreter hat die in seinem Gebiet vorhandenen potenziellen Kunden der Firma regelmäßig zu besuchen. Zusätzlich verpflichtet er sich, die Firma laufend über interessante Umstände, insbesondere über seine Abschlüsse und Vermittlungen, Beobachtungen über die Bonität der Kunden und Veränderungen im Kundenkreis zu informieren.

§ 3 Pflichten des Unternehmers

1. Die Firma hat den Handelsvertreter bei dessen Tätigkeit nach Kräften zu unterstützen. Sie hat ihn insbesondere mit Werbeunterlagen und Dekorationsmaterial in jeweils benötigtem Umfang kostenlos zu unterstützen.

2. Die Firma hat den Handelsvertreter mit allen sich auf die möglichen Geschäfte beziehenden Informationen zu versehen. Sie hat ihm jeweils unverzüglich mitzuteilen, ob sie ein vermitteltes Geschäft annehmen oder ablehnen will.

7 ▶ 3. Die Firma hat den Handelsvertreter darüber zu unterrichten, wenn er Geschäfte voraussichtlich nur in erheblich geringerem Umfang abschließen kann oder soll, als nach den Umständen zu erwarten ist.

§ 4 Provision

8 ▶ 1. Der Handelsvertreter erhält als Entgelt für seine Tätigkeit für alle Geschäfte, die er in seinem Gebiet abschließt oder vermittelt, eine Provision. Die Höhe der Provision richtet sich nach der jeweils gültigen Provisionsstaffel gemäß Anlage 2.

2. Der Handelsvertreter hat keinen Anspruch auf Provision, wenn und soweit feststeht, dass der Kunde der Firma keine Zahlung leistet. Bereits gezahlte Provisionen oder Vorschüsse sind zurückzuzahlen. Bei Teilleistungen reduziert sich der Provisionsanspruch entsprechend anteilig.

3. Sind mehrere Handelsvertreter bzw. der Handelsvertreter Jansen am Abschluss eines Geschäftes beteiligt, ist die Provision unter allen aufzuteilen.

4. Sofern der Handelsvertreter bei einem in seinem Gebiet abgeschlossenen Geschäft zumindest anteilig mitgewirkt hat, erhält der Handelsvertreter eine anteilige Provision. Der Handelsvertreter ist verpflichtet, seine Tätigkeit für den Abschluss des Geschäftes darzulegen und zu beweisen. Die Geltendmachung eines anteiligen Provisionsanspruches muss innerhalb einer Frist von einem Monat nach Abschluss des Geschäftes bzw. der Provisionsabrechnung schriftlich erfolgen. Nach Ablauf dieser Frist ist der Provisionsanspruch verfallen.

5. Die Provision wird vierteljährlich abgerechnet und bezahlt. Der Handelsvertreter erhält auf seinen Provisionsanspruch eine monatliche Vorauszahlung in Höhe von **DM 5.000,--/EUR...**

6. Der Handelsvertreter hat keinen Anspruch auf Erstattung von Auslagen wie Fahrtkosten, Porto, Fernsprech- und Telefaxgebühren oder Provisionen/Kosten für weitere Untervertreter.

2/4

Kopiervorlage

Handelsvertretervertrag

3. Der Handelsvertreter ist nicht zur Rechnungsstellung oder zum Inkasso berechtigt.

4. Der Handelsvertreter hat die Geschäftsbeziehungen mit den potenziellen Kunden des Unternehmers zu pflegen. Er ist verpflichtet, die Interessen der Firma wahrzunehmen.

5. Der Handelsvertreter hat die in seinem Gebiet vorhandenen potenziellen Kunden der Firma regelmäßig zu besuchen. Zusätzlich verpflichtet er sich, die Firma laufend über interessante Umstände, insbesondere über seine Abschlüsse und Vermittlungen, Beobachtungen über die Bonität der Kunden und Veränderungen im Kundenkreis zu informieren.

§ 3 Pflichten des Unternehmers

1. Die Firma hat den Handelsvertreter bei dessen Tätigkeit nach Kräften zu unterstützen. Sie hat ihn insbesondere mit Werbeunterlagen und Dekorationsmaterial in jeweils benötigtem Umfang kostenlos zu unterstützen.

2. Die Firma hat den Handelsvertreter mit allen sich auf die möglichen Geschäfte beziehenden Informationen zu versehen. Sie hat ihm jeweils unverzüglich mitzuteilen, ob sie ein vermitteltes Geschäft annehmen oder ablehnen will.

3. Die Firma hat den Handelsvertreter darüber zu unterrichten, wenn er Geschäfte voraussichtlich nur in erheblich geringerem Umfang abschließen kann oder soll, als nach den Umständen zu erwarten ist.

§ 4 Provision

1. Der Handelsvertreter erhält als Entgelt für seine Tätigkeit für alle Geschäfte, die er in seinem Gebiet abschließt oder vermittelt, eine Provision. Die Höhe der Provision richtet sich nach der jeweils gültigen Provisionsstaffel gemäß Anlage 2.

2. Der Handelsvertreter hat keinen Anspruch auf Provision, wenn und soweit feststeht, dass der Kunde der Firma keine Zahlung leistet. Bereits gezahlte Provisionen oder Vorschüsse sind zurückzuzahlen. Bei Teilleistungen reduziert sich der Provisionsanspruch entsprechend anteilig.

3. Sind mehrere Handelsvertreter bzw. der Handelsvertreter Jansen am Abschluss eines Geschäftes beteiligt, ist die Provision unter allen aufzuteilen.

4. Sofern der Handelsvertreter bei einem in seinem Gebiet abgeschlossenen Geschäft zumindest anteilig mitgewirkt hat, erhält der Handelsvertreter eine anteilige Provision. Der Handelsvertreter ist verpflichtet, seine Tätigkeit für den Abschluss des Geschäftes darzulegen und zu beweisen. Die Geltendmachung eines anteiligen Provisionsanspruches muss innerhalb einer Frist von einem Monat nach Abschluss des Geschäftes bzw. der Provisionsabrechnung schriftlich erfolgen. Nach Ablauf dieser Frist ist der Provisionsanspruch verfallen.

5. Die Provision wird vierteljährlich abgerechnet und bezahlt. Der Handelsvertreter erhält auf seinen Provisionsanspruch eine monatliche Vorauszahlung in Höhe von _____.

6. Der Handelsvertreter hat keinen Anspruch auf Erstattung von Auslagen wie Fahrtkosten, Porto, Fernsprech- und Telefaxgebühren oder Provisionen/Kosten für weitere Untervertreter.

9 Als freier Unternehmer entscheidet der Handelsvertreter selbst, für welche Firmen er tätig sein will. Aus dem Handelsgesetzbuch (HGB) geht allerdings hervor, dass der Handelsvertreter aufgrund seiner Treuepflichten auch ohne Zahlung einer gesonderten Entschädigung ein solches Konkurrenzverbot einhalten muss.

10 Nachvertragliche Wettbewerbsverbote können Sie nur gegen Zahlung einer so genannten Karenzentschädigung abschließen. Andernfalls sind sie unwirksam. Die Karenzentschädigung muss sich mindestens auf die Hälfte der durchschnittlichen Jahresprovision des Handelsvertreters belaufen. Ein nachvertragliches Wettbewerbsverbot finden Sie in Vertrags-Check Arbeitsrecht, 2. Band: Spezialverträge, IV. Zusatzvereinbarungen für das laufende Arbeitsverhältnis.

11 Die Vereinbarung einer Wettbewerbsabrede für einen Zeitraum nach Beendigung des Vertrages bedarf der Zustimmung des Handelsvertreters. Diese Klausel trägt daher das Risiko in sich, dass der Handelsvertreter nicht zustimmt. Oft ist jedoch der Abschluss eines nachvertraglichen Wettbewerbsverbotes gerade bei Beginn eines Vertragsverhältnisses, bei dem die Leistungen und Fähigkeiten des Handelsvertreters noch unklar sind, auch für Sie als Unternehmer finanziell riskant.

12 Jedes Dauerschuldverhältnis, also auch ein Handelsvertretervertrag, kann aus wichtigem Grund von beiden Seiten gekündigt werden. Ein wichtiger Grund liegt vor, wenn es der kündigenden Partei nicht zugemutet werden kann, am Vertragsverhältnis bis zum Ablauf der ordentlichen Kündigungsfrist festzuhalten.

13 Ein Zurückbehaltungsrecht könnte z. B. dann vorliegen, wenn der Handelsvertreter glaubt, noch Provision von Ihnen bekommen zu müssen.

14 Hierzu muss der Handelsvertreter das Geschäft mit dem Kunden so vorbereitet haben, dass es im Wesentlichen auf seine Tätigkeit für den Unternehmer zurückzuführen ist. Gleichzeitig muss das Geschäft innerhalb einer angemessenen Zeit durchgeführt worden sein oder das Angebot zum Abschluss des Geschäftes muss vom Kunden noch während der Laufzeit des Vertrages bei Ihnen eingegangen sein. Die Beweislast hierfür trägt der Handelsvertreter.

15 Diese Regelung wird als Teilunwirksamkeitsklausel oder auch salvatorische Klausel bezeichnet. Sie soll verhindern, dass bei einem unwirksamen Teil des Vertrages gleich das gesamte Vertragswerk entfällt. Sie finden diese oder ähnliche Klauseln auch in einer Vielzahl von anderen Verträgen.

Handelsvertretervertrag

§ 5 Wettbewerbsverbot/Verschwiegenheitsverpflichtung

9 ▶ 1. Der Handelsvertreter darf die Interessen solcher Firmen, die mit der Firma in Konkurrenz stehen, nicht wahrnehmen.

10 ▶ 2. Der Handelsvertreter hat über alle Geschäftsgeheimnisse der Firma sowohl während der Dauer als auch nach Beendigung des Vertrages absolutes Stillschweigen zu bewahren.

3. Jeder Verstoß gegen das auch ohne gesonderte Entschädigung während des Vertrages geltende Wettbewerbsverbot und gegen die Verschwiegenheitsverpflichtung, ist je Einzelfall mit einer Vertragsstrafe in Höhe von **DM 25.000,--/EUR...** ohne Einrede des Fortsetzungszusammenhangs geschuldet. Der Firma bleibt vorbehalten, auch einen höheren Schadensersatzanspruch nachzuweisen und geltend zu machen.

11 ▶ 4. Der Firma bleibt es vorbehalten, nach einjähriger Vertragsdauer vom Handelsvertreter ein nachvertragliches Wettbewerbsverbot zu verlangen. Sofern die gesetzlichen Voraussetzungen erfüllt sind, verpflichtet sich der Handelsvertreter bereits jetzt zum Abschluss einer solchen Wettbewerbsabrede.

§ 6 Dauer des Vertrages

Der Vertrag beginnt am **01.02.** und ist auf unbefristete Zeit geschlossen. Er kann in den ersten 3 Jahren mit einer Frist von 6 Wochen zum Schluss eines Kalendervierteljahres gekündigt werden. Danach beträgt die Kündigungsfrist für beide Parteien 3 Monate zum Ende eines Quartals.

12 ▶ Das Vertragsverhältnis kann von jedem Vertragspartner aus wichtigem Grund ohne Einhaltung einer Kündigungsfrist gekündigt werden.

§ 7 Abwicklung nach Vertragsbeendigung

13 ▶ Der Handelsvertreter hat bei Vertragsbeendigung alle in seinem Besitz befindlichen Unterlagen und Gegenstände, die er von der Firma und im Rahmen seiner Tätigkeit für die Firma erhalten hat, zurückzugeben. Ein Zurückbehaltungsrecht steht ihm nicht zu.

14 ▶ Für ein Geschäft, welches erst nach Beendigung des Vertragsverhältnisses abgeschlossen wurde, erhält der Handelsvertreter eine Provision nur nach Maßgabe des § 87 Absatz 3 HGB. Ein Provisionsanspruch entfällt, wenn das anspruchsbegründende Rechtsgeschäft nach Ablauf von 6 Monaten nach Beendigung des Vertragsverhältnisses zustande kommt.

15 ▶ § 8 Salvatorische Klausel

Sollte eine Bestimmung dieses Vertrages unwirksam sein oder werden, so wird die Gültigkeit des Vertrages im Übrigen nicht berührt. Die Vertragschließenden verpflichten sich, die unwirksame Regelung durch eine solche zu ersetzen, die dem Vertragszweck wirtschaftlich entspricht.

3/4

Kopiervorlage

Handelsvertretervertrag

§ 5 Wettbewerbsverbot/Verschwiegenheitsverpflichtung

1. Der Handelsvertreter darf die Interessen solcher Firmen, die mit der Firma in Konkurrenz stehen, nicht wahrnehmen.

2. Der Handelsvertreter hat über alle Geschäftsgeheimnisse der Firma sowohl während der Dauer als auch nach Beendigung des Vertrages absolutes Stillschweigen zu bewahren.

3. Jeder Verstoß gegen das auch ohne gesonderte Entschädigung während des Vertrages geltende Wettbewerbsverbot und gegen die Verschwiegenheitsverpflichtung, ist je Einzelfall mit einer Vertragsstrafe in Höhe von _____ ohne Einrede des Fortsetzungszusammenhangs geschuldet. Der Firma bleibt vorbehalten, auch einen höheren Schadensersatzanspruch nachzuweisen und geltend zu machen.

4. Der Firma bleibt es vorbehalten, nach einjähriger Vertragsdauer vom Handelsvertreter ein nachvertragliches Wettbewerbsverbot zu verlangen. Sofern die gesetzlichen Voraussetzungen erfüllt sind, verpflichtet sich der Handelsvertreter bereits jetzt zum Abschluss einer solchen Wettbewerbsabrede.

§ 6 Dauer des Vertrages

Der Vertrag beginnt am _____ und ist auf unbefristete Zeit geschlossen. Er kann in den ersten 3 Jahren mit einer Frist von 6 Wochen zum Schluss eines Kalendervierteljahres gekündigt werden. Danach beträgt die Kündigungsfrist für beide Parteien 3 Monate zum Ende eines Quartals.

Das Vertragsverhältnis kann von jedem Vertragspartner aus wichtigem Grund ohne Einhaltung einer Kündigungsfrist gekündigt werden.

§ 7 Abwicklung nach Vertragsbeendigung

Der Handelsvertreter hat bei Vertragsbeendigung alle in seinem Besitz befindlichen Unterlagen und Gegenstände, die er von der Firma und im Rahmen seiner Tätigkeit für die Firma erhalten hat, zurückzugeben. Ein Zurückbehaltungsrecht steht ihm nicht zu.

Für ein Geschäft, welches erst nach Beendigung des Vertragsverhältnisses abgeschlossen wurde, erhält der Handelsvertreter eine Provision nur nach Maßgabe des § 87 Absatz 3 HGB. Ein Provisionsanspruch entfällt, wenn das anspruchsbegründende Rechtsgeschäft nach Ablauf von 6 Monaten nach Beendigung des Vertragsverhältnisses zustande kommt.

§ 8 Salvatorische Klausel

Sollte eine Bestimmung dieses Vertrages unwirksam sein oder werden, so wird die Gültigkeit des Vertrages im Übrigen nicht berührt. Die Vertragschließenden verpflichten sich, die unwirksame Regelung durch eine solche zu ersetzen, die dem Vertragszweck wirtschaftlich entspricht.

16 Vertragsänderungen sollten Sie zu Beweiszwecken immer schriftlich verfassen.

17 Eine Gerichtsstandsvereinbarung mit einem Handelsvertreter ist möglich, da es sich um einen selbstständig Gewerbetreibenden handelt. Hierdurch wird erreicht, dass Sie jeweils bei dem für Sie örtlich zuständigen Gericht klagen können.

Handelsvertretervertrag

16 **§ 9 Vertragsänderungen**

Änderungen und Ergänzungen dieses Vertrages bedürfen der Schriftform. Mündliche Nebenabreden bestehen nicht.

§ 10 Gerichtsstand und Erfüllungsort

17 Gerichtsstand und Erfüllungsort für alle Verbindlichkeiten aus diesem Vertrag ist ausschließlich der Sitz der Firma.

Musterstadt, 01.02.

Ort, Datum

Ole Hansen
Inhaber
Unterschrift Firma

Jan Jansen
Unterschrift Handelsvertreter

4/4

Kopiervorlage

§ 9 Vertragsänderungen

Änderungen und Ergänzungen dieses Vertrages bedürfen der Schriftform. Mündliche Nebenabreden bestehen nicht.

§ 10 Gerichtsstand und Erfüllungsort

Gerichtsstand und Erfüllungsort für alle Verbindlichkeiten aus diesem Vertrag ist ausschließlich der Sitz der Firma.

_____

Ort, Datum

_____   _____

Unterschrift Firma   Unterschrift Handelsvertreter

1 Heimarbeiter im Sinne des Heimarbeitsgesetzes (HAG) ist, wer in der eigenen Wohnung oder selbstgewählten Betriebsstätte allein oder mit seinen Familienangehörigen erwerbsmäßig im Auftrag eines Gewerbetreibenden oder Zwischenmeisters arbeitet, jedoch die Verwertung der Arbeitsergebnisse dem auftraggebenden Gewerbetreibenden überlässt. Zwischenmeister ist, wer, ohne Arbeitnehmer zu sein, die ihm vom Gewerbetreibenden übertragene Arbeit an den Heimarbeiter weitergibt, § 2 HAG. Heimarbeit unterliegt dem Schutz des HAG, welches unter anderem Mindestarbeitsbedingungen festlegt. Heimarbeiter sind keine Arbeitnehmer im Sinne des Gesetzes, da sie bezüglich Zeit, Art und Ort der Arbeitsleistung nicht weisungsgebunden sind. Sie gelten als so genannte arbeitnehmerähnliche Personen, die nur wirtschaftlich abhängig sind. Ihnen können bei besonderer Schutzbedürftigkeit auch Gewerbetreibende gleichgestellt werden, die in hohem Maß der wirtschaftlichen Abhängigkeit ihres Auftraggebers unterliegen.

2 Tragen Sie hier das Datum ein, an dem das Heimarbeitsverhältnis beginnen soll.

3 Gemäß § 29 Absatz 3 HAG darf eine Probezeit maximal 6 Monate dauern. In der Regel ist aber bereits nach wenigen Wochen klar, ob der Heimarbeiter seine Tätigkeit ordnungsgemäß ausführt.

4 Die möglichen Kündigungsfristen ergeben sich aus § 29 HAG. Bei der hier gewählten Kündigungsfristenregelung wird davon ausgegangen, dass der Heimarbeiter im Wesentlichen nur von einem einzigen Auftraggeber oder Zwischenmeister beschäftigt wird. Ist Ihr Heimarbeiter für mehrere Auftraggeber tätig, sind die Kündigungsfristen stark verkürzt. In den ersten 4 Wochen kann das Beschäftigungsverhältnis zum Ablauf des auf die Kündigung folgenden Tages gekündigt werden. Nach Ablauf der 4-wöchigen Beschäftigungszeit beträgt die Kündigungsfrist für beide Seiten 2 Wochen. Es besteht die Möglichkeit, die Kündigungsfrist zu verlängern. Sie können die Kündigungsfristen auch verkürzen, sofern der Heimarbeiter nur als vorübergehende Aushilfe mit einer maximalen Beschäftigungsdauer von 3 Monaten tätig ist oder Sie lediglich nicht mehr als 20 Heimarbeiter beschäftigen.

---

1 ▶ Heimarbeitsvertrag

Zwischen

Friedrich Groß GmbH
An der Aue 4

12345 Musterstadt

nachfolgend „Auftraggeber" genannt

und

Herrn/Frau
Agathe Kleinert
Parkstr. 3

12345 Musterstadt

nachfolgend „Heimarbeiter" genannt

wird der folgende Vertrag geschlossen:

§ 1 Beginn des Heimarbeitsverhältnisses, Probezeit

2 ▶ Das Heimarbeitsverhältnis beginnt am <u>01.07.</u> . Die Probezeit beträgt <u>6 Wochen</u> ◀ **3**

§ 2 Beendigung des Heimarbeitsverhältnisses, Kündigungsfristen

1. Jeder Vertragspartner kann das Heimarbeitsverhältnis kündigen. Die Kündigung hat in schriftlicher Form zu erfolgen.

4 ▶ 2. Die Kündigungsfrist beträgt <u>vier Wochen zum 15. oder zum Ende eines Kalendermonats</u> Besteht das Heimarbeitsverhältnis <u>zwei</u> Jahre, so gilt für eine vom Auftraggeber ausgesprochene Kündigung eine Frist von <u>einem Monat zum Ende des Kalendermonats. Im Übrigen gelten bei einer Beschäftigungsdauer von fünf Jahren und mehr die in § 29 Abs. 4 Heimarbeitsgesetz (HAG) vorgeschriebenen Kündigungsfristen</u>

3. Während der Probezeit beträgt die Kündigungsfrist gemäß § 29 Absatz 3 HAG <u>zwei Wochen</u>

4. Liegen Tatsachen vor, die einem Vertragspartner unter Berücksichtigung der Umstände des Einzelfalles und unter Abwägung der beiderseitigen Interessen die Fortsetzung des Heimarbeitsverhältnisses bis zum Ablauf der Kündigungsfrist unzumutbar machen, so kann er das Heimarbeitsverhältnis fristlos kündigen.

1/4

Kopiervorlage

Heimarbeitsvertrag

Zwischen

_____

_____

_____

nachfolgend „Auftraggeber" genannt

und

_____

_____

_____

_____

nachfolgend „Heimarbeiter" genannt

wird der folgende Vertrag geschlossen:

§ 1 Beginn des Heimarbeitsverhältnisses, Probezeit

Das Heimarbeitsverhältnis beginnt am _____. Die Probezeit beträgt _____.

§ 2 Beendigung des Heimarbeitsverhältnisses, Kündigungsfristen

1. Jeder Vertragspartner kann das Heimarbeitsverhältnis kündigen. Die Kündigung hat in schriftlicher Form zu erfolgen.

2. Die Kündigungsfrist beträgt _____.
   Besteht das Heimarbeitsverhältnis ____ Jahre, so gilt für eine vom Auftraggeber ausgesprochene Kündigung eine Frist von _____
   _____
   _____.

3. Während der Probezeit beträgt die Kündigungsfrist gemäß § 29 Absatz 3 HAG _____ .

4. Liegen Tatsachen vor, die einem Vertragspartner unter Berücksichtigung der Umstände des Einzelfalles und unter Abwägung der beiderseitigen Interessen die Fortsetzung des Heimarbeitsverhältnisses bis zum Ablauf der Kündigungsfrist unzumutbar machen, so kann er das Heimarbeitsverhältnis fristlos kündigen.

5 Das HAG enthält eine Besonderheit, die dem Schutz der Heimarbeiter dienen soll. Bestehen Gewerkschaften oder Vereinigungen der Auftraggeber für den Zuständigkeitsbereich eines Heimarbeitsausschusses nicht oder umfassen sie nur eine Minderheit der Auftraggeber oder der Beschäftigten (mit der Folge, dass kein Tarifvertrag zustande kommt), so kann der Heimarbeitsausschuss Entgelte und sonstige Vertragsbedingungen mit bindender Wirkung festsetzen, wenn unzulängliche Entgelte gezahlt werden oder die sonstigen Vertragesbedingungen unzulänglich sind. Die Wirkung einer bindenden Festsetzung ist gleichzusetzen mit der Wirkung von für allgemeinverbindlich erklärten Tarifverträgen: Sie gelten im Anwendungsbereich unmittelbar für alle Heimarbeitsverhältnisse. Bindende Festsetzungen bedürfen der Zustimmung der zuständigen Arbeitsbehörde und sind in das Tarifregister des Bundesministers für Arbeit und Sozialordnung eingetragen und können dort auch abgefragt werden.

6 Gemäß § 12 Bundesurlaubsgesetz (BUrlG) haben Heimarbeiter und die ihnen Gleichgestellten einen Mindesturlaubsanspruch von 24 Werktagen pro Jahr.

7 Der genannte Zuschlag ergibt sich aus § 10 Absatz 1 Ziffer 1 Entgeltfortzahlungsgesetz (EFZG). Dort ist auch die Höhe des Zuschlages festgelegt. Es handelt sich um einen Arbeitgeberzuschuss, der unabhängig von dem Vorliegen einer Krankheit und dem Arbeitsentgelt gezahlt wird.

8 Das Urlaubsentgelt für Heimarbeiter ist in § 12 Bundesurlaubsgesetz (BUrlG) geregelt. Dort sind auch die Höhe und die Fälligkeit bestimmt.

9 Die Zahlung von zusätzlichem Urlaubsgeld ist eine freiwillige Leistung des Arbeitgebers; sie ist nicht gesetzlich festgelegt.

10 Der hier dargestellte Anspruch auf Feiertagsgeld ist gemäß § 11 Entgeltfortzahlungsgesetz (EFZG) von Ihnen, d. h. vom Auftraggeber, zu zahlen. Sofern Sie selbst ein Zwischenmeister sind, haben Sie einen Anspruch darauf, diesen Zuschlag von Ihrem Auftraggeber zurückzuerhalten.

Heimarbeitsvertrag

§ 3 Art der Tätigkeit

Der Heimarbeiter verpflichtet sich, folgende Arbeiten auszuführen
a) Herstellung von Krawatten
b) Herstellung von Schals

§ 4 Arbeitsentgelt und Arbeitsmenge

5 1. Der Heimarbeiter erhält das in der bindenden Festsetzung für die Krawatten- und Schalherstellung genannte Arbeitsentgelt. Die bindende Festsetzung gilt in ihrer jeweils gültigen Fassung. Das Arbeitsentgelt wird monatlich abgerechnet. Es wird jeweils am Ende des Monats zur Zahlung fällig.

2. Der Auftraggeber verpflichtet sich, folgende Arbeitsmengen regelmäßig auszugeben
zu § 3 a) dieses Vertrages: 200 Stück pro Woche
zu § 3 b) dieses Vertrages: 120 Stück pro Woche

6 ### § 5 Urlaub

Der Heimarbeiter hat in jedem Kalenderjahr Anspruch auf 24 Werktage bezahlten Erholungsurlaub. Werktage sind alle Tage mit Ausnahme von Sonntagen und gesetzlichen Feiertagen.

§ 6 Zuschläge

Zu dem in § 4 Absatz 1 dieses Vertrages genannten Arbeitsentgelt erhält der Heimarbeiter folgende Zuschläge:

7 1. Krankenentgeltausgleich
Zur wirtschaftlichen Sicherung im Krankheitsfall wird ein Zuschlag in Höhe von 3,4 % des Brutto-Arbeitsentgeltes gezahlt.

8 2. Urlaubsentgelt
Bei der letzten Entgeltzahlung vor Antritt des Erholungsurlaubes wird ein Zuschlag in Höhe von 9,1 % des in der Zeit vom 01. Mai des Vorjahres bis zum 30. April des Urlaubsjahres verdienten Arbeitsentgeltes gewährt.

9 Der Auftraggeber gewährt zusätzlich ein Urlaubsgeld in Höhe von 1,2 % des in der Zeit vom 01. Mai des Vorjahres bis zum 30. April des Urlaubsjahres verdienten Brutto-Arbeitsentgeltes. Die Zahlung dieses Urlaubsgeldes erfolgt freiwillig und kann jederzeit widerrufen werden

10 3. Feiertagsgeld
Für jeden gesetzlichen Feiertag erhält der Heimarbeiter ein Feiertagsgeld in Höhe von 0,72 % des in einem Zeitraum von sechs Monaten ausgezahlten reinen Arbeitsentgeltes ohne Unkostenzuschläge. Dabei ist für Feiertage, die zwischen dem 01. Mai und dem 31. Oktober liegen, der vorhergehende Zeitraum vom 01. November bis 30. April und für Feiertage, die zwischen dem 01. November und dem 30. April liegen, der vorhergehende Zeitraum vom 01. Mai bis 31. Oktober zugrunde zu legen. Das Feiertagsgeld wird jeweils bei der letzten Entgeltzahlung vor dem Feiertag ausgezahlt.

2/4

Kopiervorlage

Heimarbeitsvertrag

§ 3 Art der Tätigkeit

Der Heimarbeiter verpflichtet sich, folgende Arbeiten auszuführen

    a) _____

    b) _____

§ 4 Arbeitsentgelt und Arbeitsmenge

1. Der Heimarbeiter erhält das in der bindenden Festsetzung _____
_____ genannte Arbeitsentgelt. Die bindende Festsetzung gilt in ihrer jeweils gültigen Fassung. Das Arbeitsentgelt wird _____ abgerechnet. Es wird jeweils _____ zur Zahlung fällig.

2. Der Auftraggeber verpflichtet sich, folgende Arbeitsmengen regelmäßig auszugeben
zu § 3 a) dieses Vertrages: ____ Stück pro _____
zu § 3 b) dieses Vertrages: ____ Stück pro _____

§ 5 Urlaub

Der Heimarbeiter hat in jedem Kalenderjahr Anspruch auf _____ Werktage bezahlten Erholungsurlaub. Werktage sind alle Tage mit Ausnahme von Sonntagen und gesetzlichen Feiertagen.

§ 6 Zuschläge

Zu dem in § 4 Absatz 1 dieses Vertrages genannten Arbeitsentgelt erhält der Heimarbeiter folgende Zuschläge:

1. Krankenentgeltausgleich
Zur wirtschaftlichen Sicherung im Krankheitsfall wird ein Zuschlag in Höhe von _____ des Brutto-Arbeitsentgeltes gezahlt.

2. Urlaubsentgelt
Bei der letzten Entgeltzahlung vor Antritt des Erholungsurlaubes wird ein Zuschlag in Höhe von _____ des in der Zeit vom 01. Mai des Vorjahres bis zum 30. April des Urlaubsjahres verdienten Arbeitsentgeltes gewährt.

_____

_____

_____

_____

3. Feiertagsgeld
Für jeden gesetzlichen Feiertag erhält der Heimarbeiter ein Feiertagsgeld in Höhe von _____ des in einem Zeitraum von sechs Monaten ausgezahlten reinen Arbeitsentgeltes ohne Unkostenzuschläge. Dabei ist für Feiertage, die zwischen dem 01. Mai und dem 31. Oktober liegen, der vorhergehende Zeitraum vom 01. November bis 30. April und für Feiertage, die zwischen dem 01. November und dem 30. April liegen, der vorhergehende Zeitraum vom 01. Mai bis 31. Oktober zugrunde zu legen. Das Feiertagsgeld wird jeweils bei der letzten Entgeltzahlung vor dem Feiertag ausgezahlt.

11 Sofern Ihr Heimarbeiter weitere Leistungen erhalten soll, können Sie diese hier anschließend aufführen. Diese zusätzlichen Leistungen können auch aus weiteren Entgelten bestehen.

12 Legen Sie hier die Lieferfristen für die Heimarbeit fest. Die Zeiträume zwischen Ausgabe und Ablieferung können auch größer sein.

13 Das Entgeltbuch ist unbedingt notwendig, um einen Überblick über die geleistete Tätigkeit zu behalten; es ist zudem gesetzlich vorgeschrieben (§ 9 HAG).

14 Es ist auch möglich, eine wöchentliche Zahlung zu vereinbaren, oder noch andere Zeiträume für die Abrechnung festzulegen. Dies macht insbesondere bei längeren Geschäftsbeziehungen Sinn.

15 Gesetzlich vorgeschrieben in § 8 HAG.

16 Der Heimarbeiter erstellt ein Werk und schuldet daher – anders als ein „normaler" Arbeitnehmer – den Erfolg. Dies bedeutet, dass die vom Heimarbeiter hergestellte Ware mängelfrei sein muss. Dies entspricht dem Wesen des Werkvertrages. Das Gesetz gewährt dem Heimarbeiter ein Nachbesserungsrecht.

Heimarbeitsvertrag

4. Heimarbeitszuschlag
Es wird entsprechend der bindenden Festsetzung <u>für die Krawatten- und Schalherstellung</u> ein Heimarbeitszuschlag gewährt. Die Höhe dieses Zuschlages richtet sich nach der jeweils geltenden Fassung dieser bindenden Festsetzung; derzeit beträgt der Heimarbeitszuschlag <u>0,9</u> %. Mit dem Heimarbeitszuschlag werden alle Kosten aus der Heimarbeit pauschal abgegolten, insbesondere die Kosten für Kauf, Verschleiß, Reparatur und Abschreibung von Arbeitsgeräten und Arbeitsmaschinen und der Arbeitskleidung und für Bereitstellung, Beleuchtung, Heizung und Reinigung des Arbeitsraumes.

11 ▶

12 ▶ **§ 7 Ausgabe und Abnahme der Heimarbeit**
Die Heimarbeit wird jeweils <u>am ersten Werktag der Woche</u> beim Auftraggeber in <u>Bornheim</u> ausgegeben und ist dort jeweils <u>am letzten Werktag der Woche</u> abzuliefern.

§ 8 Entgeltbuch, Abrechnung, Recht auf Erläuterung, Entgeltverzeichnisse

13 ▶ 1. Der Auftraggeber übergibt dem Heimarbeiter ein Entgeltbuch. In dieses werden Art und Umfang der Heimarbeit, die Entgelte und die Tage der Ausgabe und Lieferung (Abnahme der Arbeit) eingetragen.

14 ▶ 2. Die Abrechnung und Auszahlung erfolgt gemäß § 4 Nr. 1. Die auszuzahlenden Beträge (das nach Abzug der Steuern und Sozialversicherungsbeiträge verbleibende Entgelt) werden auf das Konto des Heimarbeiters <u>Nr. 987 654</u> bei der <u>Sparkasse Bornheim, BLZ 100 200 30</u> überwiesen.

3. Bei Unklarheiten des Heimarbeiters über Höhe, Zusammensetzung und Berechnung des an ihn ausgezahlten Entgeltes kann er gemäß § 28 Absatz 2 HAG vom Auftraggeber Erläuterungen verlangen.

15 ▶ 4. Der Auftraggeber legt in den Ausgabe- und Abnahmeräumen die jeweils gültigen Entgelte für jedes einzelne Arbeitsstück sowie die Preise für mitzuliefernde Roh- und Hilfsstoffe in Entgeltverzeichnissen sowie die Nachweise über sonstige Vertragsbedingungen zur Einsichtnahme aus. Das Entgeltverzeichnis enthält insbesondere die Bezeichnung des Arbeitsstückes, das dafür zu zahlende Entgelt und die dafür aufzuwendende Arbeitszeit (§ 8 HAG).

5. Die Entgeltbelege (Entgeltbuch usw.) sind vom Heimarbeiter noch 3 Jahre nach Ablauf des Jahres mit der letzten Eintragung aufzubewahren (§ 13 Erste DVO zum HAG).

§ 9 Sachmängelhaftung
1. Hält der Heimarbeiter die vereinbarten Lieferfristen nicht ein, kann der Auftraggeber Schadensersatz bis zur Höhe des vereinbarten Arbeitsentgeltes verlangen.

16 ▶ 2. Der Heimarbeiter verpflichtet sich, mängelfreie Ware zu liefern. Ist die gelieferte Ware mangelhaft und hat der Auftraggeber diese Mängel nicht zu vertreten, so kann er dem Heimarbeiter eine angemessene Frist zur Mängelbeseitigung setzen. Erfolgt die Mängelbeseitigung nicht fristgerecht, so kann der Auftraggeber die Bezahlung verweigern. Weitergehende Schadensersatzansprüche des Auftraggebers bei vorsätzlichem oder grob-fahrlässigem Verhalten des Heimarbeiters bleiben unberührt.

3/4

Kopiervorlage

Heimarbeitsvertrag

4. Heimarbeitszuschlag
   Es wird entsprechend der bindenden Festsetzung _____ ein
   Heimarbeitszuschlag gewährt. Die Höhe dieses Zuschlages richtet sich nach der jeweils geltenden Fassung dieser bindenden Festsetzung; derzeit beträgt der Heimarbeitszuschlag
   0,9 %. Mit dem Heimarbeitszuschlag werden alle Kosten aus der Heimarbeit pauschal abgegolten, insbesondere die Kosten für Kauf, Verschleiß, Reparatur und Abschreibung von Arbeitsgeräten und Arbeitsmaschinen und der Arbeitskleidung und für Bereitstellung, Beleuchtung, Heizung und Reinigung des Arbeitsraumes.

§ 7 Ausgabe und Abnahme der Heimarbeit

Die Heimarbeit wird jeweils _____ beim Auftraggeber in _____ ausgegeben und ist dort jeweils _____ abzuliefern.

§ 8 Entgeltbuch, Abrechnung, Recht auf Erläuterung, Entgeltverzeichnisse

1. Der Auftraggeber übergibt dem Heimarbeiter ein Entgeltbuch. In dieses werden Art und Umfang der Heimarbeit, die Entgelte und die Tage der Ausgabe und Lieferung (Abnahme der Arbeit) eingetragen.

2. Die Abrechnung und Auszahlung erfolgt gemäß § 4 Nr. 1. Die auszuzahlenden Beträge (das
   nach Abzug der Steuern und Sozialversicherungsbeiträge verbleibende Entgelt) werden auf
   das Konto des Heimarbeiters _____ bei der _____
   überwiesen.

3. Bei Unklarheiten des Heimarbeiters über Höhe, Zusammensetzung und Berechnung des an
   ihn ausgezahlten Entgeltes kann er gemäß § 28 Absatz 2 HAG vom Auftraggeber Erläuterungen verlangen.

4. Der Auftraggeber legt in den Ausgabe- und Abnahmeräumen die jeweils gültigen Entgelte für
   jedes einzelne Arbeitsstück sowie die Preise für mitzuliefernde Roh- und Hilfsstoffe in Entgeltverzeichnissen sowie die Nachweise über sonstige Vertragsbedingungen zur Einsichtnahme
   aus. Das Entgeltverzeichnis enthält insbesondere die Bezeichnung des Arbeitsstückes, das
   dafür zu zahlende Entgelt und die dafür aufzuwendende Arbeitszeit (§ 8 HAG).

5. Die Entgeltbelege (Entgeltbuch usw.) sind vom Heimarbeiter noch 3 Jahre nach Ablauf des
   Jahres mit der letzten Eintragung aufzubewahren (§ 13 Erste DVO zum HAG).

§ 9 Sachmängelhaftung

1. Hält der Heimarbeiter die vereinbarten Lieferfristen nicht ein, kann der Auftraggeber Schadensersatz bis zur Höhe des vereinbarten Arbeitsentgeltes verlangen.

2. Der Heimarbeiter verpflichtet sich, mängelfreie Ware zu liefern. Ist die gelieferte Ware mangelhaft und hat der Auftraggeber diese Mängel nicht zu vertreten, so kann er dem Heimarbeiter
   eine angemessene Frist zur Mängelbeseitigung setzen. Erfolgt die Mängelbeseitigung nicht
   fristgerecht, so kann der Auftraggeber die Bezahlung verweigern. Weitergehende Schadensersatzansprüche des Auftraggebers bei vorsätzlichem oder grob-fahrlässigem Verhalten des
   Heimarbeiters bleiben unberührt.

17 Änderungsvereinbarungen bzw. Vertragsänderungen sollten Sie zu Beweiszwecken immer schriftlich verfassen.

18 Gemäß § 5 Absatz 1 Satz 2 i.V.m. § 2 des Arbeitsgerichtsgesetzes (ArbGG) gelten auch Heimarbeiter und ihnen Gleichgestellte als Arbeitnehmer und insofern als vor dem Arbeitsgericht klagebefugt.

Heimarbeitsvertrag

§ 10 Behandlung und Rückgabe von im Eigentum des Auftraggebers stehenden Sachen

1. Der Heimarbeiter verpflichtet sich, vom Auftraggeber überlassene Maschinen, Werkzeuge sowie Roh- und Hilfsstoffe pfleglich zu behandeln und ordnungsgemäß zu verwahren.

2. Bei Beendigung des Heimarbeitsverhältnisses sind diese Gegenstände dem Auftraggeber zurückzugeben.

§ 11 Anzeige weiterer Beschäftigungsverhältnisse

Der Heimarbeiter verpflichtet sich, dem Auftraggeber das Bestehen oder das Eingehen weiterer Beschäftigungsverhältnisse mitzuteilen.

§ 12 Vertragsänderungen

17 ▶ Änderungen oder Ergänzungen dieses Vertrages oder zusätzliche Nebenabreden sind nur wirksam, wenn sie schriftlich niedergelegt und von beiden Vertragspartnern unterzeichnet sind.

18 ▶ § 13 Rechtsstreitigkeiten

Bei Streitigkeiten zwischen den Vertragsparteien aus dem Heimarbeitsverhältnis kann von jeder Seite das Arbeitsgericht angerufen werden.

§ 14 Staatliche Entgeltüberwachung

1. Beiden Vertragsparteien ist bekannt, dass die Heimarbeit, insbesondere die Zahlung der Entgelte und Zuschläge, gemäß §§ 23 ff. HAG einem besonderen staatlichen Schutz und der Aufsicht und Prüfung durch die Gewerbeaufsichtsämter unterliegen.

2. Einem Vertragspartner, der die ihm seitens der staatlichen Entgeltüberwachung auferlegten Pflichten erfüllt, dürfen dadurch keine Nachteile für das Heimarbeitsverhältnis erwachsen.

Musterstadt, den 28.06.

Friedrich Groß
Geschäftsführer
Unterschrift Auftraggeber

Agathe Kleinert
Unterschrift Heimarbeiter

4/4

Kopiervorlage

Heimarbeitsvertrag

§ 10 Behandlung und Rückgabe von im Eigentum des Auftraggebers stehenden Sachen

1. Der Heimarbeiter verpflichtet sich, vom Auftraggeber überlassene Maschinen, Werkzeuge sowie Roh- und Hilfsstoffe pfleglich zu behandeln und ordnungsgemäß zu verwahren.

2. Bei Beendigung des Heimarbeitsverhältnisses sind diese Gegenstände dem Auftraggeber zurückzugeben.

§ 11 Anzeige weiterer Beschäftigungsverhältnisse

Der Heimarbeiter verpflichtet sich, dem Auftraggeber das Bestehen oder das Eingehen weiterer Beschäftigungsverhältnisse mitzuteilen.

§ 12 Vertragsänderungen

Änderungen oder Ergänzungen dieses Vertrages oder zusätzliche Nebenabreden sind nur wirksam, wenn sie schriftlich niedergelegt und von beiden Vertragspartnern unterzeichnet sind.

§ 13 Rechtsstreitigkeiten

Bei Streitigkeiten zwischen den Vertragsparteien aus dem Heimarbeitsverhältnis kann von jeder Seite das Arbeitsgericht angerufen werden.

§ 14 Staatliche Entgeltüberwachung

1. Beiden Vertragsparteien ist bekannt, dass die Heimarbeit, insbesondere die Zahlung der Entgelte und Zuschläge, gemäß §§ 23 ff. HAG einem besonderen staatlichen Schutz und der Aufsicht und Prüfung durch die Gewerbeaufsichtsämter unterliegen.

2. Einem Vertragspartner, der die ihm seitens der staatlichen Entgeltüberwachung auferlegten Pflichten erfüllt, dürfen dadurch keine Nachteile für das Heimarbeitsverhältnis erwachsen.

_____

Ort, Datum

_____   _____

Unterschrift Auftraggeber   Unterschrift Heimarbeiter

4/4

1 Kampagnebetriebe sind solche, die regelmäßig nur einige Monate im Jahr, d. h. nur in der Saison arbeiten. Kampagnebetriebe unterliegen nach der gesetzlichen Regelung nur eingeschränkt dem Kündigungsschutzgesetz (KSchG): Die Vorschriften über Massenentlassungen (§§ 17 ff. Anzeigepflicht von Entlassung) finden gemäß § 22 KSchG keine Anwendung. Im Übrigen dürfte das Kündigungsschutzgesetz auch deshalb insgesamt nicht zur Anwendung kommen, weil die Voraussetzung „Beschäftigung länger als 6 Monate" in Kampagnearbeitsverträgen regelmäßig nicht erfüllt wird. Das bedeutet für Sie als Arbeitgeber, dass Sie ein Kampagnearbeitsverhältnis jederzeit ohne Angabe von Gründen ordentlich kündigen können und keine Gefahr laufen, dass die Kündigung nach dem Kündigungsschutzgesetz auf ihre soziale Rechtfertigung von den Arbeitsgerichten geprüft wird.

Dennoch kann es sinnvoll sein, von vornherein einen für die Saison befristeten Arbeitsvertrag abzuschließen. Das Saisonarbeitsverhältnis könnte nämlich auch einem besonderen Kündigungsschutz unterfallen, zum Beispiel dem nach dem Mutterschutzgesetz. Wird eine Saisonmitarbeiterin während des Arbeitsverhältnisses schwanger, kann ihr nicht ohne weiteres gekündigt werden. Es muss in diesem Fall vor Ausspruch der Kündigung die Zustimmung der für den Arbeitsschutz zuständigen staatlichen Aufsichtsbehörde, in der Regel das örtliche Gewerbeaufsichtsamt eingeholt werden, die zu erreichen äußerst schwierig ist und nur in Ausnahmefällen gelingt. Diesen Schwierigkeiten gehen Sie aus dem Weg, wenn Sie einen befristeten Vertrag abschließen, so wie dies in diesem Beispiel erfolgt ist. Um wirksam einen befristeten Vertrag abzuschließen, müssen Sie diesen schriftlich abfassen (§ 623 BGB). Mündlich geschlossene befristete Arbeitsverträge sind rechtsunwirksam.

Wichtiger Hinweis!
Das Recht der befristeten Arbeitsverhältnisse wird zur Zeit neu geregelt und zwar

■ sowohl die normale Befristung mit Sachgrund nach dem Bürgerlichen Gesetzbuch (BGB)
■ als auch die Befristung ohne Sachgrund nach dem Beschäftigungsförderungsgesetz.

Der Gesetzentwurf befindet sich zum Redaktionsschluss noch in der parlamentarischen Beratung, das Gesetz soll aber am 01.01.2001 in Kraft treten. Wir werden Sie schnellstmöglich über die neue Rechtslage informieren.

2 Tragen Sie hier das Datum ein, an welchem das Kampagnearbeitsverhältnis beginnen soll. In der Regel wird dies der erste Tag eines Monats sein. Soll das Arbeitsverhältnis während des laufenden Monats beginnen, so ist das Arbeitsentgelt (der Lohn) im ersten Monat nur anteilig zu zahlen.

3 Bei einem befristeten Vertrag muss das Ende genau definiert werden. Sofern ein genaues Enddatum nicht feststeht, sollte zumindest ein voraussichtliches Datum angegeben werden, welches das Ende der Kampagne kennzeichnet.

---

1 **Kampagnearbeitsvertrag**

Zwischen

Gemüseanbau Wilhelm Köhler
Schneidergasse 19

12345 Musterstadt

nachfolgend „Arbeitgeber" genannt

und

Herrn/Frau
Sieglinde Meisner
Baumweg 3

12345 Musterstadt

nachfolgend „Mitarbeiter" genannt.

§ 1 Dauer des Arbeitsverhältnisses
2 1. Das Arbeitsverhältnis beginnt am **01.09.** und endet am **31.10.**, ohne dass es einer Kündigung bedarf. **3**

4 2. Die Befristung des Arbeitsverhältnisses erfolgt aufgrund **der Zuckerrübenernte.**

5 3. Die ersten **4 Wochen** gelten als Probezeit mit 2-wöchiger Kündigungsfrist. Wird nach der Probezeit gekündigt, so gelten die Kündigungsfristen gemäß § 8 dieses Arbeitsvertrages. **6**

§ 2 Tätigkeitsgebiet, Ort der Tätigkeit
7 1. Der Mitarbeiter wird als **Erntearbeiterin** beschäftigt.

8 2. Der Mitarbeiter ist verpflichtet, auf besondere Anordnung auch andere – seinen Fähigkeiten und seiner Aus- und Fortbildung entsprechende – zumutbare Tätigkeiten außerhalb seines vorgenannten Aufgabenbereiches zu verrichten. Eine Lohnminderung ist hierbei ausgeschlossen, d. h. der Mitarbeiter hat auch in diesem Fall Anspruch auf den vollen vereinbarten Lohn.

3. Der Mitarbeiter verpflichtet sich, seine ganze Arbeitskraft und seine fachlichen Kenntnisse und Erfahrungen ausschließlich dem Arbeitgeber zur Verfügung zu stellen. Für die Zeit des Arbeitsverhältnisses ist jede Übernahme einer entgeltlichen oder unentgeltlichen Nebentätigkeit nur mit Einwilligung, d. h. nach vorheriger Zustimmung des Arbeitgebers, zulässig.

9 4. Der Mitarbeiter übt seine Tätigkeit am Firmensitz in **Musterstadt** aus. Der Arbeitgeber behält sich vor, den Mitarbeiter auch an einem anderen Ort einzusetzen.

1/4

Kopiervorlage

---

4 Befristete Arbeitsverträge – Ausnahme: Befristungen nach dem Beschäftigungsförderungsgesetz – bedürfen eines sachlichen Befristungsgrundes. Die Befristung eines Arbeitsverhältnisses für den Zeitraum einer Saison ist als sachlicher Grund anerkannt.

5 Die Probezeit darf maximal 6 Monate betragen. Bei einer kürzeren Befristungsdauer kann die Probezeit auch verkürzt werden.

6 Ein befristeter Arbeitsvertrag kann prinzipiell während der Befristung nicht gekündigt werden, es sei denn, dass Sie sich eine Kündigungsmöglichkeit ausdrücklich vorbehalten haben.

7 Tragen Sie hier die Tätigkeit oder Berufsbezeichnung ein.

8 Es handelt sich hierbei um eine so genannte Öffnungsklausel. Diese erlaubt es Ihnen als Arbeitgeber, den Tätigkeitsbereich zu verändern, ohne dass es einer Änderungskündigung bedarf.

9 Auch bezüglich des Arbeitsortes sollte die Vereinbarung möglichst offen gestaltet sein, um den Mitarbeiter flexibel einsetzen zu können. Das Mittel hierzu ist eine Öffnungsklausel.

Kampagnearbeitsvertrag

Zwischen

_____

_____

_____

nachfolgend „Arbeitgeber" genannt

und

_____

_____

_____

_____

nachfolgend „Mitarbeiter" genannt.

§ 1 Dauer des Arbeitsverhältnisses

1. Das Arbeitsverhältnis beginnt am _____ und endet am _____, ohne dass es einer Kündigung bedarf.

2. Die Befristung des Arbeitsverhältnisses erfolgt aufgrund _____.

3. Die ersten _____ gelten als Probezeit mit 2-wöchiger Kündigungsfrist. Wird nach der Probezeit gekündigt, so gelten die Kündigungsfristen gemäß § 8 dieses Arbeitsvertrages.

§ 2 Tätigkeitsgebiet, Ort der Tätigkeit

1. Der Mitarbeiter wird als _____ beschäftigt.

2. Der Mitarbeiter ist verpflichtet, auf besondere Anordnung auch andere – seinen Fähigkeiten und seiner Aus- und Fortbildung entsprechende – zumutbare Tätigkeiten außerhalb seines vorgenannten Aufgabenbereiches zu verrichten. Eine Lohnminderung ist hierbei ausgeschlossen, d. h. der Mitarbeiter hat auch in diesem Fall Anspruch auf den vollen vereinbarten Lohn.

3. Der Mitarbeiter verpflichtet sich, seine ganze Arbeitskraft und seine fachlichen Kenntnisse und Erfahrungen ausschließlich dem Arbeitgeber zur Verfügung zu stellen. Für die Zeit des Arbeitsverhältnisses ist jede Übernahme einer entgeltlichen oder unentgeltlichen Nebentätigkeit nur mit Einwilligung, d. h. nach vorheriger Zustimmung des Arbeitgebers, zulässig.

4. Der Mitarbeiter übt seine Tätigkeit am Firmensitz in _____ aus. Der Arbeitgeber behält sich vor, den Mitarbeiter auch an einem anderen Ort einzusetzen.

10 Nach § 15 Arbeitszeitgesetz (ArbZG) kann die örtliche Aufsichtsbehörde auf Ihren Antrag hin die tägliche Maximalarbeitszeit von 8 Stunden pro Werktag für die Dauer der Saison verlängern. Allerdings muss die Überschreitung der Maximalarbeitszeit durch Freizeit an anderen Tagen ausgeglichen werden, § 15 Absatz 1 Ziffer 2 ArbZG.

11 Sofern keine Arbeitszeitregelung im Betrieb vorhanden ist, kann an dieser Stelle auch die betriebsübliche Arbeitszeit eingesetzt werden. Sie haben im Rahmen der Arbeitszeitregelung die Möglichkeit – sofern eine entsprechende Genehmigung der Aufsichtsbehörde vorliegt – die verlängerten Arbeitszeiten und die Ausgleichszeiten festzulegen.

12 Bei Verlängerung der täglichen Arbeitszeit (siehe Fußnote 10) müssen Sie unter Umständen mehr bzw. längere Ruhepausen vorsehen, siehe § 4 ArbZG.

13 Häufig findet man in Arbeitsverträgen eine Klausel, dass auch Gehaltspfändungen nur mit Zustimmung des Arbeitgebers erfolgen dürfen. Ob wirksam gepfändet wird, haben aber weder Sie als Arbeitgeber noch Ihr Mitarbeiter in der Hand, sondern der Gläubiger des Mitarbeiters, der diesem gegenüber einen wirksamen Titel (so genannten Schuldtitel) erwirkt hat.

14 Nach § 5 Absatz 1 Entgeltfortzahlungsgesetz (EFZG) haben Sie als Arbeitgeber das Recht, bereits ab dem ersten Tag der Arbeitsunfähigkeit die Arbeitsunfähigkeitsbescheinigung zu verlangen. Allerdings müssen Sie dies nachweisbar bereits vor einer Erkrankung gefordert haben. Möglich ist also bereits die Festlegung im Arbeitsvertrag.

15 Gemäß § 6 Entgeltfortzahlungsgesetz (EFZG) geht die Forderung gegenüber einem Dritten auch ohne gesonderte Abtretung auf Sie über, sofern Sie Entgeltfortzahlung geleistet haben (so genannte Legalzession). Diese Klausel dient daher nur der Klarstellung und Verdeutlichung gegenüber dem Mitarbeiter, dass durch die Entgeltfortzahlung der Anspruch auf Schadensersatz in Höhe der geleisteten Entgeltzahlung auf Sie als Arbeitgeber übergeht.

Kampagnearbeitsvertrag

§ 3 Arbeitszeit

10 1. Die wöchentliche Arbeitszeit beträgt __48__ Stunden.

11 2. Die Arbeitszeiteinteilung erfolgt nach der jeweils gültigen betrieblichen Arbeitszeitregelung, die automatisch Bestandteil dieses Vertrages wird.

12 3. Der Mitarbeiter ist verpflichtet, werktäglich eine halbstündige Mittagspause einzuhalten, die in der Zeit von __12.00 Uhr bis 14.00 Uhr__ zu nehmen ist.

§ 4 Vergütung

1. Das Festgehalt des Mitarbeiters beträgt pro Monat

__DM 2.900,-- /EUR ...__ brutto.

Die Auszahlung erfolgt jeweils am Ende des Monats. Der Mitarbeiter erklärt sich damit einverstanden, dass sein Gehalt auf ein von ihm zu benennendes Bank- oder Postbankkonto überwiesen wird.

13 2. Gehaltsabtretungen sind nur mit Zustimmung des Arbeitgebers zulässig und gegenüber dem Arbeitgeber wirksam. Der Mitarbeiter erklärt sich einverstanden, bei einer Gehaltsabtretung bzw. -pfändung die hierfür entstehenden Kosten, mindestens aber pro Überweisung __DM 5,-- /EUR ...__ und pro notwendigem Schreiben __DM 10,--/EUR ...__ zu tragen.

§ 5 Arbeitsverhinderung, Entgeltfortzahlung im Krankheitsfall

1. Der Mitarbeiter ist verpflichtet, dem Arbeitgeber jede Arbeitsverhinderung und ihre voraussichtliche Dauer unverzüglich anzuzeigen.

14 2. Bei Arbeitsunfähigkeit infolge Krankheit ist der Mitarbeiter verpflichtet, bereits am __ersten Tag__ der Arbeitsunfähigkeit eine ärztliche Bescheinigung über die Arbeitsunfähigkeit sowie über deren voraussichtliche Dauer vorzulegen. Bei einer über den angegebenen AU-Zeitraum hinausgehenden Erkrankung ist eine Folgebescheinigung innerhalb von weiteren __drei__ Tagen nach Ablauf der vorangegangenen Arbeitsunfähigkeitsbescheinigung einzureichen.

3. Bei Arbeitsunfähigkeit infolge unverschuldeter Krankheit leistet der Arbeitgeber Fortzahlung der Vergütung (Arbeitsentgelt/Lohn) nach Maßgabe des Entgeltfortzahlungsgesetzes. Anspruch auf Entgelt(Lohn)fortzahlung entsteht erstmals nach vierwöchiger ununterbrochener Dauer des Arbeitsverhältnisses.

15 4. Beruht die Arbeitsunfähigkeit auf der Handlung eines Dritten, gehen die dem Mitarbeiter gegenüber dem Dritten zustehenden Schadensersatzansprüche wegen Lohnausfalles in der Höhe auf den Arbeitgeber über, in welcher der Arbeitgeber während der Zeit der Arbeitsunfähigkeit Entgeltfortzahlung geleistet hat.

2/4

Kopiervorlage

Kampagnearbeitsvertrag

§ 3 Arbeitszeit

1. Die wöchentliche Arbeitszeit beträgt _____ Stunden.

2. Die Arbeitszeiteinteilung erfolgt nach der jeweils gültigen betrieblichen Arbeitszeitregelung, die automatisch Bestandteil dieses Vertrages wird.

3. Der Mitarbeiter ist verpflichtet, werktäglich eine halbstündige Mittagspause einzuhalten, die in der Zeit von _____ zu nehmen ist.

§ 4 Vergütung

1. Das Festgehalt des Mitarbeiters beträgt pro Monat

   _____ brutto.

   Die Auszahlung erfolgt jeweils am Ende des Monats. Der Mitarbeiter erklärt sich damit einverstanden, dass sein Gehalt auf ein von ihm zu benennendes Bank- oder Postbankkonto überwiesen wird.

2. Gehaltsabtretungen sind nur mit Zustimmung des Arbeitgebers zulässig und gegenüber dem Arbeitgeber wirksam. Der Mitarbeiter erklärt sich einverstanden, bei einer Gehaltsabtretung bzw. -pfändung die hierfür entstehenden Kosten, mindestens aber pro Überweisung _____ _____ und pro notwendigem Schreiben _____ zu tragen.

§ 5 Arbeitsverhinderung, Entgeltfortzahlung im Krankheitsfall

1. Der Mitarbeiter ist verpflichtet, dem Arbeitgeber jede Arbeitsverhinderung und ihre voraussichtliche Dauer unverzüglich anzuzeigen.

2. Bei Arbeitsunfähigkeit infolge Krankheit ist der Mitarbeiter verpflichtet, bereits am _____ der Arbeitsunfähigkeit eine ärztliche Bescheinigung über die Arbeitsunfähigkeit sowie über deren voraussichtliche Dauer vorzulegen. Bei einer über den angegebenen AU-Zeitraum hinausgehenden Erkrankung ist eine Folgebescheinigung innerhalb von weiteren ___ Tagen nach Ablauf der vorangegangenen Arbeitsunfähigkeitsbescheinigung einzureichen.

3. Bei Arbeitsunfähigkeit infolge unverschuldeter Krankheit leistet der Arbeitgeber Fortzahlung der Vergütung (Arbeitsentgelt/Lohn) nach Maßgabe des Entgeltfortzahlungsgesetzes. Anspruch auf Entgelt(Lohn)fortzahlung entsteht erstmals nach vierwöchiger ununterbrochener Dauer des Arbeitsverhältnisses.

4. Beruht die Arbeitsunfähigkeit auf der Handlung eines Dritten, gehen die dem Mitarbeiter gegenüber dem Dritten zustehenden Schadensersatzansprüche wegen Lohnausfalles in der Höhe auf den Arbeitgeber über, in welcher der Arbeitgeber während der Zeit der Arbeitsunfähigkeit Entgeltfortzahlung geleistet hat.

16 Während der laufenden Kampagne ist es unwahrscheinlich, dass Sie einem Mitarbeiter Urlaub gewähren können. Pro Monat erwirbt der Mitarbeiter jedoch Anspruch auf Urlaub, der entweder zum Ende des Arbeitsverhältnisses gewährt oder – sofern eine Gewährung nicht möglich ist – ausgezahlt werden muss.

17 Die Möglichkeit der ordentlichen Kündigung eines befristeten Arbeitsverhältnisses muss im Vertrag selbst erwähnt sein. Ansonsten ist eine Kündigung während der Laufzeit nur außerordentlich möglich. Die außerordentliche Kündigung stellt aber gerade im Arbeitsrecht die Ausnahme dar, die bei den Arbeitsgerichten zumeist nur sehr schwer durchzusetzen ist.

18 Sofern das Arbeitsverhältnis nicht länger als 3 Monate dauern soll, haben Sie nach § 622 Absatz 5 Nr. 1 BGB die Möglichkeit, auch kürzere Kündigungsfristen zu vereinbaren.

19 Seit dem 01.05.2000 gilt für die Rechtswirksamkeit einer Kündigung das Schriftformerfordernis (Neuregelung, § 623 BGB). Eine mündlich erklärte Kündigung ist danach rechtsunwirksam.

20 Ein Mitarbeiter kann – sofern er durch eine Kündigung demotiviert ist – einem Betrieb erheblichen Schaden zufügen. Die Freistellungsmöglichkeit soll Sie davor schützen. Allerdings müssen Sie während der Freistellung bis zum Ende des Arbeitsverhältnisses den Lohn weiterzahlen.

21 Wenn es in Ihrem Unternehmen Geschäfts- und Betriebsgeheimnisse gibt, die für Ihre Konkurrenz von Bedeutung sein könnten, kann es unter Umständen sinnvoll sein, im Arbeitsvertrag eine Vertragsstrafenregelung für den Fall der Verletzung der Verschwiegenheitspflicht festzulegen.

Kampagnearbeitsvertrag

§ 7 Urlaub

1. Der Mitarbeiter hat Anspruch auf Erholungsurlaub von monatlich **2** Werktagen.

16 2. Der Urlaub wird zum Ende des Arbeitsverhältnisses gewährt.

3. Im Übrigen gelten die Vorschriften des Bundesurlaubsgesetzes. Eine Textausgabe des Bundesurlaubsgesetzes liegt im Personalbüro aus und kann dort eingesehen werden.

17 ### § 8 Kündigung

18 1. Das Arbeitsverhältnis kann von beiden Arbeitsvertragsparteien unter Einhaltung der gesetzlichen Kündigungsfristen gekündigt werden. Maßgebend ist § 622 BGB.

19 2. Jede Kündigung hat schriftlich zu erfolgen. Eine nicht schriftlich erklärte ordentliche oder außerordentliche Kündigung ist rechtsunwirksam.

20 3. Nach einer Kündigung des Arbeitsvertrages, gleich durch welche Arbeitsvertragspartei, ist der Arbeitgeber berechtigt, den Mitarbeiter unter Fortzahlung des Lohns mit sofortiger Wirkung von seiner Verpflichtung zur Arbeitsleistung für den Arbeitgeber freizustellen.

§ 9 Verschwiegenheitspflicht, Rückgabe von Unterlagen und sonstigem Firmeneigentum, Datenschutz

21 1. Der Mitarbeiter ist verpflichtet, nicht nur über Betriebs- und Geschäftsgeheimnisse, sondern über alle ihm bekannten Angelegenheiten, Vorgänge, Verträge und Geschäftsbeziehungen innerhalb und außerhalb des Betriebes Verschwiegenheit zu bewahren. Dies gilt auch für die Zeit nach dem Ausscheiden aus dem Arbeitsverhältnis.

2. Dazu gehören neben Geschäfts- und Betriebsgeheimnissen auch persönliche Verhältnisse der Mitarbeiter und Vorgesetzten.

3. Bei Verletzung der Verschwiegenheitspflicht kann der Arbeitgeber Schadensersatzansprüche geltend machen. Im Ausnahmefall kann dem Arbeitnehmer (Mitarbeiter) ordentlich bzw. außerordentlich gekündigt werden.

4. Auf Verlangen des Arbeitgebers hat der Mitarbeiter alles Material, alle Unterlagen und alle Gerätschaften, die der Arbeitgeber ihm zur Verfügung gestellt hat, unverzüglich zurückzugeben; dies gilt ohne Aufforderung bei Beendigung des Arbeitsverhältnisses. Dem Mitarbeiter steht ein Zurückbehaltungsrecht (§ 273 BGB) insoweit nicht zu.

5. Der Mitarbeiter verpflichtet sich durch Unterschrift auf einem gesonderten Vordruck, das Datengeheimnis zu wahren (§ 5 Bundesdatenschutzgesetz – BDSG). Diese Verpflichtung auf das Datengeheimnis ist Bestandteil dieses Vertrages und zwingend als Anlage zu diesem Vertrag zu führen.

3/4

Kopiervorlage

Kampagnearbeitsvertrag

§ 7 Urlaub

1. Der Mitarbeiter hat Anspruch auf Erholungsurlaub von monatlich ___ Werktagen.

2. Der Urlaub wird zum Ende des Arbeitsverhältnisses gewährt.

3. Im Übrigen gelten die Vorschriften des Bundesurlaubsgesetzes. Eine Textausgabe des Bundesurlaubsgesetzes liegt im Personalbüro aus und kann dort eingesehen werden.

§ 8 Kündigung

1. Das Arbeitsverhältnis kann von beiden Arbeitsvertragsparteien unter Einhaltung der gesetzlichen Kündigungsfristen gekündigt werden. Maßgebend ist § 622 BGB.

2. Jede Kündigung hat schriftlich zu erfolgen. Eine nicht schriftlich erklärte ordentliche oder außerordentliche Kündigung ist rechtsunwirksam.

3. Nach einer Kündigung des Arbeitsvertrages, gleich durch welche Arbeitsvertragspartei, ist der Arbeitgeber berechtigt, den Mitarbeiter unter Fortzahlung des Lohns mit sofortiger Wirkung von seiner Verpflichtung zur Arbeitsleistung für den Arbeitgeber freizustellen.

§ 9 Verschwiegenheitspflicht, Rückgabe von Unterlagen und sonstigem Firmeneigentum, Datenschutz

1. Der Mitarbeiter ist verpflichtet, nicht nur über Betriebs- und Geschäftsgeheimnisse, sondern über alle ihm bekannten Angelegenheiten, Vorgänge, Verträge und Geschäftsbeziehungen innerhalb und außerhalb des Betriebes Verschwiegenheit zu bewahren. Dies gilt auch für die Zeit nach dem Ausscheiden aus dem Arbeitsverhältnis.

2. Dazu gehören neben Geschäfts- und Betriebsgeheimnissen auch persönliche Verhältnisse der Mitarbeiter und Vorgesetzten.

3. Bei Verletzung der Verschwiegenheitspflicht kann der Arbeitgeber Schadensersatzansprüche geltend machen. Im Ausnahmefall kann dem Arbeitnehmer (Mitarbeiter) ordentlich bzw. außerordentlich gekündigt werden.

4. Auf Verlangen des Arbeitgebers hat der Mitarbeiter alles Material, alle Unterlagen und alle Gerätschaften, die der Arbeitgeber ihm zur Verfügung gestellt hat, unverzüglich zurückzugeben; dies gilt ohne Aufforderung bei Beendigung des Arbeitsverhältnisses. Dem Mitarbeiter steht ein Zurückbehaltungsrecht (§ 273 BGB) insoweit nicht zu.

5. Der Mitarbeiter verpflichtet sich durch Unterschrift auf einem gesonderten Vordruck, das Datengeheimnis zu wahren (§ 5 Bundesdatenschutzgesetz – BDSG). Diese Verpflichtung auf das Datengeheimnis ist Bestandteil dieses Vertrages und zwingend als Anlage zu diesem Vertrag zu führen.

22 Die Speicherung und Verarbeitung von personenbezogenen Daten ist in jedem Betrieb erforderlich. Spätestens bei der Gehalts- beziehungsweise Lohnabrechnung müssen Daten des Mitarbeiters in eine DV-Anlage eingegeben und verarbeitet werden, und zwar entweder bei Ihnen oder bei einem mit der Lohnabrechnung beauftragten Steuerberater.

23 Die Vereinbarung einer Vertragsstrafe ist für Sie als Arbeitgeber besonders wichtig. Zwar ist ein Mitarbeiter bei den aufgeführten Vertragsverstößen auch ohne diese Regelung schadensersatzpflichtig, den Ihnen entstandenen Schaden müssen Sie jedoch bis auf den letzten Pfennig/Cent beweisen können. Dieser Beweis fällt in der Praxis oft schwer. Haben Sie eine Vertragsstrafe vereinbart, so entfällt der schwierige Beweis für die Schadenshöhe, jedenfalls bis zur Höhe der festgelegten Vertragsstrafe.

24 Ausschlussfristenregelungen i.S.v. Verfallsklauseln finden sich sehr häufig auch in Tarifverträgen. Sie haben für Sie als Arbeitgeber den Vorteil, dass nach Ablauf der genannten Fristen der Anspruch des Mitarbeiters nicht mehr besteht.

25 Änderungsvereinbarungen beziehungsweise Vertragsänderungen sollten Sie zu Beweiszwecken immer schriftlich verfassen; im Übrigen gilt für Befristungen (befristete Arbeitsverträge) sowieso das gesetzliche Schriftformerfordernis nach § 623 BGB.

26 Diese Regelung wird als Teilnichtigkeitsklausel bzw. Teilunwirksamkeitsklausel oder auch salvatorische Klausel bezeichnet. Diese beinhaltet, dass die etwaige Unwirksamkeit einzelner Bestimmungen des Vertrages die Wirksamkeit der übrigen Vertragsbestimmungen unberücksichtigt lässt. Dadurch können Sie verhindern, dass bei einem unwirksamen Teil des Vertrages gleich das gesamte Vertragswerk entfällt. Sie finden diese oder ähnliche Klauseln auch in einer Vielzahl von anderen Verträgen.

Kampagnearbeitsvertrag

22 **§ 10 Speicherung von Daten im Rahmen des Bundesdatenschutzgesetzes**

Der Mitarbeiter ist darüber informiert worden, dass seine persönlichen Daten im Zusammenhang mit dem Arbeitsverhältnis in einer DV-Anlage gespeichert werden. Der Mitarbeiter erklärt sich ausdrücklich mit dieser Handhabung einverstanden.

23 **§ 11 Vertragsstrafe**

1. Für den Fall einer schuldhaften Nichtaufnahme der Tätigkeit oder der Nichteinhaltung der gesetzlichen Kündigungsfrist durch den Mitarbeiter wird eine Vertragsstrafe vereinbart. Diese beträgt einen Brutto-Monatslohn und ist an den Arbeitgeber zu zahlen.

2. Die Vertragsstrafe wird auch fällig bei Vertragsrücktritt vor Beginn des Arbeitsverhältnisses.

3. Der Arbeitgeber ist berechtigt, einen weitergehenden Schaden geltend zu machen.

24 **§ 12 Ausschluss- und Verfallsfristen**

1. Alle Ansprüche aus diesem Arbeitsvertrag und solche, die damit in Verbindung stehen, verfallen, wenn sie nicht innerhalb von drei Monaten nach Fälligkeit gegenüber der anderen Arbeitsvertragspartei (Arbeitgeber oder Arbeitnehmer) schriftlich geltend gemacht worden sind.

2. Lehnt die andere Arbeitsvertragspartei den Anspruch ab oder erklärt sie sich nicht innerhalb von vier Wochen nach der Geltendmachung des Anspruchs, so verfällt der Anspruch, wenn er nicht innerhalb von drei Monaten nach der Ablehnung oder dem Fristablauf gerichtlich geltend gemacht wird.

§ 13 Sonstige Bestimmungen

25 1. Änderungen und Ergänzungen dieses Vertrages bedürfen der Schriftform; dies gilt auch für einen Verzicht auf das Schriftformerfordernis selbst.

2. Mündliche Nebenabreden zu diesem Vertrag wurden nicht getroffen.

26 3. Sollte ein Teil dieses Arbeitsvertrages nichtig, d. h. unwirksam sein, so berührt dies nicht die Gültigkeit (Wirksamkeit) der übrigen Vertragsbestimmungen. Unwirksame Bestimmungen sind einvernehmlich durch solche zu ersetzen, die unter Berücksichtigung der Interessenlage geeignet sind, den gewünschten Zweck des Vertrages zu erreichen. Lücken sind dem beabsichtigten wirtschaftlichen Zweck entsprechend zu füllen.

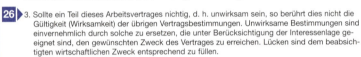

Musterstadt, 28.04.
Ort, Datum

Wilhelm Köhler
Unterschrift Arbeitgeber

Sieglinde Meisner
Unterschrift Mitarbeiter

4/4

Kopiervorlage

Kampagnearbeitsvertrag

§ 10 Speicherung von Daten im Rahmen des Bundesdatenschutzgesetzes

Der Mitarbeiter ist darüber informiert worden, dass seine persönlichen Daten im Zusammenhang mit dem Arbeitsverhältnis in einer DV-Anlage gespeichert werden. Der Mitarbeiter erklärt sich ausdrücklich mit dieser Handhabung einverstanden.

§ 11 Vertragsstrafe

1. Für den Fall einer schuldhaften Nichtaufnahme der Tätigkeit oder der Nichteinhaltung der gesetzlichen Kündigungsfrist durch den Mitarbeiter wird eine Vertragsstrafe vereinbart. Diese beträgt einen Brutto-Monatslohn und ist an den Arbeitgeber zu zahlen.

2. Die Vertragsstrafe wird auch fällig bei Vertragsrücktritt vor Beginn des Arbeitsverhältnisses.

3. Der Arbeitgeber ist berechtigt, einen weitergehenden Schaden geltend zu machen.

§ 12 Ausschluss- und Verfallsfristen

1. Alle Ansprüche aus diesem Arbeitsvertrag und solche, die damit in Verbindung stehen, verfallen, wenn sie nicht innerhalb von drei Monaten nach Fälligkeit gegenüber der anderen Arbeitsvertragspartei (Arbeitgeber oder Arbeitnehmer) schriftlich geltend gemacht worden sind.

2. Lehnt die andere Arbeitsvertragspartei den Anspruch ab oder erklärt sie sich nicht innerhalb von vier Wochen nach der Geltendmachung des Anspruchs, so verfällt der Anspruch, wenn er nicht innerhalb von drei Monaten nach der Ablehnung oder dem Fristablauf gerichtlich geltend gemacht wird.

§ 13 Sonstige Bestimmungen

1. Änderungen und Ergänzungen dieses Vertrages bedürfen der Schriftform; dies gilt auch für einen Verzicht auf das Schriftformerfordernis selbst.

2. Mündliche Nebenabreden zu diesem Vertrag wurden nicht getroffen.

3. Sollte ein Teil dieses Arbeitsvertrages nichtig, d. h. unwirksam sein, so berührt dies nicht die Gültigkeit (Wirksamkeit) der übrigen Vertragsbestimmungen. Unwirksame Bestimmungen sind einvernehmlich durch solche zu ersetzen, die unter Berücksichtigung der Interessenlage geeignet sind, den gewünschten Zweck des Vertrages zu erreichen. Lücken sind dem beabsichtigten wirtschaftlichen Zweck entsprechend zu füllen.

_____
Ort, Datum

_____   _____
Unterschrift Arbeitgeber   Unterschrift Mitarbeiter

1 Hier müssen Sie das Datum (Tag, Monat, Jahr) eintragen, an dem das Arbeitsverhältnis beginnen soll. Üblicherweise wird dies der erste Tag eines Monats sein. Beginnt das Arbeitsverhältnis während des laufenden Monats, so ist das Arbeitsentgelt im ersten Monat nur anteilig zu zahlen.

2 Hier ist die Beschreibung der vom Arbeitnehmer zu leistenden Tätigkeit bzw. eine Funktionsbeschreibung einzufügen wie z. B. Verwaltungsangestellter, Finanzbuchhalter, Sachbearbeiter oder Ähnliches.

Arbeitsvertrag für einen Meister

Zwischen

Optikermeister
Hans-Jürgen Rameloer
Konrad-Adenauer-Platz 15

12345 Musterstadt

nachfolgend „Arbeitgeber" genannt

und

Herrn/Frau
Rainer Kalmuth
Dachsweg 7

12345 Musterstadt

nachfolgend „Mitarbeiter" genannt.

§ 1 Beginn des Arbeitsverhältnisses, Probezeit, Kündigungsfristen

1 1. Zwischen den Parteien wird der Beginn des Arbeitsverhältnisses auf den **01.02.** festgelegt.

2. Die ersten 6 Monate gelten als Probezeit mit 2-wöchiger Kündigungsfrist. Für Kündigungen nach der Probezeit gelten die Kündigungsfristen gemäß § 8 dieses Arbeitsvertrages.

§ 2 Tätigkeitsgebiet, Tätigkeitsumfang

2 1. Der Mitarbeiter wird als **Optikermeister** eingestellt. Seine Tätigkeit umfasst sämtliche, im Berufsbild des **Optikermeisters** ausgewiesenen Tätigkeiten.

Der Mitarbeiter ist verpflichtet, sofern im Betrieb Auszubildende (Lehrlinge) beschäftigt werden, diese im Ausbildungsberuf des Optikers nach Maßgabe der geltenden Berufsausbildungsordnung auszubilden.

Der Mitarbeiter stellt dem Arbeitgeber seinen Meisterbrief zur Vorlage bei der örtlich zuständigen Handwerkskammer sowie zum Aushang im Betrieb des Arbeitgebers zur Verfügung.

Der Mitarbeiter wird verpflichtet, die Einhaltung der Arbeitsschutz- und Unfallverhütungsvorschriften durch die übrigen Beschäftigten und die Auszubildenden zu überwachen und den Arbeitgeber auf mögliche Gefahrenpotenziale hinzuweisen.

1/5

Kopiervorlage

Arbeitsvertrag

Zwischen

_____

_____

_____

_____

nachfolgend „Arbeitgeber" genannt

und

_____

_____

_____

_____

nachfolgend „Mitarbeiter" genannt.

§ 1 Beginn des Arbeitsverhältnisses, Probezeit, Kündigungsfristen

1. Zwischen den Parteien wird der Beginn des Arbeitsverhältnisses auf den _____ festgelegt.

2. Die ersten 6 Monate gelten als Probezeit mit 2-wöchiger Kündigungsfrist. Für Kündigungen nach der Probezeit gelten die Kündigungsfristen gemäß § 8 dieses Arbeitsvertrages.

§ 2 Tätigkeitsgebiet, Tätigkeitsumfang

1. Der Mitarbeiter wird als _____ eingestellt. Seine Tätigkeit umfasst sämtliche, im Berufsbild des _____ ausgewiesenen Tätigkeiten.

Der Mitarbeiter ist verpflichtet, sofern im Betrieb Auszubildende (Lehrlinge) beschäftigt werden, diese im Ausbildungsberuf des Optikers nach Maßgabe der geltenden Berufsausbildungsordnung auszubilden.

Der Mitarbeiter stellt dem Arbeitgeber seinen Meisterbrief zur Vorlage bei der örtlich zuständigen Handwerkskammer sowie zum Aushang im Betrieb des Arbeitgebers zur Verfügung.

Der Mitarbeiter wird verpflichtet, die Einhaltung der Arbeitsschutz- und Unfallverhütungsvorschriften durch die übrigen Beschäftigten und die Auszubildenden zu überwachen und den Arbeitgeber auf mögliche Gefahrenpotenziale hinzuweisen.

3 Es handelt sich hierbei um eine so genannte Öffnungsklausel. Diese erlaubt es Ihnen als Arbeitgeber den Tätigkeitsbereich zu verändern, ohne dass es einer Änderungskündigung bedarf.

4 Auch hinsichtlich des Arbeitsortes sollte der Vertrag möglichst offen gestaltet sein, um den Mitarbeiter flexibel einsetzen zu können. Das Mittel hierzu ist eine Öffnungsklausel (siehe unser Musterbeispiel § 3, Ziffer 4 Satz 2 dieses Vertrages).

5 Tragen Sie hier das mit dem Mitarbeiter verhandelte Bruttomonatsgehalt ein.

6 Häufig findet man in Arbeitsverträgen eine Klausel, dass auch Gehaltspfändungen nur mit Zustimmung des Arbeitgebers erfolgen dürfen. Ob wirksam gepfändet wird, haben aber weder Sie als Arbeitgeber noch der Mitarbeiter in der Hand, sondern der Gläubiger des Mitarbeiters, der dem Arbeitnehmer (Mitarbeiter) gegenüber einen wirksamen Titel (so genannten Schuldtitel) erwirkt hat.

Arbeitsvertrag für einen Meister

3 ▶ 2. Der Mitarbeiter ist verpflichtet, auf besondere Anordnung des Arbeitgebers auch andere – seinen Fähigkeiten und seiner Aus- und Fortbildung entsprechende – zumutbare Tätigkeiten außerhalb seines Aufgabenbereiches zu verrichten.

3. Der Mitarbeiter ist verpflichtet, seine ganze Arbeitskraft und fachlichen Kenntnisse und Erfahrungen ausschließlich dem Arbeitgeber zur Verfügung zu stellen. Für die Zeit des Arbeitsverhältnisses ist jede Übernahme einer entgeltlichen oder unentgeltlichen Nebentätigkeit nur mit Einwilligung des Arbeitgebers, d. h. nach vorheriger Zustimmung des Arbeitgebers zulässig. Dies gilt auch für Ehrenämter.

§ 3 Arbeitszeit, Arbeitsort

1. Die Arbeitszeit beträgt derzeit <u>40</u> Stunden pro Woche.

2. Die Arbeitszeiteinteilung bzw. arbeitstägliche Verteilung der Arbeitszeit richtet sich nach den Geschäftszeiten des Arbeitgebers. Als regelmäßige Arbeitszeit wird festgelegt: <u>Montags bis freitags von 10.00 Uhr bis 18.30 Uhr</u>. Abweichungen von dieser Arbeitszeit sind in dringenden betrieblichen Fällen und nach Absprache möglich.

3. Für die arbeitstägliche Arbeitszeit gilt eine Mittagspause von 30 Minuten, die in der Zeit von <u>12.00 Uhr bis 14.00 Uhr</u> zu nehmen ist.

4 ▶ 4. Der Mitarbeiter wird im Hauptgeschäft in <u>Musterstadt</u> eingesetzt. Der Arbeitgeber behält sich vor, den Mitarbeiter auch an einem anderen Ort in einer Filiale einzusetzen.

§ 4 Vergütung (Arbeitsentgelt)

1. Das Gehalt des Mitarbeiters beträgt pro Monat

5 ▶ <u>DM 3.850,–/EUR...</u> brutto

und wird jeweils am Ende des Monats ausgezahlt. Der Mitarbeiter erklärt sich damit einverstanden, dass sein Gehalt auf ein von ihm zu benennendes Bank- oder Postbankkonto überwiesen wird.

2. Die Zahlung von Gratifikationen, Prämien und ähnlichen Leistungen liegt im freien Ermessen des Arbeitgebers. Sie erfolgt freiwillig und begründet auch bei wiederholter, ohne ausdrücklichen Vorbehalt der Freiwilligkeit erfolgter Zahlung, keinen Rechtsanspruch im Folgejahr.

6 ▶ 3. Gehaltsabtretungen sind nur mit Zustimmung des Arbeitgebers zulässig und wirksam. Die bei einer Gehaltsabtretung bzw. -pfändung beim Arbeitgeber entstehenden Bearbeitungskosten trägt der Mitarbeiter. Mindestens erhoben werden pro Überweisung <u>DM 5,–/EUR ...</u> und pro notwendigem Schreiben <u>DM 10,–/EUR...</u>

2/5

Kopiervorlage

Arbeitsvertrag

2. Der Mitarbeiter ist verpflichtet, auf besondere Anordnung des Arbeitgebers auch andere – seinen Fähigkeiten und seiner Aus- und Fortbildung entsprechende – zumutbare Tätigkeiten außerhalb seines Aufgabenbereiches zu verrichten.

3. Der Mitarbeiter ist verpflichtet, seine ganze Arbeitskraft und fachlichen Kenntnisse und Erfahrungen ausschließlich dem Arbeitgeber zur Verfügung zu stellen. Für die Zeit des Arbeitsverhältnisses ist jede Übernahme einer entgeltlichen oder unentgeltlichen Nebentätigkeit nur mit Einwilligung des Arbeitgebers, d. h. nach vorheriger Zustimmung des Arbeitgebers zulässig. Dies gilt auch für Ehrenämter.

§ 3 Arbeitszeit, Arbeitsort

1. Die Arbeitszeit beträgt derzeit _____ Stunden pro Woche.

2. Die Arbeitszeiteinteilung bzw. arbeitstägliche Verteilung der Arbeitszeit richtet sich nach den Geschäftszeiten des Arbeitgebers. Als regelmäßige Arbeitszeit wird festgelegt: _____ _____. Abweichungen von dieser Arbeitszeit sind in dringenden betrieblichen Fällen und nach Absprache möglich.

3. Für die arbeitstägliche Arbeitszeit gilt eine Mittagspause von 30 Minuten, die in der Zeit von _____ zu nehmen ist.

4. Der Mitarbeiter wird im Hauptgeschäft in _____ eingesetzt. Der Arbeitgeber behält sich vor, den Mitarbeiter auch an einem anderen Ort in einer Filiale einzusetzen.

§ 4 Vergütung (Arbeitsentgelt)

1. Das Gehalt des Mitarbeiters beträgt pro Monat

_____ brutto

und wird jeweils am Ende des Monats ausgezahlt. Der Mitarbeiter erklärt sich damit einverstanden, dass sein Gehalt auf ein von ihm zu benennendes Bank- oder Postbankkonto überwiesen wird.

2. Die Zahlung von Gratifikationen, Prämien und ähnlichen Leistungen liegt im freien Ermessen des Arbeitgebers. Sie erfolgt freiwillig und begründet auch bei wiederholter, ohne ausdrücklichen Vorbehalt der Freiwilligkeit erfolgter Zahlung, keinen Rechtsanspruch im Folgejahr.

3. Gehaltsabtretungen sind nur mit Zustimmung des Arbeitgebers zulässig und wirksam. Die bei einer Gehaltsabtretung bzw. -pfändung beim Arbeitgeber entstehenden Bearbeitungskosten trägt der Mitarbeiter. Mindestens erhoben werden pro Überweisung _____ und pro notwendigem Schreiben _____ .

7 Gemäß § 5 Absatz 1 Entgeltfortzahlungsgesetz (EFZG) hat der Arbeitgeber das Recht, bereits ab dem ersten Tag der Arbeitsunfähigkeit eine Arbeitsunfähigkeitbescheinigung zu verlangen. Allerdings müssen Sie dies nachweisbar vor einer Erkrankung gefordert haben. Zulässig ist also bereits die Festlegung im Arbeitsvertrag.

8 Gemäß § 6 EFZG geht die Forderung gegenüber einem Dritten auch ohne gesonderte Abtretung auf Sie über, sofern Sie Entgeltfortzahlung geleistet haben (so genannter gesetzlicher Forderungsübergang = Legalzession). Die Klausel im Arbeitsvertrag dient daher nur der Klarstellung und Verdeutlichung gegenüber dem Mitarbeiter, dass durch die Entgeltfortzahlung der Anspruch auf Schadensersatz in Höhe der geleisteten Entgeltzahlung auf Sie als Arbeitgeber übergeht.

9 Der Urlaubsanspruch beträgt gemäß § 3 Bundesurlaubsgesetz 24 Werktage. Es handelt sich dabei um einen Mindestanspruch, der weder durch einvernehmliche Absprache noch durch Vertrag gekürzt werden darf. Sie können als Arbeitgeber mehr Urlaub gewähren. Tun Sie das, dann geht dieser vertragliche Anspruch dem gesetzlichen Anspruch vor (so genanntes Günstigkeitsprinzip).

10 Nach der am 01.05.2000 eingeführten Gesetzesvorschrift (§ 623 Bürgerliches Gesetzbuch (BGB)) hat jede Kündigung schriftlich zu erfolgen (so genanntes gesetzliches Schriftformerfordernis). Eine mündliche Kündigung ist danach unwirksam.

Arbeitsvertrag für einen Meister

§ 5 Arbeitsverhinderung, Entgeltfortzahlung im Krankheitsfall

1. Der Mitarbeiter ist verpflichtet, dem Arbeitgeber jede Arbeitsverhinderung und ihre voraussichtliche Dauer unverzüglich mitzuteilen.

7 2. Dauert die Arbeitsunfähigkeit infolge Krankheit länger als <u>drei</u> Kalendertage, dann hat der Arbeitnehmer spätestens an dem darauffolgenden Arbeitstag eine ärztliche Bescheinigung darüber sowie über deren voraussichtliche Dauer vorzulegen. Bei einer über den angegebenen Zeitraum hinausgehenden Erkrankung ist eine Folgebescheinigung innerhalb von weiteren <u>drei</u> Tagen nach Ablauf der vorangegangenen Arbeitsunfähigkeitsbescheinigung einzureichen.

3. Trifft den Mitarbeiter an der Arbeitsunfähigkeit kein Verschulden, dann leistet der Arbeitgeber Fortzahlung der Vergütung bzw. des Arbeitsentgeltes nach Maßgabe des Entgeltfortzahlungsgesetzes.

8 4. Wird der Mitarbeiter durch Handlung eines Dritten arbeitsunfähig, gehen die dem Mitarbeiter gegenüber dem Dritten zustehenden Schadensersatzansprüche wegen Verdienstausfalles in der Höhe auf den Arbeitgeber über, in welcher der Arbeitgeber während der Zeit der Arbeitsunfähigkeit Entgeltfortzahlung geleistet hat.

§ 6 Spesen und Auslagen (Aufwendungsersatz)

Reisekosten und sonstige Aufwendungen, die mit Genehmigung und im Interesse des Arbeitgebers entstehen, werden entsprechend den steuerlichen Vorschriften erstattet.

§ 7 Urlaub

9 1. Der Mitarbeiter hat Anspruch auf einen jährlichen Erholungsurlaub von <u>28</u> Werktagen.

2. Der Urlaub wird vom Arbeitgeber unter Berücksichtigung der betrieblichen Belange und des Arbeitnehmer-(Mitarbeiter-)Interesses festgelegt.

3. Im Übrigen gelten die Vorschriften des Bundesurlaubsgesetzes. Das Bundesurlaubsgesetz kann im Personalbüro eingesehen werden.

§ 8 Kündigung

1. Das Arbeitsverhältnis kann von beiden Arbeitsvertragsparteien unter Einhaltung der gesetzlichen Kündigungsfrist gekündigt werden.

10 2. Die Kündigung hat in jedem Fall schriftlich zu erfolgen.

3/5

Kopiervorlage

Arbeitsvertrag

§ 5 Arbeitsverhinderung, Entgeltfortzahlung im Krankheitsfall

1. Der Mitarbeiter ist verpflichtet, dem Arbeitgeber jede Arbeitsverhinderung und ihre voraussichtliche Dauer unverzüglich mitzuteilen.

2. Dauert die Arbeitsunfähigkeit infolge Krankheit länger als _____ Kalendertage, dann hat der Arbeitnehmer spätestens an dem darauffolgenden Arbeitstag eine ärztliche Bescheinigung darüber sowie über deren voraussichtliche Dauer vorzulegen. Bei einer über den angegebenen Zeitraum hinausgehenden Erkrankung ist eine Folgebescheinigung innerhalb von weiteren _____ Tagen nach Ablauf der vorangegangenen Arbeitsunfähigkeitsbescheinigung einzureichen.

3. Trifft den Mitarbeiter an der Arbeitsunfähigkeit kein Verschulden, dann leistet der Arbeitgeber Fortzahlung der Vergütung bzw. des Arbeitsentgeltes nach Maßgabe des Entgeltfortzahlungsgesetzes.

4. Wird der Mitarbeiter durch Handlung eines Dritten arbeitsunfähig, gehen die dem Mitarbeiter gegenüber dem Dritten zustehenden Schadensersatzansprüche wegen Verdienstausfalles in der Höhe auf den Arbeitgeber über, in welcher der Arbeitgeber während der Zeit der Arbeitsunfähigkeit Entgeltfortzahlung geleistet hat.

§ 6 Spesen und Auslagen (Aufwendungsersatz)

Reisekosten und sonstige Aufwendungen, die mit Genehmigung und im Interesse des Arbeitgebers entstehen, werden entsprechend den steuerlichen Vorschriften erstattet.

§ 7 Urlaub

1. Der Mitarbeiter hat Anspruch auf einen jährlichen Erholungsurlaub von _____ Werktagen.

2. Der Urlaub wird vom Arbeitgeber unter Berücksichtigung der betrieblichen Belange und des Arbeitnehmer-(Mitarbeiter-)Interesses festgelegt.

3. Im Übrigen gelten die Vorschriften des Bundesurlaubsgesetzes. Das Bundesurlaubsgesetz kann im Personalbüro eingesehen werden.

§ 8 Kündigung

1. Das Arbeitsverhältnis kann von beiden Arbeitsvertragsparteien unter Einhaltung der gesetzlichen Kündigungsfrist gekündigt werden.

2. Die Kündigung hat in jedem Fall schriftlich zu erfolgen.

11 Ein Mitarbeiter kann – insbesondere in der Position eines Meisters – zum Beispiel aus Frust über die Kündigung, einem Betrieb erheblichen Schaden zufügen. Die Freistellungsmöglichkeit soll Sie als Arbeitgeber davor schützen. Entscheiden Sie sich für die Freistellung, so müssen Sie allerdings während der Freistellung bis zum Ende des Arbeitsverhältnisses das Arbeitsentgelt fortzahlen.

12 Wenn es in Ihrem Unternehmen bzw. Betrieb Betriebs- und Geschäftsgeheimnisse gibt, die für Ihre Konkurrenz von Bedeutung sein könnten und von denen Ihr Mitarbeiter Kenntnis hat oder haben könnte, so kann es unter Umständen sinnvoll sein, eine Vertragsstrafe zu vereinbaren. Auch der Abschluss eines Wettbewerbsverbotes kann gerade bei einem Meister von besonderer Bedeutung sein. Ein Wettbewerbsverbot für die Zeit nach dem Ausscheiden aus dem Arbeitsverhältnis kann allerdings nur gegen Zahlung einer Entschädigung (so genannte Karenzentschädigung) wirksam vereinbart werden. Eine solche Mustervereinbarung finden Sie unter den Sondervereinbarungen in diesem Band.

13 Der Meister in einem Handwerksbetrieb erfährt häufig sehr viel über Ihr Unternehmen und die bei Ihnen beschäftigten Mitarbeiter und Auszubildenden. Aus diesem Grund empfiehlt es sich, den Meister auf das Datengeheimnis zu verpflichten.

14 Die Speicherung und Verarbeitung von personenbezogenen Daten ist in jedem Betrieb erforderlich. Spätestens bei der Lohnabrechnung müssen Daten des Mitarbeiters in eine DV-Anlage eingegeben und verarbeitet werden und zwar entweder in Ihrem Betrieb oder bei einem mit der Lohnabrechnung beauftragten Steuerberater.

Arbeitsvertrag für einen Meister

3. Ohne dass es einer Kündigung bedarf, endet das Arbeitsverhältnis mit Ablauf des Monats, nach welchem der Mitarbeiter Rente wegen Erwerbsunfähigkeit oder Erreichung der Altersgrenze bezieht. Den Bescheid der zuständigen Behörde hierüber hat der Mitarbeiter unverzüglich dem Arbeitgeber vorzulegen. Die Arbeitsvertragsparteien sind sich darüber einig, dass das Arbeitsverhältnis jedoch spätestens mit Ablauf des Monats endet, in dem der Mitarbeiter sein 65. Lebensjahr vollendet.

11 ▶ 4. Ist das Arbeitsverhältnis – egal durch welche Arbeitsvertragspartei – gekündigt worden, so ist der Arbeitgeber jederzeit befugt, den Mitarbeiter mit sofortiger Wirkung von seiner Verpflichtung zur Arbeitsleistung unter Fortzahlung der Vergütung freizustellen.

§ 9 Verschwiegenheitspflicht, Rückgabe von Unterlagen und sonstigem Firmeneigentum, Datenschutz

12 ▶ 1. Der Mitarbeiter ist verpflichtet, nicht nur über Betriebs- und Geschäftsgeheimnisse, sondern über alle ihm bekannten Angelegenheiten, Vorgänge, Verträge und Geschäftsbeziehungen innerhalb und außerhalb des Betriebes Verschwiegenheit zu bewahren. Dies gilt auch für die Zeit nach seinem Ausscheiden aus dem Arbeitsverhältnis.

2. Der Verschwiegenheitsverpflichtung unterliegen auch die persönlichen Verhältnisse der Mitarbeiter und Vorgesetzten.

3. Außerdem verpflichtet sich der Mitarbeiter, über die Höhe seines Gehaltes, über Gehaltsbestandteile sowie über Prämien und/oder weitere Bezüge Stillschweigen zu bewahren.

4. Die Verletzung der Verschwiegenheitspflicht kann zu Schadensersatzansprüchen des Arbeitgebers führen. Im Ausnahmefall kann der Arbeitgeber das Arbeitsverhältnis ordentlich bzw. außerordentlich kündigen.

5. Alle Materialien, insbesondere alle Unterlagen, Werkzeuge, Kopien etc., die im Zusammenhang mit seiner Tätigkeit für den Arbeitgeber in seinen Besitz gelangt sind, hat der Mitarbeiter jederzeit auf Verlangen des Arbeitgebers zurückzugeben, bei Beendigung des Arbeitsverhältnisses ohne besondere Aufforderung. Dem Mitarbeiter steht ein Zurückbehaltungsrecht (§ 273 BGB) insoweit nicht zu.

13 ▶ 6. Der Mitarbeiter verpflichtet sich durch seine Unterschrift auf einem gesonderten Formblatt, das Datengeheimnis gemäß § 5 Bundesdatenschutzgesetz (BDSG) zu wahren. Die Verpflichtung auf das Datengeheimnis ist Bestandteil dieses Arbeitsvertrages und zwingend als Anlage zu diesem Vertrag zu führen.

§ 10 Speicherung von persönlichen Daten

14 ▶ Der Mitarbeiter ist darüber unterrichtet worden, dass seine persönlichen Daten im Zusammenhang mit dem Arbeitsverhältnis in einer DV-Anlage gespeichert werden. Mit dieser Handhabung nach den Vorschriften des Bundesdatenschutzgesetzes (BDSG) erklärt sich der Mitarbeiter ausdrücklich einverstanden.

4/5

Kopiervorlage

Arbeitsvertrag

3. Ohne dass es einer Kündigung bedarf, endet das Arbeitsverhältnis mit Ablauf des Monats, nach welchem der Mitarbeiter Rente wegen Erwerbsunfähigkeit oder Erreichung der Altersgrenze bezieht. Den Bescheid der zuständigen Behörde hierüber hat der Mitarbeiter unverzüglich dem Arbeitgeber vorzulegen. Die Arbeitsvertragsparteien sind sich darüber einig, dass das Arbeitsverhältnis jedoch spätestens mit Ablauf des Monats endet, in dem der Mitarbeiter sein 65. Lebensjahr vollendet.

4. Ist das Arbeitsverhältnis – egal durch welche Arbeitsvertragspartei – gekündigt worden, so ist der Arbeitgeber jederzeit befugt, den Mitarbeiter mit sofortiger Wirkung von seiner Verpflichtung zur Arbeitsleistung unter Fortzahlung der Vergütung freizustellen.

§ 9 Verschwiegenheitspflicht, Rückgabe von Unterlagen und sonstigem Firmeneigentum, Datenschutz

1. Der Mitarbeiter ist verpflichtet, nicht nur über Betriebs- und Geschäftsgeheimnisse, sondern über alle ihm bekannten Angelegenheiten, Vorgänge, Verträge und Geschäftsbeziehungen innerhalb und außerhalb des Betriebes Verschwiegenheit zu bewahren. Dies gilt auch für die Zeit nach seinem Ausscheiden aus dem Arbeitsverhältnis.

2. Der Verschwiegenheitsverpflichtung unterliegen auch die persönlichen Verhältnisse der Mitarbeiter und Vorgesetzten.

3. Außerdem verpflichtet sich der Mitarbeiter, über die Höhe seines Gehaltes, über Gehaltsbestandteile sowie über Prämien und/oder weitere Bezüge Stillschweigen zu bewahren.

4. Die Verletzung der Verschwiegenheitspflicht kann zu Schadensersatzansprüchen des Arbeitgebers führen. Im Ausnahmefall kann der Arbeitgeber das Arbeitsverhältnis ordentlich bzw. außerordentlich kündigen.

5. Alle Materialien, insbesondere alle Unterlagen, Werkzeuge, Kopien etc., die im Zusammenhang mit seiner Tätigkeit für den Arbeitgeber in seinen Besitz gelangt sind, hat der Mitarbeiter jederzeit auf Verlangen des Arbeitgebers zurückzugeben, bei Beendigung des Arbeitsverhältnisses ohne besondere Aufforderung. Dem Mitarbeiter steht ein Zurückbehaltungsrecht (§ 273 BGB) insoweit nicht zu.

6. Der Mitarbeiter verpflichtet sich durch seine Unterschrift auf einem gesonderten Formblatt, das Datengeheimnis gemäß § 5 Bundesdatenschutzgesetz (BDSG) zu wahren. Die Verpflichtung auf das Datengeheimnis ist Bestandteil dieses Arbeitsvertrages und zwingend als Anlage zu diesem Vertrag zu führen.

§ 10 Speicherung von persönlichen Daten

Der Mitarbeiter ist darüber unterrichtet worden, dass seine persönlichen Daten im Zusammenhang mit dem Arbeitsverhältnis in einer DV-Anlage gespeichert werden. Mit dieser Handhabung nach den Vorschriften des Bundesdatenschutzgesetzes (BDSG) erklärt sich der Mitarbeiter ausdrücklich einverstanden.

15 Die vertragliche Festlegung einer Vertragsstrafe ist für Sie als Arbeitgeber besonders wichtig. Zwar ist ein Mitarbeiter bei den aufgeführten Vertragsverstößen auch ohne diese Regelung schadensersatzpflichtig, den Ihnen entstandenen Schaden müssen Sie jedoch bis auf den letzten Pfennig beweisen können. Die Beweisführung ist äußerst schwierig und gelingt deshalb häufig nicht. Haben Sie eine Vertragsstrafe vereinbart, so entfällt der schwierige Beweis der Schadenshöhe, jedenfalls bis zur Höhe der festgelegten Vertragsstrafe.

16 Ausschlussfristenregelungen im Sinne von Verfallsklauseln finden sich sehr häufig auch in Tarifverträgen. Sie haben für Sie als Arbeitgeber den Vorteil, dass nach Ablauf der genannten Fristen der Anspruch des Mitarbeiters nicht mehr besteht.

17 Änderungsvereinbarungen bzw. Vertragsänderungen sollten zu Beweiszwecken immer schriftlich verfasst werden. Im Übrigen ist für wesentliche Arbeitsbedingungen nach dem Nachweisgesetz (NachwG) sowieso die schriftliche Niederlegung in einer Niederschrift vorgeschrieben.

18 Diese Regelung wird als Teilnichtigkeitsklausel bzw. Teilunwirksamkeitsklausel oder auch als salvatorische Klausel bezeichnet. Diese beinhaltet, dass bei einem unwirksamen Teil des Vertrages, das heißt bei der Unwirksamkeit einzelner Bestimmungen nicht gleich das gesamte Vertragswerk entfällt. Sie finden diese oder ähnliche Klauseln auch in einer Vielzahl von anderen Verträgen.

Arbeitsvertrag für einen Meister

15 **§ 11 Vertragsstrafe**

Im Fall einer schuldhaften Nichtaufnahme der Tätigkeit oder der Nichteinhaltung der gesetzlichen Kündigungsfrist durch den Mitarbeiter verpflichtet sich dieser, dem Arbeitgeber eine Vertragsstrafe in Höhe eines Bruttomonatseinkommens zu zahlen.

Die Vertragsstrafe ist ebenfalls fällig bei Vertragsrücktritt vor Beginn des Arbeitsverhältnisses.

Der Arbeitgeber ist berechtigt, einen weitergehenden Schaden im Rahmen einer Schadensersatzforderung geltend zu machen.

16 **§ 12 Ausschluss- und Verfallsfristen**

1. Alle Ansprüche aus diesem Arbeitsvertrag und solche, die damit in Verbindung stehen, verfallen, wenn sie nicht innerhalb von drei Monaten nach Fälligkeit gegenüber der anderen Vertragspartei schriftlich geltend gemacht worden sind. Dies gilt gleichermaßen für den Arbeitnehmer und den Arbeitgeber.

2. Lehnt die andere Arbeitsvertragspartei den Anspruch ab und gibt sie keine Erklärung innerhalb von vier Wochen nach der Geltendmachung des Anspruches ab, so verfällt dieser, wenn er nicht innerhalb von drei Monaten nach der Ablehnung oder dem Fristablauf gerichtlich geltend gemacht wird.

§ 13 Sonstige Bestimmungen

17 1. Änderungen und Ergänzungen dieses Vertrages bedürfen der Schriftform; dies gilt auch für einen Verzicht auf das Schriftformerfordernis selbst.

2. Mündliche Nebenabreden zu diesem Vertrag wurden nicht getroffen.

18 3. Sollte ein Teil dieses Arbeitsvertrages nichtig, d. h. rechtsunwirksam sein, so berührt dies nicht die Gültigkeit (Wirksamkeit) der übrigen Vertragsbestimmungen. Unwirksame (nichtige) Bestimmungen sind einvernehmlich durch solche zu ersetzen, die unter Berücksichtigung der Interessenlagen geeignet sind, den gewünschten Zweck des Vertrages zu erreichen. Lücken sind dem beabsichtigten wirtschaftlichen Zweck entsprechend zu füllen.

Musterstadt, 20.01.
Ort, Datum

Hans-Jürgen Rameloer
Unterschrift Arbeitgeber

Rainer Kalmuth
Unterschrift Mitarbeiter

5/5

Kopiervorlage

Arbeitsvertrag

§ 11 Vertragsstrafe

Im Fall einer schuldhaften Nichtaufnahme der Tätigkeit oder der Nichteinhaltung der gesetzlichen Kündigungsfrist durch den Mitarbeiter verpflichtet sich dieser, dem Arbeitgeber eine Vertragsstrafe in Höhe eines Bruttomonatseinkommens zu zahlen.

Die Vertragsstrafe ist ebenfalls fällig bei Vertragsrücktritt vor Beginn des Arbeitsverhältnisses.

Der Arbeitgeber ist berechtigt, einen weitergehenden Schaden im Rahmen einer Schadensersatzforderung geltend zu machen.

§ 12 Ausschluss- und Verfallsfristen

1. Alle Ansprüche aus diesem Arbeitsvertrag und solche, die damit in Verbindung stehen, verfallen, wenn sie nicht innerhalb von drei Monaten nach Fälligkeit gegenüber der anderen Vertragspartei schriftlich geltend gemacht worden sind. Dies gilt gleichermaßen für den Arbeitnehmer und den Arbeitgeber.

2. Lehnt die andere Arbeitsvertragspartei den Anspruch ab und gibt sie keine Erklärung innerhalb von vier Wochen nach der Geltendmachung des Anspruches ab, so verfällt dieser, wenn er nicht innerhalb von drei Monaten nach der Ablehnung oder dem Fristablauf gerichtlich geltend gemacht wird.

§ 13 Sonstige Bestimmungen

1. Änderungen und Ergänzungen dieses Vertrages bedürfen der Schriftform; dies gilt auch für einen Verzicht auf das Schriftformerfordernis selbst.

2. Mündliche Nebenabreden zu diesem Vertrag wurden nicht getroffen.

3. Sollte ein Teil dieses Arbeitsvertrages nichtig, d. h. rechtsunwirksam sein, so berührt dies nicht die Gültigkeit (Wirksamkeit) der übrigen Vertragsbestimmungen. Unwirksame (nichtige) Bestimmungen sind einvernehmlich durch solche zu ersetzen, die unter Berücksichtigung der Interessenlagen geeignet sind, den gewünschten Zweck des Vertrages zu erreichen. Lücken sind dem beabsichtigten wirtschaftlichen Zweck entsprechend zu füllen.

_____

Ort, Datum

_____   _____

Unterschrift Arbeitgeber   Unterschrift Mitarbeiter

1 Saisonbetriebe sind alle Betriebe, die zwar das ganze Jahr hindurch arbeiten, jedoch regelmäßig in einer bestimmten Jahreszeit aus witterungsbedingten oder anderen Gründen (z. B. Weihnachten) verstärkt arbeiten. Kampagnebetriebe sind dagegen solche, die regelmäßig nur einige Monate, d. h. nur in der Saison arbeiten. Saison- und Kampagnebetriebe unterliegen nach der gesetzlichen Regelung nur eingeschränkt dem Kündigungsschutzgesetz (KSchG): Die Vorschriften über Massenentlassungen (§§ 17 ff. Anzeigepflicht von Entlassungen) finden gemäß § 22 KSchG keine Anwendung. Außerdem dürfte das Kündigungsschutzgesetz auch deshalb insgesamt nicht zur Anwendung kommen, weil die Voraussetzung „Beschäftigung länger als 6 Monate" (§ 1 KSchG) in Saison- und Kampagnearbeitsverträgen regelmäßig nicht erfüllt wird. Das bedeutet für Sie als Arbeitgeber, dass Sie ein Saisonarbeitsverhältnis jederzeit ohne Angabe von Gründen ordentlich kündigen können und keine Gefahr laufen, dass die Kündigung nach dem Kündigungsschutzgesetz auf ihre soziale Rechtfertigung von den Arbeitsgerichten geprüft wird.

Dennoch kann es sinnvoll sein, von vornherein einen für die Saison befristeten Arbeitsvertrag abzuschließen. Das Saisonarbeitsverhältnis könnte nämlich auch einem besonderen Kündigungsschutz unterfallen, zum Beispiel dem nach dem Mutterschutzgesetz. Wird eine Saisonmitarbeiterin während des Arbeitsverhältnisses schwanger, kann ihr nicht ohne weiteres gekündigt werden. Es muss in diesem Fall vor Ausspruch der Kündigung die Zustimmung der für den Arbeitsschutz zuständigen staatlichen Aufsichtsbehörde, in der Regel das örtliche Gewerbeaufsichtsamt, eingeholt werden, die zu erreichen äußerst schwierig ist und nur in Ausnahmefällen gelingt. Diesen Schwierigkeiten gehen Sie aus dem Weg, wenn Sie einen befristeten Vertrag abschließen, so wie dies in diesem Beispiel erfolgt ist. Um wirksam einen befristeten Vertrag abzuschließen, müssen Sie diesen schriftlich abfassen (§ 623 BGB). Mündlich geschlossene befristete Arbeitsverträge sind rechtsunwirksam.

Wichtiger Hinweis!
Das Recht der befristeten Arbeitsverhältnisse wird zur Zeit neu geregelt und zwar

- sowohl die normale Befristung mit Sachgrund nach dem Bürgerlichen Gesetzbuch (BGB)
- als auch die Befristung ohne Sachgrund nach dem Beschäftigungsförderungsgesetz.

Der Gesetzentwurf befindet sich zum Redaktionsschluss noch in der parlamentarischen Beratung, das Gesetz soll aber am 01.01.2001 in Kraft treten. Wir werden Sie schnellstmöglich über die neue Rechtslage informieren.

2 Tragen Sie hier das Datum ein, an welchem das Saisonarbeitsverhältnis beginnen soll. In der Regel wird dies der erste Tag eines Monats sein. Soll das Arbeitsverhältnis während des laufenden Monats beginnen, so ist das Arbeitsentgelt (der Lohn) im ersten Monat nur anteilig zu zahlen.

3 Bei einem befristeten Vertrag muss das Ende genau definiert werden. Sofern ein genaues Enddatum nicht feststeht, sollte zumindest ein voraussichtliches Datum angegeben werden, welches das Ende der Saison kennzeichnet.

---

1 **Saisonarbeitsvertrag**

Zwischen

Weingut Tauberfranken
Blumenstr. 20

12345 Musterstadt

nachfolgend „Arbeitgeber" genannt

und

Herrn/Frau
Claudia Nolte
Bahnhofstr. 115

12345 Musterstadt

nachfolgend „Mitarbeiter" genannt.

§ 1 Dauer des Arbeitsverhältnisses, Probezeit

2 1. Das Arbeitsverhältnis beginnt am **01.06.** und endet am **30.11.** , ohne dass es einer **3** Kündigung bedarf.

4 2. Die Befristung des Arbeitsverhältnisses erfolgt aufgrund **der Vorbereitung und Durchführung der Weinlesesaison.**

5 3. Die ersten **3** Monate gelten als Probezeit. Die Kündigungsfrist während der Probezeit beträgt **6** 2 Wochen; anschließend gelten die Kündigungsfristen gemäß § 8 dieses Arbeitsvertrages.

§ 2 Tätigkeitsgebiet

7 1. Der Mitarbeiter wird als **Weinbauarbeiterin** eingestellt.

2. Der Mitarbeiter ist verpflichtet, auf besondere Anordnung auch andere – seinen Fähigkeiten und seiner Aus- und Fortbildung entsprechende – zumutbare Tätigkeiten außerhalb seines **8** vorgenannten Aufgabenbereiches zu verrichten. Eine Lohnminderung ist hierbei ausgeschlossen, der Mitarbeiter hat auch in diesem Fall Anspruch auf den vereinbarten vollen Lohn.

3. Der Mitarbeiter verpflichtet sich, seine ganze Arbeitskraft und seine fachlichen Kenntnisse und Erfahrungen ausschließlich dem Arbeitgeber zur Verfügung zu stellen. Für die Zeit des Arbeitsverhältnisses ist jede Übernahme einer entgeltlichen oder unentgeltlichen weiteren Tätigkeit oder Nebentätigkeit nur mit Einwilligung, d. h. nach vorheriger Zustimmung des Arbeitgebers zulässig.

1/4

Kopiervorlage

---

4 Befristete Arbeitsverträge – Ausnahme: Befristungen nach dem Beschäftigungsförderungsgesetz – bedürfen eines sachlichen Befristungsgrundes. Die Befristung eines Arbeitsverhältnisses für den Zeitraum einer Saison ist als sachlicher Grund anerkannt.

5 Während der Laufzeit eines befristeten Arbeitsverhältnisses ist die ordentliche Kündigung ausgeschlossen. Sie ist ausnahmsweise zulässig, wenn dies im Arbeitsvertrag oder in einem zusätzlichen Vertrag zwischen Arbeitgeber und Arbeitnehmer ausdrücklich vereinbart ist.

6 Ein befristeter Arbeitsvertrag kann prinzipiell während der Befristung nicht gekündigt werden, es sei denn, dass Sie sich eine Kündigungsmöglichkeit ausdrücklich vorbehalten haben.

7 Tragen Sie hier die Tätigkeit oder Berufsbezeichnung ein.

8 Es handelt sich hierbei um eine so genannte Öffnungsklausel. Diese erlaubt es Ihnen als Arbeitgeber, den Tätigkeitsbereich zu verändern, ohne dass es einer Änderungskündigung bedarf.

Saisonarbeitsvertrag

Zwischen

_____

_____

nachfolgend „Arbeitgeber" genannt

und

_____

_____

_____

nachfolgend „Mitarbeiter" genannt.

§ 1 Dauer des Arbeitsverhältnisses, Probezeit

1. Das Arbeitsverhältnis beginnt am _____ und endet am _____, ohne dass es einer Kündigung bedarf.

2. Die Befristung des Arbeitsverhältnisses erfolgt aufgrund _____
_____

3. Die ersten _ Monate gelten als Probezeit. Die Kündigungsfrist während der Probezeit beträgt 2 Wochen; anschließend gelten die Kündigungsfristen gemäß § 8 dieses Arbeitsvertrages.

§ 2 Tätigkeitsgebiet

1. Der Mitarbeiter wird als _____ eingestellt.

2. Der Mitarbeiter ist verpflichtet, auf besondere Anordnung auch andere – seinen Fähigkeiten und seiner Aus- und Fortbildung entsprechende – zumutbare Tätigkeiten außerhalb seines vorgenannten Aufgabenbereiches zu verrichten. Eine Lohnminderung ist hierbei ausgeschlossen, der Mitarbeiter hat auch in diesem Fall Anspruch auf den vereinbarten vollen Lohn.

3. Der Mitarbeiter verpflichtet sich, seine ganze Arbeitskraft und seine fachlichen Kenntnisse und Erfahrungen ausschließlich dem Arbeitgeber zur Verfügung zu stellen. Für die Zeit des Arbeitsverhältnisses ist jede Übernahme einer entgeltlichen oder unentgeltlichen weiteren Tätigkeit oder Nebentätigkeit nur mit Einwilligung, d. h. nach vorheriger Zustimmung des Arbeitgebers zulässig.

9 Nach § 15 Arbeitszeitgesetz (ArbZG) kann die örtliche Aufsichtsbehörde auf Ihren Antrag hin die tägliche Maximalarbeitszeit von 8 Stunden pro Werktag für die Dauer der Saison verlängern. Allerdings muss die Überschreitung der Maximalarbeitszeit durch Freizeit an anderen Tagen ausgeglichen werden, § 15 Absatz 1 Ziffer 2 ArbZG.

10 Sofern keine Arbeitszeitregelung im Betrieb vorhanden ist, kann an dieser Stelle auch die betriebsübliche bzw. branchenübliche Arbeitszeit eingesetzt werden. Sie als Arbeitgeber haben im Rahmen der Arbeitszeitregelung die Möglichkeit – unter der Voraussetzung, dass eine entsprechende Genehmigung der Aufsichtsbehörde zur Arbeitszeitverlängerung vorliegt – die verlängerten Arbeitszeiten und die Ausgleichszeiten festzulegen.

11 Bei Verlängerung der täglichen Arbeitszeit (siehe Fußnote 9) müssen Sie unter Umständen mehr bzw. längere Ruhepausen vorsehen, siehe § 4 ArbZG.

12 Häufig findet man in Arbeitsverträgen eine Klausel, dass auch Gehaltspfändungen nur mit Zustimmung des Arbeitgebers erfolgen dürfen. Ob wirksam gepfändet wird, haben aber weder Sie als Arbeitgeber noch Ihr Mitarbeiter in der Hand, sondern der Gläubiger des Mitarbeiters, der diesem gegenüber einen wirksamen Titel (sogenannten Schuldtitel) erwirkt hat.

13 Nach § 5 Absatz 1 Entgeltfortzahlungsgesetz (EFZG) haben Sie als Arbeitgeber das Recht, bereits ab dem ersten Tag der Arbeitsunfähigkeit die Arbeitsunfähigkeitsbescheinigung zu verlangen. Allerdings müssen Sie dies nachweisbar bereits vor einer Erkrankung gefordert haben. Möglich ist also bereits die Festlegung im Arbeitsvertrag.

14 Gemäß § 6 Entgeltfortzahlungsgesetz (EFZG) geht die Forderung gegenüber einem Dritten auch ohne gesonderte Abtretung auf Sie über, sofern Sie Entgeltfortzahlung geleistet haben (sogenannte Legalzession). Diese Klausel dient daher nur der Klarstellung und Verdeutlichung gegenüber dem Mitarbeiter, dass durch die Entgeltfortzahlung der Anspruch auf Schadensersatz in Höhe der geleisteten Entgeltzahlung auf Sie als Arbeitgeber übergeht.

Saisonarbeitsvertrag

§ 3 Arbeitszeit

9 1. Die wöchentliche Arbeitszeit beträgt <u>48</u> Stunden.

10 2. Die Arbeitszeiteinteilung erfolgt nach der jeweils gültigen Arbeitszeitregelung, die automatisch Bestandteil dieses Vertrages wird.

11 3. Der Mitarbeiter ist verpflichtet, arbeitstäglich eine halbstündige Mittagspause einzuhalten, die in der Zeit von <u>12.00 Uhr bis 14.00 Uhr</u> zu nehmen ist.

§ 4 Vergütung (Arbeitsentgelt)

1. Der Lohn des Mitarbeiters beträgt pro Monat

<u>DM 3.200,-- /EUR ...</u> brutto.

Die Auszahlung erfolgt jeweils am Ende des Monats. Der Mitarbeiter erklärt sich damit einverstanden, dass sein Gehalt auf ein von ihm zu benennendes Bank- oder Postbankkonto überwiesen wird.

12 2. Gehaltsabtretungen sind nur mit Zustimmung des Arbeitgebers zulässig und wirksam. Der Mitarbeiter erklärt sich einverstanden, bei einer Gehaltsabtretung bzw. -pfändung, die bei der Bearbeitung entstehenden Kosten, mindestens aber pro Überweisung <u>DM 5,--/EUR ...</u> und pro notwendigem Schreiben <u>DM 10,--/EUR ...</u> zu tragen.

§ 5 Arbeitsverhinderung, Entgeltfortzahlung im Krankheitsfall

1. Der Mitarbeiter ist verpflichtet, dem Arbeitgeber jede Arbeitsverhinderung und ihre voraussichtliche Dauer unverzüglich mitzuteilen.

2. Bei Arbeitsunfähigkeit infolge Krankheit ist der Mitarbeiter verpflichtet, bereits am <u>ersten Tag</u> **13** nach Beginn der Arbeitsunfähigkeit eine Arbeitsunfähigkeitsbescheinigung sowie über deren voraussichtliche Dauer vorzulegen. Bei einer über den angegebenen AU-Zeitraum hinausgehenden Erkrankung ist eine Folgebescheinigung innerhalb von weiterer <u>drei</u> Tagen nach Ablauf der vorangegangenen Arbeitsunfähigkeitsbescheinigung einzureichen.

3. Bei Arbeitsunfähigkeit infolge unverschuldeter Krankheit, leistet der Arbeitgeber Entgelt nach Maßgabe des Entgeltfortzahlungsgesetzes. Anspruch auf Entgelt(Lohn)fortzahlung entsteht erstmals nach vierwöchiger ununterbrochener Dauer des Arbeitsverhältnisses.

4. Beruht die Arbeitsunfähigkeit auf der Handlung eines Dritten, gehen die dem Mitarbeiter gegenüber dem Dritten zustehenden Schadensersatzansprüche wegen Lohnausfalles in der Höhe auf den Arbeitgeber über, in welcher der Arbeitgeber während der Zeit der **14** Arbeitsunfähigkeit Entgeltfortzahlung geleistet hat.

2/4

Kopiervorlage

Saisonarbeitsvertrag

§ 3 Arbeitszeit

1. Die wöchentliche Arbeitszeit beträgt _____ Stunden.

2. Die Arbeitszeiteinteilung erfolgt nach der jeweils gültigen Arbeitszeitregelung, die automatisch Bestandteil dieses Vertrages wird.

3. Der Mitarbeiter ist verpflichtet, arbeitstäglich eine halbstündige Mittagspause einzuhalten, die in der Zeit von _____ zu nehmen ist.

§ 4 Vergütung (Arbeitsentgelt)

1. Der Lohn des Mitarbeiters beträgt pro Monat

   _____ brutto.

   Die Auszahlung erfolgt jeweils am Ende des Monats. Der Mitarbeiter erklärt sich damit einverstanden, dass sein Gehalt auf ein von ihm zu benennendes Bank- oder Postbankkonto überwiesen wird.

2. Gehaltsabtretungen sind nur mit Zustimmung des Arbeitgebers zulässig und wirksam. Der Mitarbeiter erklärt sich einverstanden, bei einer Gehaltsabtretung bzw. -pfändung, die bei der Bearbeitung entstehenden Kosten, mindestens aber pro Überweisung _____ und pro notwendigem Schreiben _____ zu tragen.

§ 5 Arbeitsverhinderung, Entgeltfortzahlung im Krankheitsfall

1. Der Mitarbeiter ist verpflichtet, dem Arbeitgeber jede Arbeitsverhinderung und ihre voraussichtliche Dauer unverzüglich mitzuteilen.

2. Bei Arbeitsunfähigkeit infolge Krankheit ist der Mitarbeiter verpflichtet, bereits am _____ nach Beginn der Arbeitsunfähigkeit eine Arbeitsunfähigkeitsbescheinigung sowie über deren voraussichtliche Dauer vorzulegen. Bei einer über den angegebenen AU-Zeitraum hinausgehenden Erkrankung ist eine Folgebescheinigung innerhalb von weiteren _____ Tagen nach Ablauf der vorangegangenen Arbeitsunfähigkeitsbescheinigung einzureichen.

3. Bei Arbeitsunfähigkeit infolge unverschuldeter Krankheit, leistet der Arbeitgeber Entgelt nach Maßgabe des Entgeltfortzahlungsgesetzes. Anspruch auf Entgelt(Lohn)fortzahlung entsteht erstmals nach vierwöchiger ununterbrochener Dauer des Arbeitsverhältnisses.

4. Beruht die Arbeitsunfähigkeit auf der Handlung eines Dritten, gehen die dem Mitarbeiter gegenüber dem Dritten zustehenden Schadensersatzansprüche wegen Lohnausfalles in der Höhe auf den Arbeitgeber über, in welcher der Arbeitgeber während der Zeit der Arbeitsunfähigkeit Entgeltfortzahlung geleistet hat.

15 Während der laufenden Saison ist es unwahrscheinlich, dass Sie einem Mitarbeiter Urlaub gewähren können. Pro Monat erwirbt der Mitarbeiter jedoch Anspruch auf Urlaub, der entweder zum Ende des Arbeitsverhältnisses gewährt oder – sofern eine Gewährung nicht möglich ist – ausgezahlt werden muss.

16 Die Möglichkeit der ordentlichen Kündigung eines befristeten Arbeitsverhältnisses muss im Arbeitsvertrag festgelegt sein. Ansonsten ist eine Kündigung während der Laufzeit nur außerordentlich möglich. Die außerordentliche Kündigung stellt aber gerade im Arbeitsrecht die Ausnahme dar, die bei den Arbeitsgerichten in der Regel nur sehr schwer durchzusetzen ist.

17 Sofern das Arbeitsverhältnis nicht länger als 3 Monate dauern soll, haben Sie nach § 622 Absatz 5 Nr. 1 BGB die Möglichkeit, auch kürzere Kündigungsfristen zu vereinbaren.

18 Seit dem 01.05.2000 gilt für die Rechtswirksamkeit einer Kündigung das Schriftformerfordernis (Neuregelung, § 623 BGB). Eine mündlich erklärte Kündigung ist danach rechtsunwirksam.

19 Ein Mitarbeiter kann – sofern er durch eine Kündigung demotiviert ist – einem Betrieb erheblichen Schaden zufügen. Die Nutzung der Freistellungsmöglichkeit soll Sie davor schützen. Allerdings müssen Sie während der Freistellung bis zum Ende des Arbeitsverhältnisses den Lohn weiterzahlen.

20 Wenn es in Ihrem Unternehmen Geschäfts- und Betriebsgeheimnisse gibt, die für Ihre Konkurrenz von Bedeutung sein könnten, kann es unter Umständen sinnvoll sein, im Arbeitsvertrag eine Vertragsstrafenregelung für den Fall der Verletzung der Verschwiegenheitspflicht festzulegen.

Saisonarbeitsvertrag

§ 7 Urlaub

1. Der Mitarbeiter hat Anspruch auf Erholungsurlaub von monatlich **2** Werktagen.

15 2. Der Urlaub wird zum Ende des Arbeitsverhältnisses gewährt.

3. Im Übrigen gelten die Vorschriften des Bundesurlaubsgesetzes. Eine Textausgabe des Bundesurlaubsgesetzes liegt im Personalbüro aus und kann dort eingesehen werden.

16 ### § 8 Kündigung

17 1. Das Arbeitsverhältnis kann von beiden Arbeitsvertragsparteien unter Einhaltung der gesetzlichen Kündigungsfristen gekündigt werden. Maßgebend ist § 622 BGB. Unabhängig hiervon besteht das Recht zur außerordentlichen fristlosen Kündigung unter der Voraussetzung, dass ein wichtiger Grund vorliegt.

18 2. Jede Kündigung hat schriftlich zu erfolgen.

19 3. Nach einer Kündigung des Arbeitsvertrages, gleich durch welche Arbeitsvertragspartei, ist der Arbeitgeber berechtigt, den Mitarbeiter unter Fortzahlung des Lohnes mit sofortiger Wirkung von seiner Verpflichtung zur Arbeitsleistung für den Arbeitgeber freizustellen.

§ 9 Verschwiegenheitspflicht, Rückgabe von Unterlagen

1. Der Mitarbeiter ist verpflichtet, nicht nur über Betriebs- und Geschäftsgeheimnisse, sondern **20** über alle ihm bekannten Angelegenheiten, Vorgänge, Verträge und Geschäftsbeziehungen innerhalb und außerhalb des Betriebes Verschwiegenheit zu bewahren. Dies gilt auch für die Zeit nach dem Ausscheiden aus dem Arbeitsverhältnis.

2. Dazu gehören auch persönliche Verhältnisse der Mitarbeiter und Vorgesetzten.

3. Unter anderem verpflichtet sich der Mitarbeiter, über die Höhe seines Gehaltes sowie über Prämien und weitere Bezüge Stillschweigen zu bewahren.

4. Bei Verletzung der Verschwiegenheitspflicht kann der Arbeitgeber Schadensersatzansprüche geltend machen. Im Ausnahmefall kann dem Arbeitnehmer (Mitarbeiter) ordentlich bzw. außerordentlich gekündigt werden.

5. Der Mitarbeiter hat jederzeit auf Verlangen des Arbeitgebers, spätestens aber bei Beendigung des Arbeitsverhältnisses, alles Material, insbesondere alle Unterlagen, Kopien etc. zurückzugeben, die im Zusammenhang mit seiner Tätigkeit für den Arbeitgeber in seinen Besitz gelangt sind. Dem Mitarbeiter steht ein Zurückbehaltungsrecht (§ 273 BGB) insoweit nicht zu.

6. Der Mitarbeiter verpflichtet sich durch seine Unterschrift auf einem gesonderten Formblatt, das Datengeheimnis gemäß § 5 Bundesdatenschutzgesetz (BDSG) zu wahren. Die Verpflichtung auf das Datengeheimnis ist Bestandteil dieses Vertrages und zwingend als Anlage zu diesem Vertrag zu führen.

3/4

Kopiervorlage

Saisonarbeitsvertrag

§ 7 Urlaub

1. Der Mitarbeiter hat Anspruch auf Erholungsurlaub von monatlich ____ Werktagen.

2. Der Urlaub wird zum Ende des Arbeitsverhältnisses gewährt.

3. Im Übrigen gelten die Vorschriften des Bundesurlaubsgesetzes. Eine Textausgabe des Bundesurlaubsgesetzes liegt im Personalbüro aus und kann dort eingesehen werden.

§ 8 Kündigung

1. Das Arbeitsverhältnis kann von beiden Arbeitsvertragsparteien unter Einhaltung der gesetzlichen Kündigungsfristen gekündigt werden. Maßgebend ist § 622 BGB. Unabhängig hiervon besteht das Recht zur außerordentlichen fristlosen Kündigung unter der Voraussetzung, dass ein wichtiger Grund vorliegt.

2. Jede Kündigung hat schriftlich zu erfolgen.

3. Nach einer Kündigung des Arbeitsvertrages, gleich durch welche Arbeitsvertragspartei, ist der Arbeitgeber berechtigt, den Mitarbeiter unter Fortzahlung des Lohnes mit sofortiger Wirkung von seiner Verpflichtung zur Arbeitsleistung für den Arbeitgeber freizustellen.

§ 9 Verschwiegenheitspflicht, Rückgabe von Unterlagen

1. Der Mitarbeiter ist verpflichtet, nicht nur über Betriebs- und Geschäftsgeheimnisse, sondern über alle ihm bekannten Angelegenheiten, Vorgänge, Verträge und Geschäftsbeziehungen innerhalb und außerhalb des Betriebes Verschwiegenheit zu bewahren. Dies gilt auch für die Zeit nach dem Ausscheiden aus dem Arbeitsverhältnis.

2. Dazu gehören auch persönliche Verhältnisse der Mitarbeiter und Vorgesetzten.

3. Unter anderem verpflichtet sich der Mitarbeiter, über die Höhe seines Gehaltes sowie über Prämien und weitere Bezüge Stillschweigen zu bewahren.

4. Bei Verletzung der Verschwiegenheitspflicht kann der Arbeitgeber Schadensersatzansprüche geltend machen. Im Ausnahmefall kann dem Arbeitnehmer (Mitarbeiter) ordentlich bzw. außerordentlich gekündigt werden.

5. Der Mitarbeiter hat jederzeit auf Verlangen des Arbeitgebers, spätestens aber bei Beendigung des Arbeitsverhältnisses, alles Material, insbesondere alle Unterlagen, Kopien etc. zurückzugeben, die im Zusammenhang mit seiner Tätigkeit für den Arbeitgeber in seinen Besitz gelangt sind. Dem Mitarbeiter steht ein Zurückbehaltungsrecht (§ 273 BGB) insoweit nicht zu.

6. Der Mitarbeiter verpflichtet sich durch seine Unterschrift auf einem gesonderten Formblatt, das Datengeheimnis gemäß § 5 Bundesdatenschutzgesetz (BDSG) zu wahren. Die Verpflichtung auf das Datengeheimnis ist Bestandteil dieses Vertrages und zwingend als Anlage zu diesem Vertrag zu führen.

21 Die Speicherung und Verarbeitung von personenbezogenen Daten ist in jedem Betrieb erforderlich. Spätestens bei der Gehalts- bzw. Lohnabrechnung müssen Daten des Mitarbeiters in eine DV-Anlage eingegeben und verarbeitet werden und zwar entweder bei Ihnen oder bei einem mit der Lohnabrechnung beauftragten Steuerberater.

22 Die Vereinbarung einer Vertragsstrafe ist für Sie als Arbeitgeber besonders wichtig. Zwar ist ein Mitarbeiter bei den aufgeführten Vertragsverstößen auch ohne diese Regelung schadensersatzpflichtig, den Ihnen entstandenen Schaden müssen Sie jedoch bis auf den letzten Pfennig beweisen können. Dieser Beweis fällt in der Praxis oft schwer. Haben Sie eine Vertragsstrafe vereinbart, so entfällt der schwierige Beweis für die Schadenshöhe, jedenfalls bis zur Höhe der festgelegten Vertragsstrafe.

23 Ausschlussfristenregelungen i.S.v. Verfallsklauseln finden sich sehr häufig auch in Tarifverträgen. Sie haben für Sie als Arbeitgeber den Vorteil, dass nach Ablauf der genannten Fristen der Anspruch des Mitarbeiters nicht mehr besteht.

24 Änderungsvereinbarungen bzw. Vertragsänderungen sollten Sie zu Beweiszwecken immer schriftlich verfassen; im Übrigen gilt für Befristungen (befristete Arbeitsverträge) sowieso das gesetzliche Schriftformerfordernis nach § 623 BGB.

25 Diese Regelung wird als Teilnichtigkeitsklausel bzw. Teilunwirksamkeitsklausel oder auch salvatorische Klausel bezeichnet. Diese beinhaltet, dass die etwaige Unwirksamkeit einzelner Bestimmungen des Vertrages die Wirksamkeit der übrigen Vertragsbestimmungen unberücksichtigt lässt. Dadurch können Sie verhindern, dass bei einem unwirksamen Teil des Vertrages gleich das gesamte Vertragswerk entfällt. Sie finden diese oder ähnliche Klauseln auch in einer Vielzahl von anderen Verträgen.

Saisonarbeitsvertrag

21 ▶ **§ 10 Speicherung von Daten**

Der Mitarbeiter ist darüber informiert worden, dass seine persönlichen Daten im Zusammenhang mit dem Arbeitsverhältnis in einer DV-Anlage gespeichert werden. Der Mitarbeiter erklärt sich ausdrücklich mit dieser Handhabung einverstanden.

22 ▶ **§ 11 Vertragsstrafe**

1. Für den Fall einer schuldhaften Nichtaufnahme der Tätigkeit oder der Nichteinhaltung der gesetzlichen Kündigungsfrist durch den Arbeitnehmer (Mitarbeiter) wird eine Vertragsstrafe vereinbart. Diese beträgt einen Brutto-Monatsverdienst und ist an den Arbeitgeber zu zahlen.

2. Die Vertragsstrafe wird auch fällig bei Vertragsrücktritt vor Beginn des Arbeitsverhältnisses.

3. Der Arbeitgeber ist berechtigt, einen weitergehenden Schaden geltend zu machen.

23 ▶ **§ 12 Ausschluss- und Verfallsfristen**

1. Alle Ansprüche aus diesem Arbeitsvertrag und solche, die damit in Verbindung stehen, verfallen, wenn sie nicht innerhalb von drei Monaten nach Fälligkeit gegenüber der anderen Arbeitsvertragspartei (Arbeitgeber oder Arbeitnehmer) schriftlich geltend gemacht worden sind.

2. Lehnt die andere Arbeitsvertragspartei den Anspruch ab oder erklärt sie sich nicht innerhalb von vier Wochen nach der Geltendmachung des Anspruches, so verfällt der Anspruch, wenn er nicht innerhalb von drei Monaten nach der Ablehnung oder dem Fristablauf gerichtlich geltend gemacht wird.

§ 13 Sonstige Bestimmungen

24 ▶ 1. Änderungen und Ergänzungen dieses Vertrages bedürfen der Schriftform; dies gilt auch für einen Verzicht auf das Schriftformerfordernis selbst.

2. Mündliche Nebenabreden zu diesem Vertrag wurden nicht getroffen.

3. Sollte ein Teil dieses Arbeitsvertrages nichtig sein, so berührt dies nicht die Gültigkeit (Wirksamkeit) der übrigen Vertragsbestimmungen. Unwirksame Bestimmungen sind einvernehmlich durch solche zu ersetzen, die unter Berücksichtigung der Interessenlage geeignet sind, den gewünschten Zweck des Vertrages zu erreichen. Lücken sind dem beabsichtigten wirtschaftli-
25 ▶ chen Zweck entsprechend zu füllen.

Musterstadt, 30.03.
Ort, Datum

Hartmut Gärtner
Geschäftsführer
Unterschrift Arbeitgeber

Claudia Nolte
Unterschrift Mitarbeiter

4/4

Kopiervorlage

Saisonarbeitsvertrag

§ 10 Speicherung von Daten

Der Mitarbeiter ist darüber informiert worden, dass seine persönlichen Daten im Zusammenhang mit dem Arbeitsverhältnis in einer DV-Anlage gespeichert werden. Der Mitarbeiter erklärt sich ausdrücklich mit dieser Handhabung einverstanden.

§ 11 Vertragsstrafe

1. Für den Fall einer schuldhaften Nichtaufnahme der Tätigkeit oder der Nichteinhaltung der gesetzlichen Kündigungsfrist durch den Arbeitnehmer (Mitarbeiter) wird eine Vertragsstrafe vereinbart. Diese beträgt einen Brutto-Monatsverdienst und ist an den Arbeitgeber zu zahlen.

2. Die Vertragsstrafe wird auch fällig bei Vertragsrücktritt vor Beginn des Arbeitsverhältnisses.

3. Der Arbeitgeber ist berechtigt, einen weitergehenden Schaden geltend zu machen.

§ 12 Ausschluss- und Verfallsfristen

1. Alle Ansprüche aus diesem Arbeitsvertrag und solche, die damit in Verbindung stehen, verfallen, wenn sie nicht innerhalb von drei Monaten nach Fälligkeit gegenüber der anderen Arbeitsvertragspartei (Arbeitgeber oder Arbeitnehmer) schriftlich geltend gemacht worden sind.

2. Lehnt die andere Arbeitsvertragspartei den Anspruch ab oder erklärt sie sich nicht innerhalb von vier Wochen nach der Geltendmachung des Anspruches, so verfällt der Anspruch, wenn er nicht innerhalb von drei Monaten nach der Ablehnung oder dem Fristablauf gerichtlich geltend gemacht wird.

§ 13 Sonstige Bestimmungen

1. Änderungen und Ergänzungen dieses Vertrages bedürfen der Schriftform; dies gilt auch für einen Verzicht auf das Schriftformerfordernis selbst.

2. Mündliche Nebenabreden zu diesem Vertrag wurden nicht getroffen.

3. Sollte ein Teil dieses Arbeitsvertrages nichtig sein, so berührt dies nicht die Gültigkeit (Wirksamkeit) der übrigen Vertragsbestimmungen. Unwirksame Bestimmungen sind einvernehmlich durch solche zu ersetzen, die unter Berücksichtigung der Interessenlage geeignet sind, den gewünschten Zweck des Vertrages zu erreichen. Lücken sind dem beabsichtigten wirtschaftlichen Zweck entsprechend zu füllen.

Ort, Datum

Unterschrift Arbeitgeber

Unterschrift Mitarbeiter

1 Nur im Ausnahmefall sollten Sie Mitarbeiter von Beginn an als Telearbeiter einsetzen. Sorgen Sie zunächst dafür, dass Sie Vertrauen in den Mitarbeiter gewinnen. Nur wenn er selbstständig genug seine Arbeiten erledigt, sorgfältige und inhaltlich ausgereifte Arbeitsergebnisse abliefert, kommt er für Telearbeit in Frage.

2 Ein befristeter Einsatz ist sachgerecht. Er erlaubt es sowohl Ihnen als auch Ihrem Mitarbeiter, die Telearbeit zunächst zu erproben. Die Vorschriften über die Befristung von Arbeitsverhältnissen finden keine Anwendung, da es sich hier nur um die Befristung einzelner Arbeitsbedingungen handelt.

3 Diese Verpflichtung sollte für jeden Mitarbeiter bestehen. Die Klarstellung für den Telearbeiter ist aber sinnvoll, da er nicht immer in Ihrem Kontrollbereich anwesend ist.

4 Es ist in der Praxis nicht sachgerecht, Telearbeit ausschließlich zu Hause durchführen zu lassen. Der betriebliche Kontakt etwa durch Abholung von Unterlagen, des Austausches mit Kollegen und Vorgesetzten über Betriebsabläufe, Arbeitsabwicklung, Entwicklungen sowie gegebenenfalls der Teilnahme an Besprechungen über Ablauf oder Neuerungen bei der auszuführenden Tätigkeit ist unverzichtbar.

5 Die Festlegung von Kernarbeitszeiten ist zweckmäßig, um sicherzustellen, dass Ihr Mitarbeiter zu bestimmten Zeiten auch telefonisch für Sie zu erreichen ist.

Telearbeitsvertrag

Zwischen

Softhouse AG
Mausweg 1

12345 Musterstadt

nachfolgend „Arbeitgeber" genannt

und

Herrn/Frau
Jens Muster
Bildweg 1

12345 Musterstadt

nachfolgend „Mitarbeiter" genannt.

1 ▶ Vorbemerkung
Zwischen den Parteien besteht ein unbefristetes Arbeitsverhältnis, aufgrund des Arbeitsvertrages
2 ▶ vom **01.11.** . Mit diesem Vertrag wird vereinbart, dass der Mitarbeiter in Zukunft auch als Telearbeiter eingesetzt wird. Der Einsatz ist befristet und dient der wechselseitigen Erprobung.

3 ▶ Der Mitarbeiter ist verpflichtet, seine Arbeitsleistung höchstpersönlich zu erbringen.

§ 1 Umfang der Arbeit

1. Der Arbeitseinsatz als Telearbeiter beginnt mit dem Abschluss dieser Vereinbarung, das heißt, am **15.01.** .

2. Der Mitarbeiter erbringt seine Arbeitsleistung in alternierender Telearbeit, das heißt sowohl zu Hause als auch am Büroarbeitsplatz. Hiervon entfällt der wesentliche Anteil auf die Tätigkeit zu
4 ▶ Hause. Mindestens **1/5** der wöchentlichen Arbeitszeit entfällt auf die Tätigkeit im Büro. Darüber hinaus wird die Verteilung der Arbeitszeit zwischen dem Vorgesetzten und dem Mitarbeiter gesondert schriftlich vereinbart.

3. Der Mitarbeiter verpflichtet sich, im Bedarfsfall auch andere ihm zumutbare Tätigkeiten zu erbringen. Eine Gehaltsminderung darf hiermit jedoch nicht verbunden sein.

5 ▶ 4. Die betrieblichen Arbeitszeitregelungen und die im Arbeitsvertrag festgelegten arbeitszeitrechtlichen Regelungen gelten fort. Für die Telearbeit werden folgende Kernarbeitszeiten festgelegt:

von **08:00** Uhr bis **12:00** Uhr
von **13:30** Uhr bis **16:00** Uhr

1/3

Kopiervorlage

Telearbeitsvertrag

Zwischen

_____

_____

_____

nachfolgend „Arbeitgeber" genannt

und

_____

_____

_____

_____

nachfolgend „Mitarbeiter" genannt.

Vorbemerkung

Zwischen den Parteien besteht ein unbefristetes Arbeitsverhältnis, aufgrund des Arbeitsvertrages vom _____. Mit diesem Vertrag wird vereinbart, dass der Mitarbeiter in Zukunft auch als Telearbeiter eingesetzt wird. Der Einsatz ist befristet und dient der wechselseitigen Erprobung.

Der Mitarbeiter ist verpflichtet, seine Arbeitsleistung höchstpersönlich zu erbringen.

§ 1 Umfang der Arbeit

1. Der Arbeitseinsatz als Telearbeiter beginnt mit dem Abschluss dieser Vereinbarung, das heißt, am _____.

2. Der Mitarbeiter erbringt seine Arbeitsleistung in alternierender Telearbeit, das heißt sowohl zu Hause als auch am Büroarbeitsplatz. Hiervon entfällt der wesentliche Anteil auf die Tätigkeit zu Hause. Mindestens _____ der wöchentlichen Arbeitszeit entfällt auf die Tätigkeit im Büro. Darüber hinaus wird die Verteilung der Arbeitszeit zwischen dem Vorgesetzten und dem Mitarbeiter gesondert schriftlich vereinbart.

3. Der Mitarbeiter verpflichtet sich, im Bedarfsfall auch andere ihm zumutbare Tätigkeiten zu erbringen. Eine Gehaltsminderung darf hiermit jedoch nicht verbunden sein.

4. Die betrieblichen Arbeitszeitregelungen und die im Arbeitsvertrag festgelegten arbeitszeitrechtlichen Regelungen gelten fort. Für die Telearbeit werden folgende Kernarbeitszeiten festgelegt:

von _____ Uhr bis _____ Uhr
von _____ Uhr bis _____ Uhr

6 Ihr Telearbeiter hat auch Anspruch auf Vergütung von angeordneten oder aufgrund der Arbeitszuweisung entstehenden Überstunden. Ihre Kontrollmöglichkeiten sind hier besonders eingeschränkt. Aus diesem Grund sollten Sie darauf achten, dass Überstunden immer vorab von Ihnen genehmigt werden.

7 Diese Aufzeichnungen sollten einheitlich für alle Telearbeiter erfolgen. Am besten durch ein von Ihnen vorgegebenes Formular. Wichtig ist, dass Sie als Arbeitgeber nachvollziehen können, welche Arbeiten wann erledigt wurden.

8 Vereinbaren Sie unbedingt ein Zutrittsrecht zur Wohnung Ihres Telearbeiters. Das Grundgesetz gewährt dem Mitarbeiter ansonsten das Recht, seinen Arbeitgeber oder sonstige Dritte aus seiner Wohnung fernzuhalten. Allerdings sollten Sie das Zutrittsrecht davon abhängig machen, dass Ihr Mitarbeiter mit diesem einverstanden ist.

9 In der Regel wird der Arbeitgeber dem Mitarbeiter die Arbeitsmittel zur Verfügung stellen. Dies ist schon aus steuerlichen Gesichtspunkten sinnvoll. Sie können die Kosten für den Arbeitsplatz steuerlich geltend machen (AfA). Auch die Umsatzsteuer für angeschaffte Hilfsmittel kann von Ihnen im Rahmen des Vorsteuerabzugs geltend gemacht werden. Der Mitarbeiter muss gegebenenfalls die private Nutzung der Arbeitsmittel als geldwerten Vorteil versteuern, jedoch nur, wenn die private Nutzung im Vertrag ausdrücklich gestattet worden ist. Erwirbt der Mitarbeiter den benötigten PC, so kann er diese Ausgabe erst im Rahmen seiner Einkommensteuererklärung als Werbungskosten geltend machen. Einen eventuellen Zuschuss des Arbeitgebers müsste er versteuern.

10 Zahlen Sie zudem einen Zuschuss für die Nutzung des Zimmers im Rahmen der Telearbeit, ist dieser Zuschuss für den Arbeitgeber eine steuerlich abzugsfähige Betriebsausgabe und muss vom Mitarbeiter als Arbeitslohn versteuert werden.

11 Betriebsbedingte Fehlzeiten sind zum Beispiel der Ausfall des PC's ohne Verschulden des Mitarbeiters sowie sonstige Arbeitsunterbrechungen, die in Ihre Risikosphäre fallen (Stromausfall, Auftragsmangel oder Ähnliches).

Telearbeitsvertrag

5. Die verbleibende Telearbeitszeit ist im Rahmen der jeweils geltenden innerbetrieblichen Regelungen und des geltenden Arbeitszeitgesetzes frei wählbar. Der Arbeitgeber ist berechtigt, bei dringenden betrieblichen Erfordernissen Überstunden anzuordnen. Überstunden können **6** vom Mitarbeiter nicht einseitig festgelegt werden. Sie müssen vor Beginn der Mehrleistung vom Vorgesetzten beziehungsweise dem Arbeitgeber genehmigt werden.

7 6. Die geleistete Arbeitszeit wird vom Telearbeiter schriftlich festgehalten und dem Vorgesetzten zu Beginn eines jeden Monats für den abgelaufenen Monat vorgelegt.

§ 2 Arbeitsschutz

1. Die Arbeitsschutzbestimmungen werden eingehalten.

2. Es erfolgt eine Abnahme der ergonomischen Bedingungen des häuslichen Bildschirmarbeitsplatzes auf Grundlage der Bildschirmarbeitsverordnung in Verbindung mit dem Arbeitsschutzgesetz. Hierbei findet auch die Gefährdungsbeurteilung gemäß § 3 Bildschirmarbeitsverordnung statt.

8 3. Die Firma oder ein berechtigter Vertreter sind zur Überprüfung der einschlägigen Arbeitsschutzbestimmungen berechtigt, nach rechtzeitiger vorheriger Ankündigung und in Anwesenheit des Mitarbeiters die Arbeitsräume in der Wohnung des Mitarbeiters zu betreten. Dem Betriebsrat ist in begründeten Fällen die Teilnahme freigestellt.

9 § 3 Arbeitsmittel

1. Der Arbeitgeber stellt dem Mitarbeiter die erforderlichen Arbeitsmittel für die Telearbeit zur Verfügung. Diese Arbeitsmittel werden in einer separaten Inventarliste als Anlage 1 aufgeführt. Die für die Arbeit erforderlichen Arbeitsmittel dürfen vom Mitarbeiter nicht für private Zwecke verwendet werden. Der Arbeitgeber übernimmt die Kosten für die Wartung und notwendig werdende Reparaturen der zur Verfügung gestellten Arbeitsmittel.

2. Der Arbeitgeber lässt auf seine Kosten einen zusätzlichen Telefonanschluss installieren. Dieser Anschluss darf ausschließlich für betriebliche Zwecke genutzt werden. Die übergebenen Arbeitsmittel sind nach Beendigung dieses Vertrages oder Arbeitsverhältnisses zurückzugeben. **10** Ein Zurückbehaltungsrecht steht dem Mitarbeiter nicht zu. Der Arbeitgeber trägt die durch den Telearbeitsplatz entstehenden Kosten wie Strom und Telefonkosten. Diese Kosten sind vom Mitarbeiter nachzuweisen.

§ 4 Nutzungsrecht/Missbrauch/Wartung

Die zur Verfügung gestellten Geräte dürfen nur zur Erfüllung des Arbeitsvertrages mit dem Arbeitgeber und ausschließlich vom Mitarbeiter selbst benutzt werden. Es ist untersagt, daran Veränderungen vorzunehmen oder Zusatzgeräte anzuschließen. Auftretende Schäden sind umgehend zu melden.

11 § 5 Arbeitsverhinderung/Fehlzeiten/Urlaub

1. Fehl- beziehungsweise Abwesenheitszeiten wegen Arbeitsunfähigkeit, Urlaub, Arbeitsbefreiung und ähnliches sowie betriebsbedingte Fehlzeiten sind gesondert festzuhalten. Für die Aufzeichnungen ist das vom Arbeitgeber vorgegebene Formular zu verwenden.

2/3

Kopiervorlage

Telearbeitsvertrag

5. Die verbleibende Telearbeitszeit ist im Rahmen der jeweils geltenden innerbetrieblichen Regelungen und des geltenden Arbeitszeitgesetzes frei wählbar. Der Arbeitgeber ist berechtigt, bei dringenden betrieblichen Erfordernissen Überstunden anzuordnen. Überstunden können vom Mitarbeiter nicht einseitig festgelegt werden. Sie müssen vor Beginn der Mehrleistung vom Vorgesetzten beziehungsweise dem Arbeitgeber genehmigt werden.

6. Die geleistete Arbeitszeit wird vom Telearbeiter schriftlich festgehalten und dem Vorgesetzten zu Beginn eines jeden Monats für den abgelaufenen Monat vorgelegt.

§ 2 Arbeitsschutz

1. Die Arbeitsschutzbestimmungen werden eingehalten.

2. Es erfolgt eine Abnahme der ergonomischen Bedingungen des häuslichen Bildschirmarbeitsplatzes auf Grundlage der Bildschirmarbeitsverordnung in Verbindung mit dem Arbeitsschutzgesetz. Hierbei findet auch die Gefährdungsbeurteilung gemäß § 3 Bildschirmarbeitsverordnung statt.

3. Die Firma oder ein berechtigter Vertreter sind zur Überprüfung der einschlägigen Arbeitsschutzbedingungen berechtigt, nach rechtzeitiger vorheriger Ankündigung und in Anwesenheit des Mitarbeiters die Arbeitsräume in der Wohnung des Mitarbeiters zu betreten. Dem Betriebsrat ist in begründeten Fällen die Teilnahme freigestellt.

§ 3 Arbeitsmittel

1. Der Arbeitgeber stellt dem Mitarbeiter die erforderlichen Arbeitsmittel für die Telearbeit zur Verfügung. Diese Arbeitsmittel werden in einer separaten Inventarliste als Anlage 1 aufgeführt. Die für die Arbeit erforderlichen Arbeitsmittel dürfen vom Mitarbeiter nicht für private Zwecke verwendet werden. Der Arbeitgeber übernimmt die Kosten für die Wartung und notwendig werdende Reparaturen der zur Verfügung gestellten Arbeitsmittel.

2. Der Arbeitgeber lässt auf seine Kosten einen zusätzlichen Telefonanschluss installieren. Dieser Anschluss darf ausschließlich für betriebliche Zwecke genutzt werden. Die übergebenen Arbeitsmittel sind nach Beendigung dieses Vertrages oder Arbeitsverhältnisses zurückzugeben. Ein Zurückbehaltungsrecht steht dem Mitarbeiter nicht zu. Der Arbeitgeber trägt die durch den Telearbeitsplatz entstehenden Kosten wie Strom und Telefonkosten. Diese Kosten sind vom Mitarbeiter nachzuweisen.

§ 4 Nutzungsrecht/Missbrauch/Wartung

Die zur Verfügung gestellten Geräte dürfen nur zur Erfüllung des Arbeitsvertrages mit dem Arbeitgeber und ausschließlich vom Mitarbeiter selbst benutzt werden. Es ist untersagt, daran Veränderungen vorzunehmen oder Zusatzgeräte anzuschließen. Auftretende Schäden sind umgehend zu melden.

§ 5 Arbeitsverhinderung/Fehlzeiten/Urlaub

1. Fehl- beziehungsweise Abwesenheitszeiten wegen Arbeitsunfähigkeit, Urlaub, Arbeitsbefreiung und ähnliches sowie betriebsbedingte Fehlzeiten sind gesondert festzuhalten. Für die Aufzeichnungen ist das vom Arbeitgeber vorgegebene Formular zu verwenden.

12 Jede Änderung sollten Sie zu Beweiszwecken schriftlich verfassen.

Telearbeitsvertrag

2. Im Falle der Arbeitsverhinderung infolge Arbeitsunfähigkeit oder aus sonstigen Gründen ist dem Arbeitgeber unverzüglich Mitteilung zu machen. Dauert die Arbeitsunfähigkeit länger als 3 Kalendertage, hat der Mitarbeiter eine ärztliche Bescheinigung über das Bestehen der Arbeitsunfähigkeit sowie deren voraussichtliche Dauer spätestens am darauffolgenden Werktag vorzulegen. Der Arbeitgeber ist berechtigt, die Arbeitsunfähigkeitsbescheinigung auch früher zu verlangen.

§ 6 Haftung

1. Der Mitarbeiter haftet bei Schäden an dem ihm zur Verfügung gestellten Arbeitsmittel nur bei Vorsatz oder grober Fahrlässigkeit, insbesondere bei vertragswidrigem Gebrauch oder bei verspäteter Meldung für dann aufgetretene Schäden an den Arbeitsmitteln.

2. Der Arbeitgeber schließt auf seine Kosten eine Versicherung zugunsten des Telearbeiters ab. Diese Versicherung gilt für arbeitsbedingte Unfälle am Telearbeitsplatz, bei dienstlichen Besuchen und auf den Wegen zwischen Betrieb und Telearbeitsplatz. Darüber hinaus versichert er über eine Haftpflichtversicherung die von ihm zur Verfügung gestellten Gegenstände auf für Schäden gegen Dritte.

§ 7 Datenschutz/Verschwiegenheitspflicht

Der Mitarbeiter stellt sicher, dass die ihm durch den Arbeitsvertrag bekannten Regelungen des Datenschutzes erfüllt werden. Der Arbeitnehmer verpflichtet sich, über alle betrieblichen Angelegenheiten, die ihm im Rahmen oder aus Anlass seiner Tätigkeit in der Firma zur Kenntnis gelangen, auch nach seinem Ausscheiden Stillschweigen zu bewahren. Bei Beendigung des Anstellungsverhältnisses sind alle betrieblichen Unterlagen sowie etwa angefertigte Abschriften oder Kopien an die Firma herauszugeben.

§ 8 Dauer der Vereinbarung

1. Diese Vereinbarung ist befristet abgeschlossen und endet, ohne dass es einer Kündigung bedarf, am **30.10.**   . Während der Dauer der Befristung kann diese Vereinbarung unter Einhaltung einer Frist von 4 Wochen von beiden Parteien gekündigt werden, ohne dass das Arbeitsverhältnis hiervon berührt wird. Das Telearbeitsverhältnis endet automatisch, wenn der Arbeitsvertrag von einer der beiden Parteien beendet wird.

2. Das Recht zur Kündigung aus wichtigem Grund bleibt von dieser Regelung unberührt. Hierzu gehören insbesondere Straftaten zum Nachteil des Arbeitgebers.

12 ▶ ### § 9 Nebenabreden

Die übrigen Bestimmungen des Hauptarbeitsvertrages bleiben von dieser Vereinbarung unberührt. Mündliche Abreden wurden nicht getroffen. Änderungen bedürfen der Schriftform.

Musterstadt, 15.01.
Ort, Datum

Georg Pech
Unterschrift Arbeitgeber

Jens Muster
Unterschrift Mitarbeiter

3/3

Kopiervorlage

Telearbeitsvertrag

2. Im Falle der Arbeitsverhinderung infolge Arbeitsunfähigkeit oder aus sonstigen Gründen ist dem Arbeitgeber unverzüglich Mitteilung zu machen. Dauert die Arbeitsunfähigkeit länger als 3 Kalendertage, hat der Mitarbeiter eine ärztliche Bescheinigung über das Bestehen der Arbeitsunfähigkeit sowie deren voraussichtliche Dauer spätestens am darauffolgenden Werktag vorzulegen. Der Arbeitgeber ist berechtigt, die Arbeitsunfähigkeitsbescheinigung auch früher zu verlangen.

§ 6 Haftung

1. Der Mitarbeiter haftet bei Schäden an dem ihm zur Verfügung gestellten Arbeitsmittel nur bei Vorsatz oder grober Fahrlässigkeit, insbesondere bei vertragswidrigem Gebrauch oder bei verspäteter Meldung für dann aufgetretene Schäden an den Arbeitsmitteln.

2. Der Arbeitgeber schließt auf seine Kosten eine Versicherung zugunsten des Telearbeiters ab. Diese Versicherung gilt für arbeitsbedingte Unfälle am Telearbeitsplatz, bei dienstlichen Besuchen und auf den Wegen zwischen Betrieb und Telearbeitsplatz. Darüber hinaus versichert er über eine Haftpflichtversicherung die von ihm zur Verfügung gestellten Gegenstände auf für Schäden gegen Dritte.

§ 7 Datenschutz/Verschwiegenheitspflicht

Der Mitarbeiter stellt sicher, dass die ihm durch den Arbeitsvertrag bekannten Regelungen des Datenschutzes erfüllt werden. Der Arbeitnehmer verpflichtet sich, über alle betrieblichen Angelegenheiten, die ihm im Rahmen oder aus Anlass seiner Tätigkeit in der Firma zur Kenntnis gelangen, auch nach seinem Ausscheiden Stillschweigen zu bewahren. Bei Beendigung des Anstellungsverhältnisses sind alle betrieblichen Unterlagen sowie etwa angefertigte Abschriften oder Kopien an die Firma herauszugeben.

§ 8 Dauer der Vereinbarung

1. Diese Vereinbarung ist befristet abgeschlossen und endet, ohne dass es einer Kündigung bedarf, am _____. Während der Dauer der Befristung kann diese Vereinbarung unter Einhaltung einer Frist von 4 Wochen von beiden Parteien gekündigt werden, ohne dass das Arbeitsverhältnis hiervon berührt wird. Das Telearbeitsverhältnis endet automatisch, wenn der Arbeitsvertrag von einer der beiden Parteien beendet wird.

2. Das Recht zur Kündigung aus wichtigem Grund bleibt von dieser Regelung unberührt. Hierzu gehören insbesondere Straftaten zum Nachteil des Arbeitgebers.

§ 9 Nebenabreden

Die übrigen Bestimmungen des Hauptarbeitsvertrages bleiben von dieser Vereinbarung unberührt. Mündliche Abreden wurden nicht getroffen. Änderungen bedürfen der Schriftform.

_____
Ort, Datum

_____   _____
Unterschrift Arbeitgeber   Unterschrift Mitarbeiter

1 Hier ist das Datum einzutragen, an dem das Arbeitsverhältnis beginnen soll. In der Regel wird dies der erste Tag eines Monats sein. Beginnt es während des laufenden Monats, so müssen Sie das Arbeitsentgelt im ersten Monat nur anteilig zahlen.

2 Legen Sie den Bezirk fest, in dem Sie den Mitarbeiter einsetzen wollen. Eine einseitige Zuweisung eines anderen Bezirkes durch Sie als Arbeitgeber ist nur im Wege einer Änderungskündigung oder -vereinbarung möglich.

Arbeitsvertrag, Außendienstmitarbeiter

Zwischen

Schöpfle GmbH & Co. KG
Neugasse 1

12345 Musterstadt

nachfolgend „Arbeitgeber" genannt

und

Herrn/Frau
Manfred Hemdle
Heuweg 6

12345 Musterstadt

nachfolgend „Außendienstmitarbeiter" genannt.

§ 1 Beginn des Arbeitsverhältnisses

1 ▶ 1. Das Arbeitsverhältnis beginnt am **01.07.**

2. Die ersten 6 Monate gelten als Probezeit.

§ 2 Tätigkeitsgebiet

2 ▶ 1. Der Außendienstmitarbeiter wird in dem Bezirk **Stuttgart und Umgebung (PLZ 7000-7200)** für den Arbeitgeber tätig. Zu seinen Aufgaben gehören der Besuch und die Beratung der Kunden in dem ihm zugewiesenen Bezirk. Darüber hinaus ist er verpflichtet, neue Aufträge abzuschließen und neue Kunden zu gewinnen.

2. Er ist verpflichtet, dem Arbeitgeber wöchentlich über seine Kundenbesuche und über sonstige für den Geschäftsverlauf wesentliche Ergebnisse zu berichten. Zu diesem Zweck sind Protokolle über jeden Kundenbesuch anzufertigen. Auf Anweisung des Arbeitgebers hat er an den regelmäßig stattfindenden Vertriebsbesprechungen sowie sonstigen Zusammenkünften teilzunehmen.

3. Der Außendienstmitarbeiter ist nicht zum Inkasso berechtigt.

4. Der Außendienstmitarbeiter verpflichtet sich, seine fachlichen Kenntnisse und Erfahrungen ausschließlich dem Arbeitgeber zu widmen. Jede Übernahme einer entgeltlichen oder unentgeltlichen Nebentätigkeit während der Dauer des Arbeitsverhältnisses ist nur mit vorheriger Zustimmung des Arbeitgebers zulässig.

1/4

Kopiervorlage

Arbeitsvertrag

Zwischen

_____

_____

_____

nachfolgend „Arbeitgeber" genannt

und

_____

_____

_____

nachfolgend „Außendienstmitarbeiter" genannt.

§ 1 Beginn des Arbeitsverhältnisses

1. Das Arbeitsverhältnis beginnt am _____.

2. Die ersten 6 Monate gelten als Probezeit.

§ 2 Tätigkeitsgebiet

1. Der Außendienstmitarbeiter wird in dem Bezirk _____ für den Arbeitgeber tätig. Zu seinen Aufgaben gehören der Besuch und die Beratung der Kunden in dem ihm zugewiesenen Bezirk. Darüber hinaus ist er verpflichtet, neue Aufträge abzuschließen und neue Kunden zu gewinnen.

2. Er ist verpflichtet, dem Arbeitgeber wöchentlich über seine Kundenbesuche und über sonstige für den Geschäftsverlauf wesentliche Ergebnisse zu berichten. Zu diesem Zweck sind Protokolle über jeden Kundenbesuch anzufertigen. Auf Anweisung des Arbeitgebers hat er an den regelmäßig stattfindenden Vertriebsbesprechungen sowie sonstigen Zusammenkünften teilzunehmen.

3. Der Außendienstmitarbeiter ist nicht zum Inkasso berechtigt.

4. Der Außendienstmitarbeiter verpflichtet sich, seine fachlichen Kenntnisse und Erfahrungen ausschließlich dem Arbeitgeber zu widmen. Jede Übernahme einer entgeltlichen oder unentgeltlichen Nebentätigkeit während der Dauer des Arbeitsverhältnisses ist nur mit vorheriger Zustimmung des Arbeitgebers zulässig.

3 Nach dem Tarifvertragsgesetz (TVG) ist es möglich, übertarifliche Zulagen anzurechnen. Dabei wird lediglich die Zusammensetzung des Gehaltes (Anteil tarifliche Zahlung/Anteil übertarifliche Zahlung) verändert, die Auszahlungshöhe bleibt gleich. Wollen Sie übertarifliche Zahlungen anrechnen, müssen Sie dies gegenüber Ihrem Mitarbeiter ausdrücklich mitteilen.

4 Regelmäßig finden Sie in den für Sie bindenden Tarifverträgen Regelungen zum Urlaubsanspruch, zur Arbeitsunfähigkeit und zu Kündigungen.

Arbeitsvertrag, Außendienstmitarbeiter

§ 3 Arbeitszeit

Der Außendienstmitarbeiter stellt seine Arbeitskraft ausschließlich dem Unternehmen zur Verfügung.

Die wöchentliche Arbeitszeit beträgt derzeit <u>38</u> Stunden.

§ 4 Vergütung

1. Der Außendienstmitarbeiter wird in die Vergütungsgruppe <u>VE</u> des jeweils geltenden Tarifvertrages eingruppiert. Zudem erhält er eine übertarifliche Zulage in Höhe von <u>DM 400,--/EUR...</u> Dieser übertarifliche Entgeltbestandteil wird freiwillig gewährt und steht unter dem Vorbehalt des jederzeitigen freien Widerrufs. Die übertarifliche Zulage kann im Fall von Tariferhöhungen **3** ▶ nach Maßgabe des Tarifvertrages angerechnet werden.

   Das Gehalt des Außendienstmitarbeiters beträgt daher pro Monat

   <u>DM 4.500,--/EUR...</u> brutto Vergütungsgruppe <u>VE</u>
   <u>DM   400,--/EUR...</u> brutto (übertarifliche Zulage)
   <u>DM 4.900,--/EUR...</u> brutto

   Das Gehalt wird jeweils am 15. des Monats gezahlt. Die Zahlung erfolgt bargeldlos auf ein vom Mitarbeiter zu benennendes Bank- oder Postbankkonto.

2. Das Gehalt steigt oder fällt entsprechend den Vereinbarungen der Tarifpartner <u>des Einzelhandels Baden-Württemberg</u> .

3. Alle Sonderzahlungen wie zusätzliches Urlaubsgeld, 13. Monatseinkommen und vermögenswirksame Leistungen des Arbeitgebers erfolgen entsprechend der jeweils gültigen tariflichen Regelung.

4. Zusätzlich erhält der Außendienstmitarbeiter für alle in seinem Bezirk abgeschlossenen Aufträge Provision gemäß beigefügter Provisionsstaffel, Anlage 1 dieses Vertrages.

   Die Provision errechnet sich aus dem in Rechnung gestellten Waren-Nettowert (Warenwert ohne Mehrwertsteuer). Skontoabzüge mindern den Provisionsanspruch nicht. Nicht provisionspflichtig sind Nebenkosten, namentlich Fracht, Verpackung, Zoll, Steuern, sofern diese Nebenkosten dem Kunden besonders in Rechnung gestellt werden.

5. Die Firma hat die Provision, auf die der Mitarbeiter Anspruch hat, monatlich jeweils bis zum letzten Arbeitstag des der Auslieferung folgenden Monats abzurechnen.

4 ▶ ### § 5 Tarifliche Bestimmungen

Für das Arbeitsverhältnis gelten, mit Ausnahme der in diesem Vertrag geregelten Punkte, die Regelungen des <u>Tarifvertrages des Einzelhandels Baden-Württemberg</u> in der jeweils geltenden Fassung sowie die allgemeinen gesetzlichen Bestimmungen.

2/4

Kopiervorlage

Arbeitsvertrag

§ 3 Arbeitszeit

Der Außendienstmitarbeiter stellt seine Arbeitskraft ausschließlich dem Unternehmen zur Verfügung.

Die wöchentliche Arbeitszeit beträgt derzeit ____ Stunden.

§ 4 Vergütung

1. Der Außendienstmitarbeiter wird in die Vergütungsgruppe __ des jeweils geltenden Tarifvertrages eingruppiert. Zudem erhält er eine übertarifliche Zulage in Höhe von _____ .
Dieser übertarifliche Entgeltbestandteil wird freiwillig gewährt und steht unter dem Vorbehalt des jederzeitigen freien Widerrufs. Die übertarifliche Zulage kann im Fall von Tariferhöhungen nach Maßgabe des Tarifvertrages angerechnet werden.

   Das Gehalt des Außendienstmitarbeiters beträgt daher pro Monat

   _____ brutto Vergütungsgruppe ____
   _____ brutto (übertarifliche Zulage)
   _____ brutto

   Das Gehalt wird jeweils am 15. des Monats gezahlt. Die Zahlung erfolgt bargeldlos auf ein vom Mitarbeiter zu benennendes Bank- oder Postbankkonto.

2. Das Gehalt steigt oder fällt entsprechend den Vereinbarungen der Tarifpartner _____
_____ .

3. Alle Sonderzahlungen wie zusätzliches Urlaubsgeld, 13. Monatseinkommen und vermögenswirksame Leistungen des Arbeitgebers erfolgen entsprechend der jeweils gültigen tariflichen Regelung.

4. Zusätzlich erhält der Außendienstmitarbeiter für alle in seinem Bezirk abgeschlossenen Aufträge Provision gemäß beigefügter Provisionsstaffel, Anlage 1 dieses Vertrages.

   Die Provision errechnet sich aus dem in Rechnung gestellten Waren-Nettowert (Warenwert ohne Mehrwertsteuer). Skontoabzüge mindern den Provisionsanspruch nicht. Nicht provisionspflichtig sind Nebenkosten, namentlich Fracht, Verpackung, Zoll, Steuern, sofern diese Nebenkosten dem Kunden besonders in Rechnung gestellt werden.

5. Die Firma hat die Provision, auf die der Mitarbeiter Anspruch hat, monatlich jeweils bis zum letzten Arbeitstag des der Auslieferung folgenden Monats abzurechnen.

§ 5 Tarifliche Bestimmungen

Für das Arbeitsverhältnis gelten, mit Ausnahme der in diesem Vertrag geregelten Punkte, die Regelungen des _____ in der jeweils geltenden Fassung sowie die allgemeinen gesetzlichen Bestimmungen.

5 Muster für eine Dienstwagenregelung finden Sie in Vertrags-Check Arbeitsrecht, 2. Band: Spezialverträge unter IV. Zusatzvereinbarungen für das laufende Arbeitsverhältnis.

Arbeitsvertrag, Außendienstmitarbeiter

§ 6 Spesen und Auslagen

Der Außendienstmitarbeiter erhält Tage- und Übernachtungsgelder nach den jeweils geltenden steuerlichen Höchstsätzen. Durch geschäftliche Bewirtungen oder Einladungen entstehende Kosten werden gegen Vorlage der Original-Belege abgerechnet. Der Arbeitgeber übernimmt zusätzlich die notwendigen Porto- und Telefonkosten.

§ 7 Dienstfahrzeug

Der Arbeitgeber stellt dem Außendienstmitarbeiter für seine Reisetätigkeit einen Dienstwagen und übernimmt alle für das Fahrzeug anfallenden Kosten. Der Außendienstmitarbeiter ist berechtigt, den Dienstwagen auch privat zu nutzen. Die lohnsteuerrechtliche Behandlung der Privatnutzung richtet sich nach den jeweils maßgeblichen Vorschriften. Demnach ist zur Zeit zu versteuern:

monatlich 1 % des Brutto-Listenpreises = __DM 450,--/EUR...__

5 ▶ Zusätzlich verpflichtet sich der Außendienstmitarbeiter zum Führen eines Fahrtenbuches. Im Übrigen richtet sich die Nutzung des Dienstwagens sowie die Rückgabe im Falle einer Beendigung der Zusammenarbeit nach der Dienstwagenregelung, die als Anlage 2, Bestandteil dieses Vertrages ist.

§ 8 Verschwiegenheitspflicht, Rückgabe von Unterlagen und sonstigem Firmeneigentum

1. Der Außendienstmitarbeiter ist verpflichtet, über alle ihm bekannten Angelegenheiten, Vorgänge, Verträge und Geschäftsbeziehungen innerhalb und außerhalb des Betriebes und auch nach seinem Ausscheiden aus dem Arbeitsverhältnis absolutes Stillschweigen zu bewahren.

2. Neben Geschäfts- und Betriebsgeheimnissen gehören hierzu auch die persönlichen Verhältnisse der Kollegen und Vorgesetzten.

3. Jeder Verstoß gegen die Verschwiegenheitspflicht führt zu einem Schadensersatzanspruch des Arbeitgebers. In diesem Fall verpflichtet sich der Mitarbeiter zur Zahlung einer Vertragsstrafe in Höhe eines durchschnittlichen Monatseinkommens. Der Arbeitgeber behält sich im Einzelfall vor, ordentlich bzw. außerordentlich zu kündigen.

4. Der Außendienstmitarbeiter hat jederzeit auf Verlangen des Arbeitgebers, spätestens aber unaufgefordert bei Beendigung des Arbeitsverhältnisses, alles Material, insbesondere alle Geschäftsunterlagen, Kopien, Werbeunterlagen, Preislisten etc. zurückzugeben, die im Zusammenhang mit seiner Tätigkeit für den Arbeitgeber in seinen Besitz gelangt sind. Der Außendienstmitarbeiter hat kein Zurückbehaltungsrecht an den ihm im Laufe des Arbeitsverhältnisses übergebenen Unterlagen etc.

5. Der Außendienstmitarbeiter verpflichtet sich durch seine Unterschrift auf einem gesonderten Formblatt, das Datengeheimnis gemäß § 5 Bundesdatenschutzgesetz (BDSG) zu wahren. Die Verpflichtung auf das Datengeheimnis ist Bestandteil dieses Vertrages und wird als Anlage 3 Bestandteil dieses Vertrages.

3/4

Kopiervorlage

§ 6 Spesen und Auslagen

Der Außendienstmitarbeiter erhält Tage- und Übernachtungsgelder nach den jeweils geltenden steuerlichen Höchstsätzen. Durch geschäftliche Bewirtungen oder Einladungen entstehende Kosten werden gegen Vorlage der Original-Belege abgerechnet. Der Arbeitgeber übernimmt zusätzlich die notwendigen Porto- und Telefonkosten.

§ 7 Dienstfahrzeug

Der Arbeitgeber stellt dem Außendienstmitarbeiter für seine Reisetätigkeit einen Dienstwagen und übernimmt alle für das Fahrzeug anfallenden Kosten. Der Außendienstmitarbeiter ist berechtigt, den Dienstwagen auch privat zu nutzen. Die lohnsteuerrechtliche Behandlung der Privatnutzung richtet sich nach den jeweils maßgeblichen Vorschriften. Demnach ist zur Zeit zu versteuern:

monatlich 1 % des Brutto-Listenpreises = _____

Zusätzlich verpflichtet sich der Außendienstmitarbeiter zum Führen eines Fahrtenbuches. Im Übrigen richtet sich die Nutzung des Dienstwagens sowie die Rückgabe im Falle einer Beendigung der Zusammenarbeit nach der Dienstwagenregelung, die als Anlage 2, Bestandteil dieses Vertrages ist.

§ 8 Verschwiegenheitspflicht, Rückgabe von Unterlagen und sonstigem Firmeneigentum

1. Der Außendienstmitarbeiter ist verpflichtet, über alle ihm bekannten Angelegenheiten, Vorgänge, Verträge und Geschäftsbeziehungen innerhalb und außerhalb des Betriebes und auch nach seinem Ausscheiden aus dem Arbeitsverhältnis absolutes Stillschweigen zu bewahren.

2. Neben Geschäfts- und Betriebsgeheimnissen gehören hierzu auch die persönlichen Verhältnisse der Kollegen und Vorgesetzten.

3. Jeder Verstoß gegen die Verschwiegenheitspflicht führt zu einem Schadensersatzanspruch des Arbeitgebers. In diesem Fall verpflichtet sich der Mitarbeiter zur Zahlung einer Vertragsstrafe in Höhe eines durchschnittlichen Monatseinkommens. Der Arbeitgeber behält sich im Einzelfall vor, ordentlich bzw. außerordentlich zu kündigen.

4. Der Außendienstmitarbeiter hat jederzeit auf Verlangen des Arbeitgebers, spätestens aber unaufgefordert bei Beendigung des Arbeitsverhältnisses, alles Material, insbesondere alle Geschäftsunterlagen, Kopien, Werbeunterlagen, Preislisten etc. zurückzugeben, die im Zusammenhang mit seiner Tätigkeit für den Arbeitgeber in seinen Besitz gelangt sind. Der Außendienstmitarbeiter hat kein Zurückbehaltungsrecht an den ihm im Laufe des Arbeitsverhältnisses übergebenen Unterlagen etc.

5. Der Außendienstmitarbeiter verpflichtet sich durch seine Unterschrift auf einem gesonderten Formblatt, das Datengeheimnis gemäß § 5 Bundesdatenschutzgesetz (BDSG) zu wahren. Die Verpflichtung auf das Datengeheimnis ist Bestandteil dieses Vertrages und wird als Anlage 3 Bestandteil dieses Vertrages.

6 Die Speicherung und Verarbeitung von personenbezogenen Daten ist in jedem Fall erforderlich, um das Arbeitsverhältnis durchführen zu können. Bei jeder Lohnabrechnung müssen Daten des Mitarbeiters in eine DV-Anlage eingegeben und verarbeitet werden.

7 Da die Außendienstmitarbeiter häufig der ständigen Kontrolle durch Sie als Arbeitgeber entzogen sind, ist der Abschluss eines nachvertraglichen Wettbewerbsverbotes sinnvoll.

8 Die Vereinbarung einer Wettbewerbsabrede für einen Zeitraum nach Beendigung des Vertrages bedarf der Zustimmung des Außendienstmitarbeiters. Die hier vorgeschlagene Klausel trägt daher das Risiko in sich, dass der Außendienstmitarbeiter nicht zustimmt. Ein nachvertragliches Wettbewerbsverbot finden Sie in Vertrags-Check Arbeitsrecht, 2. Band: Spezialverträge, IV. Zusatzvereinbarungen für das laufende Arbeitsverhältnis (Sondervereinbarungen).

9 Die Schriftform bei Vertragsänderungen verhindert späteren Streit über vermeintliche Abreden.

Arbeitsvertrag, Außendienstmitarbeiter

6 ▶ **§ 9 Speicherung von Daten**

Der Außendienstmitarbeiter erklärt sich damit einverstanden, dass seine persönlichen Daten im Zusammenhang mit dem Arbeitsverhältnis in einer DV-Anlage gespeichert werden.

7 ▶ **§ 10 Nachvertragliches Wettbewerbsverbot**

8 ▶ Der Arbeitgeber behält sich vor, nach Ablauf einer einjährigen Vertragsdauer ein nachvertragliches Wettbewerbsverbot vom Außendienstmitarbeiter zu verlangen. Sofern die gesetzlichen Voraussetzungen erfüllt sind, verpflichtet sich der Außendienstmitarbeiter bereits jetzt zum Abschluss einer solchen Wettbewerbsabrede.

§ 11 Sonstige Bestimmungen

9 ▶ 1. Jede Änderung und Ergänzung dieses Vertrages bedürfen der Schriftform.

2. Mündliche Nebenabreden zu diesem Vertrag bestehen nicht.

Musterstadt, 15.02.
Ort, Datum

Alois Glück
Geschäftsführer
Unterschrift Arbeitgeber

Manfred Hemdle
Unterschrift Außendienstmitarbeiter

4/4

Kopiervorlage

Arbeitsvertrag

§ 9 Speicherung von Daten

Der Außendienstmitarbeiter erklärt sich damit einverstanden, dass seine persönlichen Daten im Zusammenhang mit dem Arbeitsverhältnis in einer DV-Anlage gespeichert werden.

§ 10 Nachvertragliches Wettbewerbsverbot

Der Arbeitgeber behält sich vor, nach Ablauf einer einjährigen Vertragsdauer ein nachvertragliches Wettbewerbsverbot vom Außendienstmitarbeiter zu verlangen. Sofern die gesetzlichen Voraussetzungen erfüllt sind, verpflichtet sich der Außendienstmitarbeiter bereits jetzt zum Abschluss einer solchen Wettbewerbsabrede.

§ 11 Sonstige Bestimmungen

1. Jede Änderung und Ergänzung dieses Vertrages bedürfen der Schriftform.

2. Mündliche Nebenabreden zu diesem Vertrag bestehen nicht.

_____

Ort, Datum

_____   _____

Unterschrift Arbeitgeber   Unterschrift Außendienstmitarbeiter

1 Der Abschluss eines Berufsausbildungsvertrages erfolgt nach Maßgabe des Berufsbildungsgesetzes (BBiG). Häufig bieten berufsständische Kammern oder die Industrie- und Handelskammer Musterverträge an, die den jeweiligen Ausbildungsberuf genau berücksichtigen. Die Ausbildung ist bei der zuständigen Kammer einzutragen.

2 Bei minderjährigen Auszubildenden muss der Berufsausbildungsvertrag nach § 4 Absatz 2 BBiG auch von den gesetzlichen Vertretern unterschrieben und ihnen zusätzlich ausgehändigt werden.

3 Es handelt hier um eine Beispiel-Ausbildung. Jeder Ausbildungsberuf ist in einer Ausbildungsordnung genau beschrieben. Diese legt fest, wann ein Auszubildender welche Fertigkeiten zu erlernen hat, damit er den Ausbildungsinhalt beherrscht und die Zwischen-/Abschlussprüfung bestehen kann.

4 Die Dauer der Ausbildung ist hier einzutragen. Sie entnehmen sie bitte der jeweiligen Ausbildungsordnung.

5 Eine maximale Probezeit von nur 3 Monaten ist gesetzlich vorgeschrieben. Nur in Ausnahmefällen kann die Probezeit – wie in der Klausel beschrieben – verlängert werden. Die Probezeit hat entscheidende Auswirkungen auf die Frage der Kündigung des Ausbildungsverhältnisses durch Sie als Ausbilder.

---

1 ## Berufsausbildungsvertrag

Zwischen

Ströter Segelmacher
Hafenstraße 9

12345 Musterstadt

nachfolgend „Arbeitgeber bzw. Ausbilder" genannt

und

Herrn/Frau
Oscar Wind
Sturmweg 2

12345 Musterstadt

2 nachfolgend „Auszubildender" genannt, gesetzlich vertreten durch **die Eheleute Isa und Ole Wind**

3 wird nachstehender Vertrag zur Ausbildung im Ausbildungsberuf **Segelmacher** nach Maßgabe der Ausbildungsordnung für **Segelmacher** geschlossen.

§ 1 Ausbildungszeit

4 1. Die Ausbildungszeit beträgt **3** Jahre.

2. Das Berufsausbildungsverhältnis beginnt am **01.08.** und endet am **31.07.**

5 3. Die Probezeit beträgt 3 Monate. Wird die Ausbildung während der Probezeit insgesamt um mehr als ein Drittel unterbrochen, so verlängert sich die Probezeit um den Zeitraum der Unterbrechung.

4. Besteht der Auszubildende vor Ablauf der unter Ziffer 2 vereinbarten Ausbildungszeit die Abschlussprüfung, so endet das Berufsausbildungsverhältnis mit Bestehen der Abschlussprüfung.

5. Besteht der Auszubildende die Abschlussprüfung nicht, so verlängert sich das Berufsausbildungsverhältnis auf sein Verlangen bis zur nächstmöglichen Wiederholungsprüfung, höchstens jedoch um ein Jahr.

§ 2 Ausbildungsort

Die Ausbildung findet vorbehaltlich der Regelung in § 3 Ziffer 12 dieses Vertrages beim Ausbilder und in den mit dem Betriebssitz zusammenhängenden Arbeitsstätten statt.

1/5

Kopiervorlage

Berufsausbildungsvertrag

Zwischen

_____

_____

_____

nachfolgend „Arbeitgeber bzw. Ausbilder" genannt

und

_____

_____

_____

_____

nachfolgend „Auszubildender" genannt, gesetzlich vertreten durch _____ .

wird nachstehender Vertrag zur Ausbildung im Ausbildungsberuf _____ nach Maßgabe der Ausbildungsordnung für _____ geschlossen.

§ 1 Ausbildungszeit

1. Die Ausbildungszeit beträgt ___ Jahre.

2. Das Berufsausbildungsverhältnis beginnt am _____ und endet am _____ .

3. Die Probezeit beträgt 3 Monate. Wird die Ausbildung während der Probezeit insgesamt um mehr als ein Drittel unterbrochen, so verlängert sich die Probezeit um den Zeitraum der Unterbrechung.

4. Besteht der Auszubildende vor Ablauf der unter Ziffer 2 vereinbarten Ausbildungszeit die Abschlussprüfung, so endet das Berufsausbildungsverhältnis mit Bestehen der Abschlussprüfung.

5. Besteht der Auszubildende die Abschlussprüfung nicht, so verlängert sich das Berufsausbildungsverhältnis auf sein Verlangen bis zur nächstmöglichen Wiederholungsprüfung, höchstens jedoch um ein Jahr.

§ 2 Ausbildungsort

Die Ausbildung findet vorbehaltlich der Regelung in § 3 Ziffer 12 dieses Vertrages beim Ausbilder und in den mit dem Betriebssitz zusammenhängenden Arbeitsstätten statt.

6 Die hier aufgeführten Pflichten ergeben sich aus dem BBiG, sind also alle gesetzlich geschuldet und stehen nicht zu Ihrer Disposition.

7 Eine Ausbildung darf nur durchführen, wer nach der Ausbildungsordnung befähigt ist. In Handwerksberufen ist in der Regel Voraussetzung, dass Sie als Ausbilder selbst Meister sind oder einen Meister beschäftigen, der die Ausbildung übernimmt. In anderen Berufen ist regelmäßig eine Ausbildereignungsprüfung erforderlich.

Berufsausbildungsvertrag

6 ▶ **§ 3 Pflichten des Ausbilders**

Der Ausbilder verpflichtet sich,

1. dafür Sorge zu tragen, dass dem Auszubildenden die Kenntnisse und Fertigkeiten vermittelt werden, die zum Erreichen des Ausbildungszieles nach der Ausbildungsordnung erforderlich sind;

2. die Berufsausbildung nach den beigefügten Angaben zur sachlichen und zeitlichen Gliederung des Ausbildungsablaufes so durchzuführen, dass das Ausbildungsziel in der vorgesehenen Ausbildungszeit erreicht werden kann;

7 ▶ 3. dem Auszubildenden vor Beginn der Ausbildung die Ausbildungsordnung kostenlos auszuhändigen sowie selbst auszubilden oder einen persönlich/fachlich geeigneten Ausbilder zu beauftragen und diesen dem Auszubildenden schriftlich bekannt zu geben;

4. dem Auszubildenden kostenlos die Ausbildungsmittel, insbesondere Werkzeuge, Werkstoffe und Fachliteratur, zur Verfügung zu stellen, die für die Ausbildung in den betrieblichen und überbetrieblichen Ausbildungsstätten und zum Ablegen der Zwischen- und Abschlussprüfung erforderlich sind;

5. den Auszubildenden zum Besuch der Berufsschule anzuhalten und freizustellen. Gleiches gilt, wenn Ausbildungsmaßnahmen außerhalb der Ausbildungsstätte vorgeschrieben oder nach Ziffer 12 durchzuführen sind;

6. soweit im Rahmen der Berufsausbildung das Führen von Berichtsheften verlangt wird, dem Auszubildenden vor Ausbildungsbeginn und während der Ausbildung die Berichtshefte kostenlos zur Verfügung zu stellen und ihm Gelegenheit zu geben, die Berichtshefte in Form eines Ausbildungsnachweises während der Ausbildungszeit zu führen sowie die ordnungsgemäße Führung durch regelmäßige Abzeichnung zu überwachen;

7. dem Auszubildenden nur Tätigkeiten zu übertragen, die seinen körperlichen Kräften angemessen sind und dem Ausbildungszweck dienen;

8. dafür zu sorgen, dass der Auszubildende charakterlich gefördert sowie sittlich und körperlich nicht gefährdet wird;

9. sich von dem jugendlichen Auszubildenden Bescheinigungen gemäß §§ 32, 33 Jugendarbeitsschutzgesetz darüber vorlegen zu lassen, dass dieser vor der Aufnahme der Ausbildung ärztlich untersucht und vor Ablauf des ersten Ausbildungsjahres nachuntersucht wurde;

10. unverzüglich nach Abschluss des Berufsausbildungsvertrages die Eintragung in das Verzeichnis der Berufsausbildungsverhältnisse bei der zuständigen Stelle zu beantragen. Dem Antrag ist die Vertragsniederschrift und – bei Auszubildenden unter 18 Jahren – eine Kopie der ärztlichen Bescheinigung über die Erstuntersuchung gemäß § 32 Jugendarbeitsschutzgesetz beizufügen; Entsprechendes gilt auch bei späteren Änderungen des wesentlichen Vertragsinhaltes;

11. den Auszubildenden rechtzeitig zu den angesetzten Zwischen- und Abschlussprüfungen anzumelden und für die Teilnahme freizustellen. Der Anmeldung zur Zwischenprüfung bei Auszubildenden unter 18 Jahren ist eine Kopie der ärztlichen Bescheinigung über die erste Nachuntersuchung gemäß § 33 Jugendarbeitsschutzgesetz beizufügen;

12. Der Arbeitgeber kann aufgrund der Betriebsstruktur nicht alle Ausbildungsmaßnahmen im Rahmen seiner Ausbildungsstätte durchführen. Eine ergänzende Ausbildung von 3 Monaten ist in der Segelmacherei <u>*Poseidon GmbH*</u> in <u>*Kiel*</u> vorgesehen.

2/5

Kopiervorlage

Berufsausbildungsvertrag

§ 3 Pflichten des Ausbilders

Der Ausbilder verpflichtet sich,

1. dafür Sorge zu tragen, dass dem Auszubildenden die Kenntnisse und Fertigkeiten vermittelt werden, die zum Erreichen des Ausbildungszieles nach der Ausbildungsordnung erforderlich sind;

2. die Berufsausbildung nach den beigefügten Angaben zur sachlichen und zeitlichen Gliederung des Ausbildungsablaufes so durchzuführen, dass das Ausbildungsziel in der vorgesehenen Ausbildungszeit erreicht werden kann;

3. dem Auszubildenden vor Beginn der Ausbildung die Ausbildungsordnung kostenlos auszuhändigen sowie selbst auszubilden oder einen persönlich/fachlich geeigneten Ausbilder zu beauftragen und diesen dem Auszubildenden schriftlich bekannt zu geben;

4. dem Auszubildenden kostenlos die Ausbildungsmittel, insbesondere Werkzeuge, Werkstoffe und Fachliteratur, zur Verfügung zu stellen, die für die Ausbildung in den betrieblichen und überbetrieblichen Ausbildungsstätten und zum Ablegen der Zwischen- und Abschlussprüfung erforderlich sind;

5. den Auszubildenden zum Besuch der Berufsschule anzuhalten und freizustellen. Gleiches gilt, wenn Ausbildungsmaßnahmen außerhalb der Ausbildungsstätte vorgeschrieben oder nach Ziffer 12 durchzuführen sind;

6. soweit im Rahmen der Berufsausbildung das Führen von Berichtsheften verlangt wird, dem Auszubildenden vor Ausbildungsbeginn und während der Ausbildung die Berichtshefte kostenlos zur Verfügung zu stellen und ihm Gelegenheit zu geben, die Berichtshefte in Form eines Ausbildungsnachweises während der Ausbildungszeit zu führen sowie die ordnungsgemäße Führung durch regelmäßige Abzeichnung zu überwachen;

7. dem Auszubildenden nur Tätigkeiten zu übertragen, die seinen körperlichen Kräften angemessen sind und dem Ausbildungszweck dienen;

8. dafür zu sorgen, dass der Auszubildende charakterlich gefördert sowie sittlich und körperlich nicht gefährdet wird;

9. sich von dem jugendlichen Auszubildenden Bescheinigungen gemäß §§ 32, 33 Jugendarbeitsschutzgesetz darüber vorlegen zu lassen, dass dieser vor der Aufnahme der Ausbildung ärztlich untersucht und vor Ablauf des ersten Ausbildungsjahres nachuntersucht wurde;

10. unverzüglich nach Abschluss des Berufsausbildungsvertrages die Eintragung in das Verzeichnis der Berufsausbildungsverhältnisse bei der zuständigen Stelle zu beantragen. Dem Antrag ist die Vertragsniederschrift und – bei Auszubildenden unter 18 Jahren – eine Kopie der ärztlichen Bescheinigung über die Erstuntersuchung gemäß § 32 Jugendarbeitsschutzgesetz beizufügen; Entsprechendes gilt auch bei späteren Änderungen des wesentlichen Vertragsinhaltes;

11. den Auszubildenden rechtzeitig zu den angesetzten Zwischen- und Abschlussprüfungen anzumelden und für die Teilnahme freizustellen. Der Anmeldung zur Zwischenprüfung bei Auszubildenden unter 18 Jahren ist eine Kopie der ärztlichen Bescheinigung über die erste Nachuntersuchung gemäß § 33 Jugendarbeitsschutzgesetz beizufügen.

12. Der Arbeitgeber kann aufgrund der Betriebsstruktur nicht alle Ausbildungsmaßnahmen im Rahmen seiner Ausbildungsstätte durchführen. Eine ergänzende Ausbildung von 3 Monaten ist in der Segelmacherei _____ in _____ vorgesehen.

8 Die genannten Pflichten des Auszubildenden bestehen per Gesetz. Bei Verstößen gegen diese gesetzlichen Pflichten können Sie als Arbeitgeber eine Abmahnung aussprechen. Weigert sich der Auszubildende dennoch beharrlich, seinen Pflichten nachzukommen und ist die Beendigung der Ausbildung aufgrund der Nichteinhaltung der Lernverpflichtung unmöglich, können Sie das Ausbildungsverhältnis kündigen. Beachten Sie hierbei auch die Einzelheiten in dem anzuwendenden Tarifvertrag.

9 Die Ausbildungsvergütung soll den steigenden Fähigkeiten und Kenntnissen des Auszubildenden in seinem Ausbildungsberuf Rechnung tragen. Deshalb muss sie mindestens einmal pro Jahr ansteigen.

10 Bezeichnen Sie den Tarifvertrag ganz exakt. Die Grundregelungen der tariflichen Bestimmungen sind in so genannten Mantel- oder Rahmentarifverträgen enthalten. Sehr häufig finden sich für Auszubildende besondere Verträge.

11 Als Ausbildender sind Sie verpflichtet, die Kosten der Ausbildung zusätzlich zu der an den Auszubildenden zu zahlenden Vergütung zu übernehmen.

Berufsausbildungsvertrag

8 ▶ **§ 4 Pflichten des Auszubildenden**

Der Auszubildende hat sich zu bemühen, die Fertigkeiten und Kenntnisse zu erwerben, die erforderlich sind, um das Ausbildungsziel zu erreichen. Er verpflichtet sich insbesondere,

1. die ihm im Rahmen seiner Berufsausbildung übertragenen Tätigkeiten und Aufgaben sorgfältig auszuführen;

2. am Berufsschulunterricht und an Prüfungen sowie an den externen Ausbildungsmaßnahmen teilzunehmen, für die er nach § 3 Ziffer 5 und 12 dieses Vertrages freigestellt wird;

3. den Weisungen zu folgen, die ihm im Rahmen der Berufsausbildung vom Ausbilder sowie von anderen, ihm als weisungsberechtigt bekannt gemachten Personen erteilt werden;

4. die für die Ausbildungsstätte geltenden Betriebsordnungen und Unfallverhütungsvorschriften zu beachten;

5. Werkzeuge, Maschinen und sonstige Einrichtungen der Ausbildungsstätte pfleglich zu behandeln und sie nur zu den ihm übertragenen Arbeiten zu verwenden;

6. über alle Betriebs- und Geschäftsgeheimnisse Stillschweigen zu bewahren;

7. ein ggf. vorgeschriebenes Berichtsheft ordnungsgemäß zu führen und regelmäßig vorzulegen;

8. bei Fernbleiben von der betrieblichen Ausbildung, vom Berufsschulunterricht oder von sonstigen Ausbildungsveranstaltungen den Ausbilder unter Angabe von Gründen unverzüglich zu informieren und ihm bei krankheitsbedingtem Fernbleiben spätestens am dritten Tag zusätzlich eine ärztliche Bescheinigung vorzulegen. Im Übrigen gilt das Entgeltfortzahlungsgesetz;

9. sich bei Geltung des Jugendarbeitsschutzgesetzes nach den §§ 32 und 33 dieses Gesetzes bei Beginn der Ausbildung ärztlich untersuchen und vor Ablauf des Ausbildungsjahres nachuntersuchen zu lassen und die Bescheinigungen hierüber dem Ausbilder vorzulegen.

§ 5 Vergütung

9 ▶ Der Auszubildende erhält eine angemessene Vergütung nach Maßgabe des anzuwendenden Tarifvertrages, *des Tarifvertrages für Auszubildende des Segelmachergewerbes* ◀ **10**

Die Vergütung wird jeweils am Monatsende gezahlt und auf das dem Ausbilder mitgeteilte Konto angewiesen.

11 ▶ Die Kosten für externe Ausbildungsmaßnahmen trägt der Ausbilder, soweit sie nicht anderweitig abgedeckt werden.

Soweit der Ausbilder eine besondere Berufskleidung vorschreibt, hat er sie dem Auszubildenden kostenlos zur Verfügung zu stellen.

3/5

Kopiervorlage

Berufsausbildungsvertrag

§ 4 Pflichten des Auszubildenden

Der Auszubildende hat sich zu bemühen, die Fertigkeiten und Kenntnisse zu erwerben, die erforderlich sind, um das Ausbildungsziel zu erreichen. Er verpflichtet sich insbesondere,

1. die ihm im Rahmen seiner Berufsausbildung übertragenen Tätigkeiten und Aufgaben sorgfältig auszuführen;

2. am Berufsschulunterricht und an Prüfungen sowie an den externen Ausbildungsmaßnahmen teilzunehmen, für die er nach § 3 Ziffer 5 und 12 dieses Vertrages freigestellt wird;

3. den Weisungen zu folgen, die ihm im Rahmen der Berufsausbildung vom Ausbilder sowie von anderen, ihm als weisungsberechtigt bekannt gemachten Personen erteilt werden;

4. die für die Ausbildungsstätte geltenden Betriebsordnungen und Unfallverhütungsvorschriften zu beachten;

5. Werkzeuge, Maschinen und sonstige Einrichtungen der Ausbildungsstätte pfleglich zu behandeln und sie nur zu den ihm übertragenen Arbeiten zu verwenden;

6. über alle Betriebs- und Geschäftsgeheimnisse Stillschweigen zu bewahren;

7. ein ggf. vorgeschriebenes Berichtsheft ordnungsgemäß zu führen und regelmäßig vorzulegen;

8. bei Fernbleiben von der betrieblichen Ausbildung, vom Berufsschulunterricht oder von sonstigen Ausbildungsveranstaltungen den Ausbilder unter Angabe von Gründen unverzüglich zu informieren und ihm bei krankheitsbedingtem Fernbleiben spätestens am dritten Tag zusätzlich eine ärztliche Bescheinigung vorzulegen. Im Übrigen gilt das Entgeltfortzahlungsgesetz;

9. sich bei Geltung des Jugendarbeitsschutzgesetzes nach den §§ 32 und 33 dieses Gesetzes bei Beginn der Ausbildung ärztlich untersuchen und vor Ablauf des Ausbildungsjahres nachuntersuchen zu lassen und die Bescheinigungen hierüber dem Ausbilder vorzulegen.

§ 5 Vergütung

Der Auszubildende erhält eine angemessene Vergütung nach Maßgabe des anzuwendenden Tarifvertrages, _____ .

Die Vergütung wird jeweils am Monatsende gezahlt und auf das dem Ausbilder mitgeteilte Konto angewiesen.

Die Kosten für externe Ausbildungsmaßnahmen trägt der Ausbilder, soweit sie nicht anderweitig abgedeckt werden.

Soweit der Ausbilder eine besondere Berufskleidung vorschreibt, hat er sie dem Auszubildenden kostenlos zur Verfügung zu stellen.

Vertrags-Check Arbeitsrecht

12 Es handelt sich um den Arbeitstag, der der schriftlichen Abschlussprüfung unmittelbar vorangeht, sowie um den Prüfungstag.

13 Für die vorgeschriebenen ärztlichen Untersuchungen ist der Auszubildende auf Ihre Kosten freizustellen.

14 Gründe, die zwar in der Person des Auszubildenden liegen, aber von ihm nicht verschuldet wurden, liegen vor, wenn diese auch eine Freistellung nach § 616 Bürgerliches Gesetzbuch (BGB) (Sonderurlaub) rechtfertigen würden.

15 Achten Sie darauf, dass bei Jugendlichen die tägliche Arbeitszeit nicht mehr als 8 Stunden betragen darf.

16 Nach Ablauf der Probezeit können Sie das Ausbildungsverhältnis nur noch schwer kündigen. Lediglich ein wichtiger Grund, der eine außerordentliche Kündigung rechtfertigen würde, kann allenfalls für eine Kündigung in Frage kommen. Aber auch wenn ein wichtiger Grund vorliegt, müssen Sie eine Interessenabwägung durchführen. Bei der Interessenabwägung ist zu prüfen, ob das Interesse des Auszubildenden an dem Abschluss der Ausbildung gegenüber Ihrem Interesse an der sofortigen Beendigung des Ausbildungsverhältnisses überwiegt. Je länger die Ausbildung bereits dauert, desto stärker ist das Interesse des Auszubildenden an einer Beendigung dieser Zeit. Gegen Ende der Ausbildung ist somit eine Kündigung nur noch in wenigen Ausnahmefällen möglich.

17 Als Ausbilder müssen Sie bei jeder Beendigung der Ausbildung ein Zeugnis fertigen. Ob es sich bei dem Zeugnis aber um ein qualifiziertes Zeugnis handeln soll, legt der Auszubildende fest. Es empfiehlt sich daher zur Vermeidung von unnötigem Aufwand, den Auszubildenden vorher zu befragen, welche Art von Zeugnis er wünscht.

Berufsausbildungsvertrag

12 ▶ Der Auszubildende erhält die Vergütung auch für die Zeit der Freistellung nach § 3 Ziffer 5 und 12 dieses Vertrages sowie nach § 10 Absatz 1 und § 43 Jugendarbeitsschutzgesetz und außerdem bis zur Dauer von 6 Wochen, wenn er ◀ **13**

- sich für die Berufsausbildung bereithält, diese aber ausfällt,
- infolge unverschuldeter Krankheit nicht an der Berufsausbildung teilnehmen kann oder

14 ▶ ■ aus einem sonstigen in seiner Person liegenden Grund unverschuldet verhindert ist, seine Pflichten aus dem Vertrag zu erfüllen.

§ 6 Ausbildungszeit / Urlaub

15 ▶ Die regelmäßige Arbeitszeit beträgt __38__ Stunden wöchentlich, bzw. __7,36__ Std. arbeitstäglich.

Der Auszubildende erhält Urlaub nach Maßgabe des geltenden Tarifvertrages.

16 ▶ § 7 Kündigung

1. Nach der Probezeit kann das Ausbildungsverhältnis nur aus wichtigem Grund ohne Einhaltung einer Kündigungsfrist gekündigt werden. Die ordentliche Kündigung durch den Ausbilder ist ausgeschlossen.

2. Der Auszubildende kann das Ausbildungsverhältnis unter Einhaltung einer Frist von 4 Wochen kündigen, wenn er die Berufsausbildung aufgeben oder eine andere Berufsausbildung beginnen möchte.

3. Die Kündigung muss schriftlich unter Angabe der Gründe erfolgen.

4. Eine Kündigung aus wichtigem Grund ist unwirksam, wenn die ihr zugrunde liegenden Tatsachen dem Kündigenden länger als 2 Wochen vor Ausspruch der Kündigung bekannt waren. Bei Einleitung eines Schlichtungsverfahrens nach § 9 dieses Vertrages wird der Lauf dieser Frist bis zur Beendigung des Verfahrens gehemmt.

5. Wird das Berufsausbildungsverhältnis nach Ablauf der Probezeit vorzeitig gelöst, können der Ausbilder oder der Auszubildende Schadensersatz verlangen, wenn der andere den Grund für die Auflösung zu vertreten hat. Dies gilt nicht, wenn der Auszubildende wegen Aufgabe oder Wechsels der Berufsausbildung kündigt. Der Anspruch erlischt, wenn er nicht innerhalb von 3 Monaten nach Beendigung des Berufsausbildungsverhältnisses geltend gemacht wird.

6. Kündigt der Ausbilder wegen Betriebsaufgabe oder Wegfalles der Ausbildungseignung, ist er verpflichtet, sich rechtzeitig unter Einschaltung der zuständigen Kammer und des Arbeitsamtes um einen anderen Ausbildungsplatz für den Auszubildenden zu bemühen.

17 ▶ § 8 Zeugnis

Bei Beendigung des Berufsausbildungsverhältnisses hat der Auszubildende Anspruch auf ein Zeugnis, das Angaben über Art, Dauer und Ziel der Berufsausbildung sowie über die erworbenen Fähigkeiten und Kenntnisse des Auszubildenden enthalten muss. Auf Wunsch des Auszubildenden sind auch Angaben über seine Führung und Leistung sowie über besondere fachliche Fähigkeiten aufzunehmen. Hat der Arbeitgeber die Ausbildung nicht selbst durchgeführt, hat auch der Ausbilder das Zeugnis zu unterschreiben.

4/5

Kopiervorlage

Berufsausbildungsvertrag

Der Auszubildende erhält die Vergütung auch für die Zeit der Freistellung nach § 3 Ziffer 5 und 12 dieses Vertrages sowie nach § 10 Absatz 1 und § 43 Jugendarbeitsschutzgesetz und außerdem bis zur Dauer von 6 Wochen, wenn er

- sich für die Berufsausbildung bereithält, diese aber ausfällt,
- infolge unverschuldeter Krankheit nicht an der Berufsausbildung teilnehmen kann oder
- aus einem sonstigen in seiner Person liegenden Grund unverschuldet verhindert ist, seine Pflichten aus dem Vertrag zu erfüllen.

§ 6 Ausbildungszeit / Urlaub

Die regelmäßige Arbeitszeit beträgt _____ Stunden wöchentlich, bzw. _____ Std. arbeitstäglich.

Der Auszubildende erhält Urlaub nach Maßgabe des geltenden Tarifvertrages.

§ 7 Kündigung

1. Nach der Probezeit kann das Ausbildungsverhältnis nur aus wichtigem Grund ohne Einhaltung einer Kündigungsfrist gekündigt werden. Die ordentliche Kündigung durch den Ausbilder ist ausgeschlossen.

2. Der Auszubildende kann das Ausbildungsverhältnis unter Einhaltung einer Frist von 4 Wochen kündigen, wenn er die Berufsausbildung aufgeben oder eine andere Berufsausbildung beginnen möchte.

3. Die Kündigung muss schriftlich unter Angabe der Gründe erfolgen.

4. Eine Kündigung aus wichtigem Grund ist unwirksam, wenn die ihr zugrunde liegenden Tatsachen dem Kündigenden länger als 2 Wochen vor Ausspruch der Kündigung bekannt waren. Bei Einleitung eines Schlichtungsverfahrens nach § 9 dieses Vertrages wird der Lauf dieser Frist bis zur Beendigung des Verfahrens gehemmt.

5. Wird das Berufsausbildungsverhältnis nach Ablauf der Probezeit vorzeitig gelöst, können der Ausbilder oder der Auszubildende Schadensersatz verlangen, wenn der andere den Grund für die Auflösung zu vertreten hat. Dies gilt nicht, wenn der Auszubildende wegen Aufgabe oder Wechsels der Berufsausbildung kündigt. Der Anspruch erlischt, wenn er nicht innerhalb von 3 Monaten nach Beendigung des Berufsausbildungsverhältnisses geltend gemacht wird.

6. Kündigt der Ausbilder wegen Betriebsaufgabe oder Wegfalles der Ausbildungseignung, ist er verpflichtet, sich rechtzeitig unter Einschaltung der zuständigen Kammer und des Arbeitsamtes um einen anderen Ausbildungsplatz für den Auszubildenden zu bemühen.

§ 8 Zeugnis

Bei Beendigung des Berufsausbildungsverhältnisses hat der Auszubildende Anspruch auf ein Zeugnis, das Angaben über Art, Dauer und Ziel der Berufsausbildung sowie über die erworbenen Fähigkeiten und Kenntnisse des Auszubildenden enthalten muss. Auf Wunsch des Auszubildenden sind auch Angaben über seine Führung und Leistung sowie über besondere fachliche Fähigkeiten aufzunehmen. Hat der Arbeitgeber die Ausbildung nicht selbst durchgeführt, hat auch der Ausbilder das Zeugnis zu unterschreiben.

18 Ausbilder und Auszubildender müssen in der Regel mindestens für die Dauer der Ausbildung miteinander auskommen. Bevor Streitigkeiten das Arbeitsgericht erreichen, muss im Wege einer Schlichtung versucht werden, wieder zu einer vernünftigen Zusammenarbeit zu kommen. Der Schlichtungsausschuss setzt sich aus Mitgliedern der zuständigen Kammer und in der Regel Vertretern der Berufsschule zusammen.

19 Mindestens der Auszubildende, Sie als Ausbilder und die zuständige Kammer, bei der die Ausbildung eingetragen wird, haben jeweils ein von den Parteien unterschriebenes Exemplar des Ausbildungsvertrages im Original zu erhalten.

20 Die Speicherung und Verarbeitung von personenbezogenen Daten ist zur Durchführung des Arbeitsverhältnisses erforderlich. Spätestens bei der Lohnabrechnung müssen Daten des Auszubildenden in eine DV-Anlage eingegeben und verarbeitet werden.

21 Tragen Sie hier den für die Ausbildung geltenden Tarifvertrag ein.

Berufsausbildungsvertrag

18 ▶ **§ 9 Schlichtung**

Bei Streitigkeiten aus dem Berufsausbildungsverhältnis ist vor Anrufung des Arbeitsgerichtes ein Schlichtungsversuch bei dem nach § 111 Absatz 2 Arbeitsgerichtsgesetz zu errichtenden Ausschuss durchzuführen.

§ 10 Nebenabreden

Nebenabreden oder Vertragsänderungen oder -ergänzungen bedürfen zu ihrer Rechtswirksamkeit der Schriftform. Dieses Formerfordernis kann weder mündlich noch stillschweigend außer Kraft gesetzt werden.

19 ▶ Vorstehender Vertrag wurde in <u>4</u> gleichlautenden Ausfertigungen ausgestellt und von den Vertragschließenden eigenhändig unterzeichnet.

20 ▶ **§ 11 Speicherung von Daten**

Der Auszubildende ist im Sinne des Bundesdatenschutzgesetzes (BDSG) darüber unterrichtet worden, dass seine persönlichen Daten im Zusammenhang mit dem Ausbildungsverhältnis in einer DV-Anlage gespeichert werden und erklärt sich damit einverstanden.

§ 12 Tarifliche Bestimmungen

21 ▶ Für das Arbeitsverhältnis gelten, mit Ausnahme der in diesem Vertrag geregelten Punkte, die Regelungen <u>des Tarifvertrages für Auszubildende des Segelmachergewerbes</u> in der jeweils geltenden Fassung sowie die allgemeinen gesetzlichen Bestimmungen.

<u>Musterstadt, 23.05.</u>
Ort, Datum

<u>Jan Janssen</u>
<u>Inhaber</u>
Unterschrift Arbeitgeber

<u>Oscar Wind</u>
Unterschrift Auszubildender

<u>Isa Wind</u>
Unterschrift Gesetzliche Vertreter (bei Minderjährigkeit des Auszubildenden)

<u>Ole Wind</u>

5/5

Kopiervorlage

Berufsausbildungsvertrag

§ 9 Schlichtung

Bei Streitigkeiten aus dem Berufsausbildungsverhältnis ist vor Anrufung des Arbeitsgerichtes ein Schlichtungsversuch bei dem nach § 111 Absatz 2 Arbeitsgerichtsgesetz zu errichtenden Ausschuss durchzuführen.

§ 10 Nebenabreden

Nebenabreden oder Vertragsänderungen oder -ergänzungen bedürfen zu ihrer Rechtswirksamkeit der Schriftform. Dieses Formerfordernis kann weder mündlich noch stillschweigend außer Kraft gesetzt werden.

Vorstehender Vertrag wurde in ___ gleichlautenden Ausfertigungen ausgestellt und von den Vertragschließenden eigenhändig unterzeichnet.

§ 11 Speicherung von Daten

Der Auszubildende ist im Sinne des Bundesdatenschutzgesetzes (BDSG) darüber unterrichtet worden, dass seine persönlichen Daten im Zusammenhang mit dem Ausbildungsverhältnis in einer DV-Anlage gespeichert werden und erklärt sich damit einverstanden.

§ 12 Tarifliche Bestimmungen

Für das Arbeitsverhältnis gelten, mit Ausnahme der in diesem Vertrag geregelten Punkte, die Regelungen _____ in der jeweils geltenden Fassung sowie die allgemeinen gesetzlichen Bestimmungen.

_____

Ort, Datum

_____   _____

Unterschrift Arbeitgeber   Unterschrift Auszubildender

_____   _____

Unterschrift Gesetzliche Vertreter (bei Minderjährigkeit des Auszubildenden)

1 Bei einem Arbeitsvertrag mit einem Gesellen handelt es sich um einen Spezialfall des Arbeitsvertrages mit einem gewerblichen Arbeitnehmer.

2 Tragen Sie hier die Bezeichnung des für das Arbeitsverhältnis geltenden Tarifvertrages ein.

3 Fügen Sie hier das Datum ein, an dem das Arbeitsverhältnis beginnen soll. Beginnt das Arbeitsverhältnis nicht am Monatsanfang, sondern während des laufenden Monats, brauchen Sie das Arbeitsentgelt für diesen Monat nur anteilig zu zahlen.

4 Sie können auch eine kürzere Probezeit als 6 Monate vereinbaren (§ 622 Absatz 3 Bürgerliches Gesetzbuch (BGB)). Eine Verlängerung sollten Sie – obwohl unter Verlust der kurzen Kündigungsfrist möglich – vermeiden, da Sie den Kündigungsschutz nach dem Kündigungsschutzgesetz in Gang setzen.

5 Tragen Sie hier die genaue Berufsbezeichnung Ihres Mitarbeiters ein, und fügen Sie auch die Bezeichnung „Geselle" hinzu.

6 Die Aufnahme dieser so genannten Öffnungsklausel in den Arbeitsvertrag bietet Ihnen als Arbeitgeber eine wesentliche Erleichterung: Sie dürfen Ihren Mitarbeiter auch mit anderen, außerhalb seines Berufsbildes liegenden Arbeiten beschäftigen, ohne dass Sie zuvor eine Änderungskündigung aussprechen müssen.

---

1 ▶ **Arbeitsvertrag mit einem Gesellen**

Zwischen

Malermeister Herbert Schild OHG
Fasanenweg 11

12345 Musterstadt

nachfolgend „Arbeitgeber" genannt

und

Herrn/Frau
Karl Bach
Schulstraße 8

12345 Musterstadt

nachfolgend „Mitarbeiter" genannt

wird der folgende Vertrag geschlossen:

§ 1 Tarifliche Bindung

2 ▶ Für das Arbeitsverhältnis gilt der **Rahmentarifvertrag für die gewerblichen Arbeitnehmer im Maler- und Lackierhandwerk** in seiner jeweiligen Fassung, sofern die Parteien in diesem Vertrag nichts anderes vereinbart haben.

§ 2 Beginn des Arbeitsverhältnisses, Probezeit und Kündigung

3 ▶ 1. Das Arbeitsverhältnis beginnt am **01.06.** .

4 ▶ 2. Die ersten **6** Monate gelten als Probezeit. Während und nach Ablauf der Probezeit kann das Arbeitsverhältnis jederzeit von beiden Seiten unter Einhaltung der im Tarifvertrag vorgesehenen Fristen gekündigt werden.

§ 3 Tätigkeit

5 ▶ 1. Der Mitarbeiter wird als **Malergeselle** eingestellt. Er ist nach näherer Weisung verpflichtet, alle üblichen Tätigkeiten wie sie im Berufsbild vorgesehen sind, zu verrichten.

2. Der Mitarbeiter verpflichtet sich, seinen Gesellenbrief dem Arbeitgeber auf dessen Verlangen zum Aushang im Betrieb zur Verfügung zu stellen.

6 ▶ 3. Der Arbeitgeber behält sich ausdrücklich vor, den Mitarbeiter auch mit anderen, außerhalb seines Aufgabenbereiches liegenden Arbeiten zu beschäftigen, sofern diese Arbeiten der Aus- und Fortbildung des Mitarbeiters entsprechen und für ihn zumutbar sind. Eine Lohnminderung beziehungsweise Gehaltskürzung darf damit nicht verbunden sein.

1/4

Kopiervorlage

Arbeitsvertrag

Zwischen

_____

_____

_____

nachfolgend „Arbeitgeber" genannt

und

_____

_____

_____

_____

nachfolgend „Mitarbeiter" genannt

wird der folgende Vertrag geschlossen:

§ 1 Tarifliche Bindung

Für das Arbeitsverhältnis gilt der _____
_____ in seiner jeweiligen Fassung, sofern die Parteien in diesem Vertrag nichts anderes vereinbart haben.

§ 2 Beginn des Arbeitsverhältnisses, Probezeit und Kündigung

1. Das Arbeitsverhältnis beginnt am _____ .

2. Die ersten __ Monate gelten als Probezeit. Während und nach Ablauf der Probezeit kann das Arbeitsverhältnis jederzeit von beiden Seiten unter Einhaltung der im Tarifvertrag vorgesehenen Fristen gekündigt werden.

§ 3 Tätigkeit

1. Der Mitarbeiter wird als _____ eingestellt. Er ist nach näherer Weisung verpflichtet, alle üblichen Tätigkeiten wie sie im Berufsbild vorgesehen sind, zu verrichten.

2. Der Mitarbeiter verpflichtet sich, seinen Gesellenbrief dem Arbeitgeber auf dessen Verlangen zum Aushang im Betrieb zur Verfügung zu stellen.

3. Der Arbeitgeber behält sich ausdrücklich vor, den Mitarbeiter auch mit anderen, außerhalb seines Aufgabenbereiches liegenden Arbeiten zu beschäftigen, sofern diese Arbeiten der Aus- und Fortbildung des Mitarbeiters entsprechen und für ihn zumutbar sind. Eine Lohnminderung beziehungsweise Gehaltskürzung darf damit nicht verbunden sein.

7 Fügen Sie hier die Anzahl der Wochenarbeitsstunden ein, sofern das im Tarifvertrag nicht geregelt oder dort eine längere Wochenarbeitszeit vorgesehen ist.

8 Hier müssen Sie ankreuzen, was für die Lage der Arbeitzeit gelten soll. Besteht keine Arbeitszeitenregelung in Ihrem Betrieb (zum Beispiel durch Betriebsvereinbarung), ist es erforderlich, dass Sie die Lage der Arbeitszeit in den Vertrag aufnehmen.

9 Tragen Sie hier die zeitliche Lage der Mittagspause ein. Sie können auch einen Zeitrahmen vorgeben, innerhalb dessen Ihr Mitarbeiter die Mittagspause zu nehmen hat.

10 Sichern Sie sich höchste Flexibilität auch beim Einsatz Ihres Mitarbeiters an einem anderen Arbeitsort. Eine solche örtliche Öffnungsklausel ist bei Mitarbeitern, die auch auswärts auf Baustellen beschäftigt werden sollen, unerlässlich.

11 Fügen Sie hier die Gehaltsgruppe ein, in die Ihr Mitarbeiter einzuordnen ist. Die Gehaltsgruppe können Sie dem Manteltarifvertrag oder dem gesondert vereinbarten Lohntarifvertrag entnehmen.

12 Es ist zulässig, wenn Sie übertarifliche Zulagen anrechnen. Dabei ändern Sie lediglich die Zusammensetzung des Gehaltes (Anteil tarifliche Zahlung/Anteil übertarifliche Zulage), die Höhe des Auszahlungsbetrages verändert sich nicht. Wollen Sie übertarifliche Zulagen anrechnen, müssen Sie das mit Ihrem Mitarbeiter vereinbaren oder durch Änderungskündigung oder Betriebsvereinbarung regeln.

13 Tragen Sie hier das genaue monatliche Brutto-Gehalt Ihres Mitarbeiters ein.

14 Die in dieser Klausel genannten Ansprüche Ihres Mitarbeiters sind regelmäßig im Tarifvertrag geregelt.

15 Als Arbeitgeber sind Sie nach § 81 Betriebsverfassungsgesetz (BetrVG) verpflichtet, Ihren Mitarbeiter über Unfall- und Gesundheitsgefahren aufzuklären. Dies gilt auch, wenn Sie keinen Betriebsrat haben.

Arbeitsvertrag mit einem Gesellen

§ 4 Arbeitszeit

7 1. Die Arbeitszeit beträgt **39** Stunden in der Woche. Die Lage der Arbeitszeit

8
- ▪ richtet sich nach der jeweils gültigen Arbeitszeitregelung, die automatisch Bestandteil dieses Vertrages wird,
- ▪ wird wie folgt vereinbart: <u>montags bis donnerstags jeweils von 8.00 Uhr bis 16.30 Uhr, freitags jeweils von 8.00 Uhr bis 15.30 Uhr</u>

9 2. Der Mitarbeiter hat pro Arbeitstag eine halbstündige Mittagspause einzuhalten, die in der Zeit von <u>12.00 Uhr bis 12.30 Uhr</u> zu nehmen ist.

§ 5 Arbeitsort

10 Der Mitarbeiter verrichtet seine Tätigkeit grundsätzlich in der Betriebsstätte. Der Arbeitgeber behält sich jedoch ausdrücklich vor, den Mitarbeiter bei Bedarf auch auf einer auswärtigen Arbeitsstelle/Baustelle einzusetzen.

§ 6 Vergütung, Entgeltfortzahlung im Krankheitsfall und Urlaub

11 1. Der Mitarbeiter wird in die Gehaltsgruppe <u>1a</u> des jeweils geltenden Tarifvertrages eingruppiert. Zusätzlich erhält er eine übertarifliche Zulage in Höhe von <u>DM 150,--/EUR...</u> . Die Zahlung **12** dieser übertariflichen Zulage durch den Arbeitgeber erfolgt freiwillig und kann von ihm jederzeit frei widerrufen werden. Treten Tariferhöhungen in Kraft, kann die übertarifliche Zulage nach Maßgabe des Tarifvertrages angerechnet werden.

13 2. Der Mitarbeiter erhält somit das nachstehende monatliche Gehalt:

<u>Grundgehalt</u>	<u>DM 4.028,--/EUR...</u>	<u>brutto</u>
<u>Zuschlag</u>	<u>DM 150,--/EUR...</u>	<u>brutto</u>
<u>insgesamt</u>	<u>DM 4.178,--/EUR...</u>	<u>brutto</u>

Das Gehalt wird jeweils am Monatsende gezahlt. Der Mitarbeiter erklärt sich damit einverstanden, dass sein Gehalt auf ein von ihm zu benennendes Bank- oder Postbankkonto überwiesen wird.

14 3. Die vom Arbeitgeber zu leistenden Sonderzahlungen wie zum Beispiel zusätzliches Urlaubsgeld, 13. Monatsgehalt und vermögenswirksame Leistungen richten sich nach dem jeweils geltenden Tarifvertrag. Dies gilt ebenfalls für die Entgeltfortzahlung im Krankheitsfall und die Gewährung des Urlaubsentgeltes sowie eines Urlaubsgeldes.

§ 7 Arbeitsschutz

15 Der Mitarbeiter wird bei Beginn seiner Arbeit in die jeweiligen Arbeitsschutz- und Unfallverhütungsvorschriften eingewiesen sowie über die Unfall- und Gesundheitsgefahren gemäß § 81 BetrVG belehrt. Ihm wird als Anlage zu diesem Vertrag eine schriftliche Zusammenfassung der Arbeitsschutz- und Unfallverhütungsvorschriften ausgehändigt. Der Mitarbeiter wird die besonderen Gefahren seines Arbeitsplatzes beachten und den Arbeitgeber unverzüglich informieren, wenn weitere mögliche Gefahren auftreten.

2/4

Kopiervorlage

Arbeitsvertrag

§ 4 Arbeitszeit

1. Die Arbeitszeit beträgt _____ Stunden in der Woche. Die Lage der Arbeitszeit

   ■ richtet sich nach der jeweils gültigen Arbeitszeitregelung, die automatisch Bestandteil dieses Vertrages wird,
   ■ wird wie folgt vereinbart:

   _____

   _____

2. Der Mitarbeiter hat pro Arbeitstag eine halbstündige Mittagspause einzuhalten, die in der Zeit von _____ zu nehmen ist.

§ 5 Arbeitsort

Der Mitarbeiter verrichtet seine Tätigkeit grundsätzlich in der Betriebsstätte. Der Arbeitgeber behält sich jedoch ausdrücklich vor, den Mitarbeiter bei Bedarf auch auf einer auswärtigen Arbeitsstelle/Baustelle einzusetzen.

§ 6 Vergütung, Entgeltfortzahlung im Krankheitsfall und Urlaub

1. Der Mitarbeiter wird in die Gehaltsgruppe __ des jeweils geltenden Tarifvertrages eingruppiert. Zusätzlich erhält er eine übertarifliche Zulage in Höhe von _____ . Die Zahlung dieser übertariflichen Zulage durch den Arbeitgeber erfolgt freiwillig und kann von ihm jederzeit frei widerrufen werden. Treten Tariferhöhungen in Kraft, kann die übertarifliche Zulage nach Maßgabe des Tarifvertrages angerechnet werden.

2. Der Mitarbeiter erhält somit das nachstehende monatliche Gehalt:

   _____

   _____

   Das Gehalt wird jeweils am Monatsende gezahlt. Der Mitarbeiter erklärt sich damit einverstanden, dass sein Gehalt auf ein von ihm zu benennendes Bank- oder Postbankkonto überwiesen wird.

3. Die vom Arbeitgeber zu leistenden Sonderzahlungen wie zum Beispiel zusätzliches Urlaubsgeld, 13. Monatsgehalt und vermögenswirksame Leistungen richten sich nach dem jeweils geltenden Tarifvertrag. Dies gilt ebenfalls für die Entgeltfortzahlung im Krankheitsfall und die Gewährung des Urlaubsentgeltes sowie eines Urlaubsgeldes.

§ 7 Arbeitsschutz

Der Mitarbeiter wird bei Beginn seiner Arbeit in die jeweiligen Arbeitsschutz- und Unfallverhütungsvorschriften eingewiesen sowie über die Unfall- und Gesundheitsgefahren gemäß § 81 BetrVG belehrt. Ihm wird als Anlage zu diesem Vertrag eine schriftliche Zusammenfassung der Arbeitsschutz- und Unfallverhütungsvorschriften ausgehändigt. Der Mitarbeiter wird die besonderen Gefahren seines Arbeitsplatzes beachten und den Arbeitgeber unverzüglich informieren, wenn weitere mögliche Gefahren auftreten.

16 Ein generelles Verbot einer Nebentätigkeit ist unzulässig.

17 In jedem Betrieb müssen personenbezogene Daten gespeichert und verarbeitet werden. Die Daten Ihres Mitarbeiters werden spätestens bei der Lohnabrechnung (gegebenenfalls bei einem von Ihnen damit beauftragten Steuerberater) DV-mäßig erfasst und verarbeitet.

18 Die Vereinbarung einer Vertragsstrafe bietet Ihnen als Arbeitgeber einen wesentlichen Vorteil. Sie brauchen den Schaden, den Ihr Mitarbeiter Ihnen durch sein Verhalten zugefügt hat und für den er ersatzpflichtig ist, nicht im Einzelnen zu beweisen. Gerade dieser Beweis ist in der Praxis sehr schwierig zu führen.

19 Ausschluss- und Verfallsklauseln bieten Ihnen den Vorteil, dass nach Ablauf der jeweiligen Fristen der Anspruch Ihres ausgeschiedenen Mitarbeiters nicht mehr besteht. Werden solche Fristen in einem Arbeitsvertrag vereinbart, dürfen sie nicht kürzer als 2 Monate sein.

Arbeitsvertrag mit einem Gesellen

16 ▶ **§ 8 Nebentätigkeit**

Jede entgeltliche oder unentgeltliche Nebentätigkeit des Mitarbeiters bedarf der vorherigen Zustimmung des Arbeitgebers. Dies gilt auch für Ehrenämter.

§ 9 Verschwiegenheitspflicht, Rückgabe von Unterlagen und sonstigem Firmeneigentum

1. Der Mitarbeiter ist verpflichtet, über alle ihm während seiner Tätigkeit für den Arbeitgeber bekannt gewordenen inner- und außerbetrieblichen Vorgänge, insbesondere Geschäfts- und Betriebsgeheimnisse, auch nach seinem Ausscheiden aus dem Arbeitsverhältnis Verschwiegenheit zu bewahren.

2. Verstößt der Mitarbeiter gegen die Verschwiegenheitspflicht, kann der Arbeitgeber Ersatz des daraus für ihn entstehenden Schadens verlangen. Zudem ist der Arbeitgeber im Ausnahmefall berechtigt, dem Mitarbeiter ordentlich beziehungsweise außerordentlich zu kündigen.

3. Auf Verlangen des Arbeitgebers hat der Mitarbeiter jederzeit – spätestens aber unaufgefordert bei Beendigung des Arbeitsverhältnisses – alle Gegenstände, insbesondere Unterlagen, Kopien, Werkzeuge usw. zurückzugeben, die er im Zusammenhang mit seiner Tätigkeit von dem Arbeitgeber erhalten hat. Ein Zurückbehaltungsrecht an diesen Gegenständen steht dem Mitarbeiter nicht zu.

17 ▶ **§ 10 Speicherung von Daten**

Der Mitarbeiter wurde im Sinne des Bundesdatenschutzgesetzes von der Speicherung seiner persönlichen, im Zusammenhang mit dem Arbeitsverhältnis stehenden Daten in eine DV-Anlage unterrichtet. Mit dieser Speicherung erklärt sich der Mitarbeiter einverstanden.

18 ▶ **§ 11 Vertragsstrafe**

Nimmt der Mitarbeiter seine Arbeit schuldhaft nicht auf oder hält er die gesetzlichen Kündigungsfristen nicht ein, verpflichtet er sich, dem Arbeitgeber eine Vertragsstrafe in Höhe eines monatlichen Brutto-Gehaltes zu zahlen. Dies gilt auch, wenn der Mitarbeiter vor Beginn des Arbeitsverhältnisses von diesem Vertrag zurücktritt. Dem Arbeitgeber bleibt vorbehalten, einen weitergehenden Schaden geltend zu machen.

19 ▶ **§ 12 Ausschluss- und Verfallsfristen**

1. Alle beiderseitigen Ansprüche aus diesem Arbeitsvertrag und solche, die damit in Verbindung stehen, verfallen, wenn sie nicht innerhalb von **3 Monaten** nach Fälligkeit gegenüber der anderen Vertragspartei schriftlich geltend gemacht worden sind.

2. Lehnt die andere Vertragspartei den Anspruch ab oder erklärt sie sich nicht innerhalb von **4 Wochen** nach der Geltendmachung des Anspruchs, so verfällt dieser, wenn er nicht innerhalb von **3 Monaten** nach der Ablehnung oder dem Fristablauf gerichtlich geltend gemacht wird.

3/4

Kopiervorlage

Arbeitsvertrag

§ 8 Nebentätigkeit

Jede entgeltliche oder unentgeltliche Nebentätigkeit des Mitarbeiters bedarf der vorherigen Zustimmung des Arbeitgebers. Dies gilt auch für Ehrenämter.

§ 9 Verschwiegenheitspflicht, Rückgabe von Unterlagen und sonstigem Firmeneigentum

1. Der Mitarbeiter ist verpflichtet, über alle ihm während seiner Tätigkeit für den Arbeitgeber bekannt gewordenen inner- und außerbetrieblichen Vorgänge, insbesondere Geschäfts- und Betriebsgeheimnisse, auch nach seinem Ausscheiden aus dem Arbeitsverhältnis Verschwiegenheit zu bewahren.

2. Verstößt der Mitarbeiter gegen die Verschwiegenheitspflicht, kann der Arbeitgeber Ersatz des daraus für ihn entstehenden Schadens verlangen. Zudem ist der Arbeitgeber im Ausnahmefall berechtigt, dem Mitarbeiter ordentlich beziehungsweise außerordentlich zu kündigen.

3. Auf Verlangen des Arbeitgebers hat der Mitarbeiter jederzeit – spätestens aber unaufgefordert bei Beendigung des Arbeitsverhältnisses – alle Gegenstände, insbesondere Unterlagen, Kopien, Werkzeuge usw. zurückzugeben, die er im Zusammenhang mit seiner Tätigkeit von dem Arbeitgeber erhalten hat. Ein Zurückbehaltungsrecht an diesen Gegenständen steht dem Mitarbeiter nicht zu.

§ 10 Speicherung von Daten

Der Mitarbeiter wurde im Sinne des Bundesdatenschutzgesetzes von der Speicherung seiner persönlichen, im Zusammenhang mit dem Arbeitsverhältnis stehenden Daten in eine DV-Anlage unterrichtet. Mit dieser Speicherung erklärt sich der Mitarbeiter einverstanden.

§ 11 Vertragsstrafe

Nimmt der Mitarbeiter seine Arbeit schuldhaft nicht auf oder hält er die gesetzlichen Kündigungsfristen nicht ein, verpflichtet er sich, dem Arbeitgeber eine Vertragsstrafe in Höhe eines monatlichen Brutto-Gehaltes zu zahlen. Dies gilt auch, wenn der Mitarbeiter vor Beginn des Arbeitsverhältnisses von diesem Vertrag zurücktritt. Dem Arbeitgeber bleibt vorbehalten, einen weitergehenden Schaden geltend zu machen.

§ 12 Ausschluss- und Verfallsfristen

1. Alle beiderseitigen Ansprüche aus diesem Arbeitsvertrag und solche, die damit in Verbindung stehen, verfallen, wenn sie nicht innerhalb von _____ nach Fälligkeit gegenüber der anderen Vertragspartei schriftlich geltend gemacht worden sind.

2. Lehnt die andere Vertragspartei den Anspruch ab oder erklärt sie sich nicht innerhalb von __ _____ nach der Geltendmachung des Anspruchs, so verfällt dieser, wenn er nicht innerhalb von _____ nach der Ablehnung oder dem Fristablauf gerichtlich geltend gemacht wird.

20 Aufgrund dieses Schriftformerfordernisses sind mündliche Vereinbarungen unwirksam.

21 Es handelt sich hierbei um eine so genannte Teil-nichtigkeitsklausel beziehungsweise Teilunwirksamkeitsklausel, die auch als salvatorische Klausel bezeichnet wird. Hierdurch wird verhindert, dass für den Fall der Unwirksamkeit eines Teils des Arbeitsvertrages gleich das gesamte Vertragswerk ungültig wird. Die Verwendung einer solchen Klausel ist auch in einer Vielzahl von anderen Verträgen üblich.

Arbeitsvertrag mit einem Gesellen

§ 13 Schlussbestimmungen

20 1. Änderungen oder Ergänzungen dieses Vertrages bedürfen der Schriftform. Dieses Formerfordernis gilt auch für die Aufhebung der Schriftformklausel. Mündliche Nebenabreden wurden nicht getroffen.

21 2. Sofern einzelne Bestimmungen dieses Vertrages unwirksam sind, berührt dies nicht die Wirksamkeit der übrigen Bestimmungen.

Musterstadt, den 03.05.

Herbert Schild
Unterschrift Arbeitgeber

Karl Bach
Unterschrift Mitarbeiter

4/4

Kopiervorlage

Arbeitsvertrag

§ 13 Schlussbestimmungen

1. Änderungen oder Ergänzungen dieses Vertrages bedürfen der Schriftform. Dieses Formerfordernis gilt auch für die Aufhebung der Schriftformklausel. Mündliche Nebenabreden wurden nicht getroffen.

2. Sofern einzelne Bestimmungen dieses Vertrages unwirksam sind, berührt dies nicht die Wirksamkeit der übrigen Bestimmungen.

Ort, Datum

Unterschrift Arbeitgeber   Unterschrift Mitarbeiter

Vertrags-Check Arbeitsrecht

1 Für Heimarbeiter und Hausgewerbetreibende gilt das Heimarbeitsgesetz (HAG).

Heimarbeiter ist, wer
- in der eigenen Wohnung oder selbstgewählten Betriebsstätte,
- allein oder mit seinen Familienangehörigen, die mit ihm in häuslicher Gemeinschaft leben,
- im Auftrag eines Gewerbetreibenden oder Zwischenmeisters,
- erwerbsmäßig arbeitet, § 2 Absatz 1 HAG.

Unter Zwischenmeister ist eine Person zu verstehen, die – ohne Arbeitnehmer zu sein – die von Gewerbetreibenden auf sie übertragene Arbeit an den Heimarbeiter weitergibt, § 2 Absatz 3 HAG.

Hausgewerbetreibender ist, wer
- in der eigenen Wohnung oder selbstgewählten Betriebsstätte,
- mit nicht mehr als 2 Mitarbeitern oder Heimarbeitern,
- im Auftrag eines Gewerbetreibenden oder Zwischenmeisters,
- Waren herstellt, bearbeitet oder verpackt,
- wobei der Hausgewerbetreibende selbst wesentlich mitarbeitet, § 2 Absatz 2 HAG.

Heimarbeiter und Hausgewerbetreibende können Zeit, Art und Ort der Arbeitsleistung frei bestimmen. Mangels Weisungsgebundenheit sind sie also keine Arbeitnehmer, sie gelten vielmehr wegen ihrer wirtschaftlichen Abhängigkeit als arbeitnehmerähnliche Personen. Das HAG garantiert den Heimarbeitern und Hausgewerbetreibenden jedoch bestimmte Mindestarbeitsbedingungen. Diese Arbeitsbedingungen können auch für sonstige Lohnauftraggeber gelten, die in hohem Maße von Ihnen als Auftraggeber wirtschaftlich abhängig und daher besonders schutzbedürftig sind.

2 Bei tarifvertraglichen Regelungen für Heimarbeit besteht grundsätzlich
- entweder ein eigener Lohntarifvertrag
- oder im Rahmen eines Manteltarifvertrages eine eigenständige Bestimmung.

Festgeschrieben sind dort im Wesentlichen die Vergütung einschließlich der Sonderzahlungen, der Urlaubsanspruch und die Entgeltfortzahlung im Krankheitsfall.

3 Tragen Sie hier die Bezeichnung des für das Arbeitsverhältnis geltenden Tarifvertrages ein.

4 Tragen Sie hier das Datum ein, an dem das Heimarbeitsverhältnis beginnen soll.

5 Die Probezeit darf höchstens 6 Monate dauern, § 29 Absatz 3 HAG.

6 Ist Ihr Heimarbeiter für mehrere Auftraggeber tätig, betragen die Kündigungsfristen
- während der ersten vier Wochen des Heimarbeitsverhältnisses einen Tag zum Ablauf des auf die Kündigung folgenden Tages, § 29 Absatz 1 HAG;
- nach den ersten vier Wochen des Heimarbeitsverhältnisses 14 Tage.

---

1 ▶ **Heimarbeitsvertrag**

Zwischen

**Bekleidung Schröder GmbH
Industriestr. 104**

12345 Musterstadt

nachfolgend „Auftraggeber" genannt

und

**Frau/Herrn
Monika Wagner
Hindenburgallee 9**

12345 Musterstadt

nachfolgend „Heimarbeiter" genannt

wird der folgende Vertrag geschlossen:

2 ▶ **§ 1 Tarifliche Bindung**

3 ▶ Für das Heimarbeitsverhältnis gilt der **Lohntarifvertrag für die Heimarbeit in der Bekleidungsindustrie** in seiner jeweiligen Fassung, sofern die Parteien in diesem Vertrag nichts anderes vereinbart haben.

§ 2 Beginn des Heimarbeitsverhältnisses, Probezeit

4 ▶ Das Heimarbeitsverhältnis beginnt am **01.06.** . Die Probezeit beträgt **3 Monate.** ◀ **5**

§ 3 Beendigung des Heimarbeitsverhältnisses, Kündigungsfristen

1. Jeder Vertragspartner kann das Heimarbeitsverhältnis kündigen. Die Kündigung hat in schriftlicher Form zu erfolgen.

6 2. Der Heimarbeiter steht nach seinen Angaben in keinem weiteren Heimarbeitsverhältnis. Das Eingehen eines weiteren Heimarbeitsverhältnisses hat er dem Auftraggeber anzuzeigen.

1/4

Kopiervorlage

Heimarbeitsvertrag

Zwischen

_____

_____

_____

nachfolgend „Auftraggeber" genannt

und

_____

_____

_____

_____

nachfolgend „Heimarbeiter" genannt

wird der folgende Vertrag geschlossen:

§ 1 Tarifliche Bindung

Für das Heimarbeitsverhältnis gilt der _____
_____ in seiner jeweiligen Fassung, sofern die Parteien in diesem Vertrag nichts anderes vereinbart haben.

§ 2 Beginn des Heimarbeitsverhältnisses, Probezeit

Das Heimarbeitsverhältnis beginnt am _____ . Die Probezeit beträgt _____ .

§ 3 Beendigung des Heimarbeitsverhältnisses, Kündigungsfristen

1. Jeder Vertragspartner kann das Heimarbeitsverhältnis kündigen. Die Kündigung hat in schriftlicher Form zu erfolgen.

2. Der Heimarbeiter steht nach seinen Angaben in keinem weiteren Heimarbeitsverhältnis. Das Eingehen eines weiteren Heimarbeitsverhältnisses hat er dem Auftraggeber anzuzeigen.

Vertrags-Check Arbeitsrecht

7 Kündigungsfristen in für Heimarbeit geltenden tariflichen Regelungen sind selten.

8 Die Kündigungsfrist von zwei Wochen innerhalb der Probezeit ist gesetzlich vorgegeben, § 29 Absatz 3 Satz 2 HAG. Sie dürfen sie daher nicht verkürzen. Es bleibt Ihnen jedoch unbenommen, eine über zwei Wochen hinausgehende Kündigungsfrist zu vereinbaren.

9 Tragen Sie hier die Tätigkeiten ein, die Ihr Heimarbeiter ausführen soll.

10 Dem für Sie geltenden Tarifvertrag können Sie genau entnehmen, welche Sonderzahlungen in welcher Höhe von Ihnen zu leisten sind.

11 Tragen Sie hier die Arbeitsmenge ein, die Sie an Ihren Heimarbeiter ausgeben.

12 Tragen Sie hier die Dauer des Erholungsurlaubs ein, auf den Ihr Heimarbeiter nach dem Tarifvertrag Anspruch hat.

Heimarbeitsvertrag

7 Vorbehaltlich einer anderweitigen tariflichen Regelung beträgt die Kündigungsfrist

- vier Wochen zum 15. oder zum Ende eines Kalendermonats,
- bei einem Bestehen des Heimarbeitsverhältnisses von zwei Jahren für eine vom Auftraggeber ausgesprochene Kündigung einen Monat zum Ende des Kalendermonats,
- bei einer Beschäftigungsdauer von fünf Jahren und mehr die in § 29 Absatz 4 Heimarbeitsgesetz (HAG) genannte Kündigungsfrist.

8 3. Vorbehaltlich einer anderweitigen tariflichen Regelung beträgt die Kündigungsfrist während der Probezeit zwei Wochen.

4. Liegen Tatsachen vor, die einem Vertragspartner unter Berücksichtigung der Umstände des Einzelfalles und unter Abwägung der beiderseitigen Interessen die Fortsetzung des Heimarbeitsverhältnisses bis zum Ablauf der Kündigungsfrist unzumutbar machen, kann er das Heimarbeitsverhältnis außerordentlich fristlos kündigen.

§ 4 Art der Tätigkeit

Der Heimarbeiter verpflichtet sich, folgende Arbeiten auszuführen

a) Nähen von Krawatten,
b) Nähen von Fliegen,
9 c) Nähen von Hosenträgern.

§ 5 Arbeitsentgelt und Arbeitsmenge

1. Das Arbeitsentgelt richtet sich nach den jeweils geltenden tariflichen Regelungen, wird monatlich abgerechnet und wird jeweils am Monatsende zur Zahlung fällig. Der Heimarbeiter erklärt sich damit einverstanden, dass sein Arbeitsentgelt auf ein von ihm zu benennendes Bank- oder Postbankkonto überwiesen wird.

2. Das Arbeitsentgelt steigt oder fällt entsprechend den jeweiligen tarifvertraglichen Änderungen.

10 3. Alle Sonderzahlungen wie etwa zusätzliches Urlaubsentgelt und Jahressonderzahlungen erfolgen entsprechend der jeweils gültigen tariflichen Regelung.

4. Der Auftraggeber verpflichtet sich, folgende Arbeitsmengen regelmäßig auszugeben

zu § 4 a) dieses Vertrages: <u>100</u> Stück pro <u>Woche</u>
zu § 4 b) dieses Vertrages: <u>100</u> Stück pro <u>Woche</u>
11 zu § 4 c) dieses Vertrages: <u>100</u> Stück pro <u>Woche.</u>

§ 6 Urlaub

12 Der Anspruch des Heimarbeiters auf Erholungsurlaub richtet sich nach den jeweils geltenden tariflichen Regelungen. Der Erholungsurlaub beträgt zur Zeit <u>36 Werktage</u> im Kalenderjahr.

2/4

Kopiervorlage

Heimarbeitsvertrag

Vorbehaltlich einer anderweitigen tariflichen Regelung beträgt die Kündigungsfrist

- vier Wochen zum 15. oder zum Ende eines Kalendermonats,
- bei einem Bestehen des Heimarbeitsverhältnisses von zwei Jahren für eine vom Auftraggeber ausgesprochene Kündigung einen Monat zum Ende des Kalendermonats,
- bei einer Beschäftigungsdauer von fünf Jahren und mehr die in § 29 Absatz 4 Heimarbeitsgesetz (HAG) genannte Kündigungsfrist.

3. Vorbehaltlich einer anderweitigen tariflichen Regelung beträgt die Kündigungsfrist während der Probezeit zwei Wochen.

4. Liegen Tatsachen vor, die einem Vertragspartner unter Berücksichtigung der Umstände des Einzelfalles und unter Abwägung der beiderseitigen Interessen die Fortsetzung des Heimarbeitsverhältnisses bis zum Ablauf der Kündigungsfrist unzumutbar machen, kann er das Heimarbeitsverhältnis außerordentlich fristlos kündigen.

§ 4 Art der Tätigkeit

Der Heimarbeiter verpflichtet sich, folgende Arbeiten auszuführen

a) _____
b) _____
c) _____

§ 5 Arbeitsentgelt und Arbeitsmenge

1. Das Arbeitsentgelt richtet sich nach den jeweils geltenden tariflichen Regelungen, wird monatlich abgerechnet und wird jeweils am Monatsende zur Zahlung fällig. Der Heimarbeiter erklärt sich damit einverstanden, dass sein Arbeitsentgelt auf ein von ihm zu benennendes Bank- oder Postbankkonto überwiesen wird.

2. Das Arbeitsentgelt steigt oder fällt entsprechend den jeweiligen tarifvertraglichen Änderungen.

3. Alle Sonderzahlungen wie etwa zusätzliches Urlaubsentgelt und Jahressonderzahlungen erfolgen entsprechend der jeweils gültigen tariflichen Regelung.

4. Der Auftraggeber verpflichtet sich, folgende Arbeitsmengen regelmäßig auszugeben

zu § 4 a) dieses Vertrages: _____ Stück pro _____
zu § 4 b) dieses Vertrages: _____ Stück pro _____
zu § 4 c) dieses Vertrages: _____ Stück pro _____

§ 6 Urlaub

Der Anspruch des Heimarbeiters auf Erholungsurlaub richtet sich nach den jeweils geltenden tariflichen Regelungen. Der Erholungsurlaub beträgt zur Zeit _____ im Kalenderjahr.

13 Bei den Zuschlägen handelt es sich um solche für Urlaub, Krankheit und Feiertage.

14 Tragen Sie hier ein, welchen Gegenstand Sie Ihrem Heimarbeiter zur Verfügung stellen.

15 Hier können Sie die Lieferfristen für die Heimarbeit festlegen. Sie können auch größere Zeiträume zwischen Ausgabe und Ablieferung vereinbaren.

16 In tariflichen Regelungen wird häufig festgeschrieben, dass Sie als Auftraggeber die nachweisbaren Kosten des Transportes der Heimarbeit zu und von der Wohnung oder Betriebsstätte Ihres Heimarbeiters zu zahlen haben.

17 Das Entgeltbuch dient als Nachweis für die von Ihrem Heimarbeiter geleisteten Arbeiten. Als Auftraggeber sind Sie verpflichtet, Ihrem Heimarbeiter auf Ihre Kosten ein Entgeltbuch auszuhändigen, § 9 Absatz 1 Satz 1 HAG.

18 Zu diesen Erläuterungen gegenüber Ihrem Heimarbeiter sind Sie auf dessen Verlangen verpflichtet, § 28 Absatz 2 HAG.

19 Auch zu der Auslage des Entgeltverzeichnisses sind Sie verpflichtet, § 8 HAG.

20 Tragen Sie hier die Lieferfrist ein.

21 Der Heimarbeiter kann für Fehler, die auf einer ungenauen Arbeitsbeschreibung beruhen, nicht haftbar gemacht werden.

Heimarbeitsvertrag

§ 7 Zuschläge und sonstige Leistungen des Auftraggebers

13 1. Die von dem Auftraggeber an den Heimarbeiter zu zahlenden Zuschläge richten sich nach den jeweils geltenden tariflichen Regelungen.

14 2. Der Auftraggeber stellt dem Heimarbeiter für die Dauer dieses Vertrages <u>eine Nähmaschine Marke Fix Typ 123</u> zur Verfügung. Der Heimarbeiter verpflichtet sich, daran notwendige Reparaturen auf seine Kosten durchführen zu lassen.

§ 8 Ausgabe und Abnahme der Heimarbeit

15 1. Die Heimarbeit wird jeweils <u>am ersten Werktag der Woche</u> beim Auftraggeber in <u>Musterstadt</u> ausgegeben und ist dort jeweils <u>am letzten Werktag der Woche</u> abzuliefern.

16 2. Der Auftraggeber ersetzt dem Heimarbeiter die Kosten für den Transport der Heimarbeit zu und von seiner Wohnung bzw. Betriebsstätte gemäß den jeweils geltenden tariflichen Regelungen.

§ 9 Entgeltbuch, Abrechnung, Recht auf Erläuterung, Entgeltverzeichnis

17 1. Der Auftraggeber übergibt dem Heimarbeiter ein Entgeltbuch. In dieses werden Art und Umfang der Heimarbeit, die Entgelte und die Tage der Ausgabe und Abnahme eingetragen.

2. Die Abrechnung erfolgt bei Zahlung des nach § 5 dieses Vertrages fälligen Arbeitsentgeltes.

18 3. Bei Unklarheiten des Heimarbeiters über Höhe, Zusammensetzung und Berechnung des an ihn ausgezahlten Entgeltes kann er vom Auftraggeber Erläuterungen verlangen.

19 4. Der Auftraggeber legt in den Ausgabe- und Annahmeräumen die jeweils gültigen Entgelte für jedes einzelne Arbeitsstück sowie die Preise für mitzuliefernde Roh- und Hilfsstoffe in einem Entgeltverzeichnis zur Einsichtnahme aus. Das Entgeltverzeichnis enthält insbesondere die Bezeichnung des Arbeitsstücks, das dafür zu zahlende Entgelt und die dafür aufzuwendende Arbeitszeit.

§ 10 Schadensersatz und Sachmängelhaftung

20 1. Wird die in § 8 festgeschriebene Lieferfrist von <u>einer Woche</u> vom Heimarbeiter nicht eingehalten, kann der Auftraggeber Schadensersatz bis zur Höhe des vereinbarten Arbeitsentgeltes verlangen.

21 2. Der Heimarbeiter verpflichtet sich, mängelfreie Ware zu liefern. Ist die gelieferte Ware mangelhaft und hat der Auftraggeber diese Mängel nicht zu vertreten, kann er dem Heimarbeiter eine angemessene Frist zur Mängelbeseitigung setzen. Erfolgt die Mängelbeseitigung nicht fristgerecht, kann der Auftraggeber die Bezahlung verweigern. Weitergehende Schadensersatzansprüche des Auftraggebers bei vorsätzlichem oder grob fahrlässigem Verhalten des Heimarbeiters bleiben unberührt.

3/4

Kopiervorlage

Heimarbeitsvertrag

§ 7 Zuschläge und sonstige Leistungen des Auftraggebers

1. Die von dem Auftraggeber an den Heimarbeiter zu zahlenden Zuschläge richten sich nach den jeweils geltenden tariflichen Regelungen.

2. Der Auftraggeber stellt dem Heimarbeiter für die Dauer dieses Vertrages _____ _____ zur Verfügung. Der Heimarbeiter verpflichtet sich, daran notwendige Reparaturen auf seine Kosten durchführen zu lassen.

§ 8 Ausgabe und Abnahme der Heimarbeit

1. Die Heimarbeit wird jeweils _____ beim Auftraggeber in _____ ausgegeben und ist dort jeweils _____ abzuliefern.

2. Der Auftraggeber ersetzt dem Heimarbeiter die Kosten für den Transport der Heimarbeit zu und von seiner Wohnung bzw. Betriebsstätte gemäß den jeweils geltenden tariflichen Regelungen.

§ 9 Entgeltbuch, Abrechnung, Recht auf Erläuterung, Entgeltverzeichnis

1. Der Auftraggeber übergibt dem Heimarbeiter ein Entgeltbuch. In dieses werden Art und Umfang der Heimarbeit, die Entgelte und die Tage der Ausgabe und Abnahme eingetragen.

2. Die Abrechnung erfolgt bei Zahlung des nach § 5 dieses Vertrages fälligen Arbeitsentgeltes.

3. Bei Unklarheiten des Heimarbeiters über Höhe, Zusammensetzung und Berechnung des an ihn ausgezahlten Entgeltes kann er vom Auftraggeber Erläuterungen verlangen.

4. Der Auftraggeber legt in den Ausgabe- und Annahmeräumen die jeweils gültigen Entgelte für jedes einzelne Arbeitsstück sowie die Preise für mitzuliefernde Roh- und Hilfsstoffe in einem Entgeltverzeichnis zur Einsichtnahme aus. Das Entgeltverzeichnis enthält insbesondere die Bezeichnung des Arbeitsstücks, das dafür zu zahlende Entgelt und die dafür aufzuwendende Arbeitszeit.

§ 10 Schadensersatz und Sachmängelhaftung

1. Wird die in § 8 festgeschriebene Lieferfrist von _____ vom Heimarbeiter nicht eingehalten, kann der Auftraggeber Schadensersatz bis zur Höhe des vereinbarten Arbeitsentgeltes verlangen.

2. Der Heimarbeiter verpflichtet sich, mängelfreie Ware zu liefern. Ist die gelieferte Ware mangelhaft und hat der Auftraggeber diese Mängel nicht zu vertreten, kann er dem Heimarbeiter eine angemessene Frist zur Mängelbeseitigung setzen. Erfolgt die Mängelbeseitigung nicht fristgerecht, kann der Auftraggeber die Bezahlung verweigern. Weitergehende Schadensersatzansprüche des Auftraggebers bei vorsätzlichem oder grob fahrlässigem Verhalten des Heimarbeiters bleiben unberührt.

22 Dieser Schutz ist gewährleistet durch §§ 23, 24 HAG.

23 Heimarbeiter und ihnen Gleichgestellte gelten als Arbeitnehmer im Sinne des Arbeitsgerichtsgesetzes § 5 Absatz 1 Satz 2 ArbGG. Für Streitigkeiten aus einem Heimarbeitsverhältnis sind daher die Arbeitsgerichte zuständig.

24 Aufgrund des Schriftformerfordernisses sind mündliche Vereinbarungen unwirksam.

25 Diese so genannte salvatorische Klausel (Teilunwirksamkeitsregelung) verhindert, dass eine einzelne unwirksame Bestimmung zur Unwirksamkeit des gesamten Vertrages führt.

Heimarbeitsvertrag

§ 11 Behandlung und Rückgabe von Sachen des Auftraggebers

1. Der Heimarbeiter verpflichtet sich, die vom Auftraggeber gemäß § 7 Ziffer 2 dieses Vertrages überlassenen Gegenstände und sonstige Maschinen, Werkzeuge sowie Roh- und Hilfsstoffe pfleglich zu behandeln und ordnungsgemäß zu verwahren.

2. Bei Beendigung des Heimarbeitsverhältnisses sind diese Gegenstände dem Auftraggeber zurückzugeben.

§ 12 Staatliche Entgeltüberwachung

22 1. Beiden Vertragsparteien ist bekannt, dass die Heimarbeit, insbesondere die Zahlung der Entgelte und Zuschläge, einem besonderen staatlichen Schutz durch die Gewerbeaufsichtsämter unterliegt.

2. Einem Vertragspartner, der die ihm seitens der staatlichen Entgeltüberwachung auferlegten Pflichten erfüllt, dürfen dadurch keine Nachteile für das Heimarbeitsverhältnis erwachsen.

23 § 13 Rechtsstreitigkeiten

Bei Rechtsstreitigkeiten zwischen den Vertragsparteien aus dem Heimarbeitsverhältnis kann von jeder Seite das Arbeitsgericht angerufen werden.

§ 14 Schlussbestimmungen

24 1. Änderungen oder Ergänzungen dieses Vertrages bedürfen der Schriftform. Mündliche Nebenabreden wurden nicht getroffen.

25 2. Sofern einzelne Bestimmungen dieses Vertrages unwirksam sind, berührt dies nicht die Wirksamkeit der übrigen Bestimmungen.

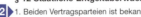

Musterstadt, den 12.05.

Hans Schröder
Geschäftsführer
Unterschrift Auftraggeber

Monika Wagner
Unterschrift Heimarbeiter

4/4

Kopiervorlage

Heimarbeitsvertrag

§ 11 Behandlung und Rückgabe von Sachen des Auftraggebers

1. Der Heimarbeiter verpflichtet sich, die vom Auftraggeber gemäß § 7 Ziffer 2 dieses Vertrages überlassenen Gegenstände und sonstige Maschinen, Werkzeuge sowie Roh- und Hilfsstoffe pfleglich zu behandeln und ordnungsgemäß zu verwahren.

2. Bei Beendigung des Heimarbeitsverhältnisses sind diese Gegenstände dem Auftraggeber zurückzugeben.

§ 12 Staatliche Entgeltüberwachung

1. Beiden Vertragsparteien ist bekannt, dass die Heimarbeit, insbesondere die Zahlung der Entgelte und Zuschläge, einem besonderen staatlichen Schutz durch die Gewerbeaufsichtsämter unterliegt.

2. Einem Vertragspartner, der die ihm seitens der staatlichen Entgeltüberwachung auferlegten Pflichten erfüllt, dürfen dadurch keine Nachteile für das Heimarbeitsverhältnis erwachsen.

§ 13 Rechtsstreitigkeiten

Bei Rechtsstreitigkeiten zwischen den Vertragsparteien aus dem Heimarbeitsverhältnis kann von jeder Seite das Arbeitsgericht angerufen werden.

§ 14 Schlussbestimmungen

1. Änderungen oder Ergänzungen dieses Vertrages bedürfen der Schriftform. Mündliche Nebenabreden wurden nicht getroffen.

2. Sofern einzelne Bestimmungen dieses Vertrages unwirksam sind, berührt dies nicht die Wirksamkeit der übrigen Bestimmungen.

_____

Ort, Datum

_____   _____

Unterschrift Auftraggeber   Unterschrift Heimarbeiter

1 Kampagnebetriebe sind solche, die regelmäßig nur einige Monate im Jahr, das heißt nur in der Saison arbeiten. Kampagnebetriebe unterliegen nach der gesetzlichen Regelung nur eingeschränkt dem Kündigungsschutzgesetz (KSchG). Die Vorschriften über Massenentlassungen (§§ 17 ff. Anzeigepflicht von Entlassung) finden gemäß § 22 KSchG keine Anwendung. Im Übrigen dürfte das Kündigungsschutzgesetz auch deshalb insgesamt nicht zur Anwendung kommen, weil die Voraussetzung „Beschäftigung länger als 6 Monate" in Kampagnearbeitsverträgen regelmäßig nicht erfüllt wird. Das bedeutet für Sie als Arbeitgeber, dass Sie ein Kampagnearbeitsverhältnis jederzeit ohne Angabe von Gründen ordentlich kündigen können und keine Gefahr laufen, dass die Kündigung nach dem Kündigungsschutzgesetz auf ihre soziale Rechtfertigung von den Arbeitsgerichten geprüft wird.

Dennoch kann es sinnvoll sein, von vornherein einen für die Saison befristeten Arbeitsvertrag abzuschließen. Das Saisonarbeitsverhältnis könnte nämlich auch einem besonderen Kündigungsschutz unterfallen, zum Beispiel dem Mutterschutzgesetz. Wird eine Saisonmitarbeiterin während des Arbeitsverhältnisses schwanger, kann ihr nicht ohne weiteres gekündigt werden. Es muss in diesem Fall vor Ausspruch der Kündigung die Zustimmung der für den Arbeitsschutz zuständigen staatlichen Aufsichtsbehörde, in der Regel das örtliche Gewerbeaufsichtsamt eingeholt werden, die zu erreichen äußerst schwierig ist und nur in Ausnahmefällen gelingt. Diesen Schwierigkeiten gehen Sie aus dem Weg, wenn Sie einen befristeten Vertrag abschließen, so wie dies in diesem Beispiel erfolgt ist. Um wirksam einen befristeten Vertrag abzuschließen, müssen Sie diesen schriftlich abfassen (§ 623 BGB). Mündlich geschlossene befristete Arbeitsverträge sind rechtsunwirksam.

Wichtiger Hinweis!
Das Recht der befristeten Arbeitsverhältnisse wird zur Zeit neu geregelt und zwar
- sowohl die normale Befristung mit Sachgrund nach dem Bürgerlichen Gesetzbuch (BGB)
- als auch die Befristung ohne Sachgrund nach dem Beschäftigungsförderungsgesetz.

Der Gesetzentwurf befindet sich zum Redaktionsschluss noch in der parlamentarischen Beratung, das Gesetz soll aber am 01.01.2001 in Kraft treten. Wir werden Sie schnellstmöglich über die neue Rechtslage informieren.

2 Tragen Sie hier das Datum ein, an welchem das Kampagnearbeitsverhältnis beginnen soll. In der Regel wird dies der erste Tag eines Monats sein. Soll das Arbeitsverhältnis während des laufenden Monats beginnen, so ist das Arbeitsentgelt (der Lohn) im ersten Monat nur anteilig zu zahlen.

3 Bei einem befristeten Vertrag muss das Ende genau definiert werden. Sofern ein genaues Enddatum nicht feststeht, sollte zumindest ein voraussichtliches Datum angegeben werden, welches das Ende der Kampagne kennzeichnet.

4 Befristete Arbeitsverträge – Ausnahme: Befristungen nach dem Beschäftigungsförderungsgesetz – bedürfen eines sachlichen Befristungsgrundes. Die Befristung eines Arbeitsverhältnisses für den Zeitraum einer Saison ist als sachlicher Grund anerkannt.

---

1 ▶ **Kampagnearbeitsvertrag**

Zwischen

Hotelbetriebsgesellschaft
Borkum GmbH
Strandweg 18

12345 Musterstadt

nachfolgend „Arbeitgeber" genannt

und

Herrn/Frau
Anita Rehder
Rennsteig 20

12345 Musterstadt

nachfolgend „Mitarbeiter" genannt.

§ 1 Dauer des Arbeitsverhältnisses, Probezeit, Kündigung
2 ▶ 1. Das Arbeitsverhältnis beginnt am **01.06.** und endet am **30.09.** Das Arbeitsverhältnis ◀ **3** endet mit Befristungsablauf, einer Kündigung bedarf es nicht.

4 ▶ 2. Die Befristung des Arbeitsverhältnisses erfolgt aufgrund **der Betreibung des Hotel-Garni „Sommerresidenz" in den Sommermonaten** .

5 ▶ 3. Die ersten **4 Wochen** gelten als Probezeit. Eine Kündigung des Arbeitsverhältnisses während der Dauer des Arbeitsverhältnisses ist einschließlich der Probezeit unter Einhaltung der im **6** ▶ **Manteltarifvertrag für das Hotel- und Gaststättengewerbe** bestimmten Fristen möglich. Nach einer Kündigung des Arbeitsvertrages, egal durch welche Arbeitsvertragspartei, ist der Arbeitgeber jederzeit befugt, den Mitarbeiter von seiner Verpflichtung zur Arbeitsleistung für den Arbeitgeber freizustellen, das Gehalt ist für den Zeitraum der Freistellung vom Arbeitgeber **7** ▶ fortzuzahlen.

§ 2 Tätigkeitsgebiet, Ort der Tätigkeit (Arbeitsort)
8 ▶ 1. Der Mitarbeiter wird als **Empfangsdame im Hotel-Garni „Sommerresidenz"** eingestellt.

2. Der Mitarbeiter ist verpflichtet, auf besondere Anordnung des Arbeitgebers auch andere – seinen Fähigkeiten und seiner Aus- und Fortbildung entsprechende – zumutbare Tätigkeiten **9** ▶ außerhalb seines Aufgabenbereiches zu verrichten. Eine Gehaltsminderung (Lohnminderung) ist in diesem Fall ausgeschlossen.

1/3

Kopiervorlage

---

5 Die Probezeit darf maximal 6 Monate betragen. Bei einer kürzeren Befristungsdauer kann die Probezeit auch verkürzt werden.

6 Die für ein Arbeitsverhältnis wesentlichen Arbeitsbedingungen sind regelmäßig in Mantel- oder Rahmentarifverträgen enthalten. Deshalb ist es wichtig, dass Sie hier den einschlägigen und für das Arbeitsverhältnis maßgebenden Tarifvertrag genau angeben.

7 Eine Kündigung durch den Arbeitgeber kann bei einem Mitarbeiter zu einem erheblichen Motivationsverlust führen; daraus drohen dem Betrieb möglicherweise Schäden. Die Nutzung der Freistellungsmöglichkeit soll Sie als Arbeitgeber davor schützen. Allerdings müssen Sie für die Zeit der Freistellung das Gehalt fortzahlen.

8 Tragen Sie hier die Tätigkeit oder Berufsbezeichnung ein.

9 Es handelt sich hierbei um eine so genannte Öffnungsklausel. Diese erlaubt es Ihnen als Arbeitgeber, den Tätigkeitsbereich des Mitarbeiters zu verändern, ohne dass Sie zuvor eine Änderungskündigung aussprechen müssen. Sie gewinnen hierdurch ein außerordentliches Maß an Flexibilität, was den Einsatz Ihres Mitarbeiters betrifft.

Kampagnearbeitsvertrag

Zwischen

_____

_____

_____

_____

nachfolgend „Arbeitgeber" genannt

und

_____

_____

_____

_____

nachfolgend „Mitarbeiter" genannt.

§ 1 Dauer des Arbeitsverhältnisses, Probezeit, Kündigung

1. Das Arbeitsverhältnis beginnt am _____ und endet am _____ Das Arbeitsverhältnis endet mit Befristungsablauf, einer Kündigung bedarf es nicht.

2. Die Befristung des Arbeitsverhältnisses erfolgt aufgrund _____ _____ .

3. Die ersten _____ gelten als Probezeit. Eine Kündigung des Arbeitsverhältnisses während der Dauer des Arbeitsverhältnisses ist einschließlich der Probezeit unter Einhaltung der im _____ bestimmten Fristen möglich. Nach einer Kündigung des Arbeitsvertrages, egal durch welche Arbeitsvertragspartei, ist der Arbeitgeber jederzeit befugt, den Mitarbeiter von seiner Verpflichtung zur Arbeitsleistung für den Arbeitgeber freizustellen, das Gehalt ist für den Zeitraum der Freistellung vom Arbeitgeber fortzuzahlen.

§ 2 Tätigkeitsgebiet, Ort der Tätigkeit (Arbeitsort)

1. Der Mitarbeiter wird als _____ eingestellt.

2. Der Mitarbeiter ist verpflichtet, auf besondere Anordnung des Arbeitgebers auch andere – seinen Fähigkeiten und seiner Aus- und Fortbildung entsprechende – zumutbare Tätigkeiten außerhalb seines Aufgabenbereiches zu verrichten. Eine Gehaltsminderung (Lohnminderung) ist in diesem Fall ausgeschlossen.

Vertrags-Check Arbeitsrecht

10 Ebenfalls zu empfehlen ist die möglichst offene Gestaltung des Ortes der Tätigkeit (Arbeitsort). Auch hierdurch gewinnen Sie Flexibilität hinsichtlich des örtlichen Einsatzes des Mitarbeiters.

11 Nach § 15 Arbeitszeitgesetz (ArbZG) kann die örtliche Aufsichtsbehörde, in der Regel das staatliche Gewerbeaufsichtsamt, auf Ihren Antrag hin die tägliche Höchstarbeitszeit von 8 Stunden pro Werktag für die Dauer der Kampagne verlängern. Allerdings muss die Überschreitung der Höchstarbeitszeit durch Freizeit an anderen Tagen ausgeglichen werden, § 15 Absatz 1 Nr. 2 ArbZG.

12 Sofern keine Arbeitszeitregelung über die arbeitstägliche Verteilung der Arbeitszeit im Betrieb besteht, kann an dieser Stelle auch die betriebsübliche Arbeitszeit eingesetzt werden. Sie haben als Arbeitgeber im Rahmen der Arbeitszeitregelung die Möglichkeit, die verlängerten Arbeitszeiten und die Ausgleichszeiten festzulegen, unter der Voraussetzung, dass eine entsprechende Genehmigung der Aufsichtsbehörde (Gewerbeaufsichtsamt) vorliegt.

13 Bei Verlängerung der täglichen Arbeitszeit (siehe Fußnote 11) müssen Sie unter Umständen mehr beziehungsweise längere Ruhepausen (zum Beispiel Mittagspause) vorsehen, siehe § 4 ArbZG.

14 Üblicherweise werden in Tarifverträgen die als wesentlich anzuschauenden Arbeitsbedingungen geregelt, wie zum Beispiel der Urlaubsanspruch des Mitarbeiters, das Verfahren bei Arbeitsunfähigkeit, Entgeltfortzahlung im Krankheitsfall, die Kündigungsmöglichkeiten und Kündigungsfristen.

Kampagnearbeitsvertrag

3. Der Mitarbeiter ist verpflichtet, seine ganze Arbeitskraft und seine fachlichen Kenntnisse und Erfahrungen ausschließlich dem Arbeitgeber zur Verfügung zu stellen. Für die Zeit des Arbeitsverhältnisses ist jede Übernahme einer weiteren entgeltlichen oder unentgeltlichen Tätigkeit (Nebentätigkeit) nur mit Einwilligung des Arbeitgebers, d. h. nach dessen vorheriger Zustimmung zulässig.

10 ▶ 4. Der Mitarbeiter wird am Firmensitz in __Borkum__ eingesetzt, er hat dort seine Arbeitsleistung zu erbringen. Der Arbeitgeber behält sich vor, den Mitarbeiter auch an einem anderen Ort einzusetzen. Infrage kommen dafür die der Hotelkette angehörenden Hotel-garni-Betriebe auf den Inseln Norderney und Baltrum.

§ 3 Arbeitszeit

11 ▶ 1. Die wöchentliche Arbeitszeit beträgt __48__ Stunden.

12 ▶ 2. Die Arbeitszeiteinteilung (Verteilung der Arbeitszeit auf die Arbeitstage) erfolgt nach der jeweils gültigen betrieblichen Arbeitszeitregelung, die hiermit Bestandteil dieses Arbeitsvertrages wird.

13 ▶ 3. Der Mitarbeiter ist verpflichtet, arbeitstäglich eine Mittagspause von 30 Minuten einzuhalten. Die Mittagspause kann in der Zeit von __11.30 Uhr bis 14.00 Uhr__ genommen werden.

§ 4 Arbeitsentgelt/Vergütung

1. Der Mitarbeiter wird in Vergütungsgruppe __VI.1__ eingruppiert. Sein Festgehalt beträgt zur Zeit pro Monat

__DM 4.800,--/EUR...__ brutto.

Die Auszahlung des Gehaltes erfolgt jeweils am Monatsende. Der Mitarbeiter erklärt sich damit einverstanden, dass sein Gehalt auf ein von ihm zu benennendes Bank- oder Postbankkonto überwiesen wird.

2. Gehaltssteigerungen oder -abschläge erfolgen nach den jeweils gültigen tarifvertraglichen Vereinbarungen der Tarifpartner __des Hotel- und Gaststättengewerbes.__

3. Alle Sonderzahlungen, wie zusätzliches Urlaubsgeld, 13. Monatsgehalt, Überstunden- und Nachtzuschläge sowie vermögenswirksame Leistungen des Arbeitgebers werden vom Arbeitgeber entsprechend der jeweils gültigen tarifvertraglichen Regelung geleistet.

14 ▶ ### § 5 Tarifvertragliche Bestimmungen

Im Übrigen gelten für das Arbeitsverhältnis die Regelungen __des Manteltarifvertrages für das Hotel- und Gaststättengewerbe__ in der jeweils gültigen Fassung, außerdem die allgemeinen gesetzlichen Bestimmungen.

2/3

Kopiervorlage

Kampagnearbeitsvertrag

3. Der Mitarbeiter ist verpflichtet, seine ganze Arbeitskraft und seine fachlichen Kenntnisse und Erfahrungen ausschließlich dem Arbeitgeber zur Verfügung zu stellen. Für die Zeit des Arbeitsverhältnisses ist jede Übernahme einer weiteren entgeltlichen oder unentgeltlichen Tätigkeit (Nebentätigkeit) nur mit Einwilligung des Arbeitgebers, d. h. nach dessen vorheriger Zustimmung zulässig.

4. Der Mitarbeiter wird am Firmensitz in _____ eingesetzt, er hat dort seine Arbeitsleistung zu erbringen. Der Arbeitgeber behält sich vor, den Mitarbeiter auch an einem anderen Ort einzusetzen. Infrage kommen dafür die der Hotelkette angehörenden Hotel-garni-Betriebe auf den Inseln Norderney und Baltrum.

§ 3 Arbeitszeit

1. Die wöchentliche Arbeitszeit beträgt ___ Stunden.

2. Die Arbeitszeiteinteilung (Verteilung der Arbeitszeit auf die Arbeitstage) erfolgt nach der jeweils gültigen betrieblichen Arbeitszeitregelung, die hiermit Bestandteil dieses Arbeitsvertrages wird.

3. Der Mitarbeiter ist verpflichtet, arbeitstäglich eine Mittagspause von 30 Minuten einzuhalten. Die Mittagspause kann in der Zeit von _____ genommen werden.

§ 4 Arbeitsentgelt/Vergütung

1. Der Mitarbeiter wird in Vergütungsgruppe _____ eingruppiert. Sein Festgehalt beträgt zur Zeit pro Monat

   _____ brutto.

   Die Auszahlung des Gehaltes erfolgt jeweils am Monatsende. Der Mitarbeiter erklärt sich damit einverstanden, dass sein Gehalt auf ein von ihm zu benennendes Bank- oder Postbankkonto überwiesen wird.

2. Gehaltssteigerungen oder -abschläge erfolgen nach den jeweils gültigen tarifvertraglichen Vereinbarungen der Tarifpartner _____.

3. Alle Sonderzahlungen, wie zusätzliches Urlaubsgeld, 13. Monatsgehalt, Überstunden- und Nachtzuschläge sowie vermögenswirksame Leistungen des Arbeitgebers werden vom Arbeitgeber entsprechend der jeweils gültigen tarifvertraglichen Regelung geleistet.

§ 5 Tarifvertragliche Bestimmungen

Im Übrigen gelten für das Arbeitsverhältnis die Regelungen _____ _____ in der jeweils gültigen Fassung, außerdem die allgemeinen gesetzlichen Bestimmungen.

15 Wenn es in Ihrem Betrieb beziehungsweise Unternehmen Betriebs- und Geschäftsgeheimnisse gibt, die für Ihre Konkurrenz von Interesse sein könnten und von denen Ihre Mitarbeiter Kenntnis haben, so kann es unter Umständen sinnvoll sein, eine Vertragsstrafenregelung für den Fall der Verletzung des Betriebs- und Geschäftsgeheimnisses im Arbeitsvertrag festzulegen.

16 Die Speicherung und Verarbeitung von personenbezogenen Daten ist heutzutage in jedem Betrieb erforderlich. Spätestens bei der Gehalts- beziehungsweise Lohnabrechnung müssen Daten des Mitarbeiters in eine DV-Anlage eingegeben und verarbeitet werden und zwar entweder bei Ihnen oder bei einem mit der Lohnabrechnung beauftragten Steuerberater.

17 Änderungsvereinbarungen beziehungsweise Vertragsänderungen sollten Sie zu Beweiszwecken immer schriftlich verfassen; im Übrigen gilt für Befristungen (befristete Arbeitsverträge) sowieso das gesetzliche Schriftformerfordernis nach § 623 BGB.

18 Es handelt sich hierbei um eine so genannte Teilnichtigkeitsklausel bzw. Teilunwirksamkeitsklausel, die auch als salvatorische Klausel bezeichnet wird. Hierdurch wird verhindert, dass für den Fall der Unwirksamkeit eines Teils des Arbeitsvertrages gleich das gesamte Vertragswerk ungültig wird. Die Verwendung einer solchen Klausel ist auch in einer Vielzahl von anderen Verträgen üblich.

Kampagnearbeitsvertrag

§ 6 Verschwiegenheitspflicht, Rückgabe von Unterlagen und sonstigem Firmeneigentum, Datenschutz

15 1. Der Mitarbeiter ist verpflichtet, nicht nur über Betriebs- und Geschäftsgeheimnisse, sondern über alle ihm bekannten Angelegenheiten, Vorgänge, Verträge und Geschäftsbeziehungen innerhalb und außerhalb des Betriebes Verschwiegenheit zu bewahren.

2. Der Verschwiegenheitspflicht unterliegen auch die persönlichen Verhältnisse der Mitarbeiter und Vorgesetzten. Auch über das eigene Gehalt und die Gehaltsbestandteile hat der Mitarbeiter Stillschweigen zu bewahren.

3. Bei Verletzung der Verschwiegenheitspflicht kann der Arbeitgeber Schadensersatzansprüche geltend machen. Im Ausnahmefall kann dem Arbeitnehmer (Mitarbeiter) ordentlich bzw. außerordentlich gekündigt werden.

4. Der Mitarbeiter ist verpflichtet, auf Verlangen des Arbeitgebers, spätestens aber unaufgefordert bei Beendigung des Arbeitsverhältnisses alles Material, alle Unterlagen, Kopien etc. zurückzugeben, die im Zusammenhang mit seiner Tätigkeit in seinen Besitz gelangt sind. Dem Mitarbeiter steht ein Zurückbehaltungsrecht (§ 273 BGB) insoweit nicht zu.

5. Der Mitarbeiter wird auf das Datengeheimnis gemäß § 5 Bundesdatenschutzgesetz (BDSG) verpflichtet. Dies geschieht durch seine Unterschrift auf einem gesonderten Vordruck. Die Verpflichtung auf das Datengeheimnis ist Bestandteil dieses Arbeitsvertrages und zwingend als Anlage zu diesem Arbeitsvertrag zu führen.

16 **§ 7 Speicherung von Daten im Rahmen des Bundesdatenschutzgesetzes**

Der Mitarbeiter ist darüber informiert worden, dass seine persönlichen Daten im Zusammenhang mit dem Arbeitsverhältnis in einer DV-Anlage gespeichert werden. Der Mitarbeiter erklärt sich ausdrücklich mit dieser Handhabung einverstanden.

§ 8 Sonstige Bestimmungen

17 1. Änderungen und Ergänzungen dieses Arbeitsvertrages bedürfen der Schriftform; dies gilt auch für einen Verzicht auf das Schriftformerfordernis selbst.

2. Mündliche Nebenabreden zu diesem Vertrag wurden nicht getroffen.

18 3. Sollte ein Teil dieses Arbeitsvertrages nichtig, d. h. unwirksam sein, so berührt dies nicht die Gültigkeit (Wirksamkeit) der übrigen Vertragsbestimmungen. Unwirksame Bestimmungen sind einvernehmlich durch solche zu ersetzen, die unter Berücksichtigung der Interessenlage geeignet sind, den gewünschten Zweck des Vertrages zu erreichen. Lücken sind dem beabsichtigten wirtschaftlichen Zweck entsprechend zu füllen.

Borkum, 25.05.
Ort, Datum

Hannes Lindemann
Geschäftsführer
Unterschrift Arbeitgeber

Anita Rehder
Unterschrift Mitarbeiter

3/3

Kopiervorlage

Kampagnearbeitsvertrag

§ 6 Verschwiegenheitspflicht, Rückgabe von Unterlagen und sonstigem Firmeneigentum, Datenschutz

1. Der Mitarbeiter ist verpflichtet, nicht nur über Betriebs- und Geschäftsgeheimnisse, sondern über alle ihm bekannten Angelegenheiten, Vorgänge, Verträge und Geschäftsbeziehungen innerhalb und außerhalb des Betriebes Verschwiegenheit zu bewahren.

2. Der Verschwiegenheitspflicht unterliegen auch die persönlichen Verhältnisse der Mitarbeiter und Vorgesetzten. Auch über das eigene Gehalt und die Gehaltsbestandteile hat der Mitarbeiter Stillschweigen zu bewahren.

3. Bei Verletzung der Verschwiegenheitspflicht kann der Arbeitgeber Schadensersatzansprüche geltend machen. Im Ausnahmefall kann dem Arbeitnehmer (Mitarbeiter) ordentlich bzw. außerordentlich gekündigt werden.

4. Der Mitarbeiter ist verpflichtet, auf Verlangen des Arbeitgebers, spätestens aber unaufgefordert bei Beendigung des Arbeitsverhältnisses alles Material, alle Unterlagen, Kopien etc. zurückzugeben, die im Zusammenhang mit seiner Tätigkeit in seinen Besitz gelangt sind. Dem Mitarbeiter steht ein Zurückbehaltungsrecht (§ 273 BGB) insoweit nicht zu.

5. Der Mitarbeiter wird auf das Datengeheimnis gemäß § 5 Bundesdatenschutzgesetz (BDSG) verpflichtet. Dies geschieht durch seine Unterschrift auf einem gesonderten Vordruck. Die Verpflichtung auf das Datengeheimnis ist Bestandteil dieses Arbeitsvertrages und zwingend als Anlage zu diesem Arbeitsvertrag zu führen.

§ 7 Speicherung von Daten im Rahmen des Bundesdatenschutzgesetzes

Der Mitarbeiter ist darüber informiert worden, dass seine persönlichen Daten im Zusammenhang mit dem Arbeitsverhältnis in einer DV-Anlage gespeichert werden. Der Mitarbeiter erklärt sich ausdrücklich mit dieser Handhabung einverstanden.

§ 8 Sonstige Bestimmungen

1. Änderungen und Ergänzungen dieses Arbeitsvertrages bedürfen der Schriftform; dies gilt auch für einen Verzicht auf das Schriftformerfordernis selbst.

2. Mündliche Nebenabreden zu diesem Vertrag wurden nicht getroffen.

3. Sollte ein Teil dieses Arbeitsvertrages nichtig, d. h. unwirksam sein, so berührt dies nicht die Gültigkeit (Wirksamkeit) der übrigen Vertragsbestimmungen. Unwirksame Bestimmungen sind einvernehmlich durch solche zu ersetzen, die unter Berücksichtigung der Interessenlage geeignet sind, den gewünschten Zweck des Vertrages zu erreichen. Lücken sind dem beabsichtigten wirtschaftlichen Zweck entsprechend zu füllen.

Ort, Datum

Unterschrift Arbeitgeber	Unterschrift Mitarbeiter

Vertrags-Check Arbeitsrecht

1 Das Vertragsmuster bezieht sich auf einen Meister, der eine Meisterprüfung abgelegt hat.

2 Tragen Sie hier die Bezeichnung des für das Arbeitsverhältnis geltenden Tarifvertrages ein.

3 Fügen Sie hier das Datum ein, an dem das Arbeitsverhältnis beginnen soll. Beginnt das Arbeitsverhältnis nicht am Monatsanfang, sondern während des laufenden Monats, brauchen Sie das Arbeitsentgelt für diesen Monat nur anteilig zu zahlen.

4 Tragen Sie hier die genaue Berufsbezeichnung Ihres Mitarbeiters ein, und fügen Sie auch die Bezeichnung „Meister" hinzu.

---

1 ▶ **Arbeitsvertrag mit einem Meister**

Zwischen

<u>Maler Kohlmeyer GmbH</u>
<u>Hauptstraße 204</u>

<u>12345 Musterstadt</u>

nachfolgend „Arbeitgeber" genannt

und

<u>Herrn/Frau</u>
<u>Willi Jansen</u>
<u>Marienweg 28</u>

<u>12345 Musterstadt</u>

nachfolgend „Mitarbeiter" genannt

wird der folgende Vertrag geschlossen:

§ 1 Tarifliche Bindung

2 ▶ Für das Arbeitsverhältnis gilt der <u>Manteltarifvertrag für die Angestellten im Maler- und Lackierhandwerk</u> in seiner jeweiligen Fassung, sofern die Parteien in diesem Vertrag nichts anderes vereinbart haben.

§ 2 Beginn des Arbeitsverhältnisses, Probezeit und Kündigung

3 ▶ 1. Das Arbeitsverhältnis beginnt am <u>01.11.</u> .

2. Die ersten <u>6</u> Monate gelten als Probezeit. Während und nach Ablauf der Probezeit kann das Arbeitsverhältnis jederzeit von beiden Seiten unter Einhaltung der im Tarifvertrag vorgesehenen Fristen gekündigt werden.

§ 3 Tätigkeit

4 ▶ 1. Der Mitarbeiter wird als <u>Malermeister</u> eingestellt. Er ist nach näherer Weisung verpflichtet, alle üblichen Tätigkeiten, wie sie nach dem Berufsbild des Malermeisters vorgesehen sind, zu verrichten. Dazu gehören auch die Ausbildung von gegebenenfalls vorhandenen Auszubildenden im Ausbildungsberuf des <u>Malers</u> sowie die Verpflichtung, die Einhaltung der Arbeitsschutzvorschriften zu überwachen und den Arbeitgeber auf mögliche Gefahren hinzuweisen.

2. Der Mitarbeiter verpflichtet sich, während seiner Tätigkeit seinen Meisterbrief dem Arbeitgeber auf dessen Verlangen zur Vorlage bei der örtlich zuständigen Handwerkskammer sowie zum Aushang im Betrieb zur Verfügung zu stellen.

1/4

Kopiervorlage

Arbeitsvertrag

Zwischen

_____

_____

_____

nachfolgend „Arbeitgeber" genannt

und

_____

_____

_____

_____

nachfolgend „Mitarbeiter" genannt

wird der folgende Vertrag geschlossen:

§ 1 Tarifliche Bindung

Für das Arbeitsverhältnis gilt der _____
_____ in seiner jeweiligen Fassung, sofern die Parteien in diesem Vertrag nichts anderes vereinbart haben.

§ 2 Beginn des Arbeitsverhältnisses, Probezeit und Kündigung

1. Das Arbeitsverhältnis beginnt am _____.

2. Die ersten _ Monate gelten als Probezeit. Während und nach Ablauf der Probezeit kann das Arbeitsverhältnis jederzeit von beiden Seiten unter Einhaltung der im Tarifvertrag vorgesehenen Fristen gekündigt werden.

§ 3 Tätigkeit

1. Der Mitarbeiter wird als _____ eingestellt. Er ist nach näherer Weisung verpflichtet, alle üblichen Tätigkeiten, wie sie nach dem Berufsbild des Malermeisters vorgesehen sind, zu verrichten. Dazu gehören auch die Ausbildung von gegebenenfalls vorhandenen Auszubildenden im Ausbildungsberuf des _____ sowie die Verpflichtung, die Einhaltung der Arbeitsschutzvorschriften zu überwachen und den Arbeitgeber auf mögliche Gefahren hinzuweisen.

2. Der Mitarbeiter verpflichtet sich, während seiner Tätigkeit seinen Meisterbrief dem Arbeitgeber auf dessen Verlangen zur Vorlage bei der örtlich zuständigen Handwerkskammer sowie zum Aushang im Betrieb zur Verfügung zu stellen.

5 Die Aufnahme dieser so genannten Öffnungsklausel in den Arbeitsvertrag bietet Ihnen als Arbeitgeber eine wesentliche Erleichterung: Sie dürfen Ihren Mitarbeiter auch mit anderen, außerhalb seines Berufsbildes liegenden Arbeiten beschäftigen, ohne dass Sie zuvor eine Änderungskündigung aussprechen müssen.

6 Fügen Sie hier die Anzahl der Wochenarbeitsstunden ein; sofern tarifvertraglich nicht vorgeschrieben.

7 Hier müssen Sie ankreuzen, was für die Lage der Arbeitszeit gelten soll. Besteht keine Arbeitszeitregelung in Ihrem Betrieb (zum Beispiel durch Betriebsvereinbarung), ist es erforderlich, dass Sie die Lage der Arbeitszeit in den Vertrag aufnehmen.

8 Tragen Sie hier die zeitliche Lage der Mittagspause ein. Sie können auch einen Zeitrahmen vorgeben, innerhalb dessen Ihr Mitarbeiter die Mittagspause zu nehmen hat.

9 Sichern Sie sich höchste Flexibilität auch beim Einsatz Ihres Mitarbeiters an einem anderen Arbeitsort. Eine solche Öffnungsklausel ist bei Mitarbeitern, die auf auswärtigen Einsatzstellen beschäftigt werden, unerlässlich.

10 Fügen Sie hier die Gehaltsgruppe ein, in die Ihr Mitarbeiter einzuordnen ist. Die Gehaltsgruppe können Sie dem Manteltarifvertrag oder dem gesondert vereinbarten Lohntarifvertrag entnehmen.

11 Es ist zulässig, wenn Sie übertarifliche Zulagen anrechnen. Dabei ändern Sie lediglich die Zusammensetzung des Gehaltes (Anteil tarifliche Zahlung/Anteil übertarifliche Zulage), die Höhe des Auszahlungsbetrages verändert sich nicht. Wollen Sie übertarifliche Zulagen anrechnen, müssen Sie das mit Ihrem Mitarbeiter vereinbaren oder durch Änderungskündigung oder Betriebsvereinbarung regeln.

12 Hier tragen Sie das genaue monatliche Brutto-Gehalt Ihres Mitarbeiters ein.

13 Die in dieser Klausel genannten Ansprüche Ihres Mitarbeiters sind regelmäßig im Tarifvertrag geregelt.

Arbeitsvertrag mit einem Meister

5 3. Der Arbeitgeber behält sich ausdrücklich vor, den Mitarbeiter auch mit anderen, außerhalb seines Aufgabenbereiches liegenden Arbeiten zu beschäftigen, sofern diese Arbeiten der Aus- und Fortbildung des Mitarbeiters entsprechen und für ihn zumutbar sind. Eine Lohnminderung bzw. Gehaltskürzung darf damit nicht verbunden sein.

§ 4 Arbeitszeit

6 1. Die Arbeitszeit beträgt <u>39</u> Stunden in der Woche. Die Lage der Arbeitszeit **7**

- richtet sich nach der jeweils gültigen betrieblichen Arbeitszeitregelung, die automatisch Bestandteil dieses Vertrages wird,
- wird wie folgt vereinbart:

<u>montags bis donnerstags, jeweils von 8.00 Uhr bis 16.30 Uhr, freitags von 8.00 Uhr bis 15.30 Uhr</u> .

8 2. Der Mitarbeiter hat pro Arbeitstag eine halbstündige Mittagspause einzuhalten, die in der Zeit von <u>12.00 Uhr bis 12.30 Uhr</u> zu nehmen ist.

§ 5 Arbeitsort

9 Der Mitarbeiter verrichtet seine Tätigkeit grundsätzlich in der Betriebsstätte. Der Arbeitgeber behält sich jedoch ausdrücklich vor, den Mitarbeiter bei Bedarf auch an einer auswärtigen Arbeitsstelle einzusetzen.

§ 6 Vergütung, Entgeltfortzahlung im Krankheitsfall und Urlaub

10 1. Der Mitarbeiter wird in die Gehaltsgruppe <u>T 5</u> des jeweils geltenden Tarifvertrages eingruppiert. Zusätzlich erhält er eine übertarifliche Zulage in Höhe von <u>DM 250,--/EUR...</u> . Die **11** Zahlung dieser übertariflichen Zulage durch den Arbeitgeber erfolgt freiwillig und kann von ihm jederzeit frei widerrufen werden. Treten Tariferhöhungen in Kraft, kann die übertarifliche Zulage nach Maßgabe des Tarifvertrages angerechnet werden.

12 2. Der Mitarbeiter erhält somit das nachstehende monatliche Gehalt:

<u>Grundgehalt</u>	<u>DM 6.882,--/EUR... brutto</u>
<u>Zulage</u>	<u>DM 250,--/EUR... brutto</u>
<u>insgesamt</u>	<u>DM 7.132,--/EUR... brutto</u>

Das Gehalt wird jeweils am Monatsende gezahlt. Der Mitarbeiter erklärt sich damit einverstanden, dass sein Gehalt auf ein von ihm zu benennendes Bank- oder Postbankkonto überwiesen wird.

13 3. Die vom Arbeitgeber zu leistenden Sonderzahlungen wie z. B. zusätzliches Urlaubsgeld, 13. Monatsgehalt und vermögenswirksame Leistungen richten sich nach dem jeweils geltenden Tarifvertrag. Dies gilt ebenfalls für die Entgeltfortzahlung im Krankheitsfall und die Gewährung des Erholungsurlaubs.

2/4

Kopiervorlage

Arbeitsvertrag

3. Der Arbeitgeber behält sich ausdrücklich vor, den Mitarbeiter auch mit anderen, außerhalb seines Aufgabenbereiches liegenden Arbeiten zu beschäftigen, sofern diese Arbeiten der Aus- und Fortbildung des Mitarbeiters entsprechen und für ihn zumutbar sind. Eine Lohnminderung bzw. Gehaltskürzung darf damit nicht verbunden sein.

§ 4 Arbeitszeit

1. Die Arbeitszeit beträgt _____ Stunden in der Woche. Die Lage der Arbeitszeit

   ■ richtet sich nach der jeweils gültigen betrieblichen Arbeitszeitenregelung, die automatisch Bestandteil dieses Vertrages wird,
   ■ wird wie folgt vereinbart:

   _____

   _____ .

2. Der Mitarbeiter hat pro Arbeitstag eine halbstündige Mittagspause einzuhalten, die in der Zeit von _____ zu nehmen ist.

§ 5 Arbeitsort

Der Mitarbeiter verrichtet seine Tätigkeit grundsätzlich in der Betriebsstätte. Der Arbeitgeber behält sich jedoch ausdrücklich vor, den Mitarbeiter bei Bedarf auch an einer auswärtigen Arbeitsstelle einzusetzen.

§ 6 Vergütung, Entgeltfortzahlung im Krankheitsfall und Urlaub

1. Der Mitarbeiter wird in die Gehaltsgruppe _____ des jeweils geltenden Tarifvertrages eingruppiert. Zusätzlich erhält er eine übertarifliche Zulage in Höhe von _____ . Die Zahlung dieser übertariflichen Zulage durch den Arbeitgeber erfolgt freiwillig und kann von ihm jederzeit frei widerrufen werden. Treten Tariferhöhungen in Kraft, kann die übertarifliche Zulage nach Maßgabe des Tarifvertrages angerechnet werden.

2. Der Mitarbeiter erhält somit das nachstehende monatliche Gehalt:

   _____   _____

   _____   _____

   _____   _____

   Das Gehalt wird jeweils am Monatsende gezahlt. Der Mitarbeiter erklärt sich damit einverstanden, dass sein Gehalt auf ein von ihm zu benennendes Bank- oder Postbankkonto überwiesen wird.

3. Die vom Arbeitgeber zu leistenden Sonderzahlungen wie z. B. zusätzliches Urlaubsgeld, 13. Monatsgehalt und vermögenswirksame Leistungen richten sich nach dem jeweils geltenden Tarifvertrag. Dies gilt ebenfalls für die Entgeltfortzahlung im Krankheitsfall und die Gewährung des Erholungsurlaubs.

14 Ein generelles Verbot einer Nebentätigkeit ist unzulässig.

15 Um sich vor Konkurrenz zu schützen, kann es für Sie sinnvoll sein, mit dem Meister ein nachvertragliches Wettbewerbsverbot zu vereinbaren. Das ist jedoch nur möglich, wenn Sie Ihrem Meister ab dem Ausscheiden aus dem Arbeitsverhältnis eine bestimmte Entschädigung zahlen. Eine Mustervereinbarung dazu finden Sie gegebenenfalls unter „Sondervereinbarungen, Wettbewerbsverbot", Band 2 Spezialverträge.

16 Aufgrund seiner Stellung erlangt ein Meister oft umfangreiche Kenntnisse über Ihren Betrieb und Ihre Mitarbeiter. Es ist daher sinnvoll, den Meister zu verpflichten, das Datengeheimnis zu wahren. Ein Formblatt zur Verpflichtung auf das Datengeheimnis finden Sie in Band 1 unter „I. Was Sie vor Arbeitsbeginn mit Ihrem Mitarbeiter klären sollten".

17 In jedem Betrieb müssen personenbezogene Daten gespeichert und verarbeitet werden. Die Daten Ihres Mitarbeiters werden spätestens bei der Lohnabrechnung (gegebenenfalls bei einem von Ihnen damit beauftragten Steuerberater) DV-mäßig erfasst und verarbeitet.

18 Die Vereinbarung einer Vertragsstrafe bietet Ihnen als Arbeitgeber einen wesentlichen Vorteil. Sie brauchen den Schaden, den Ihr Mitarbeiter Ihnen durch sein Verhalten zugefügt hat und für den er ersatzpflichtig ist, nicht im Einzelnen zu beweisen. Gerade dieser Beweis ist in der Praxis sehr schwierig zu führen.

Arbeitsvertrag mit einem Meister

§ 7 Spesen und Auslagen

Der Mitarbeiter erhält Reisekosten und sonstige Aufwendungen, die mit Genehmigung und im Interesse des Arbeitgebers entstehen, entsprechend den steuerlichen Vorschriften, erstattet.

14 ### § 8 Nebentätigkeit

Jede entgeltliche oder unentgeltliche Nebentätigkeit des Mitarbeiters bedarf der vorherigen Zustimmung des Arbeitgebers. Dies gilt auch für Ehrenämter.

§ 9 Verschwiegenheitspflicht, Rückgabe von Unterlagen und sonstigem Firmeneigentum, Datenschutz

15 1. Der Mitarbeiter ist verpflichtet, über alle ihm während seiner Tätigkeit für den Arbeitgeber bekannt gewordenen inner- und außerbetrieblichen Vorgänge, insbesondere Geschäfts- und Betriebsgeheimnisse, Verschwiegenheit zu bewahren; dies gilt auch nach seinem Ausscheiden aus dem Arbeitsverhältnis.

2. Verstößt der Mitarbeiter gegen die Verschwiegenheitspflicht, kann der Arbeitgeber Ersatz des daraus für ihn entstehenden Schadens verlangen. Zudem ist der Arbeitgeber im Ausnahmefall berechtigt, dem Mitarbeiter ordentlich bzw. außerordentlich zu kündigen.

3. Auf Verlangen des Arbeitgebers hat der Mitarbeiter jederzeit – spätestens aber unaufgefordert bei Beendigung des Arbeitsverhältnisses – alle Gegenstände, insbesondere Unterlagen, Kopien, Werkzeuge usw. zurückzugeben, die er im Zusammenhang mit seiner Tätigkeit von dem Arbeitgeber erhalten hat. Ein Zurückbehaltungsrecht an diesen Gegenständen steht dem Mitarbeiter nicht zu.

16 4. Durch seine Unterschrift auf einem gesonderten Formblatt verpflichtet sich der Mitarbeiter, das Datengeheimnis gemäß § 5 Bundesdatenschutzgesetz (BDSG) zu wahren. Diese Verpflichtung ist Bestandteil des Vertrages und zwingend als Anlage zu diesem Vertrag zu führen.

17 ### § 10 Speicherung von Daten

Der Mitarbeiter wurde im Sinne des Bundesdatenschutzgesetzes von der Speicherung seiner persönlichen, im Zusammenhang mit dem Arbeitsverhältnis stehenden Daten in einer DV-Anlage unterrichtet. Mit dieser Speicherung erklärt sich der Mitarbeiter einverstanden.

18 ### § 11 Vertragsstrafe

Nimmt der Mitarbeiter seine Arbeit schuldhaft nicht auf oder hält er die gesetzlichen Kündigungsfristen nicht ein, verpflichtet er sich, dem Arbeitgeber eine Vertragsstrafe in Höhe <u>eines monatlichen Brutto-Gehaltes</u> zu zahlen. Dies gilt auch, wenn der Mitarbeiter vor Beginn des Arbeitsverhältnisses von diesem Vertrag zurücktritt oder diesen kündigt. Dem Arbeitgeber bleibt vorbehalten, einen weitergehenden Schaden geltend zu machen.

3/4

Kopiervorlage

Arbeitsvertrag

§ 7 Spesen und Auslagen

Der Mitarbeiter erhält Reisekosten und sonstige Aufwendungen, die mit Genehmigung und im Interesse des Arbeitgebers entstehen, entsprechend den steuerlichen Vorschriften, erstattet.

§ 8 Nebentätigkeit

Jede entgeltliche oder unentgeltliche Nebentätigkeit des Mitarbeiters bedarf der vorherigen Zustimmung des Arbeitgebers. Dies gilt auch für Ehrenämter.

§ 9 Verschwiegenheitspflicht, Rückgabe von Unterlagen und sonstigem Firmeneigentum, Datenschutz

1. Der Mitarbeiter ist verpflichtet, über alle ihm während seiner Tätigkeit für den Arbeitgeber bekannt gewordenen inner- und außerbetrieblichen Vorgänge, insbesondere Geschäfts- und Betriebsgeheimnisse, Verschwiegenheit zu bewahren; dies gilt auch nach seinem Ausscheiden aus dem Arbeitsverhältnis.

2. Verstößt der Mitarbeiter gegen die Verschwiegenheitspflicht, kann der Arbeitgeber Ersatz des daraus für ihn entstehenden Schadens verlangen. Zudem ist der Arbeitgeber im Ausnahmefall berechtigt, dem Mitarbeiter ordentlich bzw. außerordentlich zu kündigen.

3. Auf Verlangen des Arbeitgebers hat der Mitarbeiter jederzeit – spätestens aber unaufgefordert bei Beendigung des Arbeitsverhältnisses – alle Gegenstände, insbesondere Unterlagen, Kopien, Werkzeuge usw. zurückzugeben, die er im Zusammenhang mit seiner Tätigkeit von dem Arbeitgeber erhalten hat. Ein Zurückbehaltungsrecht an diesen Gegenständen steht dem Mitarbeiter nicht zu.

4. Durch seine Unterschrift auf einem gesonderten Formblatt verpflichtet sich der Mitarbeiter, das Datengeheimnis gemäß § 5 Bundesdatenschutzgesetz (BDSG) zu wahren. Diese Verpflichtung ist Bestandteil des Vertrages und zwingend als Anlage zu diesem Vertrag zu führen.

§ 10 Speicherung von Daten

Der Mitarbeiter wurde im Sinne des Bundesdatenschutzgesetzes von der Speicherung seiner persönlichen, im Zusammenhang mit dem Arbeitsverhältnis stehenden Daten in einer DV-Anlage unterrichtet. Mit dieser Speicherung erklärt sich der Mitarbeiter einverstanden.

§ 11 Vertragsstrafe

Nimmt der Mitarbeiter seine Arbeit schuldhaft nicht auf oder hält er die gesetzlichen Kündigungsfristen nicht ein, verpflichtet er sich, dem Arbeitgeber eine Vertragsstrafe in Höhe _____ _____ zu zahlen. Dies gilt auch, wenn der Mitarbeiter vor Beginn des Arbeitsverhältnisses von diesem Vertrag zurücktritt oder diesen kündigt. Dem Arbeitgeber bleibt vorbehalten, einen weitergehenden Schaden geltend zu machen.

19 Ausschluss- und Verfallsklauseln bieten Ihnen den Vorteil, dass nach Ablauf der jeweiligen Fristen der Anspruch Ihres Mitarbeiters nicht mehr besteht. Werden solche Fristen in einem Arbeitsvertrag vereinbart, dürfen sie nicht kürzer als mindestens 2 Monate sein.

20 Aufgrund dieses Schriftformerfordernisses sind mündliche Vereinbarungen unwirksam.

21 Diese sogenannte salvatorische Klausel (Teilunwirksamkeitsregelung) verhindert, dass eine einzelne unwirksame Bestimmung zur Unwirksamkeit des gesamten Vertrages führt.

Arbeitsvertrag mit einem Meister

19 ▶ **§ 12 Ausschluss- und Verfallsfristen**

1. Alle beiderseitigen Ansprüche aus diesem Arbeitsvertrag und solche, die damit in Verbindung stehen, verfallen, wenn sie nicht innerhalb von 3 Monaten nach Fälligkeit gegenüber der anderen Vertragspartei schriftlich geltend gemacht worden sind.

2. Lehnt die andere Vertragspartei den Anspruch ab oder erklärt sie sich nicht innerhalb von **4 Wochen** nach der Geltendmachung des Anspruches, so verfällt dieser, wenn er nicht innerhalb von **3 Monaten** nach der Ablehnung oder dem Fristablauf gerichtlich geltend gemacht wird.

§ 13 Schlussbestimmungen

20 ▶ 1. Änderungen oder Ergänzungen dieses Vertrages bedürfen der Schriftform; dies gilt auch für einen Verzicht auf das Schriftformerfordernis selbst. Mündliche Nebenabreden wurden nicht getroffen.

21 ▶ 2. Sofern einzelne Bestimmungen dieses Vertrages unwirksam sind, berührt dies nicht die Wirksamkeit der übrigen Bestimmungen.

Musterstadt, den 07.10.

Anton Kohlmeyer
Geschäftsführer
Unterschrift Arbeitgeber

Willi Jansen
Unterschrift Mitarbeiter

4/4

Kopiervorlage

Arbeitsvertrag

§ 12 Ausschluss- und Verfallsfristen

1. Alle beiderseitigen Ansprüche aus diesem Arbeitsvertrag und solche, die damit in Verbindung stehen, verfallen, wenn sie nicht innerhalb von 3 Monaten nach Fälligkeit gegenüber der anderen Vertragspartei schriftlich geltend gemacht worden sind.

2. Lehnt die andere Vertragspartei den Anspruch ab oder erklärt sie sich nicht innerhalb von _____ nach der Geltendmachung des Anspruches, so verfällt dieser, wenn er nicht innerhalb von _____ nach der Ablehnung oder dem Fristablauf gerichtlich geltend gemacht wird.

§ 13 Schlussbestimmungen

1. Änderungen oder Ergänzungen dieses Vertrages bedürfen der Schriftform; dies gilt auch für einen Verzicht auf das Schriftformerfordernis selbst. Mündliche Nebenabreden wurden nicht getroffen.

2. Sofern einzelne Bestimmungen dieses Vertrages unwirksam sind, berührt dies nicht die Wirksamkeit der übrigen Bestimmungen.

_____

_____   _____

Unterschrift Arbeitgeber   Unterschrift Mitarbeiter

[1] Saisonbetriebe sind alle Betriebe, die zwar das ganze Jahr hindurch arbeiten, jedoch regelmäßig in einer bestimmten Jahreszeit aus witterungsbedingten oder anderen Gründen (z. B. Weihnachten) verstärkt arbeiten. Kampagnebetriebe sind dagegen solche, die regelmäßig nur einige Monate, d. h. nur in der Saison arbeiten. Saison- und Kampagnebetriebe unterliegen nach der gesetzlichen Regelung nur eingeschränkt dem Kündigungsschutzgesetz (KSchG): Die Vorschriften über Massenentlassungen (§§ 17 ff. Anzeigepflicht von Entlassungen) finden gemäß § 22 KSchG keine Anwendung. Außerdem dürfte das Kündigungsschutzgesetz auch deshalb insgesamt nicht zur Anwendung kommen, weil die Voraussetzung „Beschäftigung länger als 6 Monate"(§ 1 KSchG) in Saison- und Kampagnearbeitsverträgen regelmäßig nicht erfüllt ist. Das bedeutet für Sie als Arbeitgeber, dass Sie ein Saisonarbeitsverhältnis jederzeit ohne Angabe von Gründen ordentlich kündigen können und keine Gefahr laufen, dass die Kündigung nach dem Kündigungsschutzgesetz auf ihre soziale Rechtfertigung von den Arbeitsgerichten geprüft wird. Dennoch kann es sinnvoll sein, von vornherein einen für die Saison befristeten Arbeitsvertrag abzuschließen. Das Saisonarbeitsverhältnis könnte nämlich auch einem besonderen Kündigungsschutz unterfallen, zum Beispiel dem Mutterschutzgesetz. Wird eine Saisonmitarbeiterin während des Arbeitsverhältnisses schwanger, kann ihr nicht ohne weiteres gekündigt werden. Es muss in diesem Fall vor Ausspruch der Kündigung die Zustimmung der für den Arbeitsschutz zuständigen staatlichen Aufsichtsbehörde, in der Regel das örtliche Gewerbeaufsichtsamt eingeholt werden, die zu erreichen äußerst schwierig ist und nur in Ausnahmefällen gelingt. Diesen Schwierigkeiten gehen Sie aus dem Weg, wenn Sie einen befristeten Vertrag abschließen, so wie dies in diesem Beispiel erfolgt ist. Um wirksam einen befristeten Vertrag abzuschließen, müssen Sie diesen schriftlich abfassen (§ 623 BGB). Mündlich geschlossene befristete Arbeitsverträge sind rechtsunwirksam.

Wichtiger Hinweis!
Das Recht der befristeten Arbeitsverhältnisse wird zur Zeit neu geregelt, und zwar
■ sowohl die normale Befristung mit Sachgrund nach dem Bürgerlichen Gesetzbuch (BGB)
■ als auch die Befristung ohne Sachgrund nach dem Beschäftigungsförderungsgesetz.
Der Gesetzentwurf befindet sich zum Redaktionsschluss noch in der parlementarischen Beratung, das Gesetz soll aber am 01.01.2001 in Kraft treten. Wir werden Sie schnellstmöglich über die neue Rechtslage informieren.

[2] Tragen Sie hier das Datum ein, an welchem das Saisonarbeitsverhältnis beginnen soll. In der Regel wird dies der erste Tag eines Monats sein. Soll das Arbeitsverhältnis während des laufenden Monats beginnen, so ist das Arbeitsentgelt (der Lohn) im ersten Monat nur anteilig zu zahlen.

[3] Bei einem befristeten Arbeitsvertrag muss das Ende des Arbeitsverhältnisses genau definiert werden. Sofern ein genaues Enddatum nicht feststeht, sollte zumindest ein voraussichtliches Datum angegeben werden, welches das Ende der Saison kennzeichnet.

[4] Befristete Arbeitsverträge – Ausnahme: Befristungen nach dem Beschäftigungsförderungsgesetz – bedürfen eines sachlichen Befristungsgrundes. Die Befristung eines Arbeitsverhältnisses für den Zeitraum einer Saison ist als sachlicher Grund anerkannt.

---

[1] ▶ **Saisonarbeitsvertrag**

Zwischen

Modekaufhaus Tietze
Marktstr. 7-10

12345 Musterstadt

nachfolgend „Arbeitgeber" genannt

und

Herrn/Frau
Katharina Wolkenbauer
Lindenstr. 64

12345 Musterstadt

nachfolgend „Mitarbeiter" genannt.

§ 1 Dauer des Arbeitsverhältnisses, Probezeit, Kündigung
[2] ▶ 1. Das Arbeitsverhältnis beginnt am **01.11.** und endet am **31.01.** , ohne dass es einer Kündigung bedarf. ◀ **[3]**

[4] ▶ 2. Die Befristung des Arbeitsverhältnisses erfolgt aufgrund **des bevorstehenden Weihnachtsgeschäftes (Weihnachtssaison) einschließlich der Jahresabschlussarbeiten (Inventur usw.).**

[5] ▶ 3. Die ersten **2 Wochen** des Arbeitsverhältnisses gelten als Probezeit. Die Kündigungsfrist während der Probezeit beträgt 2 Wochen; anschließend gelten für die Dauer des Arbeitsverhältnisses die Kündigungsfristen gemäß dem einschlägigen **Manteltarifvertrag für den Einzelhandel der Bekleidungsindustrie.** Ist das Arbeitsverhältnis gekündigt worden, egal durch welche Arbeitsvertragspartei, so ist der Arbeitgeber jederzeit berechtigt, den Mitarbeiter unter Fortzahlung des Gehaltes von seiner Verpflichtung zur Arbeitsleistung für den Arbeitgeber sofort freizustellen. ◀ **[6]**

[7] ▶ 4. Das Recht zur außerordentlichen fristlosen Kündigung aus wichtigem Grund nach § 626 BGB bleibt hiervon unberührt.

§ 2 Tätigkeitsgebiet, Arbeitsort
[8] ▶ 1. Der Mitarbeiter wird als **Verkäufer in der Damenoberbekleidung** eingestellt.

2. Der Mitarbeiter ist verpflichtet, auf besondere Anordnung des Arbeitgebers auch andere – seinen Fähigkeiten und seiner Aus- und Fortbildung entsprechende – zumutbare Tätigkeiten außerhalb seines Aufgabenbereiches zu verrichten. Eine Lohnminderung ist in diesem Fall ausgeschlossen. **[9]**

1/3

Kopiervorlage

[5] Die Probezeit kann hinsichtlich ihrer Dauer von Ihnen frei gewählt werden; sie darf maximal 6 Monate betragen.

[6] Der jeweils infrage kommende Tarifvertrag, der die Arbeitsvertragsbedingungen (Arbeitsbedingungen) enthält und insofern das Arbeitsverhältnis im Einzelnen bestimmt, ist genau zu bezeichnen. Die wesentlichen Arbeitsbedingungen sind in sogenannten Mantel- oder Rahmentarifverträgen enthalten.

[7] Eine Kündigung durch den Arbeitgeber kann bei einem Mitarbeiter zu einem erheblichen Motivationsverlust führen; daraus drohen dem Betrieb möglicherweise Schäden. Die Nutzung der Freistellungsmöglichkeit soll Sie als Arbeitgeber davor schützen. Allerdings müssen Sie für die Zeit der Freistellung das Gehalt fortzahlen.

[8] An dieser Stelle müssen Sie das Tätigkeitsgebiet des Mitarbeiters konkretisieren. Tragen Sie deshalb hier die Tätigkeit oder Berufsbezeichnung ein.

[9] Es handelt sich hierbei um eine so genannte Öffnungsklausel. Diese erlaubt es Ihnen als Arbeitgeber, den Tätigkeitsbereich des Mitarbeiters zu verändern, ohne dass Sie zuvor eine Änderungskündigung aussprechen müssen. Sie gewinnen hierdurch ein außerordentliches Maß an Flexibilität, was den Einsatz Ihres Mitarbeiters betrifft.

Saisonarbeitsvertrag

Zwischen

_____

_____

_____

nachfolgend „Arbeitgeber" genannt

und

_____

_____

_____

_____

nachfolgend „Mitarbeiter" genannt.

§ 1 Dauer des Arbeitsverhältnisses, Probezeit, Kündigung

1. Das Arbeitsverhältnis beginnt am _____ und endet am _____, ohne dass es einer Kündigung bedarf.

2. Die Befristung des Arbeitsverhältnisses erfolgt aufgrund _____ _____.

3. Die ersten _____ des Arbeitsverhältnisses gelten als Probezeit. Die Kündigungsfrist während der Probezeit beträgt 2 Wochen; anschließend gelten für die Dauer des Arbeitsverhältnisses die Kündigungsfristen gemäß dem einschlägigen _____ _____. Ist das Arbeitsverhältnis gekündigt worden, egal durch welche Arbeitsvertragspartei, so ist der Arbeitgeber jederzeit berechtigt, den Mitarbeiter unter Fortzahlung des Gehaltes von seiner Verpflichtung zur Arbeitsleistung für den Arbeitgeber sofort freizustellen.

4. Das Recht zur außerordentlichen fristlosen Kündigung aus wichtigem Grund nach § 626 BGB bleibt hiervon unberührt.

§ 2 Tätigkeitsgebiet, Arbeitsort

1. Der Mitarbeiter wird als _____ eingestellt.

2. Der Mitarbeiter ist verpflichtet, auf besondere Anordnung des Arbeitgebers auch andere – seinen Fähigkeiten und seiner Aus- und Fortbildung entsprechende – zumutbare Tätigkeiten außerhalb seines Aufgabenbereiches zu verrichten. Eine Lohnminderung ist in diesem Fall ausgeschlossen.

Vertrags-Check Arbeitsrecht

10 Eine Öffnungsklausel sollte von Ihnen auch hinsichtlich des Arbeitsortes vorgesehen werden, um den Mitarbeiter flexibel einsetzen zu können.

11 Nach § 15 Arbeitszeitgesetz (ArbZG) kann die örtliche Aufsichtsbehörde, in der Regel das staatliche Gewerbeaufsichtsamt, auf Ihren Antrag hin die tägliche Höchstarbeitszeit von 8 Stunden pro Werktag für die Dauer der Kampagne verlängern. Allerdings muss die Überschreitung der Höchstarbeitszeit durch Freizeit an anderen Tagen ausgeglichen werden, § 15 Absatz 1 Nr. 2 ArbZG.

12 Sofern keine Arbeitszeitregelung über die arbeitstägliche Verteilung der Arbeitszeit im Betrieb besteht, kann an dieser Stelle auch die betriebsübliche Arbeitszeit eingesetzt werden. Sie haben als Arbeitgeber im Rahmen der Arbeitszeitregelung die Möglichkeit, die verlängerten Arbeitszeiten und die Ausgleichszeiten festzulegen, unter der Voraussetzung, dass eine entsprechende Genehmigung der Aufsichtsbehörde (Gewerbeaufsichtsamt) vorliegt.

13 Bei Verlängerung der täglichen Arbeitszeit (siehe Fußnote 11) müssen Sie unter Umständen mehr bzw. längere Ruhepausen (zum Beispiel. Mittagspause) vorsehen, siehe § 4 ArbZG.

14 Tarifverträge enthalten regelmäßig Bestimmungen über Urlaubsansprüche der Mitarbeiter, das Verfahren bei Arbeitsunfähigkeit, die Entgeltfortzahlung im Krankheitsfall und an Feiertagen, das Verfahren bei Kündigungen sowie über Kündigungsfristen.

15 Wenn es in Ihrem Betrieb beziehungsweise Unternehmen Betriebs- und Geschäftsgeheimnisse gibt, die für Ihre Konkurrenz von Interesse sein könnten und von denen Ihre Mitarbeiter Kenntnis haben, so kann es unter Umständen sinnvoll sein, eine Vertragsstrafenregelung für den Fall der Verletzung des Betriebs- und Geschäftsgeheimnisses im Arbeitsvertrag festzulegen.

Saisonarbeitsvertrag

3. Der Mitarbeiter ist verpflichtet, seine ganze Arbeitskraft und seine fachlichen Kenntnisse und Erfahrungen ausschließlich dem Arbeitgeber zur Verfügung zu stellen. Während der Dauer des Arbeitsverhältnisses ist jede Übernahme und Ausübung einer weiteren entgeltlichen oder unentgeltlichen Tätigkeit (Nebentätigkeit) nur mit Einwilligung des Arbeitgebers, d. h. mit dessen vorheriger Zustimmung zulässig.

10 4. Arbeitsort des Mitarbeiters ist der Firmensitz in __Musterstadt__. Der Arbeitgeber behält sich vor, den Mitarbeiter auch in einer Betriebsstätte (Filiale) an einem anderen Ort einzusetzen.

§ 3 Arbeitszeit

11 1. Die wöchentliche Arbeitszeit beträgt unter Berücksichtigung der tarifvertraglichen Bestimmungen __48__ Stunden.

12 2. Die Arbeitszeiteinteilung erfolgt nach der jeweils gültigen betrieblichen Arbeitszeitregelung, die hiermit Bestandteil dieses Vertrages wird.

13 3. Der Mitarbeiter ist verpflichtet, werktäglich eine Mittagspause von 30 Minuten einzuhalten, die in der Zeit von __12.00 Uhr bis 14.00 Uhr__ zu nehmen ist.

§ 4 Arbeitsentgelt (Vergütung)

1. Der Mitarbeiter wird in Vergütungsgruppe __H 1__ eingruppiert. Das Festgehalt des Mitarbeiters beträgt pro Monat

__DM 3.250,–/EUR...__ brutto

und wird jeweils am Ende des Monats ausgezahlt. Der Mitarbeiter erklärt sich damit einverstanden, dass sein Gehalt auf ein von ihm zu benennendes Bank- oder Postbankkonto überwiesen wird.

2. Gehaltsanpassungen oder -abschläge erfolgen nach den jeweils gültigen tarifvertraglichen Vereinbarungen der Tarifpartner __des Einzelhandels.__

3. Alle Sonderzahlungen, wie zusätzliches Urlaubsgeld, 13. Monatsgehalt, Überstunden- und Nachtzuschläge sowie vermögenswirksame Leistungen des Arbeitgebers, werden vom Arbeitgeber entsprechend der jeweils gültigen tarifvertraglichen Regelung geleistet.

14 ### § 5 Tarifvertragliche Bestimmungen

Im Übrigen gelten für das Arbeitsverhältnis die Regelungen des __Manteltarifvertrages für den Einzelhandel der Bekleidungsindustrie__ in der jeweils geltenden Fassung sowie die allgemeinen gesetzlichen Bestimmungen.

§ 6 Verschwiegenheitspflicht, Rückgabe von Unterlagen und sonstigem Firmeneigentum, Datenschutz

15 1. Der Mitarbeiter ist verpflichtet, nicht nur über Betriebs- und Geschäftsgeheimnisse, sondern über alle ihm bekannten Angelegenheiten, Vorgänge, Verträge und Geschäftsbeziehungen innerhalb und außerhalb des Betriebes Verschwiegenheit zu bewahren. Dies gilt auch für die Zeit nach seinem Ausscheiden aus dem Arbeitsverhältnis.

2/3

Kopiervorlage

Saisonarbeitsvertrag

3. Der Mitarbeiter ist verpflichtet, seine ganze Arbeitskraft und seine fachlichen Kenntnisse und Erfahrungen ausschließlich dem Arbeitgeber zur Verfügung zu stellen. Während der Dauer des Arbeitsverhältnisses ist jede Übernahme und Ausübung einer weiteren entgeltlichen oder unentgeltlichen Tätigkeit (Nebentätigkeit) nur mit Einwilligung des Arbeitgebers, d. h. mit dessen vorheriger Zustimmung zulässig.

4. Arbeitsort des Mitarbeiters ist der Firmensitz in _____. Der Arbeitgeber behält sich vor, den Mitarbeiter auch in einer Betriebsstätte (Filiale) an einem anderen Ort einzusetzen.

§ 3 Arbeitszeit

1. Die wöchentliche Arbeitszeit beträgt unter Berücksichtigung der tarifvertraglichen Bestimmungen _____ Stunden.

2. Die Arbeitszeiteinteilung erfolgt nach der jeweils gültigen betrieblichen Arbeitszeitregelung, die hiermit Bestandteil dieses Vertrages wird.

3. Der Mitarbeiter ist verpflichtet, werktäglich eine Mittagspause von 30 Minuten einzuhalten, die in der Zeit von _____ zu nehmen ist.

§ 4 Arbeitsentgelt (Vergütung)

1. Der Mitarbeiter wird in Vergütungsgruppe _____ eingruppiert. Das Festgehalt des Mitarbeiters beträgt pro Monat

   _____ brutto

   und wird jeweils am Ende des Monats ausgezahlt. Der Mitarbeiter erklärt sich damit einverstanden, dass sein Gehalt auf ein von ihm zu benennendes Bank- oder Postbankkonto überwiesen wird.

2. Gehaltsanpassungen oder -abschläge erfolgen nach den jeweils gültigen tarifvertraglichen Vereinbarungen der Tarifpartner _____.

3. Alle Sonderzahlungen, wie zusätzliches Urlaubsgeld, 13. Monatsgehalt, Überstunden- und Nachtzuschläge sowie vermögenswirksame Leistungen des Arbeitgebers, werden vom Arbeitgeber entsprechend der jeweils gültigen tarifvertraglichen Regelung geleistet.

§ 5 Tarifvertragliche Bestimmungen

Im Übrigen gelten für das Arbeitsverhältnis die Regelungen des _____ _____ in der jeweils geltenden Fassung sowie die allgemeinen gesetzlichen Bestimmungen.

§ 6 Verschwiegenheitspflicht, Rückgabe von Unterlagen und sonstigem Firmeneigentum, Datenschutz

1. Der Mitarbeiter ist verpflichtet, nicht nur über Betriebs- und Geschäftsgeheimnisse, sondern über alle ihm bekannten Angelegenheiten, Vorgänge, Verträge und Geschäftsbeziehungen innerhalb und außerhalb des Betriebes Verschwiegenheit zu bewahren. Dies gilt auch für die Zeit nach seinem Ausscheiden aus dem Arbeitsverhältnis.

16 Die Speicherung und Verarbeitung von personenbezogenen Daten ist heutzutage in jedem Betrieb erforderlich. Spätestens bei der Gehalts- beziehungsweise Lohnabrechnung müssen Daten des Mitarbeiters in eine DV-Anlage eingegeben und verarbeitet werden und zwar entweder bei Ihnen oder bei einem mit der Lohnabrechnung beauftragten Steuerberater.

17 Änderungsvereinbarungen bzw. Vertragsänderungen sollten Sie zu Beweiszwecken immer schriftlich verfassen; im Übrigen gilt für Befristungen (befristete Arbeitsverträge) sowieso das gesetzliche Schriftformerfordernis nach § 623 BGB.

18 Diese Bestimmung wird als Teilnichtigkeitsklausel oder als Teilunwirksamkeitsklausel, beziehungsweise als salvatorische Klausel bezeichnet. Diese beinhaltet, dass die etwaige Unwirksamkeit einzelner Bestimmungen des Vertrages die Wirksamkeit der übrigen Vertragsbestimmungen unberührt lässt. Dadurch können Sie verhindern, dass bei einem unwirksamen Teil des Vertrages gleich das gesamte Vertragswerk entfällt.

Saisonarbeitsvertrag

2. Der Verschwiegenheitspflicht unterliegen auch die persönlichen Verhältnisse der Mitarbeiter und Vorgesetzten. Auch über das eigene Gehalt und die Gehaltsbestandteile hat der Mitarbeiter Stillschweigen zu bewahren.

3. Bei Verletzung der Verschwiegenheitspflicht kann der Arbeitgeber Schadensersatzansprüche geltend machen. Im Ausnahmefall kann dem Arbeitnehmer (Mitarbeiter) ordentlich bzw. außerordentlich gekündigt werden.

4. Der Mitarbeiter ist verpflichtet, auf Verlangen des Arbeitgebers, spätestens aber unaufgefordert bei Beendigung des Arbeitsverhältnisses alles Material, alle Unterlagen, Kopien etc. zurückzugeben, die im Zusammenhang mit seiner Tätigkeit in seinen Besitz gelangt sind. Dem Mitarbeiter steht ein Zurückbehaltungsrecht (§ 273 BGB) insoweit nicht zu.

5. Der Mitarbeiter wird auf das Datengeheimnis gemäß § 5 Bundesdatenschutzgesetz (BDSG) verpflichtet. Dies geschieht durch seine Unterschrift auf einem gesonderten Vordruck. Die Verpflichtung auf das Datengeheimnis ist Bestandteil dieses Arbeitsvertrages und zwingend als Anlage zu diesem Arbeitsvertrag zu führen.

16 **§ 7 Speicherung von Daten im Rahmen des Bundesdatenschutzgesetzes**

Der Mitarbeiter ist darüber informiert worden, dass seine persönlichen Daten im Zusammenhang mit dem Arbeitsverhältnis in einer DV-Anlage gespeichert werden. Der Mitarbeiter erklärt sich ausdrücklich mit dieser Handhabung einverstanden.

§ 8 Sonstige Bestimmungen

17 1. Änderungen und Ergänzungen dieses Arbeitsvertrages bedürfen der Schriftform; dies gilt auch für einen Verzicht auf das Schriftformerfordernis selbst.

2. Mündliche Nebenabreden zu diesem Vertrag wurden nicht getroffen.

18 3. Sollte ein Teil dieses Arbeitsvertrages nichtig, d. h. unwirksam sein, so berührt dies nicht die Gültigkeit (Wirksamkeit) der übrigen Vertragsbestimmungen. Unwirksame Bestimmungen sind einvernehmlich durch solche zu ersetzen, die unter Berücksichtigung der Interessenlage geeignet sind, den gewünschten Zweck des Vertrages zu erreichen. Lücken sind dem beabsichtigten wirtschaftlichen Zweck entsprechend zu füllen.

Musterstadt, 25.10.
Ort, Datum

Johannes Bauer
Geschäftsführer
Unterschrift Arbeitgeber

Katharina Wolkenbauer
Unterschrift Mitarbeiter

3/3

Kopiervorlage

Saisonarbeitsvertrag

2. Der Verschwiegenheitspflicht unterliegen auch die persönlichen Verhältnisse der Mitarbeiter und Vorgesetzten. Auch über das eigene Gehalt und die Gehaltsbestandteile hat der Mitarbeiter Stillschweigen zu bewahren.

3. Bei Verletzung der Verschwiegenheitspflicht kann der Arbeitgeber Schadensersatzansprüche geltend machen. Im Ausnahmefall kann dem Arbeitnehmer (Mitarbeiter) ordentlich bzw. außerordentlich gekündigt werden.

4. Der Mitarbeiter ist verpflichtet, auf Verlangen des Arbeitgebers, spätestens aber unaufgefordert bei Beendigung des Arbeitsverhältnisses alles Material, alle Unterlagen, Kopien etc. zurückzugeben, die im Zusammenhang mit seiner Tätigkeit in seinen Besitz gelangt sind. Dem Mitarbeiter steht ein Zurückbehaltungsrecht (§ 273 BGB) insoweit nicht zu.

5. Der Mitarbeiter wird auf das Datengeheimnis gemäß § 5 Bundesdatenschutzgesetz (BDSG) verpflichtet. Dies geschieht durch seine Unterschrift auf einem gesonderten Vordruck. Die Verpflichtung auf das Datengeheimnis ist Bestandteil dieses Arbeitsvertrages und zwingend als Anlage zu diesem Arbeitsvertrag zu führen.

§ 7 Speicherung von Daten im Rahmen des Bundesdatenschutzgesetzes

Der Mitarbeiter ist darüber informiert worden, dass seine persönlichen Daten im Zusammenhang mit dem Arbeitsverhältnis in einer DV-Anlage gespeichert werden. Der Mitarbeiter erklärt sich ausdrücklich mit dieser Handhabung einverstanden.

§ 8 Sonstige Bestimmungen

1. Änderungen und Ergänzungen dieses Arbeitsvertrages bedürfen der Schriftform; dies gilt auch für einen Verzicht auf das Schriftformerfordernis selbst.

2. Mündliche Nebenabreden zu diesem Vertrag wurden nicht getroffen.

3. Sollte ein Teil dieses Arbeitsvertrages nichtig, d. h. unwirksam sein, so berührt dies nicht die Gültigkeit (Wirksamkeit) der übrigen Vertragsbestimmungen. Unwirksame Bestimmungen sind einvernehmlich durch solche zu ersetzen, die unter Berücksichtigung der Interessenlage geeignet sind, den gewünschten Zweck des Vertrages zu erreichen. Lücken sind dem beabsichtigten wirtschaftlichen Zweck entsprechend zu füllen.

_____

Ort, Datum

_____   _____

Unterschrift Arbeitgeber   Unterschrift Mitarbeiter

1 Nur im Ausnahmefall sollten Sie Mitarbeiter von Beginn an als Telearbeiter einsetzen. Sorgen Sie zunächst dafür, dass Sie Vertrauen in den Mitarbeiter gewinnen. Nur wenn er selbstständig genug seine Arbeiten erledigt, sorgfältige und inhaltlich ausgereifte Arbeitsergebnisse abliefert, kommt er für Telearbeit in Frage.

2 Ein befristeter Einsatz ist sachgerecht. Er erlaubt es sowohl Ihnen als auch Ihrem Mitarbeiter, die Telearbeit zunächst zu erproben. Die Vorschriften über die Befristung von Arbeitsverhältnissen finden keine Anwendung, da es sich hier nur um die Befristung einzelner Arbeitsbedingungen handelt.

3 Diese Verpflichtung sollte für jeden Mitarbeiter bestehen. Die Klarstellung für den Telearbeiter ist aber sinnvoll, da er nicht immer in Ihrem Kontrollbereich anwesend ist.

4 Tarifverträge enthalten regelmäßig Bestimmungen über Urlaubsansprüche der Mitarbeiter, das Verfahren bei Arbeitsunfähigkeit, die Entgeltfortzahlung im Krankheitsfall, das Verfahren bei Kündigungen sowie Kündigungsfristen.

5 Es ist in der Praxis nicht sachgerecht, Telearbeit ausschließlich zu Hause durchführen zu lassen. Der betriebliche Kontakt etwa durch Abholung von Unterlagen, des Austausches mit Kollegen und Vorgesetzten über Betriebsabläufe, Arbeitsabwicklung, Entwicklungen sowie gegebenenfalls der Teilnahme an Besprechungen über Ablauf oder Neuerungen bei der auszuführenden Tätigkeit ist unverzichtbar.

6 Die Festlegung von Kernarbeitszeiten ist zweckmäßig, um sicherzustellen, dass Ihr Mitarbeiter zu bestimmten Zeiten auch telefonisch für Sie erreichbar ist.

Telearbeitsvertrag

Zwischen

Pfefferminzia AG
Traumstraße 1

12345 Musterstadt

nachfolgend „Arbeitgeber" genannt

und

Herrn/Frau
Hans Glück
Glücksgasse 2

12345 Musterstadt

nachfolgend „Mitarbeiter" genannt.

1 ▶ **Vorbemerkung**

Zwischen den Parteien besteht ein unbefristetes Arbeitsverhältnis, aufgrund des Arbeitsvertrages

2 ▶ vom **01.11.** . Mit diesem Vertrag wird vereinbart, dass der Mitarbeiter in Zukunft auch als Telearbeiter eingesetzt wird. Der Einsatz ist befristet und dient der wechselseitigen Erprobung.

3 ▶ Der Mitarbeiter ist verpflichtet, seine Arbeitsleistung höchstpersönlich zu erbringen.

4 ▶ Es gilt der Tarifvertrag **für die private Versicherungswirtschaft** in seiner jeweils gültigen Fassung.

§ 1 Umfang der Arbeit

1. Der Arbeitseinsatz als Telearbeiter beginnt mit dem Abschluss dieser Vereinbarung, das heißt, am **01.01.** .

2. Der Mitarbeiter erbringt seine Arbeitsleistung in alternierender Telearbeit, das heißt sowohl zu Hause als auch am Büroarbeitsplatz. Hiervon entfällt der wesentliche Anteil auf die Tätigkeit zu

5 ▶ Hause. Mindestens **1/5** der wöchentlichen Arbeitszeit entfällt auf die Tätigkeit im Büro. Darüber hinaus wird die Verteilung der Arbeitszeit zwischen dem Vorgesetzten und dem Mitarbeiter gesondert schriftlich vereinbart.

3. Der Mitarbeiter verpflichtet sich, im Bedarfsfall auch andere ihm zumutbare Tätigkeiten zu erbringen. Eine Gehaltsminderung darf hiermit jedoch nicht verbunden sein.

4. Die betrieblichen Arbeitszeitregelungen und die im Arbeitsvertrag festgelegten arbeitszeitrechtlichen Regelungen gelten fort. Für die Telearbeit werden folgende Kernarbeitszeiten festgelegt:

6 ▶ von **08:00** Uhr bis **12:00** Uhr
von **13:30** Uhr bis **16:00** Uhr

1/3

Kopiervorlage

Telearbeitsvertrag

Zwischen

_____
_____

_____

nachfolgend „Arbeitgeber" genannt

und

_____
_____

_____

nachfolgend „Mitarbeiter" genannt.

Vorbemerkung

Zwischen den Parteien besteht ein unbefristetes Arbeitsverhältnis, aufgrund des Arbeitsvertrages vom _____. Mit diesem Vertrag wird vereinbart, dass der Mitarbeiter in Zukunft auch als Telearbeiter eingesetzt wird. Der Einsatz ist befristet und dient der wechselseitigen Erprobung.

Der Mitarbeiter ist verpflichtet, seine Arbeitsleistung höchstpersönlich zu erbringen.

Es gilt der Tarifvertrag _____ in seiner jeweils gültigen Fassung.

§ 1 Umfang der Arbeit

1. Der Arbeitseinsatz als Telearbeiter beginnt mit dem Abschluss dieser Vereinbarung, das heißt, am _____.

2. Der Mitarbeiter erbringt seine Arbeitsleistung in alternierender Telearbeit, das heißt sowohl zu Hause als auch am Büroarbeitsplatz. Hiervon entfällt der wesentliche Anteil auf die Tätigkeit zu Hause. Mindestens ____ der wöchentlichen Arbeitszeit entfällt auf die Tätigkeit im Büro. Darüber hinaus wird die Verteilung der Arbeitszeit zwischen dem Vorgesetzten und dem Mitarbeiter gesondert schriftlich vereinbart.

3. Der Mitarbeiter verpflichtet sich, im Bedarfsfall auch andere ihm zumutbare Tätigkeiten zu erbringen. Eine Gehaltsminderung darf hiermit jedoch nicht verbunden sein.

4. Die betrieblichen Arbeitszeitregelungen und die im Arbeitsvertrag festgelegten arbeitszeitrechtlichen Regelungen gelten fort. Für die Telearbeit werden folgende Kernarbeitszeiten festgelegt:

von _____ Uhr bis _____ Uhr
von _____ Uhr bis _____ Uhr

7 Ihr Telearbeiter hat auch Anspruch auf Vergütung von angeordneten oder aufgrund der Arbeitszuweisung entstehenden Überstunden. Ihre Kontrollmöglichkeiten sind hier besonders eingeschränkt. Aus diesem Grund sollten Sie darauf achten, dass Überstunden immer vorab von Ihnen genehmigt werden.

8 Diese Aufzeichnungen sollten einheitlich für alle Telearbeiter erfolgen. Am besten durch ein von Ihnen vorgegebenes Formular. Wichtig ist, dass Sie als Arbeitgeber nachvollziehen können, welche Arbeiten wann erledigt wurden.

9 Vereinbaren Sie unbedingt ein Zutrittsrecht zur Wohnung Ihres Telearbeiters. Das Grundgesetz gewährt dem Mitarbeiter ansonsten das Recht, seinen Arbeitgeber oder sonstige Dritte aus seiner Wohnung fernzuhalten. Allerdings sollten Sie das Zutrittsrecht davon abhängig machen, dass Ihr Mitarbeiter mit diesem einverstanden ist.

10 In der Regel wird der Arbeitgeber dem Mitarbeiter die Arbeitsmittel zur Verfügung stellen. Dies ist schon aus steuerlichen Gesichtspunkten sinnvoll. Sie können die Kosten für den Arbeitsplatz steuerlich geltend machen (AfA). Auch die Umsatzsteuer für angeschaffte Hilfsmittel kann von Ihnen im Rahmen des Vorsteuerabzugs geltend gemacht werden. Der Mitarbeiter muss gegebenenfalls die private Nutzung der Arbeitsmittel als geldwerten Vorteil versteuern, jedoch nur, wenn die private Nutzung im Vertrag ausdrücklich gestattet worden ist. Erwirbt der Mitarbeiter den benötigten PC, so kann er diese Ausgabe erst im Rahmen seiner Einkommensteuererklärung als Werbungskosten geltend machen. Einen eventuellen Zuschuss des Arbeitgebers müsste er versteuern.

11 Zahlen Sie zudem einen Zuschuss für die Nutzung des Zimmers im Rahmen der Telearbeit, ist dieser Zuschuss für den Arbeitgeber eine steuerlich abzugsfähige Betriebsausgabe und muss vom Mitarbeiter als Arbeitslohn versteuert werden.

12 Betriebsbedingte Fehlzeiten sind zum Beispiel der Ausfall des PC's ohne Verschulden des Mitarbeiters sowie sonstige Arbeitsunterbrechungen, die in Ihre Risikosphäre fallen (Stromausfall, Auftragsmangel oder Ähnliches).

Telearbeitsvertrag

5. Die verbleibende Telearbeitszeit ist im Rahmen der jeweils geltenden innerbetrieblichen Regelungen und des geltenden Arbeitszeitgesetzes frei wählbar. Der Arbeitgeber ist berechtigt, bei dringenden betrieblichen Erfordernissen Überstunden anzuordnen. Überstunden können vom Mitarbeiter nicht einseitig festgelegt werden. Sie müssen vor Beginn der Mehrleistung vom Vorgesetzten beziehungsweise dem Arbeitgeber genehmigt werden. Die Auszahlung der Überstunden erfolgt einschließlich der jeweils im Manteltarifvertrag gültigen Zuschläge. **[7]**

[8] 6. Die geleistete Arbeitszeit wird vom Telearbeiter schriftlich festgehalten und dem Vorgesetzten zu Beginn eines jeden Monats für den abgelaufenen Monat vorgelegt.

§ 2 Arbeitsschutz

1. Die Arbeitsschutzbestimmungen werden eingehalten. Es erfolgt eine Abnahme der ergonomischen Bedingungen des häuslichen Bildschirmarbeitsplatzes auf Grundlage der Bildschirmarbeitsverordnung in Verbindung mit dem Arbeitsschutzgesetz. Hierbei findet auch die Gefährdungsbeurteilung gemäß § 3 Bildschirmarbeitsverordnung statt.

[9] 2. Die Firma oder ein berechtigter Vertreter sind zur Überprüfung der einschlägigen Arbeitsschutzbedingungen berechtigt, nach rechtzeitiger vorheriger Ankündigung und in Anwesenheit des Mitarbeiters die Arbeitsräume in der Wohnung des Mitarbeiters zu betreten. Dem Betriebsrat ist in begründeten Fällen die Teilnahme freigestellt.

[10] ### § 3 Arbeitsmittel

1. Der Arbeitgeber stellt dem Mitarbeiter die erforderlichen Arbeitsmittel für die Telearbeit zur Verfügung. Diese Arbeitsmittel werden in einer separaten Inventarliste als Anlage 1 aufgeführt. Die für die Arbeit erforderlichen Arbeitsmittel dürfen vom Mitarbeiter nicht für private Zwecke verwendet werden. Der Arbeitgeber übernimmt die Kosten für die Wartung und notwendig werdende Reparaturen der zur Verfügung gestellten Arbeitsmittel.

2. Der Arbeitgeber lässt auf seine Kosten einen zusätzlichen Telefonanschluss installieren. Dieser Anschluss darf ausschließlich für betriebliche Zwecke genutzt werden. Die übergebenen Arbeitsmittel sind nach Beendigung dieses Vertrages oder Arbeitsverhältnisses zurückzugeben. Ein Zurückbehaltungsrecht steht dem Mitarbeiter nicht zu. Der Arbeitgeber trägt die durch den Telearbeitsplatz entstehenden Kosten wie Strom und Telefonkosten. Diese Kosten sind vom **[11]** Mitarbeiter nachzuweisen.

§ 4 Nutzungsrecht/Missbrauch/Wartung

Die zur Verfügung gestellten Geräte dürfen nur zur Erfüllung des Arbeitsvertrages mit dem Arbeitgeber und ausschließlich vom Mitarbeiter selbst benutzt werden. Es ist untersagt, daran Veränderungen vorzunehmen oder Zusatzgeräte anzuschließen. Auftretende Schäden sind umgehend zu melden.

§ 5 Arbeitsverhinderung/Fehlzeiten/Urlaub

[12] 1. Fehl- beziehungsweise Abwesenheitszeiten wegen Arbeitsunfähigkeit, Urlaub, Arbeitsbefreiung und ähnlichem sowie betriebsbedingte Fehlzeiten sind gesondert festzuhalten.

2. Im Falle der Arbeitsverhinderung infolge Arbeitsunfähigkeit oder aus sonstigen Gründen ist dem Arbeitgeber unverzüglich Mitteilung zu machen. Dauert die Arbeitsunfähigkeit länger als 3 Kalen-

2/3

Kopiervorlage

Telearbeitsvertrag

5. Die verbleibende Telearbeitszeit ist im Rahmen der jeweils geltenden innerbetrieblichen Regelungen und des geltenden Arbeitszeitgesetzes frei wählbar. Der Arbeitgeber ist berechtigt, bei dringenden betrieblichen Erfordernissen Überstunden anzuordnen. Überstunden können vom Mitarbeiter nicht einseitig festgelegt werden. Sie müssen vor Beginn der Mehrleistung vom Vorgesetzten beziehungsweise dem Arbeitgeber genehmigt werden. Die Auszahlung der Überstunden erfolgt einschließlich der jeweils im Manteltarifvertrag gültigen Zuschläge.

6. Die geleistete Arbeitszeit wird vom Telearbeiter schriftlich festgehalten und dem Vorgesetzten zu Beginn eines jeden Monats für den abgelaufenen Monat vorgelegt.

§ 2 Arbeitsschutz

1. Die Arbeitsschutzbestimmungen werden eingehalten. Es erfolgt eine Abnahme der ergonomischen Bedingungen des häuslichen Bildschirmarbeitsplatzes auf Grundlage der Bildschirmarbeitsverordnung in Verbindung mit dem Arbeitsschutzgesetz. Hierbei findet auch die Gefährdungsbeurteilung gemäß § 3 Bildschirmarbeitsverordnung statt.

2. Die Firma oder ein berechtigter Vertreter sind zur Überprüfung der einschlägigen Arbeitsschutzbedingungen berechtigt, nach rechtzeitiger vorheriger Ankündigung und in Anwesenheit des Mitarbeiters die Arbeitsräume in der Wohnung des Mitarbeiters zu betreten. Dem Betriebsrat ist in begründeten Fällen die Teilnahme freigestellt.

§ 3 Arbeitsmittel

1. Der Arbeitgeber stellt dem Mitarbeiter die erforderlichen Arbeitsmittel für die Telearbeit zur Verfügung. Diese Arbeitsmittel werden in einer separaten Inventarliste als Anlage 1 aufgeführt. Die für die Arbeit erforderlichen Arbeitsmittel dürfen vom Mitarbeiter nicht für private Zwecke verwendet werden. Der Arbeitgeber übernimmt die Kosten für die Wartung und notwendig werdende Reparaturen der zur Verfügung gestellten Arbeitsmittel.

2. Der Arbeitgeber lässt auf seine Kosten einen zusätzlichen Telefonanschluss installieren. Dieser Anschluss darf ausschließlich für betriebliche Zwecke genutzt werden. Die übergebenen Arbeitsmittel sind nach Beendigung dieses Vertrages oder Arbeitsverhältnisses zurückzugeben. Ein Zurückbehaltungsrecht steht dem Mitarbeiter nicht zu. Der Arbeitgeber trägt die durch den Telearbeitsplatz entstehenden Kosten wie Strom und Telefonkosten. Diese Kosten sind vom Mitarbeiter nachzuweisen.

§ 4 Nutzungsrecht/Missbrauch/Wartung

Die zur Verfügung gestellten Geräte dürfen nur zur Erfüllung des Arbeitsvertrages mit dem Arbeitgeber und ausschließlich vom Mitarbeiter selbst benutzt werden. Es ist untersagt, daran Veränderungen vorzunehmen oder Zusatzgeräte anzuschließen. Auftretende Schäden sind umgehend zu melden.

§ 5 Arbeitsverhinderung/Fehlzeiten/Urlaub

1. Fehl- beziehungsweise Abwesenheitszeiten wegen Arbeitsunfähigkeit, Urlaub, Arbeitsbefreiung und ähnlichem sowie betriebsbedingte Fehlzeiten sind gesondert festzuhalten.

2. Im Falle der Arbeitsverhinderung infolge Arbeitsunfähigkeit oder aus sonstigen Gründen ist dem Arbeitgeber unverzüglich Mitteilung zu machen. Dauert die Arbeitsunfähigkeit länger als 3 Kalen-

13 Jede Änderung sollten Sie zu Beweiszwecken schriftlich verfassen.

Telearbeitsvertrag

dertage, hat der Mitarbeiter eine ärztliche Bescheinigung über das Bestehen der Arbeitsunfähigkeit sowie deren voraussichtliche Dauer spätestens am darauffolgenden Werktag vorzulegen. Der Arbeitgeber ist berechtigt, die Arbeitsunfähigkeitsbescheinigung auch früher zu verlangen.

§ 6 Haftung

1. Der Mitarbeiter haftet bei Schäden an dem ihm zur Verfügung gestellten Arbeitsmittel nur bei Vorsatz oder grober Fahrlässigkeit, insbesondere bei vertragswidrigem Gebrauch oder bei verspäteter Meldung für dann aufgetretene Schäden an den Arbeitsmitteln.

2. Der Arbeitgeber schließt auf seine Kosten eine Versicherung zugunsten des Telearbeiters ab. Diese Versicherung gilt für arbeitsbedingte Unfälle am Telearbeitsplatz, bei dienstlichen Besuchen und auf den Wegen zwischen Betrieb und Telearbeitsplatz. Darüber hinaus versichert er über eine Haftpflichtversicherung die von ihm zur Verfügung gestellten Gegenstände auf für Schäden gegen Dritte.

§ 7 Datenschutz/Verschwiegenheitspflicht

Der Mitarbeiter stellt sicher, dass die ihm durch den Arbeitsvertrag bekannten Regelungen des Datenschutzes erfüllt werden. Der Arbeitnehmer verpflichtet sich, über alle betrieblichen Angelegenheiten, die ihm im Rahmen oder aus Anlass seiner Tätigkeit in der Firma zur Kenntnis gelangen, auch nach seinem Ausscheiden Stillschweigen zu bewahren. Bei Beendigung des Anstellungsverhältnisses sind alle betrieblichen Unterlagen sowie etwa angefertigte Abschriften oder Kopien an die Firma herauszugeben.

§ 8 Dauer der Vereinbarung

1. Diese Vereinbarung ist befristet abgeschlossen und endet, ohne dass es einer Kündigung bedarf, am **30.10.** . Während der Dauer der Befristung kann diese Vereinbarung unter Einhaltung einer Frist von 4 Wochen von beiden Parteien gekündigt werden, ohne dass das Arbeitsverhältnis hiervon berührt wird. Das Telearbeitsverhältnis endet automatisch, wenn der Arbeitsvertrag von einer der beiden Parteien beendet wird.

2. Das Recht zur Kündigung aus wichtigem Grund bleibt von dieser Regelung unberührt. Hierzu gehören insbesondere Straftaten zum Nachteil des Arbeitgebers.

§ 9 Nebenabreden

13 Die übrigen Bestimmungen des Hauptarbeitsvertrages sowie die tarifvertraglichen Rechte des Mitarbeiters bleiben von dieser Vereinbarung unberührt. Mündliche Abreden sind nicht getroffen. Änderungen bedürfen der Schriftform.

Musterstadt, 01.01.
Ort, Datum

Horst Soft
Unterschrift Arbeitgeber

Hans Glück
Unterschrift Mitarbeiter

3/3

Kopiervorlage

Telearbeitsvertrag

dertage, hat der Mitarbeiter eine ärztliche Bescheinigung über das Bestehen der Arbeitsunfähigkeit sowie deren voraussichtliche Dauer spätestens am darauffolgenden Werktag vorzulegen. Der Arbeitgeber ist berechtigt, die Arbeitsunfähigkeitsbescheinigung auch früher zu verlangen.

§ 6 Haftung

1. Der Mitarbeiter haftet bei Schäden an dem ihm zur Verfügung gestellten Arbeitsmittel nur bei Vorsatz oder grober Fahrlässigkeit, insbesondere bei vertragswidrigem Gebrauch oder bei verspäteter Meldung für dann aufgetretene Schäden an den Arbeitsmitteln.

2. Der Arbeitgeber schließt auf seine Kosten eine Versicherung zugunsten des Telearbeiters ab. Diese Versicherung gilt für arbeitsbedingte Unfälle am Telearbeitsplatz, bei dienstlichen Besuchen und auf den Wegen zwischen Betrieb und Telearbeitsplatz. Darüber hinaus versichert er über eine Haftpflichtversicherung die von ihm zur Verfügung gestellten Gegenstände auf für Schäden gegen Dritte.

§ 7 Datenschutz/Verschwiegenheitspflicht

Der Mitarbeiter stellt sicher, dass die ihm durch den Arbeitsvertrag bekannten Regelungen des Datenschutzes erfüllt werden. Der Arbeitnehmer verpflichtet sich, über alle betrieblichen Angelegenheiten, die ihm im Rahmen oder aus Anlass seiner Tätigkeit in der Firma zur Kenntnis gelangen, auch nach seinem Ausscheiden Stillschweigen zu bewahren. Bei Beendigung des Anstellungsverhältnisses sind alle betrieblichen Unterlagen sowie etwa angefertigte Abschriften oder Kopien an die Firma herauszugeben.

§ 8 Dauer der Vereinbarung

1. Diese Vereinbarung ist befristet abgeschlossen und endet, ohne dass es einer Kündigung bedarf, am _____. Während der Dauer der Befristung kann diese Vereinbarung unter Einhaltung einer Frist von 4 Wochen von beiden Parteien gekündigt werden, ohne dass das Arbeitsverhältnis hiervon berührt wird. Das Telearbeitsverhältnis endet automatisch, wenn der Arbeitsvertrag von einer der beiden Parteien beendet wird.

2. Das Recht zur Kündigung aus wichtigem Grund bleibt von dieser Regelung unberührt. Hierzu gehören insbesondere Straftaten zum Nachteil des Arbeitgebers.

§ 9 Nebenabreden

Die übrigen Bestimmungen des Hauptarbeitsvertrages sowie die tarifvertraglichen Rechte des Mitarbeiters bleiben von dieser Vereinbarung unberührt. Mündliche Abreden sind nicht getroffen. Änderungen bedürfen der Schriftform.

_____
Ort, Datum

_____   _____
Unterschrift Arbeitgeber   Unterschrift Mitarbeiter

1 Die Bereitstellung und Überlassung eines Dienstwagens stellt für Ihren Mitarbeiter einen finanziellen Vorteil dar, sofern auch private Fahrten damit unternommen werden dürfen. Durch die Überlassung eines Dienstwagens können Sie also dem Mitarbeiter einen Vorteil zukommen lassen, der von diesem lediglich im Rahmen des zu ermittelnden geldwerten Vorteils zu versteuern ist. Dies ist für den Mitarbeiter aber immer noch günstiger, als selbst ein Fahrzeug zu unterhalten. Als Arbeitgeber können Sie die Kosten für das Fahrzeug als Betriebsausgabe steuerlich absetzen.

2 Sie haben auch die Möglichkeit, an dieser Stelle bereits die Automarke und den Fahrzeugtyp sowie die Ausstattung, zum Beispiel mit Radio, Klimaanlage und 200 PS Motorleistung beziehungsweise 3.0 l Hubraum, einzutragen.

3 Häufig findet sich in Dienstwagenvereinbarungen auch die Regelung, dass der Ehepartner das Fahrzeug ebenfalls für Privatfahrten nutzen darf.

4 Privatfahrten können auch dergestalt eingeschränkt werden, dass Privatfahrten in einem Monat oder in einem anderen Zeitraum eine bestimmte Kilometerleistung nicht überschreiten dürfen.

5 Die gültige Fahrerlaubnis ist Voraussetzung für die Nutzung eines Dienstwagens. Auch kurzfristiger Entzug der Fahrerlaubnis berechtigt Sie als Arbeitgeber, die Rückgabe des Fahrzeuges zu fordern.

6 Diese Formulierung ist für Sie wichtig, damit Sie – beim zeitweiligen Entzug der Fahrerlaubnis eines Außendienstmitarbeiters kann dieser regelmäßig auf seinem Arbeitsplatz beziehungsweise in seinem Aufgabengebiet die Arbeitsleistung vorübergehend nicht mehr erbringen – für den Vertreter des ausgefallenen Mitarbeiters nicht noch ein zweites Fahrzeug anschaffen oder bereitstellen müssen.

---

1 Dienstwagenüberlassungsvereinbarung

Zwischen

Siemar GmbH & Co. KG
Sonnenstr. 28

12345 Musterstadt

nachfolgend „Arbeitgeber" genannt

und

Herrn/Frau
Georg Kleinschmidt
Auf dem Berge 30

12345 Musterstadt

nachfolgend „Mitarbeiter" genannt.

Vorbemerkung:

Zwischen den Parteien besteht seit dem **15.03.** ein Arbeitsverhältnis auf unbestimmte Zeit. Über die Bereitstellung eines Dienstwagens ab dem **01.04.** wird folgende Vereinbarung getroffen.

§ 1 Umfang der Privatnutzung

2 1. Der Arbeitgeber stellt dem Mitarbeiter einen Dienstwagen der Mittelklasse **2** zur Verfügung, der vom Mitarbeiter auch für private Fahrten genutzt werden darf. Bei der Überlassung des Dienstwagens für private Fahrten handelt es sich um eine freiwillige Leistung des Arbeitge-
3 bers, die jederzeit widerrufen werden kann. Die Überlassung des Dienstwagens an Dritte ist außer im Fall dienstlicher Veranlassung nicht gestattet.

4 2. Privatfahrten über **100** Kilometer sind im Einzelfall zuvor vom Arbeitgeber zu genehmigen.

3. Der Mitarbeiter versichert, im Besitz einer gültigen Fahrerlaubnis zu sein. Änderungen, Einschränkungen oder der – ggf. vorübergehende – Entzug der Fahrerlaubnis sind dem Arbeit- **5**
6 geber sofort mitzuteilen. Das Fahrzeug ist bei Entzug der Fahrerlaubnis unverzüglich an den Arbeitgeber zurückzugeben.

4. Der Mitarbeiter ist verpflichtet, die straßenverkehrsrechtlichen Vorschriften, wie das Straßenverkehrsgesetz, die Straßenverkehrsordnung und die Straßenverkehrszulassungsordnung einzuhalten.

1/3

Kopiervorlage

Dienstwagenüberlassungsvereinbarung

Zwischen

_____

_____

_____

nachfolgend „Arbeitgeber" genannt

und

_____

_____

_____

_____

nachfolgend „Mitarbeiter" genannt.

Vorbemerkung:

Zwischen den Parteien besteht seit dem _____ ein Arbeitsverhältnis auf unbestimmte Zeit. Über die Bereitstellung eines Dienstwagens ab dem _____ wird folgende Vereinbarung getroffen.

§ 1 Umfang der Privatnutzung

1. Der Arbeitgeber stellt dem Mitarbeiter einen Dienstwagen der Mittelklasse ___ zur Verfügung, der vom Mitarbeiter auch für private Fahrten genutzt werden darf. Bei der Überlassung des Dienstwagens für private Fahrten handelt es sich um eine freiwillige Leistung des Arbeitgebers, die jederzeit widerrufen werden kann. Die Überlassung des Dienstwagens an Dritte ist außer im Fall dienstlicher Veranlassung nicht gestattet.

2. Privatfahrten über _____ Kilometer sind im Einzelfall zuvor vom Arbeitgeber zu genehmigen.

3. Der Mitarbeiter versichert, im Besitz einer gültigen Fahrerlaubnis zu sein. Änderungen, Einschränkungen oder der – ggf. vorübergehende – Entzug der Fahrerlaubnis sind dem Arbeitgeber sofort mitzuteilen. Das Fahrzeug ist bei Entzug der Fahrerlaubnis unverzüglich an den Arbeitgeber zurückzugeben.

4. Der Mitarbeiter ist verpflichtet, die straßenverkehrsrechtlichen Vorschriften, wie das Straßenverkehrsgesetz, die Straßenverkehrsordnung und die Straßenverkehrszulassungsordnung einzuhalten.

7 Die hier gewählte pauschale Versteuerung des geldwerten Vorteils wird in der Praxis häufig gewählt. Es besteht aber auch die Möglichkeit der Abrechnung über ein Fahrtenbuch, in das der Mitarbeiter alle dienstlichen und alle privaten Fahrten eintragen muss. In diesem Fall ist anhand des Fahrtenbuches genau zu ermitteln, welche privaten Fahrten durchgeführt wurden. Die Versteuerung des geldwerten Vorteils für die Nutzung des Dienstwagens erfolgt dann anhand der Kosten für die aufgezeichneten Privatfahrten. Dieser Weg ist jedoch sehr zeitaufwendig und umständlich, so dass die pauschale Versteuerung bevorzugt wird.

8 Sinn und Zweck der Dienstwagenvereinbarung ist primär, dem Mitarbeiter für die Aufgabenerledigung (Erbringung der Arbeitsleistung) – für diesen kostenlos – ein Fahrzeug zur Verfügung zu stellen. Aus diesem Grund müssen Sie zumindest für die Dienstfahrten alle Kosten übernehmen. Üblich ist jedoch, dass der Arbeitgeber auch für die private Nutzung die Kosten übernimmt. In manchen Dienstwagen-Überlassungsverträgen werden die Kraftstoffkosten für Urlaubsreisen von der Kostenübernahme ausgeschlossen, in anderen Verträgen die Kraftstoffkosten für sämtliche Privatfahrten.

9 Für Bußgelder oder Geldstrafen, die im Zusammenhang mit dem dienstlichen oder privaten Führen des Dienstwagens stehen, ist Ihr Mitarbeiter ausschließlich selbst verantwortlich.

10 Für den Arbeitnehmer ist die Übertragung des an seine Person gebundenen (privaten) Schadensfreiheitsrabattes auf das Dienstfahrzeug freiwillig. Sie haben als Arbeitgeber keinen Anspruch darauf, an diesem Vorteil bei der Kfz-Versicherung teilzuhaben. Andererseits hat der Mitarbeiter den Vorteil, seinen persönlichen Schadensfreiheitsrabatt weiter zu reduzieren.

11 Für den Umfang der Schadensersatzpflicht gelten die Grundsätze der Arbeitnehmerhaftung auch für Beschädigungen oder Verlust des Dienstwagens, es sei denn, eine Versicherung übernimmt die Kosten für die entstandenen Schäden. In diesem Fall haftet der Mitarbeiter auch dann nicht selbst, wenn er den Schaden vorsätzlich oder grob fahrlässig selbst verursacht hat. In der Regel werden aber diese Fälle von den Versicherungen nicht abgedeckt. Im Musterbeispiel ist – abweichend von den Grundsätzen der Arbeitnehmerhaftung: für Vorsatz und grobe Fahrlässigkeit volle Haftung, für mittlere Fahrlässigkeit anteilige Haftung, für leichte Fahrlässigkeit keine Haftung – als Haftungstatbestand nur Vorsatz und grobe Fahrlässigkeit vorgesehen worden.

Dienstwagenüberlassungsvereinbarung

§ 2 Besteuerung des privaten Gebrauchs

7 ▸ 1. Die unentgeltliche Benutzung des firmeneigenen Dienstwagens für private Zwecke stellt einen geldwerten Vorteil dar, der entsprechend der steuerlichen Vorschriften zusammen mit den monatlichen Bezügen des Mitarbeiters zu versteuern ist. Zur Zeit beträgt der zu versteuernde Betrag _1_ % des Listenpreises des Dienstwagens.

8 ▸ 2. Zur privaten Nutzung unterliegen auch die Fahrten zwischen Wohnung und Arbeitsstätte der Lohn- bzw. Einkommensteuer.

3. Die auf den geldwerten Vorteil gemäß Absatz 1 und 2 entfallende Lohn- bzw. Einkommensteuer trägt der Mitarbeiter.

§ 3 Kosten, Wartung

1. Der Arbeitgeber übernimmt sämtliche Betriebs- und Unterhaltungskosten eingeschlossen die Kfz-Steuer, Kfz-Haftpflicht, Inspektions- und Wartungskosten einschließlich Ersatzteile und -reifen, Reparaturkosten, Kraftstoffkosten sowie eine Vollkaskoversicherung.

2. Der Mitarbeiter ist verpflichtet, für die rechtzeitige Durchführung der vom Hersteller empfohlenen oder sonst notwendig erscheinenden Maßnahmen zu sorgen. Hierzu zählen unter anderem Inspektionen, Ölwechsel und Reinigung. Der Mitarbeiter ist auch für die Kontrolle des Ölstandes und des Reifendrucks verantwortlich.

9 ▸ 3. Die bei der dienstlichen oder privaten Nutzung des Dienstwagens verhängten Geldbußen hat der Mitarbeiter selbst zu tragen.

§ 4 Schadensfreiheitsrabatt

10 ▸ Der Mitarbeiter kann den privaten Schadensfreiheitsrabatt auf das Dienstfahrzeug übertragen. Der Arbeitgeber verpflichtet sich, den bei Beendigung dieses Vertrages erreichten Schadensfreiheitsrabatt auf den Mitarbeiter zurück zu übertragen.

§ 5 Haftung bei Beschädigungen

1. Kfz-Unfälle und sonstige Schadensfälle am oder im Zusammenhang mit dem Dienstfahrzeug sind dem Arbeitgeber unverzüglich zu melden.

11 ▸ 2. Der Mitarbeiter ist für alle Beschädigungen, die er in vorsätzlicher oder grob fahrlässiger Weise verursacht hat, in voller Höhe schadensersatzpflichtig. Soweit Schäden durch die Versicherung vollständig abgedeckt werden, entfällt eine Haftung des Mitarbeiters. Bei Diebstahl haftet der Mitarbeiter ebenfalls für Vorsatz und grobe Fahrlässigkeit, insbesondere auch für mangelhafte Beaufsichtigung, nachlässige Abstellung oder unsachgemäße Behandlung.

3. Im Rahmen der Privat-Nutzung haftet der Mitarbeiter für jede Fahrlässigkeit (jedes Verschulden).

2/3

Kopiervorlage

Dienstwagenüberlassungsvereinbarung

§ 2 Besteuerung des privaten Gebrauchs

1. Die unentgeltliche Benutzung des firmeneigenen Dienstwagens für private Zwecke stellt einen geldwerten Vorteil dar, der entsprechend der steuerlichen Vorschriften zusammen mit den monatlichen Bezügen des Mitarbeiters zu versteuern ist. Zur Zeit beträgt der zu versteuernde Betrag __ % des Listenpreises des Dienstwagens.

2. Zur privaten Nutzung unterliegen auch die Fahrten zwischen Wohnung und Arbeitsstätte der Lohn- bzw. Einkommensteuer.

3. Die auf den geldwerten Vorteil gemäß Absatz 1 und 2 entfallende Lohn- bzw. Einkommensteuer trägt der Mitarbeiter.

§ 3 Kosten, Wartung

1. Der Arbeitgeber übernimmt sämtliche Betriebs- und Unterhaltungskosten eingeschlossen die Kfz-Steuer, Kfz-Haftpflicht, Inspektions- und Wartungskosten einschließlich Ersatzteile und -reifen, Reparaturkosten, Kraftstoffkosten sowie eine Vollkaskoversicherung.

2. Der Mitarbeiter ist verpflichtet, für die rechtzeitige Durchführung der vom Hersteller empfohlenen oder sonst notwendig erscheinenden Maßnahmen zu sorgen. Hierzu zählen unter anderem Inspektionen, Ölwechsel und Reinigung. Der Mitarbeiter ist auch für die Kontrolle des Ölstandes und des Reifendrucks verantwortlich.

3. Die bei der dienstlichen oder privaten Nutzung des Dienstwagens verhängten Geldbußen hat der Mitarbeiter selbst zu tragen.

§ 4 Schadensfreiheitsrabatt

Der Mitarbeiter kann den privaten Schadensfreiheitsrabatt auf das Dienstfahrzeug übertragen. Der Arbeitgeber verpflichtet sich, den bei Beendigung dieses Vertrages erreichten Schadensfreiheitsrabatt auf den Mitarbeiter zurück zu übertragen.

§ 5 Haftung bei Beschädigungen

1. Kfz-Unfälle und sonstige Schadensfälle am oder im Zusammenhang mit dem Dienstfahrzeug sind dem Arbeitgeber unverzüglich zu melden.

2. Der Mitarbeiter ist für alle Beschädigungen, die er in vorsätzlicher oder grob fahrlässiger Weise verursacht hat, in voller Höhe schadensersatzpflichtig. Soweit Schäden durch die Versicherung vollständig abgedeckt werden, entfällt eine Haftung des Mitarbeiters. Bei Diebstahl haftet der Mitarbeiter ebenfalls für Vorsatz und grobe Fahrlässigkeit, insbesondere auch für mangelhafte Beaufsichtigung, nachlässige Abstellung oder unsachgemäße Behandlung.

3. Im Rahmen der Privat-Nutzung haftet der Mitarbeiter für jede Fahrlässigkeit (jedes Verschulden).

12 Die Aufnahme dieser Widerrufsklausel ist für Sie als Arbeitgeber besonders wichtig. Ohne eine derartige Klausel wird die Zurverfügungstellung des Dienstwagens mit Privat-Nutzungs-Erlaubnis zu einem Entgeltbestandteil. Der Mitarbeiter hat dann einen Anspruch darauf, dass ihm während der gesamten Dauer des rechtlichen Bestandes des Arbeitsverhältnisses ein Dienstwagen zur Verfügung gestellt wird. Das gilt dann aber auch für Zeiten, in denen Sie Ihren Mitarbeiter z. B. wegen der nahen Beendigung des Arbeitsverhältnisses freigestellt haben. Entziehen Sie dem Mitarbeiter zum Beispiel im Fall der Freistellung vorzeitig oder im Fall der Arbeitsunfähigkeit vorübergehend das Dienstfahrzeug, so sind Sie verpflichtet, die Kosten für ein Ersatzfahrzeug zu tragen oder für den Entzug der privaten Nutzungsmöglichkeit eine Vergütung des Nutzwertes zu zahlen. Durch diese sofortige Widerrufsmöglichkeit sind Sie – jedenfalls im Rahmen der einzuhaltenden Ankündigungsfrist – in der Lage, das Fahrzeug ohne Entschädigung (Vergütung des Nutzungswertes) zurückzufordern. Die Ankündigungsfrist ist erforderlich, da der Mitarbeiter aufgrund der Zurverfügungstellung des Dienstwagens mit Privat-Nutzung selbst kein Fahrzeug mehr vorhalten muss. Sie sind daher aufgrund Ihrer Fürsorgepflicht verpflichtet, dem Mitarbeiter durch Einräumung einer Frist die Gelegenheit zu geben, sich ein Ersatzfahrzeug zu besorgen.

13 Vertragsänderungen sollten Sie zu Beweiszwecken immer schriftlich verfassen.

14 Diese Regelung wird als Teilunwirksamkeitsklausel oder auch salvatorische Klausel bezeichnet. Sie soll verhindern, dass bei einem unwirksamen Teil des Vertrages, das heißt bei der Unwirksamkeit einzelner Bestimmungen, gleich das gesamte Vertragswerk unwirksam wird. Sie finden diese oder ähnliche Klauseln auch in einer Vielzahl von anderen Verträgen.

Dienstwagenüberlassungsvereinbarung

12 **§ 6 Widerrufs- und Austauschmöglichkeit**

1. Der Arbeitgeber hat das Recht, jederzeit ohne Angabe von Gründen die Überlassung des Fahrzeuges zu widerrufen. Dem Widerruf hat eine Ankündigungsfrist von 4 Wochen vorauszugehen. Der Widerruf ist auch zulässig bei Änderung der Arbeitsaufgabe, bei Freistellung von der Arbeitspflicht, bei Arbeitsunfähigkeit sowie in jedem sonstigen Fall der Nichtleistung von Arbeit. Dies gilt unabhängig von dem rechtlichen Bestand des Arbeitsverhältnisses.

2. Für Zeiten, in denen der Arbeitgeber dem Mitarbeiter die Möglichkeit der privaten Nutzung entzieht, steht dem Mitarbeiter ein Anspruch auf Vergütung des Nutzungsersatzes zu.

3. Im Fall des Widerrufs hat der Mitarbeiter das Fahrzeug unverzüglich, das heißt spätestens an dem auf den Tag des Zugangs der Widerrufsmitteilung folgenden Arbeitstag, an den Arbeitgeber zurückzugeben. Ein Zurückbehaltungsrecht (§ 273 BGB) steht dem Mitarbeiter nicht zu.

4. Der Arbeitgeber hat das Recht, den Dienstwagen nach seinem Ermessen gegen ein anderes Fahrzeug auszutauschen.

§ 7 Sonstige Bestimmungen

13 1. Änderungen und Ergänzungen dieses Vertrages bedürfen der Schriftform; dies gilt auch für einen Verzicht auf das Schriftformerfordernis selbst.

2. Mündliche Nebenabreden zu diesem Vertrag wurden nicht getroffen.

14 3. Sollten sich einzelne Bestimmungen dieses Vertrages als unwirksam erweisen (so genannte Teilunrichtigkeit), so wird dadurch die Wirksamkeit der übrigen Bestimmungen nicht berührt. Eine ungültige oder unklare Bestimmung ist so zu ersetzen bzw. zu deuten, dass der mit ihr beabsichtigte wirtschaftliche Zweck erreicht wird. Lücken sind dem beabsichtigten wirtschaftlichen Zweck entsprechend zu füllen.

Musterstadt, 06.12.
Ort, Datum

Karl Anzinger
Geschäftsführer
Unterschrift Arbeitgeber

Georg Kleinschmidt
Unterschrift Mitarbeiter

3/3

Kopiervorlage

Dienstwagenüberlassungsvereinbarung

§ 6 Widerrufs- und Austauschmöglichkeit

1. Der Arbeitgeber hat das Recht, jederzeit ohne Angabe von Gründen die Überlassung des Fahrzeuges zu widerrufen. Dem Widerruf hat eine Ankündigungsfrist von 4 Wochen vorauszugehen. Der Widerruf ist auch zulässig bei Änderung der Arbeitsaufgabe, bei Freistellung von der Arbeitspflicht, bei Arbeitsunfähigkeit sowie in jedem sonstigen Fall der Nichtleistung von Arbeit. Dies gilt unabhängig von dem rechtlichen Bestand des Arbeitsverhältnisses.

2. Für Zeiten, in denen der Arbeitgeber dem Mitarbeiter die Möglichkeit der privaten Nutzung entzieht, steht dem Mitarbeiter ein Anspruch auf Vergütung des Nutzungsersatzes zu.

3. Im Fall des Widerrufs hat der Mitarbeiter das Fahrzeug unverzüglich, das heißt spätestens an dem auf den Tag des Zugangs der Widerrufsmitteilung folgenden Arbeitstag, an den Arbeitgeber zurückzugeben. Ein Zurückbehaltungsrecht (§ 273 BGB) steht dem Mitarbeiter nicht zu.

4. Der Arbeitgeber hat das Recht, den Dienstwagen nach seinem Ermessen gegen ein anderes Fahrzeug auszutauschen.

§ 7 Sonstige Bestimmungen

1. Änderungen und Ergänzungen dieses Vertrages bedürfen der Schriftform; dies gilt auch für einen Verzicht auf das Schriftformerfordernis selbst.

2. Mündliche Nebenabreden zu diesem Vertrag wurden nicht getroffen.

3. Sollten sich einzelne Bestimmungen dieses Vertrages als unwirksam erweisen (so genannte Teilunrichtigkeit), so wird dadurch die Wirksamkeit der übrigen Bestimmungen nicht berührt. Eine ungültige oder unklare Bestimmung ist so zu ersetzen bzw. zu deuten, dass der mit ihr beabsichtigte wirtschaftliche Zweck erreicht wird. Lücken sind dem beabsichtigten wirtschaftlichen Zweck entsprechend zu füllen.

_____

Ort, Datum

_____   _____

Unterschrift Arbeitgeber   Unterschrift Mitarbeiter

1 Der Vertrag enthält die Besonderheit, dass der Mitarbeiter die Leasing-Raten für den Dienstwagen selbst zahlt, während Sie als Halter des Fahrzeuges die Treibstoffkosten und die sonstigen Betriebskosten für die dienstlichen Fahrten Ihres Mitarbeiters, außerdem die Kfz-Steuer und die Versicherungsprämien übernehmen. Ein solcher Vertrag empfiehlt sich beispielsweise, wenn Sie Ihrem Mitarbeiter keinen Dienstwagen zur Verfügung stellen können oder wollen, Ihr Mitarbeiter aber auf ein (repräsentatives) Fahrzeug angewiesen ist. Vertragspartner des Leasing-Gebers sind Sie als Arbeitgeber, das heißt, Sie als Arbeitgeber sind der Leasing-Nehmer.

2 Sie können hier auch die Automarke und – sofern bekannt – das amtliche Kennzeichen eintragen.

3 Sie haben auch die Möglichkeit, die Mitnutzung des Dienstwagens durch den Ehe- oder nichtehelichen Lebenspartner zu untersagen.

4 Üblich sind Laufzeiten von 3 Jahren und jährliche Fahrleistungen von 20.000 km. Eine vorzeitige Auflösung des Leasing-Vertrages vor dem Ende der Laufzeit ist grundsätzlich nicht möglich. Eine Ausnahme gilt jedoch für einige Anbieter, die bereit sind, das Fahrzeug jederzeit trotz des vereinbarten Leasing-Vertrages zurückzunehmen.

5 Tragen Sie hier die Höhe der monatlichen Leasing-Rate ein.

6 Die monatlichen Leasing-Raten werden hier von den Tantiemen des Mitarbeiters in Abzug gebracht. Es ist auch möglich, die monatlichen Leasing-Kosten nur von den Netto-Bezügen Ihres Mitarbeiters abzuführen.

---

1 ▶ **Nutzungsvereinbarung über Leasingfahrzeugnutzung**

Zwischen

Rickelhuber Weißwurst GmbH
Münchener Str. 5

12345 Musterstadt

nachfolgend „Arbeitgeber" genannt.

und

Herrn/Frau
August Ernst
Königshof 22

12345 Musterstadt

nachfolgend „Mitarbeiter" genannt.

Vorbemerkung

Zwischen den Vertragsparteien besteht seit dem **01.02.** ein unbefristetes Arbeitsverhältnis. Dies vorausgeschickt, vereinbaren die Parteien Folgendes:

§ 1 Nutzungsberechtigung

2 ▶ 1. Der Arbeitgeber stellt dem Mitarbeiter einen Dienstwagen der **oberen** Mittelklasse zur Verfügung, den der Mitarbeiter auch für private Fahrten nutzen darf.

3 ▶ 2. Dem Mitarbeiter ist es nicht gestattet, das Fahrzeug zu vermieten, zu verleihen oder einem Dritten zu überlassen mit Ausnahme einer Mitnutzung durch den Ehe- oder nichtehelichen Lebenspartner.

§ 2 Laufzeit und Kilometerfahrleistung

4 ▶ Der Mitarbeiter legt die Laufzeit des Leasing-Vertrages und die jährliche Kilometerfahrleistung mit dem Dienstfahrzeug fest.

§ 3 Leasing-Rate

1. Der Mitarbeiter übernimmt die monatliche Leasing-Rate in Höhe von **DM 750,-/EUR...** für ◀ **5** die Dauer der nach § 2 festgelegten Laufzeit des Leasing-Vertrages.

2. Über- oder unterschreitet der Mitarbeiter die nach § 2 festgelegte Kilometerfahrleistung, geht dies zu seinen Lasten bzw. zu seinen Gunsten. Sofern der Anteil der freien Tantiemen nicht zur vollständigen Abdeckung der Leasing-Rate ausreicht, zahlt der Mitarbeiter den Restbetrag aus seinen Netto-Bezügen. Als Abrechnungszeitraum wird das Jahr vereinbart, für das die Tan-
6 ▶ tiemenzahlung erfolgt.

1/3

Kopiervorlage

Nutzungsvereinbarung

Zwischen

_____
_____

_____

nachfolgend „Arbeitgeber" genannt.

und

_____
_____
_____

_____

nachfolgend „Mitarbeiter" genannt.

Vorbemerkung

Zwischen den Vertragsparteien besteht seit dem _____ ein unbefristetes Arbeitsverhältnis. Dies vorausgeschickt, vereinbaren die Parteien Folgendes:

§ 1 Nutzungsberechtigung

1. Der Arbeitgeber stellt dem Mitarbeiter einen Dienstwagen der _____ Mittelklasse zur Verfügung, den der Mitarbeiter auch für private Fahrten nutzen darf.

2. Dem Mitarbeiter ist es nicht gestattet, das Fahrzeug zu vermieten, zu verleihen oder einem Dritten zu überlassen mit Ausnahme einer Mitnutzung durch den Ehe- oder nichtehelichen Lebenspartner.

§ 2 Laufzeit und Kilometerfahrleistung

Der Mitarbeiter legt die Laufzeit des Leasing-Vertrages und die jährliche Kilometerfahrleistung mit dem Dienstfahrzeug fest.

§ 3 Leasing-Rate

1. Der Mitarbeiter übernimmt die monatliche Leasing-Rate in Höhe von _____ für die Dauer der nach § 2 festgelegten Laufzeit des Leasing-Vertrages.

2. Über- oder unterschreitet der Mitarbeiter die nach § 2 festgelegte Kilometerfahrleistung, geht dies zu seinen Lasten bzw. zu seinen Gunsten. Sofern der Anteil der freien Tantiemen nicht zur vollständigen Abdeckung der Leasing-Rate ausreicht, zahlt der Mitarbeiter den Restbetrag aus seinen Netto-Bezügen. Als Abrechnungszeitraum wird das Jahr vereinbart, für das die Tantiemenzahlung erfolgt.

7 Häufig ist in Dienstwagenverträgen die Formulierung „Bei privater Nutzung sind die Treibstoffkosten vom Mitarbeiter zu zahlen, ausgenommen für Fahrten zwischen Wohnung und Arbeitsstätte sowie Kurzfahrten" vorhanden. Dies führt dazu, dass der Mitarbeiter ein Fahrtenbuch bzw. eine Aufstellung über beruflich und privat veranlasste Fahrten führen muss, damit die Benzinkosten für die private Nutzung ermittelt werden können.

8 Sie haben gegenüber Ihrem Mitarbeiter keinen Anspruch darauf, dass er seinen Schadensfreiheitsrabatt auf den Dienstwagen überträgt. In der Regel wird Ihr Mitarbeiter aber einer solchen Übertragung zustimmen, um seinen Schadensfreiheitsrabatt weiter zu erhöhen.

9 Tragen Sie hier die Höhe des Vollkasko-Selbstbehaltes ein.

10 Die monatlichen 1 % des Brutto-Listenpreises sind auf volle DM 100,--/EUR... abzurunden. Die Pauschale in Höhe von DM 0,03/EUR... je Entfernungskilometer für Fahrten zwischen Wohnung und Arbeitsstätte fallen nur an, wenn – wie hier – der Dienstwagen dazu genutzt werden darf.

11 In das Fahrtenbuch sind alle Fahrten aufzunehmen. Anzugeben sind Datum, Kilometerstände, Reiseziel, Reiseroute, Reisezweck und die Namen der aufgesuchten Geschäftspartner. Das Führen des Fahrtenbuches ist sehr zeitaufwendig. Steht Ihrem Mitarbeiter eine Schreibkraft zur Verfügung, kann er die für das Fahrtenbuch benötigten Angaben abdiktieren und später von der Schreibkraft erfassen lassen.

12 Hier hat sich Ihr Mitarbeiter darüber zu erklären, welche Methode er zur Ermittlung des so genannten geldwerten Vorteils wählt.

13 Tragen Sie hier die Entfernungskilometer von der Wohnung Ihres Mitarbeiters zu seiner Arbeitsstätte ein. Dieser Eintrag ist nur erforderlich, wenn Ihr Mitarbeiter die Pauschalversteuerung wählt.

Nutzungsvereinbarung über Leasingfahrzeugnutzung

§ 4 Kosten, Versicherung und Wartung

7 1. Der Arbeitgeber übernimmt die Treibstoffkosten für den Dienstwagen. Benzinkosten, die für Privatfahrten und im Urlaub anfallen, trägt der Mitarbeiter.

2. Der Arbeitgeber zahlt die Kfz-Steuer sowie die Prämien für Haftpflicht- und Kaskoversicherung. Der Mitarbeiter hat die Möglichkeit, seinen etwaigen Schadensfreiheitsrabatt für die Haftpflicht- und Kaskoversicherung auf den Dienstwagen zu übertragen. Der Arbeitgeber wird **8** den bei Beendigung dieses Vertrages oder bei einem Ausscheiden des Mitarbeiters bestehenden Schadensfreiheitsrabatt auf den Mitarbeiter zurückübertragen.
9 Verschuldet der Mitarbeiter oder sein ehe- bzw. nichtehelicher Lebenspartner auf einer Privatfahrt einen Unfall, trägt der Mitarbeiter den Vollkasko-Selbstbehalt in Höhe von <u>DM 1.000,-- /EUR...</u> .

3. Dem Mitarbeiter obliegt die rechtzeitige Veranlassung der vom Hersteller vorgeschriebenen Inspektions- und Wartungsintervalle sowie die Einhaltung der TÜV- und ASU-Termine. Ihm obliegt ferner die Vergabe notwendiger Reparaturen und die Pflege des Fahrzeuges. Die Kosten für Inspektionen, Wartungen und Reparaturen trägt der Arbeitgeber. Dem Mitarbeiter ist nicht gestattet, technische Veränderungen an dem Dienstwagen vorzunehmen oder zu veranlassen.

4. Geldstrafen oder Bußgelder hat der Mitarbeiter selbst zu zahlen.

§ 5 Versteuerung der privaten Nutzung

Die unentgeltliche Nutzung des Dienstwagens ist nach den jeweils geltenden lohnsteuerrechtlichen Bestimmungen zu versteuern.

Danach ist derzeit zu versteuern:

10 Pauschal monatlich 1 % des Brutto-Listenpreises des Firmenwagens = <u>DM 400,--/EUR...</u> zuzüglich pauschal DM 0,03/EUR... je Entfernungskilometer zwischen Wohnung und Arbeitsstätte (Pauschalversteuerung)

oder

11 der Anteil, der sich aus einem von dem Mitarbeiter zu führenden Fahrtenbuch aus dem Verhältnis der privat veranlassten Fahrten zu den beruflich veranlassten Fahrten ergibt (Einzelnachweisregelung).

Der Mitarbeiter erklärt: Ich wähle

- Pauschalversteuerung	❑
12 - Einzelnachweisregelung	❑

13 Die Entfernung von der Wohnung zur Arbeitsstätte beträgt <u>22</u> Entfernungskilometer.

2/3

Kopiervorlage

Nutzungsvereinbarung

§ 4 Kosten, Versicherung und Wartung

1. Der Arbeitgeber übernimmt die Treibstoffkosten für den Dienstwagen. Benzinkosten, die für Privatfahrten und im Urlaub anfallen, trägt der Mitarbeiter.

2. Der Arbeitgeber zahlt die Kfz-Steuer sowie die Prämien für Haftpflicht- und Kaskoversicherung. Der Mitarbeiter hat die Möglichkeit, seinen etwaigen Schadensfreiheitsrabatt für die Haftpflicht- und Kaskoversicherung auf den Dienstwagen zu übertragen. Der Arbeitgeber wird den bei Beendigung dieses Vertrages oder bei einem Ausscheiden des Mitarbeiters bestehenden Schadensfreiheitsrabatt auf den Mitarbeiter zurückübertragen.
   Verschuldet der Mitarbeiter oder sein ehe- bzw. nichtehelicher Lebenspartner auf einer Privatfahrt einen Unfall, trägt der Mitarbeiter den Vollkasko-Selbstbehalt in Höhe von _____ _____ .

3. Dem Mitarbeiter obliegt die rechtzeitige Veranlassung der vom Hersteller vorgeschriebenen Inspektions- und Wartungsintervalle sowie die Einhaltung der TÜV- und ASU-Termine. Ihm obliegt ferner die Vergabe notwendiger Reparaturen und die Pflege des Fahrzeuges. Die Kosten für Inspektionen, Wartungen und Reparaturen trägt der Arbeitgeber. Dem Mitarbeiter ist nicht gestattet, technische Veränderungen an dem Dienstwagen vorzunehmen oder zu veranlassen.

4. Geldstrafen oder Bußgelder hat der Mitarbeiter selbst zu zahlen.

§ 5 Versteuerung der privaten Nutzung

Die unentgeltliche Nutzung des Dienstwagens ist nach den jeweils geltenden lohnsteuerrechtlichen Bestimmungen zu versteuern.

Danach ist derzeit zu versteuern:

Pauschal monatlich 1 % des Brutto-Listenpreises des Firmenwagens = _____ zuzüglich pauschal DM 0,03/EUR... je Entfernungskilometer zwischen Wohnung und Arbeitsstätte (Pauschalversteuerung)

oder

der Anteil, der sich aus einem von dem Mitarbeiter zu führenden Fahrtenbuch aus dem Verhältnis der privat veranlassten Fahrten zu den beruflich veranlassten Fahrten ergibt (Einzelnachweisregelung).

Der Mitarbeiter erklärt: Ich wähle

- Pauschalversteuerung	❑
- Einzelnachweisregelung	❑

Die Entfernung von der Wohnung zur Arbeitsstätte beträgt _____ Entfernungskilometer.

14 Diese Klausel ist für Sie besonders wichtig, damit Ihr Mitarbeiter Sie aus den Pflichten des Leasing-Vertrages freistellt wie beispielsweise die Zahlung der monatlichen Raten.

15 Aufgrund des Schriftformerfordernisses sind mündliche Vereinbarungen unwirksam.

16 Diese so genannte salvatorische Klausel (Teilunwirksamkeitsregelung) verhindert, dass eine einzelne unwirksame Bestimmung zur Unwirksamkeit des gesamten Vertrages führt.

Nutzungsvereinbarung über Leasingfahrzeugnutzung

§ 6 Unfall und Haftung

1. Im Schadensfall ist der Arbeitgeber unverzüglich zu unterrichten.

2. Bei Unfällen hat der Mitarbeiter mit Ausnahmen von Bagatellschäden die Polizei zu verständigen und nach Möglichkeit Beweise über den Unfallhergang zu sichern. Er darf kein Schuldanerkenntnis abgeben.

3. Der Mitarbeiter haftet für alle vorsätzlich oder grobfahrlässig verursachten Beschädigungen des Dienstwagens auf vollen Schadensersatz. Sofern keine Versicherung eintritt, haftet der Mitarbeiter bei anderen fahrlässig verursachten Schäden nach dem Grad seines Verschuldens. Leichtfahrlässig verursachte Schäden am Kfz trägt der Arbeitgeber.

§ 7 Nutzungsende

1. Die Nutzung des Dienstwagens ist an das bestehende Arbeitsverhältnis mit dem Arbeitgeber gebunden und endet automatisch mit der Beendigung des Arbeitsverhältnisses.

14 ▶ 2. Scheidet der Mitarbeiter aus dem Arbeitsverhältnis aus, gehen die Rechte und Pflichten aus dem Leasing-Vertrag für die restliche Laufzeit auf ihn über.

§ 8 Schlussbestimmungen

15 ▶ 1. Änderungen oder Ergänzungen dieses Vertrages bedürfen der Schriftform. Mündliche Nebenabreden wurden nicht getroffen.

16 ▶ 2. Sofern einzelne Bestimmungen dieses Vertrages unwirksam sind, berührt dies nicht die Wirksamkeit der übrigen Bestimmungen.

Musterstadt, 01.03.
Ort, Datum

Franz Rickelhuber
Unterschrift Arbeitgeber

August Ernst
Unterschrift Mitarbeiter

Kopiervorlage

3/3

Nutzungsvereinbarung

§ 6 Unfall und Haftung

1. Im Schadensfall ist der Arbeitgeber unverzüglich zu unterrichten.

2. Bei Unfällen hat der Mitarbeiter mit Ausnahmen von Bagatellschäden die Polizei zu verständigen und nach Möglichkeit Beweise über den Unfallhergang zu sichern. Er darf kein Schuldanerkenntnis abgeben.

3. Der Mitarbeiter haftet für alle vorsätzlich oder grobfahrlässig verursachten Beschädigungen des Dienstwagens auf vollen Schadensersatz. Sofern keine Versicherung eintritt, haftet der Mitarbeiter bei anderen fahrlässig verursachten Schäden nach dem Grad seines Verschuldens. Leichtfahrlässig verursachte Schäden am Kfz trägt der Arbeitgeber.

§ 7 Nutzungsende

1. Die Nutzung des Dienstwagens ist an das bestehende Arbeitsverhältnis mit dem Arbeitgeber gebunden und endet automatisch mit der Beendigung des Arbeitsverhältnisses.

2. Scheidet der Mitarbeiter aus dem Arbeitsverhältnis aus, gehen die Rechte und Pflichten aus dem Leasing-Vertrag für die restliche Laufzeit auf ihn über.

§ 8 Schlussbestimmungen

1. Änderungen oder Ergänzungen dieses Vertrages bedürfen der Schriftform. Mündliche Nebenabreden wurden nicht getroffen.

2. Sofern einzelne Bestimmungen dieses Vertrages unwirksam sind, berührt dies nicht die Wirksamkeit der übrigen Bestimmungen.

_____

Ort, Datum

_____

Unterschrift Arbeitgeber

_____

Unterschrift Mitarbeiter

© Urheberrechtlich geschützt: Fachverlag für Recht und Führung, Tel.: 0228 / 9 55 0 130, Fax: 0228 / 35 97 10 „Vertrags-Check Arbeitsrecht" (Buch und CD-ROM)

1 Muss ein Mitarbeiter im Rahmen seiner Arbeitsaufgabe gelegentlich außerhalb des Unternehmens arbeiten (so genannte Dienstfahrt), so müssen Sie ihm den damit verbundenen Aufwand ersetzen, das heißt, die Kosten übernehmen. Neben dem Kostenersatz für öffentliche Verkehrsmittel kommt auch der Ersatz der Kosten für die Fahrten mit eigenem PKW des Mitarbeiters in Betracht. Die Kostenerstattung für Fahrten mit dem eigenen PKW des Mitarbeiters ist für die Firma immer dann interessant, wenn zum einen das Unternehmen nicht in der Lage ist, dem Mitarbeiter ein Fahrzeug zur Verfügung zu stellen oder die Fahrten des Mitarbeiters relativ selten sind, so dass sich die Anschaffung eines Firmenfahrzeuges für die Firma nicht lohnt.

2 Tragen Sie hier die Fahrzeugmarke, den Fahrzeugtyp und das Autokennzeichen ein. Sie als Arbeitgeber sollten sicherstellen, dass Ihr Mitarbeiter eine Vollkaskoversicherung abschließt. Denn für Schäden, die von der Versicherung nicht gedeckt sind, sind Sie eintrittspflichtig. Das gilt, soweit der Mitarbeiter den Schaden nicht selbst vorsätzlich oder grob-fahrlässig verursacht hat.

3 Da es sich hier um das private Fahrzeug des Mitarbeiters handelt, bereitet es Schwierigkeiten festzustellen, welche Fahrten dienstlich und welche privat veranlasst sind. Aus diesem Grund sollten Sie bei einer Nutzungsvereinbarung für den privaten PKW vorschreiben, dass jede einzelne Dienstfahrt vorher von Ihnen zu genehmigen ist.

4 Eine Bezahlung nur der von Ihnen als Arbeitgeber veranlassten Fahrten ist sichergestellt, wenn der Abrechnungsvordruck zugleich den Nachweis über die vorherige Genehmigung enthält.

---

1 ▸ **Nutzungsvereinbarung für privaten PKW**

Zwischen

Karl Blumenthal
Bahnhofstr. 72

12345 Musterstadt

nachfolgend „Arbeitgeber" genannt

und

Herrn/Frau
Walter Obermeier
Waldweg 12

12345 Musterstadt

nachfolgend „Mitarbeiter" genannt

wird folgende Nutzungsvereinbarung geschlossen:

Vorbemerkung

Zwischen den Arbeitsvertragsparteien besteht ein unbefristetes Arbeitsverhältnis seit dem **01.08.** . Im Rahmen seiner Tätigkeit hat der Arbeitnehmer für den Arbeitgeber Dienstfahrten zu unternehmen, die mit dem privaten PKW des Mitarbeiters durchgeführt werden sollen.

§ 1 Nutzungsgegenstand

Der Mitarbeiter ist berechtigt, dienstlich veranlasste oder sonst im Interesse des Arbeitgebers liegende Fahrten (Dienstfahrt) mit dem in seinem Eigentum stehenden PKW Marke **VW** Typ **Passat** **2** ▸ mit dem amtlichen Kennzeichen **DL-FF-522** durchzuführen. Die Benutzung eines anderen Fahrzeuges muss vorher vom Arbeitgeber genehmigt werden. Hierzu versichert der Mitarbeiter, dass

– er die Fahrten mit einem gültigen Führerschein durchführt;
– das Kfz nur in einem verkehrssicheren Zustand benutzt wird;
– das Kfz in seinem Eigentum steht und er der alleinige Halter ist.

Der Arbeitnehmer verpflichtet sich, für den PKW eine Kfz-Haftpflichtversicherung mit einer Versicherungssumme von mindestens **DM 1 Million /EUR...** pauschal sowie eine Vollkasko-Versicherung mit einer Selbstbeteiligung von **DM 500,-- /EUR...** abzuschließen.

§ 2 Genehmigungsverfahren

3 ▸ Jede Dienstfahrt bedarf der vorherigen Genehmigung des Arbeitgebers. Der hierfür erforderliche Vordruck dient zugleich der Abrechnung der Fahrt nach Maßgabe von § 4 Absatz 1 dieser Vereinbarung. ◂ **4**

1/2

Kopiervorlage

Nutzungsvereinbarung

Zwischen

_____

_____

_____

nachfolgend „Arbeitgeber" genannt

und

_____

_____

_____

_____

nachfolgend „Mitarbeiter" genannt

wird folgende Nutzungsvereinbarung geschlossen:

Vorbemerkung

Zwischen den Arbeitsvertragsparteien besteht ein unbefristetes Arbeitsverhältnis seit dem _____ . Im Rahmen seiner Tätigkeit hat der Arbeitnehmer für den Arbeitgeber Dienstfahrten zu unternehmen, die mit dem privaten PKW des Mitarbeiters durchgeführt werden sollen.

§ 1 Nutzungsgegenstand

Der Mitarbeiter ist berechtigt, dienstlich veranlasste oder sonst im Interesse des Arbeitgebers liegende Fahrten (Dienstfahrt) mit dem in seinem Eigentum stehenden PKW Marke ___ Typ _____ mit dem amtlichen Kennzeichen _____ durchzuführen. Die Benutzung eines anderen Fahrzeuges muss vorher vom Arbeitgeber genehmigt werden. Hierzu versichert der Mitarbeiter, dass

– er die Fahrten mit einem gültigen Führerschein durchführt;
– das Kfz nur in einem verkehrssicheren Zustand benutzt wird;
– das Kfz in seinem Eigentum steht und er der alleinige Halter ist.

Der Arbeitnehmer verpflichtet sich, für den PKW eine Kfz-Haftpflichtversicherung mit einer Versicherungssumme von mindestens _____ pauschal sowie eine Vollkasko-Versicherung mit einer Selbstbeteiligung von _____ abzuschließen.

§ 2 Genehmigungsverfahren

Jede Dienstfahrt bedarf der vorherigen Genehmigung des Arbeitgebers. Der hierfür erforderliche Vordruck dient zugleich der Abrechnung der Fahrt nach Maßgabe von § 4 Absatz 1 dieser Vereinbarung.

5 Tragen Sie hier die von Ihnen zu erstattenden Kosten ein. Die Höhe ist zwischen Ihnen und Ihrem Mitarbeiter verhandelbar. In der Regel wird der Mitarbeiter eine Zahlung in Höhe des steuerlichen Höchstsatzes akzeptieren.

6 Tragen Sie den Betrag ein, den Sie als Arbeitgeber Ihrem Mitarbeiter im Rahmen einer Teil-Betriebskostenerstattung zahlen.

7 Sofern Sie als Arbeitgeber einen Anteil an der Haftpflicht- und Kaskoversicherung tragen wollen, fügen Sie hier den Prozentsatz oder einen festen Betrag ein.

8 Da Sie als Arbeitgeber die Fahrten veranlasst haben, müssen Sie auch für eventuell entstandene Schäden aufkommen. Sie haben aber die Möglichkeit, die Kosten von dem Unfallverursacher zurückzufordern, sofern der Anspruch an Sie abgetreten wurde. Die Abtretung des Schadensersatzanspruches finden Sie gleich im nächsten Paragraphen.

9 Ist ein Schaden an dem Fahrzeug des Mitarbeiters durch einen Dritten verursacht worden, können Sie die von Ihnen übernommenen Kosten von dem Unfallverursacher zurückfordern. Voraussetzung hierfür ist, dass Ihr Mitarbeiter seinen Anspruch an Sie abgetreten hat.

10 Vertragsänderungen sollten Sie zu Beweiszwecken immer schriftlich verfassen.

11 Diese Regelung wird als Teilunwirksamkeitsklausel oder auch salvatorische Klausel bezeichnet. Sie soll verhindern, dass bei einem unwirksamen Teil des Vertrages gleich das gesamte Vertragswerk entfällt. Sie finden diese oder ähnliche Klauseln auch in einer Vielzahl von anderen Verträgen.

Nutzungsvereinbarung für privaten PKW

§ 3 Kündigung

Diese Nutzungsvereinbarung kann von beiden Parteien jederzeit ohne Angabe von Gründen gekündigt werden. Sie endet zudem spätestens mit der Beendigung des bestehenden Arbeitsverhältnisses.

§ 4 Erstattung der Kosten / Aufwendungsersatz

5 1. Der Mitarbeiter erhält ein Kilometergeld in Form einer pauschalen Kostenerstattung in Höhe von __DM 0,52/EUR...__ pro genehmigtem dienstlich gefahrenem Kilometer. Die Abrechnung erfolgt jeweils am Monatsende gegen Nachweis der gefahrenen Kilometer.

6 2. Zusätzlich gewährt der Arbeitgeber zu den Betriebskosten einen Zuschuss von monatlich __DM 250,--/EUR...__ . Außerdem trägt der Arbeitgeber von den vom Mitarbeiter zu entrichtenden Haftpflicht- und Kaskoversicherungsbeiträgen einen Anteil von __15__ %. **7**

§ 5 Haftung

8 Mit der Kostenerstattung nach § 4 sind alle unmittelbaren und mittelbaren Ansprüche, die sich aus der Benutzung des privaten Kfz für Dienstfahrten ergeben, abgegolten. Eingeschlossen hierin sind: Steuern, Versicherungen, sowie Aufwendungen für Schäden aller Art, die am Kfz und an Personen – auch bei Dritten – entstehen; dies gilt auch für Unfallschäden.

§ 6 Abtretung

Wurde der Schaden am Kfz des Mitarbeiters durch einen Dritten verursacht, so tritt der Mitarbeiter bereits jetzt seine Ansprüche gegenüber dem Unfallverursacher in Höhe der vom Arbeitgeber gemäß § 5 übernommenen Kosten beziehungsweise in Höhe von etwa anfallenden Rest**9** kosten an diesen ab.

§ 7 Sonstige Bestimmungen

10 1. Änderungen und Ergänzungen dieses Vertrages bedürfen der Schriftform; dies gilt auch für einen Verzicht auf das Schriftformerfordernis selbst.

2. Mündliche Nebenabreden zu diesem Vertrag bestehen nicht.

11 3. Die Unwirksamkeit einzelner Bestimmungen dieses Vertrages lässt die Wirksamkeit des übrigen Vertrages unberücksichtigt. Die Parteien sind verpflichtet, rechtsunwirksame Bestimmungen zu ersetzen, die dem mit den rechtsunwirksamen Bestimmungen verfolgten Zweck am nächsten kommen.

__Musterstadt, 03.04.__
Ort, Datum

__Karl Blumenthal__
__Geschäftsführer__
Unterschrift Arbeitgeber

__Walter Obermeier__
Unterschrift Mitarbeiter

2/2

Kopiervorlage

Nutzungsvereinbarung

§ 3 Kündigung

Diese Nutzungsvereinbarung kann von beiden Parteien jederzeit ohne Angabe von Gründen gekündigt werden. Sie endet zudem spätestens mit der Beendigung des bestehenden Arbeitsverhältnisses.

§ 4 Erstattung der Kosten / Aufwendungsersatz

1. Der Mitarbeiter erhält ein Kilometergeld in Form einer pauschalen Kostenerstattung in Höhe von _____ pro genehmigtem dienstlich gefahrenem Kilometer. Die Abrechnung erfolgt jeweils am Monatsende gegen Nachweis der gefahrenen Kilometer.

2. Zusätzlich gewährt der Arbeitgeber zu den Betriebskosten einen Zuschuss von monatlich _____ . Außerdem trägt der Arbeitgeber von den vom Mitarbeiter zu entrichtenden Haftpflicht- und Kaskoversicherungsbeiträgen einen Anteil von ___ %.

§ 5 Haftung

Mit der Kostenerstattung nach § 4 sind alle unmittelbaren und mittelbaren Ansprüche, die sich aus der Benutzung des privaten Kfz für Dienstfahrten ergeben, abgegolten. Eingeschlossen hierin sind: Steuern, Versicherungen, sowie Aufwendungen für Schäden aller Art, die am Kfz und an Personen – auch bei Dritten – entstehen; dies gilt auch für Unfallschäden.

§ 6 Abtretung

Wurde der Schaden am Kfz des Mitarbeiters durch einen Dritten verursacht, so tritt der Mitarbeiter bereits jetzt seine Ansprüche gegenüber dem Unfallverursacher in Höhe der vom Arbeitgeber gemäß § 5 übernommenen Kosten beziehungsweise in Höhe von etwa anfallenden Restkosten an diesen ab.

§ 7 Sonstige Bestimmungen

1. Änderungen und Ergänzungen dieses Vertrages bedürfen der Schriftform; dies gilt auch für einen Verzicht auf das Schriftformerfordernis selbst.

2. Mündliche Nebenabreden zu diesem Vertrag bestehen nicht.

3. Die Unwirksamkeit einzelner Bestimmungen dieses Vertrages lässt die Wirksamkeit des übrigen Vertrages unberücksichtigt. Die Parteien sind verpflichtet, rechtsunwirksame Bestimmungen zu ersetzen, die dem mit den rechtsunwirksamen Bestimmungen verfolgten Zweck am nächsten kommen.

_____
Ort, Datum

_____   _____
Unterschrift Arbeitgeber   Unterschrift Mitarbeiter

1 Grundsätzlich gilt, dass ein befristetes Arbeitsverhältnis während seiner Laufzeit nicht ordentlich gekündigt werden kann, und zwar weder durch den Arbeitgeber noch durch den Arbeitnehmer. Die ordentliche Kündigung ist jedoch möglich, wenn Sie eine Kündigungsmöglichkeit ausdrücklich mit Ihrem Mitarbeiter vereinbart haben. Haben Sie dies im Arbeitsvertrag zunächst versäumt, können Sie eine Kündigungsmöglichkeit nur noch im Wege einer Zusatz- oder Änderungsvereinbarung im Einvernehmen mit Ihrem Mitarbeiter festlegen. Ohne eine solche Vereinbarung haben Sie nur die Möglichkeit, sich von Ihrem Mitarbeiter durch eine außerordentliche Kündigung (§ 626 Bürgerliches Gesetzbuch (BGB)) zu trennen, da dieser Rechtsanspruch nicht abdingbar ist, auch nicht im Einvernehmen mit dem Vertragspartner. Jedoch sind die Voraussetzungen für eine außerordentliche Kündigung sehr hoch. Hierfür bedarf es nämlich eines wichtigen Grundes, der es Ihnen unzumutbar macht, das Arbeitsverhältnis mit dem Mitarbeiter bis zum Ablauf der Befristung fortzuführen. Deshalb sollten Sie bei Abschluss eines befristeten Arbeitsvertrages immer die Zulässigkeit der ordentlichen Kündigung vereinbaren.

2 Die Kündigungsfrist entspricht der gesetzlichen Grundkündigungsfrist gemäß § 622 Absatz 1 BGB. Gilt ein Tarifvertrag, d. h. ist auf das Arbeitsverhältnis ein Tarifvertrag anzuwenden, so nehmen Sie an dieser Stelle lediglich Bezug auf den geltenden Tarifvertrag, z. B. mit der Formulierung „... *die Kündigung des Arbeitsverhältnisses unter Einhaltung der im – dem Arbeitsvertrag zugrundeliegenden – Tarifvertrag festgelegten ordentlichen Kündigungsfristen möglich ist.*"

Wichtiger Hinweis!
Das Recht der befristeten Arbeitsverhältnisse wird zur Zeit neu geregelt und zwar

■ sowohl die normale Befristung mit Sachgrund nach dem Bürgerlichen Gesetzbuch (BGB)
■ als auch die Befristung ohne Sachgrund nach dem Beschäftigungsförderungsgesetz (BGB).

Der Gesetzentwurf befindet sich zum Redaktionsschluss noch in der parlamentarischen Beratung, das Gesetz soll aber am 01.01.2001 in Kraft treten. Wir werden Sie schnellstmöglich über die neue Rechtslage informieren.

3 Ein Arbeitsvertrag – als so genanntes Dauerschuldverhältnis – kann stets und jederzeit aus einem wichtigen Grund fristlos (außerordentlich) gekündigt werden. Jedoch haben alle Mitarbeiter (auch in Kleinbetrieben) das Recht, eine außerordentliche fristlose Kündigung von den Arbeitsgerichten überprüfen zu lassen. Die gerichtlichen Anforderungen an eine wirksame außerordentliche fristlose Kündigung sind aber so hoch, dass die Bestandskraft (Wirksamkeit) einer solchen Kündigung eher als Ausnahme anzusehen ist. Siehe hierzu § 626 BGB „Außerordentliche Kündigung".

4 Alle Vereinbarungen und Vertragsänderungen sollten Sie zu Beweiszwecken immer schriftlich verfassen. Unabhängig von dieser Empfehlung gilt, dass befristete Arbeitsverträge sowie damit im Zusammenhang stehende Vertragsänderungen zu ihrer Wirksamkeit immer schriftlich abgefasst werden müssen (§ 623 BGB).

Sonderklausel bei Kündigung vor Ablauf des befristeten Arbeitsverhältnisses

Zwischen

der Firma
Geschenke Meier
Inhaber Karl Meier
Strandpromenade 4

12345 Musterstadt

nachfolgend „Arbeitgeber" genannt

und

Herrn/Frau
Marita Loß
Dorfstr. 36

12345 Musterstadt

nachfolgend „Mitarbeiter" genannt.

Präambel
Zwischen den Vertragsparteien besteht seit dem **01.09.** ein bis zum **30.04.** befristetes Arbeitsverhältnis. Auf der Grundlage des diesem Vertragsverhältnis zugrunde liegenden befristeten Arbeitsvertrages vereinbaren die Parteien Folgendes:

1 ▶ **§ 1 Kündigungsrecht**
Die Arbeitsvertragsparteien vereinbaren, dass während der Laufzeit des befristeten Arbeitsvertrages die Kündigung des Arbeitsverhältnisses unter Einhaltung **einer Frist von 4 Wochen zum**
2 ▶ **15. oder zum Monatsende** möglich ist.

3 ▶ Das Recht zur außerordentlichen Kündigung bleibt unberührt und kann von beiden Arbeitsvertragsparteien ausgeübt werden sofern hierfür ein wichtiger Grund besteht.

§ 2 Sonstiges
Die übrigen Vereinbarungen des befristeten Arbeitsvertrages bleiben von dieser Regelung ebenfalls unberührt. Mündliche Vereinbarungen wurden nicht getroffen.
4 ▶

Musterstadt, den 28.09.
Ort, Datum

Karl Meier   **Marita Loß**
Unterschrift Arbeitgeber   Unterschrift Mitarbeiter

1/1

Kopiervorlage

Zusatzvereinbarung zum Arbeitsvertrag

Zwischen

_____

_____

_____

_____

nachfolgend „Arbeitgeber" genannt

und

_____

_____

_____

_____

nachfolgend „Mitarbeiter" genannt.

Präambel

Zwischen den Vertragsparteien besteht seit dem _____ ein bis zum _____ befristetes Arbeitsverhältnis. Auf der Grundlage des diesem Vertragsverhältnis zugrunde liegenden befristeten Arbeitsvertrages vereinbaren die Parteien Folgendes:

§ 1 Kündigungsrecht

Die Arbeitsvertragsparteien vereinbaren, dass während der Laufzeit des befristeten Arbeitsvertrages die Kündigung des Arbeitsverhältnisses unter Einhaltung _____ _____ möglich ist.

Das Recht zur außerordentlichen Kündigung bleibt unberührt und kann von beiden Arbeitsvertragsparteien ausgeübt werden sofern hierfür ein wichtiger Grund besteht.

§ 2 Sonstiges

Die übrigen Vereinbarungen des befristeten Arbeitsvertrages bleiben von dieser Regelung ebenfalls unberührt. Mündliche Vereinbarungen wurden nicht getroffen.

_____
Ort, Datum

_____   _____
Unterschrift Arbeitgeber   Unterschrift Mitarbeiter

Vertrags-Check Arbeitsrecht

1 Als Arbeitgeber dürfen Sie grundsätzlich kein generelles Alkohol- und Rauschmittelverbot in Ihrem Betrieb einführen. Insbesondere ein Alkoholverbot ist nur für bestimmte Mitarbeitergruppen zulässig, etwa für Fahrzeuglenker und Kranführer, oder wenn der Mitarbeiter durch Alkohol besonders gefährdet ist, wie etwa bei trockenen Alkoholikern. Etwas anderes gilt, wenn Sie einen Betriebsrat haben. In diesem Fall können Sie im Wege einer Betriebsvereinbarung in Ihrem Unternehmen ein absolutes Alkohol- und Rauschmittelverbot festlegen, wobei Sie das Mitbestimmungsrecht Ihres Betriebsrats beachten müssen, § 87 Absatz 1 Nr. 1 Betriebsverfassungsgesetz. Sie dürfen dieses Mitbestimmungsrecht Ihres Betriebsrats jedoch keinesfalls dadurch unterlaufen, dass Sie mit allen Mitarbeitern eine Zusatzvereinbarung zum Arbeitsvertrag über ein Alkohol- und Rauschmittelverbot schließen. Das ist unzulässig.

2 Gefährdungen, die von Ihrem alkoholisierten oder sonst berauschten Mitarbeiter für sich und andere Arbeitnehmer ausgehen, müssen Sie als Arbeitgeber verhindern oder beseitigen. Das gebietet Ihnen die Ihnen obliegende Fürsorgepflicht gegenüber Ihren Mitarbeitern.

Zusatzvereinbarung zum Arbeitsvertrag – Alkoholverbot

Zwischen

Hans Onkelbach KG
Vogelweg 11

12345 Musterstadt

nachfolgend „Arbeitgeber" genannt

und

Herrn/Frau
Peter Hinz
Kirchgasse 2

12345 Musterstadt

nachfolgend „Mitarbeiter" genannt.

Vorbemerkung

Zwischen den Vertragsparteien besteht seit dem **01.04.** ein unbefristetes Arbeitsverhältnis. Dies vorausgeschickt, vereinbaren die Parteien Folgendes:

1 ▶ **§ 1 Alkoholverbot**

1. Dem Mitarbeiter ist es untersagt, alkoholische Getränke oder andere Rauschmittel in den Betrieb oder zu seinem Arbeitsplatz mitzubringen.

2. Der Genuss von alkoholischen Getränken und anderen Rauschmitteln ist während der Arbeitszeit und in den Arbeitspausen auf dem Betriebsgelände oder am Arbeitsplatz untersagt.

3. Der Mitarbeiter hat darauf zu achten, dass er sich nicht vor Arbeitsaufnahme durch übermäßigen Alkoholgenuss oder Genuss sonstiger Rauschmittel in einen Zustand versetzt, in dem er seine arbeitsvertraglichen Pflichten nicht mehr ordnungsgemäß erfüllen kann.

2 ▶ **§ 2 Beschäftigungsverbot**

Hat der Mitarbeiter Alkohol oder sonstige Rauschmittel zu sich genommen, darf er nicht beschäftigt werden. Er hat seinen Arbeitsplatz spätestens nach Aufforderung durch seinen betrieblichen Vorgesetzten zu verlassen.

1/2

Kopiervorlage

Zusatzvereinbarung zum Arbeitsvertrag

Zwischen

_____

_____

_____

nachfolgend „Arbeitgeber" genannt

und

_____

_____

_____

_____

nachfolgend „Mitarbeiter" genannt.

Vorbemerkung

Zwischen den Vertragsparteien besteht seit dem _____ ein unbefristetes Arbeitsverhältnis. Dies vorausgeschickt, vereinbaren die Parteien Folgendes:

§ 1 Alkoholverbot

1. Dem Mitarbeiter ist es untersagt, alkoholische Getränke oder andere Rauschmittel in den Betrieb oder zu seinem Arbeitsplatz mitzubringen.

2. Der Genuss von alkoholischen Getränken und anderen Rauschmitteln ist während der Arbeitszeit und in den Arbeitspausen auf dem Betriebsgelände oder am Arbeitsplatz untersagt.

3. Der Mitarbeiter hat darauf zu achten, dass er sich nicht vor Arbeitsaufnahme durch übermäßigen Alkoholgenuss oder Genuss sonstiger Rauschmittel in einen Zustand versetzt, in dem er seine arbeitsvertraglichen Pflichten nicht mehr ordnungsgemäß erfüllen kann.

§ 2 Beschäftigungsverbot

Hat der Mitarbeiter Alkohol oder sonstige Rauschmittel zu sich genommen, darf er nicht beschäftigt werden. Er hat seinen Arbeitsplatz spätestens nach Aufforderung durch seinen betrieblichen Vorgesetzten zu verlassen.

Vertrags-Check Arbeitsrecht

3 Ihre Fürsorgepflicht gegenüber Ihrem Mitarbeiter verpflichtet Sie, dafür Sorge zu tragen, dass er sich nicht Gefährdungen aufgrund seines Alkohol- oder Rauschmittelkonsums aussetzt. Die Kosten dafür können Sie Ihrem Mitarbeiter auferlegen.

4 Hat Ihr Mitarbeiter seine Arbeitsunfähigkeit selbst verschuldet, verliert er seinen Anspruch auf Entgeltfortzahlung. Bei Alkohol- oder Rauschmittelmissbrauch liegt jedoch keine selbstverschuldete Arbeitsunfähigkeit vor, wenn Ihr Mitarbeiter von diesen Suchtmitteln abhängig ist. Diese Abhängigkeit gilt als unverschuldete Krankheit, so dass Ihr Mitarbeiter Anspruch auf Entgeltfortzahlung bis zu 6 Wochen hat.

Kann Ihr Mitarbeiter seinen Alkohol- oder Rauschmittelkonsum steuern, hat er seine Arbeitsunfähigkeit selbst verschuldet. Das gilt auch, wenn Ihr Mitarbeiter alkohol- oder rauschmittelkrank war und rückfällig geworden ist. Die Rechtsprechung verlangt von sogenannten trockenen Alkoholikern, dass sie besonders darauf achten, nicht rückfällig zu werden. Ein Rückfall wird daher als selbstverschuldete Arbeitsunfähigkeit bewertet. Diese Grundsätze sind auf Mitarbeiter, die beim Genuss von sonstigen Rauschmitteln rückfällig werden, entsprechend anzuwenden.

5 Als Arbeitgeber dürfen Sie Alkohol- oder Rauschmittelkontrollen nicht einseitig anordnen. Das verstößt gegen das Persönlichkeitsrecht Ihres Mitarbeiters.

Zusatzvereinbarung zum Arbeitsvertrag – Alkoholverbot

3 **§ 3 Heimfahrt auf eigene Kosten**

Der Mitarbeiter verpflichtet sich, im Falle eines Verstoßes gegen § 1 dieser Zusatzvereinbarung, sich auf eigene Kosten nach Hause befördern zu lassen. Damit ist gewährleistet, dass der Mitarbeiter sich nicht allein auf dem Betriebsgelände oder an seinem Arbeitsplatz bewegt und auch nicht einen etwaigen eigenen Pkw zur Heimfahrt benutzt.

4 **§ 4 Entgeltfortzahlung**

Für die Zeit des alkohol- oder aufgrund sonstiger Rauschmittel bedingten Arbeitsausfalls wird kein Arbeitsentgelt gezahlt, es sei denn, der Mitarbeiter ist alkohol- oder sonst rauschmittelkrank und nicht rückfällig geworden.

5 **§ 5 Alkoholtest**

Steht der Mitarbeiter unter dem Verdacht des Alkohol- oder sonstigen Rauschmitteleinflusses, kann er sich freiwillig einem von einem Arzt durchzuführenden Alkohol- oder sonstigem Rauschmitteltest unterziehen.

Musterstadt, 15.05.
Ort, Datum

Hans Onkelbach
Unterschrift Arbeitgeber

Peter Hinz
Unterschrift Mitarbeiter

2/2

Kopiervorlage

Zusatzvereinbarung zum Arbeitsvertrag

§ 3 Heimfahrt auf eigene Kosten

Der Mitarbeiter verpflichtet sich, im Falle eines Verstoßes gegen § 1 dieser Zusatzvereinbarung, sich auf eigene Kosten nach Hause befördern zu lassen. Damit ist gewährleistet, dass der Mitarbeiter sich nicht allein auf dem Betriebsgelände oder an seinem Arbeitsplatz bewegt und auch nicht einen etwaigen eigenen Pkw zur Heimfahrt benutzt.

§ 4 Entgeltfortzahlung

Für die Zeit des alkohol- oder aufgrund sonstiger Rauschmittel bedingten Arbeitsausfalls wird kein Arbeitsentgelt gezahlt, es sei denn, der Mitarbeiter ist alkohol- oder sonst rauschmittelkrank und nicht rückfällig geworden.

§ 5 Alkoholtest

Steht der Mitarbeiter unter dem Verdacht des Alkohol- oder sonstigen Rauschmitteleinflusses, kann er sich freiwillig einem von einem Arzt durchzuführenden Alkohol- oder sonstigem Rauschmitteltest unterziehen.

_____

Ort, Datum

_____   _____

Unterschrift Arbeitgeber   Unterschrift Mitarbeiter

1 Sofern ein für Sie als Arbeitgeber und Ihren Mitarbeiter geltender Tarifvertrag nichts anderes vorsieht, können Sie die Versorgungsleistungen für Ihre Mitarbeiter in verschiedenen Formen sicherstellen. Das Gesetz zur Verbesserung der betrieblichen Altersversorgung (BetrAVG, auch Betriebsrentengesetz genannt) sieht folgende Versorgungsleistungen vor: Direktversicherung, Unterstützungskasse, Pensionskasse, Entgeltumwandlung oder beitragsorientierte Leistungszulage, § 1 Absätze 2 bis 6 BetrAVG. Da die finanziellen Auswirkungen für Ihren Betrieb erheblich sein können, sollten Sie die von Ihnen in Aussicht genommenen Versorgungsleistungen für Ihre Mitarbeiter von einem Wirtschaftsprüfer oder Steuerberater überprüfen lassen. Die vorliegende Zusatzvereinbarung bezieht sich auf eine Ruhegeld-Direktzusage in Form einer Versorgungszusage mit Anrechnungsklauseln.

2 Tragen Sie hier ein, nach wieviel Jahren geleisteter Dienstzeit Ihr Mitarbeiter Anspruch auf Versorgungsleistungen haben soll. Die Bestimmung der Wartezeit liegt in Ihrem Ermessen. Üblich sind Wartezeiten zwischen 5 und 15 Jahren.

3 Nach den meisten Ruhegeldzusagen wird Ruhegeld zum einen an Hinterbliebene und zum anderen für den Fall gezahlt, dass der Mitarbeiter nicht mehr imstande ist, seine Arbeitsleistung zu erbringen.

Zusatzvereinbarung zum Arbeitsvertrag / Altersversorgung

Zwischen

Landmaschinen Bauer GmbH
Brauhausstr. 77-79

12345 Musterstadt

nachfolgend „Arbeitgeber" genannt

und

Herrn/Frau
Harald Dengler
Waldstr. 3

12345 Musterstadt

nachfolgend „Mitarbeiter" genannt.

Vorbemerkung

Zwischen den Vertragsparteien besteht seit dem __01.03.__ ein unbefristetes Arbeitsverhältnis (Arbeitsvertrag vom __15.02.__). Mit dieser Zusatzvereinbarung gewährt der Arbeitgeber dem Mitarbeiter Versorgungsleistungen nach Maßgabe der folgenden Bestimmungen:

1 ### § 1 Versorgungsleistungen, Leistungsplan

Versorgungsleistungen sind vorgesehen: Ruhegelder, Witwengelder und Waisengelder. Die Versorgungsleistungen werden laufend oder befristet gewährt.

§ 2 Wartezeit

Der Mitarbeiter erwirbt den Anspruch auf Versorgungsleistungen mit Vollendung einer 10-jährigen Dienstzeit beim Arbeitgeber, d. h. nach einer Wartezeit von 10 Jahren. Hat der Arbeitnehmer bei **2** Eintritt des Versorgungsfalles eine Dienstzeit von mindestens __10__ Jahren geleistet, ist der Arbeitgeber zur Leistung der Versorgungsleistung verpflichtet.

3 ### § 3 Betriebliches Ruhegeld

1. Der Mitarbeiter erhält ein betriebliches Ruhegeld, wenn er aus den Diensten der Firma ausscheidet und

   a. das 65. Lebensjahr vollendet hat oder
   b. Altersruhegeld aus der gesetzlichen Rentenversicherung vor Vollendung des 65. Lebensjahres beansprucht oder
   c. dienstunfähig ist.

1/4

Kopiervorlage

Zusatzvereinbarung zum Arbeitsvertrag

Zwischen

_____

_____

_____

nachfolgend „Arbeitgeber" genannt

und

_____

_____

_____

_____

nachfolgend „Mitarbeiter" genannt.

Vorbemerkung

Zwischen den Vertragsparteien besteht seit dem _____ ein unbefristetes Arbeitsverhältnis (Arbeitsvertrag vom _____). Mit dieser Zusatzvereinbarung gewährt der Arbeitgeber dem Mitarbeiter Versorgungsleistungen nach Maßgabe der folgenden Bestimmungen:

§ 1 Versorgungsleistungen, Leistungsplan

Versorgungsleistungen sind vorgesehen: Ruhegelder, Witwengelder und Waisengelder. Die Versorgungsleistungen werden laufend oder befristet gewährt.

§ 2 Wartezeit

Der Mitarbeiter erwirbt den Anspruch auf Versorgungsleistungen mit Vollendung einer 10-jährigen Dienstzeit beim Arbeitgeber, d. h. nach einer Wartezeit von 10 Jahren. Hat der Arbeitnehmer bei Eintritt des Versorgungsfalles eine Dienstzeit von mindestens ___ Jahren geleistet, ist der Arbeitgeber zur Leistung der Versorgungsleistung verpflichtet.

§ 3 Betriebliches Ruhegeld

1. Der Mitarbeiter erhält ein betriebliches Ruhegeld, wenn er aus den Diensten der Firma ausscheidet und

    a. das 65. Lebensjahr vollendet hat oder
    b. Altersruhegeld aus der gesetzlichen Rentenversicherung vor Vollendung des 65. Lebensjahres beansprucht oder
    c. dienstunfähig ist.

4 Durch die Möglichkeit, einen Arzt Ihrer Wahl einzuschalten, können Sie überprüfen, ob Ihr Mitarbeiter tatsächlich dienstunfähig ist.

5 Der Bezug der gesetzlichen Altersrente fällt in der Regel weg, wenn der ehemalige Mitarbeiter aus einer neuen Erwerbstätigkeit einen Verdienst erzielt, der die Hinzuverdienstgrenzen nach § 34 Sozialgesetzbuch VI überschreitet. Dies gilt jedoch nur bei Bezug von Altersrente vor Vollendung des 65. Lebensjahres. In diesem Fall entfällt auch der Bezug des betrieblichen Ruhegeldes.

6 Als Arbeitgeber dürfen Sie nicht nur eine Witwen- und Waisenversorgung aufnehmen; der Ausschluss der Witwerversorgung wäre unzulässig. Zulässig ist hingegen, wenn die Hinterbliebenenversorgung davon abhängig gemacht wird, dass der Verstorbene den Familienunterhalt im Wesentlichen bestritten hat. Dies gilt auch für so genannte Spätehen- oder Getrenntlebendklauseln, wonach die Versorgung bestimmter Personen ausgeschlossen wird.

Zusatzvereinbarung zum Arbeitsvertrag / Altersversorgung

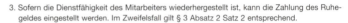

2. Dienstunfähigkeit des Mitarbeiters (Arbeitnehmers) liegt vor, wenn er nicht nur vorübergehend außerstande ist, eine seiner Vorbildung und seiner bisherigen Beschäftigung entsprechende Tätigkeit auszuüben. Der Arbeitgeber ist berechtigt, die Dienstunfähigkeit des Mitarbeiters durch einen Arzt seiner Wahl prüfen und bestätigen zu lassen. Dies gilt in Zweifelsfällen selbst dann, wenn der Mitarbeiter einen Bescheid eines Sozialversicherungsträgers vorlegt, in dem seine Berufsunfähigkeit im Sinne von § 43 f. Sozialgesetzbuch VI festgestellt worden ist.

3. Sofern die Dienstfähigkeit des Mitarbeiters wiederhergestellt ist, kann die Zahlung des Ruhegeldes eingestellt werden. Im Zweifelsfall gilt § 3 Absatz 2 Satz 2 entsprechend.

4. Sofern das Altersruhegeld des Mitarbeiters aus der gesetzlichen Rentenversicherung vor Vollendung dessen 65. Lebensjahres wieder wegfällt, entfällt vom gleichen Zeitpunkt an auch die Zahlung des Ruhegeldes.

§ 4 Berechnung des betrieblichen Ruhegeldes

1. Das Ruhegeld beträgt für jedes zurückgelegte Dienstjahr im Betrieb des Arbeitgebers 4 % der letzten monatlichen Dienstbezüge.

2. Als letzte monatliche Dienstbezüge gelten die Dienstbezüge, die sich aus dem Jahresdurchschnitt des letzten Jahres vor der Versetzung des Mitarbeiters in den Ruhestand ergeben. Hat der Mitarbeiter für bestimmte Zeiten keine Dienstbezüge erhalten und gibt es hierfür keinen rechtfertigenden Grund, so sind diese Zeiten in die Jahresdurchschnittsrechnung nicht einzubeziehen. Bei der Berechnung des Jahresdurchschnittes bleiben Sonderzahlungen wie ein 13. Monatsgehalt, zusätzlich zum Urlaubsentgelt gezahltes Urlaubsgeld und sonstige Leistungen des Arbeitgebers unberücksichtigt.

§ 5 Betriebliche Witwer-/Witwenrente

1. Die Ehepartnerin des Mitarbeiters erhält nach dessen Ableben ein Witwengeld von 60 % des betrieblichen Ruhegeldes, das der Verstorbene bezog oder bezogen haben würde, wenn er an diesem Tage in den Ruhestand versetzt worden wäre. Die Gewährung des betrieblichen Witwengeldes ist an die Bedingung geknüpft, dass der Familienunterhalt von dem verstorbenen Mitarbeiter überwiegend bestritten wurde. Diese Regelung gilt gleichermaßen für die Fälle, in denen eine Mitarbeiterin verstorben ist und der hinterbliebene Ehepartner eine betriebliche Witwerrente beanspruchen kann.

2. Abweichend von § 5 Absatz 1 kommt die Gewährung von Witwer-/Witwenrente nicht in Betracht, wenn

   a. einer der Mitarbeiter bei der Eheschließung 60 oder mehr Jahre alt war oder
   b. der Mitarbeiter mehr als 25 Jahre älter als sein Ehegatte ist oder
   c. die Ehe nur geschlossen worden ist, um dem Ehegatten die Versorgungsleistungen zuzuwenden oder
   d. der Mitarbeiter und sein/e Ehepartner/in getrennt leben.

2/4

Kopiervorlage

Zusatzvereinbarung zum Arbeitsvertrag

2. Dienstunfähigkeit des Mitarbeiters (Arbeitnehmers) liegt vor, wenn er nicht nur vorübergehend außerstande ist, eine seiner Vorbildung und seiner bisherigen Beschäftigung entsprechende Tätigkeit auszuüben. Der Arbeitgeber ist berechtigt, die Dienstunfähigkeit des Mitarbeiters durch einen Arzt seiner Wahl prüfen und bestätigen zu lassen. Dies gilt in Zweifelsfällen selbst dann, wenn der Mitarbeiter einen Bescheid eines Sozialversicherungsträgers vorlegt, in dem seine Berufsunfähigkeit im Sinne von § 43 f. Sozialgesetzbuch VI festgestellt worden ist.

3. Sofern die Dienstfähigkeit des Mitarbeiters wiederhergestellt ist, kann die Zahlung des Ruhegeldes eingestellt werden. Im Zweifelsfall gilt § 3 Absatz 2 Satz 2 entsprechend.

4. Sofern das Altersruhegeld des Mitarbeiters aus der gesetzlichen Rentenversicherung vor Vollendung dessen 65. Lebensjahres wieder wegfällt, entfällt vom gleichen Zeitpunkt an auch die Zahlung des Ruhegeldes.

§ 4 Berechnung des betrieblichen Ruhegeldes

1. Das Ruhegeld beträgt für jedes zurückgelegte Dienstjahr im Betrieb des Arbeitgebers 4 % der letzten monatlichen Dienstbezüge.

2. Als letzte monatliche Dienstbezüge gelten die Dienstbezüge, die sich aus dem Jahresdurchschnitt des letzten Jahres vor der Versetzung des Mitarbeiters in den Ruhestand ergeben. Hat der Mitarbeiter für bestimmte Zeiten bzw. Zeiträume keine Dienstbezüge erhalten und gibt es hierfür keinen rechtfertigenden Grund, so sind diese Zeiten in die Jahresdurchschnittsrechnung nicht einzubeziehen. Bei der Berechnung des Jahresdurchschnittes bleiben Sonderzahlungen wie ein 13. Monatsgehalt, zusätzlich zum Urlaubsentgelt gezahltes Urlaubsgeld und sonstige Leistungen des Arbeitgebers unberücksichtigt.

§ 5 Betriebliche Witwer-/Witwenrente

1. Die Ehepartnerin des Mitarbeiters erhält nach dessen Ableben ein Witwengeld von 60 % des betrieblichen Ruhegeldes, das der Verstorbene bezog oder bezogen haben würde, wenn er an diesem Tage in den Ruhestand versetzt worden wäre. Die Gewährung des betrieblichen Witwengeldes ist an die Bedingung geknüpft, dass der Familienunterhalt von dem verstorbenen Mitarbeiter überwiegend bestritten wurde. Diese Regelung gilt gleichermaßen für die Fälle, in denen eine Mitarbeiterin verstorben ist und der hinterbliebene Ehepartner eine betriebliche Witwerrente beanspruchen kann.

2. Abweichend von § 5 Absatz 1 kommt die Gewährung von Witwer-/Witwenrente nicht in Betracht, wenn

   a. einer der Mitarbeiter bei der Eheschließung 60 oder mehr Jahre alt war oder
   b. der Mitarbeiter mehr als 25 Jahre älter als sein Ehegatte ist oder
   c. die Ehe nur geschlossen worden ist, um dem Ehegatten die Versorgungsleistungen zuzuwenden oder
   d. der Mitarbeiter und sein/e Ehepartner/in getrennt leben.

7 Bis zu welchem Lebensalter des Kindes die Waisenrente gezahlt werden soll, bleibt Ihrem Ermessen überlassen. Üblich ist ein Alter zwischen 25 und 27 Jahren, um dem Kind auch ein Studium zu ermöglichen, für dessen Kosten sonst der verstorbene Mitarbeiter aufgekommen wäre.

8 Die Hinterbliebenen sollen nicht mehr an betrieblichen Versorgungsbezügen erhalten, als der verstorbene Mitarbeiter hätte bekommen können oder bekommen hat.

9 Anrechnungsklauseln sind in zahlreichen Formen denkbar. Diesen Klauseln liegt der Gedanke zugrunde, dass durch die Versorgungsleistungen nur eine von den Parteien gedachte Lücke in der Versorgung des Mitarbeiters oder dessen Hinterbliebenen geschlossen werden soll. Die Bezugsberechtigten sollen aber darüber hinaus nicht besser gestellt werden.

Etwas anderes gilt jedoch für Versorgungsbezüge, die dem Mitarbeiter oder dessen Hinterbliebenen aufgrund eigener Beitragszahlungen des Mitarbeiters gewährt werden. Hier ist eine Anrechnung unzulässig, da Sie als Arbeitgeber nicht durch die Eigenvorsorge des Mitarbeiters entlastet werden sollen.

10 Als Arbeitgeber müssen Sie zwischen der Wartezeit und der Unverfallbarkeit unterscheiden. Die in dieser Zusatzvereinbarung unter § 2 geregelte Wartezeit beinhaltet, ob Ihr Mitarbeiter überhaupt einen Anspruch auf Versorgungsleistungen hat. Unverfallbarkeit bedeutet, dass der Verlust der Versorgungsanwartschaft bei vorzeitigem Ausscheiden des Arbeitnehmers aus dem Arbeitsverhältnis ausgeschlossen ist, der Anspruch also bei einem Arbeitsplatzwechsel bestehen bleibt und mitgenommen werden kann. Ihr Mitarbeiter, der vor Eintritt des Versorgungsfalles bei Ihnen ausscheidet, behält seinen Anspruch auf zukünftige Versorgungsleistungen, wenn er das 35. Lebensjahr vollendet hat und

- die Versorgungszusage für ihn bereits seit 10 Jahren besteht oder
- er seit mindestens 12 Jahren Ihrem Betrieb angehört und die Versorgungszusage für ihn bereits seit 3 Jahren besteht, § 1 Absatz 1 BetrAVG.

Auch Ihr Mitarbeiter,

- der in den Vorruhestand geht und
- die Unverfallbarkeitsfristen erfüllt hätte, wenn er nicht vorzeitig ausgeschieden wäre,

behält seine Anwartschaft auf die ihm zugesagten Versorgungsleistungen, § 2 Absatz 1 BetrAVG.

Zusatzvereinbarung zum Arbeitsvertrag / Altersversorgung

§ 6 Betriebliches Waisengeld, Höchstbetrag der betrieblichen Hinterbliebenenversorgung

1. Die vom Mitarbeiter unterhaltenen ehelichen, für ehelich erklärten, nichtehelichen jedoch adoptierten Kinder, erhalten nach dessen Ableben ein betriebliches Waisengeld in Höhe von je 20 % des Ruhegeldes, das er am Todestag bezog oder bezogen hätte, wenn er an diesem Tag in den Ruhestand versetzt worden wäre. Für Vollwaisen erhöht sich der Betrag auf je 25 % des vorgenannten betrieblichen Ruhegeldes.

7 2. Die betriebliche Waisenrente erhält das Kind bis zum Ende der Ausbildung, längstens jedoch bis zum **25.** Lebensjahr gewährt. Ausbildungsvergütungen des Kindes werden zur Hälfte angerechnet und zwar mit dem Anteil, der den jeweiligen höchsten Förderungsbetrag nach dem Bundesausbildungsförderungsgesetz übersteigt. Ferienverdienste von Schülern und Studenten bleiben unberücksichtigt.

8 3. Das betriebliche Witwengeld und/oder Waisengeld dürfen insgesamt das betriebliche Ruhegeld des verstorbenen Mitarbeiters nicht übersteigen. Bei Überschreitung des Höchstbetrages werden alle betrieblichen Renten entsprechend gekürzt.

9 **§ 7 Anrechnung anderer Leistungen**

Auf das betriebliche Ruhegeld oder die betrieblichen Hinterbliebenenbezüge werden angerechnet:

a. Die Renten der gesetzlichen Unfallversicherung zu 50 %. Sind bei dem verstorbenen Mitarbeiter weniger als 25 Dienstjahre zu berücksichtigen, ist der Anteil davon anzurechnen, der dem Vomhundertsatz des Ruhegeldes entspricht.
b. Versorgungsbezüge jeglicher Art, ausgeschlossen Leistungen der gesetzlichen Unfallversicherung, der in- und ausländischen gesetzlichen Rentenversicherung einschließlich entsprechender Befreiungsversicherungen.

Von den Versorgungsbezügen (siehe Buchstabe b) wird nur der Teil angerechnet, der nicht auf eigenen Beiträgen des Bezugsberechtigten beruht und zusammen mit den Leistungen nach dieser Vereinbarung 100 % seines Betrages abzüglich 50 % der Renten aus der gesetzlichen Unfallversicherung übersteigt. Die Berücksichtigung von Kapitalleistungen und Abfindungen erfolgt dadurch, dass sie nach den für die betriebliche Altersversorgung maßgeblichen versicherungsmathematischen Grundsätzen in rentengleiche Werte umgerechnet werden.

10 **§ 8 Versorgungsleistungen bei vorzeitigem Ausscheiden**

Für den Fall des Ausscheidens vor Eintritt des Versorgungsfalles gilt unter der Voraussetzung, dass eine unverfallbare Versorgungsanwartschaft besteht, dass sich das betriebliche Ruhegeld des Mitarbeiters nach dem Gesetz zur Verbesserung der betrieblichen Altersversorgung (BetrAVG) richtet.

§ 9 Allgemeine Vorschriften

1. Umstände, die für die Anspruchsberechtigung oder für die Höhe der Versorgungsleistung von Bedeutung sein können, hierzu zählt auch jede Wohnsitzänderung (Anschriftenänderung), sind dem Arbeitgeber gegebenenfalls unter Beifügung von beweiskräftigen Unterlagen, unverzüglich mitzuteilen.

3/4

Kopiervorlage

Zusatzvereinbarung zum Arbeitsvertrag

§ 6 Betriebliches Waisengeld, Höchstbetrag der betrieblichen Hinterbliebenenversorgung

1. Die vom Mitarbeiter unterhaltenen ehelichen, für ehelich erklärten, nichtehelichen jedoch adoptierten Kinder, erhalten nach dessen Ableben ein betriebliches Waisengeld in Höhe von je 20 % des Ruhegeldes, das er am Todestag bezog oder bezogen hätte, wenn er an diesem Tag in den Ruhestand versetzt worden wäre. Für Vollwaisen erhöht sich der Betrag auf je 25 % des vorgenannten betrieblichen Ruhegeldes.

2. Die betriebliche Waisenrente erhält das Kind bis zum Ende der Ausbildung, längstens jedoch bis zum ____ Lebensjahr gewährt. Ausbildungsvergütungen des Kindes werden zur Hälfte angerechnet und zwar mit dem Anteil, der den jeweiligen höchsten Förderungsbetrag nach dem Bundesausbildungsförderungsgesetz übersteigt. Ferienverdienste von Schülern und Studenten bleiben unberücksichtigt.

3. Das betriebliche Witwengeld und/oder Waisengeld dürfen insgesamt das betriebliche Ruhegeld des verstorbenen Mitarbeiters nicht übersteigen. Bei Überschreitung des Höchstbetrages werden alle betrieblichen Renten entsprechend gekürzt.

§ 7 Anrechnung anderer Leistungen

Auf das betriebliche Ruhegeld oder die betrieblichen Hinterbliebenenbezüge werden angerechnet:

a. Die Renten der gesetzlichen Unfallversicherung zu 50 %. Sind bei dem verstorbenen Mitarbeiter weniger als 25 Dienstjahre zu berücksichtigen, ist der Anteil davon anzurechnen, der dem Vomhundertsatz des Ruhegeldes entspricht.
b. Versorgungsbezüge jeglicher Art, ausgeschlossen Leistungen der gesetzlichen Unfallversicherung, der in- und ausländischen gesetzlichen Rentenversicherung einschließlich entsprechender Befreiungsversicherungen.

Von den Versorgungsbezügen (siehe Buchstabe b) wird nur der Teil angerechnet, der nicht auf eigenen Beiträgen des Bezugsberechtigten beruht und zusammen mit den Leistungen nach dieser Vereinbarung 100 % seines Betrages abzüglich 50 % der Renten aus der gesetzlichen Unfallversicherung übersteigt. Die Berücksichtigung von Kapitalleistungen und Abfindungen erfolgt dadurch, dass sie nach den für die betriebliche Altersversorgung maßgeblichen versicherungsmathematischen Grundsätzen in rentengleiche Werte umgerechnet werden.

§ 8 Versorgungsleistungen bei vorzeitigem Ausscheiden

Für den Fall des Ausscheidens vor Eintritt des Versorgungsfalles gilt unter der Voraussetzung, dass eine unverfallbare Versorgungsanwartschaft besteht, dass sich das betriebliche Ruhegeld des Mitarbeiters nach dem Gesetz zur Verbesserung der betrieblichen Altersversorgung (BetrAVG) richtet.

§ 9 Allgemeine Vorschriften

1. Umstände, die für die Anspruchsberechtigung oder für die Höhe der Versorgungsleistung von Bedeutung sein können, hierzu zählt auch jede Wohnsitzänderung (Anschriftenänderung), sind dem Arbeitgeber gegebenenfalls unter Beifügung von beweiskräftigen Unterlagen, unverzüglich mitzuteilen.

11 Sie können die Zahlung der Leistungen auch für das Monatsende vereinbaren.

12 Als Arbeitgeber genügen Sie Ihrer in § 16 BetrAVG festgeschriebenen Anpassungsprüfungspflicht, wenn die Anpassung nicht geringer ist als der Anstieg

- des Preisindexes für die Lebenshaltung von 4-Personen-Haushalten von Arbeitern und Angestellten mit mittlerem Einkommen oder
- der Nettolöhne vergleichbarer Mitarbeiter in Ihrem Betrieb.

Diese Prüfungspflicht können Sie unter anderem vermeiden, wenn Sie die laufenden Leistungen jährlich um wenigstens 1 % anpassen, § 16 Absatz 3 Nr. 1 BetrAVG.

Zusatzvereinbarung zum Arbeitsvertrag / Altersversorgung

11 ▶ 2. Die Leistungen (betrieblichen Renten) werden am **1.** eines jeden Monats zahlbar gestellt. Sie werden erstmalig für den Monat gewährt, der auf den Eintritt des Versorgungsfalles folgt.

3. Der Anspruch auf betriebliche Versorgungsleistungen erlischt mit Ablauf des Monats, in dem die Voraussetzungen für ihre Gewährung fortfallen.

12 ▶ **§ 10 Anpassung**

Gemäß § 16 BetrAVG wird der Arbeitgeber alle drei Jahre nach Eintritt des Versorgungsfalles die Möglichkeit der Anpassung der laufenden Versorgungsleistungen an die laufende Entwicklung prüfen. Das Ergebnis der Überprüfung hat der Arbeitgeber jedem Versorgungsberechtigten gesondert mitzuteilen.

§ 11 Vorbehalte

Der Arbeitgeber ist berechtigt, die Leistungen, Ansprüche auf Leistungen und Anwartschaften im Rahmen der betrieblichen Altersversorgung zu kürzen oder einzustellen, und zwar unter folgenden Voraussetzungen:

1. Die wirtschaftliche Lage des Unternehmens hat sich nachteilig so wesentlich verschlechtert, dass ihm eine Aufrechterhaltung der zugesagten betrieblichen Versorgungsleistungen nicht mehr zugemutet werden kann;

2. die rechtliche, insbesondere die versicherungs- oder steuerrechtliche Behandlung der Aufwendungen, die zur planmäßigen Finanzierung der betrieblichen Versorgungsleistungen von dem Arbeitgeber gemacht werden oder gemacht worden sind, hat sich in wesentlichen Teilen so sehr erhöht, dass dem Arbeitgeber die Aufrechterhaltung der zugesagten Leistungen nicht mehr zugemutet werden kann;

3. der Personenkreis, die Beiträge, die Leistungen oder das Pensionierungsalter bei der gesetzlichen Sozialversicherung oder anderen Versorgungseinrichtungen mit Rechtsanspruch haben sich wesentlich geändert oder

4. der Leistungsberechtigte hat durch sein Verhalten in grober Weise gegen Treu und Glauben verstoßen; als ein solcher Verstoß ist auch ein Verhalten anzusehen, das eine fristlose Entlassung rechtfertigen würde.

§ 12 Sonstiges

Die übrigen Bestimmungen aus dem Arbeitsvertrag vom **15.02.** werden von dieser Zusatzvereinbarung nicht berührt. Mündliche Abreden wurden nicht getroffen.

Musterstadt, 01.06.
Ort, Datum

Wilhelm Bauer
Geschäftsführer
Unterschrift Arbeitgeber

Harald Dengler
Unterschrift Mitarbeiter

4/4

Kopiervorlage

Zusatzvereinbarung zum Arbeitsvertrag

2. Die Leistungen (betrieblichen Renten) werden am ___ eines jeden Monats zahlbar gestellt. Sie werden erstmalig für den Monat gewährt, der auf den Eintritt des Versorgungsfalles folgt.

3. Der Anspruch auf betriebliche Versorgungsleistungen erlischt mit Ablauf des Monats, in dem die Voraussetzungen für ihre Gewährung fortfallen.

§ 10 Anpassung

Gemäß § 16 BetrAVG wird der Arbeitgeber alle drei Jahre nach Eintritt des Versorgungsfalles die Möglichkeit der Anpassung der laufenden Versorgungsleistungen an die laufende Entwicklung prüfen. Das Ergebnis der Überprüfung hat der Arbeitgeber jedem Versorgungsberechtigten gesondert mitzuteilen.

§ 11 Vorbehalte

Der Arbeitgeber ist berechtigt, die Leistungen, Ansprüche auf Leistungen und Anwartschaften im Rahmen der betrieblichen Altersversorgung zu kürzen oder einzustellen, und zwar unter folgenden Voraussetzungen:

1. Die wirtschaftliche Lage des Unternehmens hat sich nachteilig so wesentlich verschlechtert, dass ihm eine Aufrechterhaltung der zugesagten betrieblichen Versorgungsleistungen nicht mehr zugemutet werden kann;

2. die rechtliche, insbesondere die versicherungs- oder steuerrechtliche Behandlung der Aufwendungen, die zur planmäßigen Finanzierung der betrieblichen Versorgungsleistungen von dem Arbeitgeber gemacht werden oder gemacht worden sind, hat sich in wesentlichen Teilen so sehr erhöht, dass dem Arbeitgeber die Aufrechterhaltung der zugesagten Leistungen nicht mehr zugemutet werden kann;

3. der Personenkreis, die Beiträge, die Leistungen oder das Pensionierungsalter bei der gesetzlichen Sozialversicherung oder anderen Versorgungseinrichtungen mit Rechtsanspruch haben sich wesentlich geändert oder

4. der Leistungsberechtigte hat durch sein Verhalten in grober Weise gegen Treu und Glauben verstoßen; als ein solcher Verstoß ist auch ein Verhalten anzusehen, das eine fristlose Entlassung rechtfertigen würde.

§ 12 Sonstiges

Die übrigen Bestimmungen aus dem Arbeitsvertrag vom _____ werden von dieser Zusatzvereinbarung nicht berührt. Mündliche Abreden wurden nicht getroffen.

_____

Ort, Datum

_____   _____

Unterschrift Arbeitgeber   Unterschrift Mitarbeiter

1 Erfindungen im Sinne des Arbeitnehmererfindungsgesetzes (ArbnErfG) sind nur solche, die patent- oder gebrauchsmusterfähig sind, § 2 ArbnErfG. Als Arbeitgeber müssen Sie zwischen Diensterfindungen (gebundene Erfindungen) und freien Erfindungen Ihres Mitarbeiters unterscheiden, § 4 ArbnErfG. Diensterfindungen sind solche, die Ihr Mitarbeiter während der Dauer seines Arbeitsverhältnisses in Ihrem Betrieb gemacht hat oder die maßgeblich auf Erfahrungen oder Arbeiten des Betriebes beruhen. Demgegenüber beruhen freie Erfindungen Ihres Mitarbeiters nicht auf betrieblichen Umständen. Sofern die freie Erfindung in Ihrem Betrieb verwendet werden kann, ist Ihr Mitarbeiter jedoch verpflichtet, Ihnen seine Erfindung mitzuteilen und Ihnen zu angemessenen Bedingungen zur Benutzung anzubieten, §§ 18, 19 ArbnErfG. Sie können die Diensterfindung vollständig (unbeschränkt) oder teilweise (beschränkt) gegen Zahlung einer angemessenen Vergütung an Ihren Mitarbeiter in Anspruch nehmen, §§ 9, 10 ArbnErfG.

Vielen Mitarbeitern sind die Bestimmungen des ArbnErfG unbekannt. Bei besonders erfindungsreichen Mitarbeitern kann es daher sinnvoll sein, eine entsprechende Zusatzvereinbarung abzuschließen. Zudem gilt das ArbnErfG nur für Arbeitnehmer. Wollen Sie von Erfindungen Ihrer freien Mitarbeiter, arbeitnehmerähnlichen Personen oder Geschäftsführer profitieren, sollten Sie ebenfalls eine entsprechende Vereinbarung treffen. In Geschäftsführerverträgen ist jedoch die Anwendung des ArbnErfG häufig bereits vereinbart.

2 Erklären Sie sich nicht innerhalb von 4 Monaten über die Inanspruchnahme der Diensterfindung, kann Ihr Mitarbeiter darüber frei verfügen. Sie sollten daher insbesondere dann, wenn Sie die Erklärung über die Inanspruchnahme der Diensterfindung erst kurz vor Ablauf der 4-Monats-Frist geben, in der Lage sein, den Zugang der Erklärung an Ihren Mitarbeiter zu beweisen.

Zusatzvereinbarung zum Arbeitsvertrag - Arbeitnehmererfindung

Zwischen

Dreherei Karl Tillmann
Europaplatz 12

12345 Musterstadt

nachfolgend „Arbeitgeber" genannt

und

Herrn/Frau
Detlef Bär
Dornenweg 11

12345 Musterstadt

nachfolgend „Mitarbeiter" genannt.

Vorbemerkung

Zwischen den Vertragsparteien besteht seit dem __01.02.__ ein unbefristetes Arbeitsverhältnis. Dies vorausgeschickt, vereinbaren die Parteien Folgendes:

1 ▶ **§ 1 Diensterfindung**

1. Der Mitarbeiter verpflichtet sich, jede von ihm während der Dauer des Arbeitsverhältnisses gemachte Erfindung, die aus seiner im Betrieb ausgeübten Tätigkeit entstanden ist oder maßgeblich auf Erfahrungen oder Arbeiten des Betriebes beruht, dem Arbeitgeber unverzüglich schriftlich zu melden. In der Meldung hat der Mitarbeiter die technische Aufgabe, ihre Lösung und das Zustandekommen der Diensterfindung zu beschreiben. Ferner hat der Mitarbeiter in der Meldung die ihm dienstlich erteilten Weisungen oder Richtlinien, die benutzten Erfahrungen oder Arbeiten des Betriebes, die beteiligten Mitarbeiter einschließlich der Art und des Umfanges ihrer Mitarbeit an der Diensterfindung und den hervorzuhebenden Anteil des Mitarbeiters an der Diensterfindung anzugeben sowie der Meldung zum Verständnis der Diensterfindung erforderliche vorhandene Aufzeichnungen beizufügen.

2 ▶ 2. Der Arbeitgeber ist berechtigt, die Diensterfindung innerhalb von 4 Monaten nach der Meldung durch schriftliche Erklärung gegenüber dem Mitarbeiter in Anspruch zu nehmen. Mit dem Zugang der Erklärung an den Mitarbeiter gehen alle Rechte an der Diensterfindung für das In- und Ausland auf den Arbeitgeber über.

1/2

Kopiervorlage

Zusatzvereinbarung zum Arbeitsvertrag

Zwischen

_____

_____

_____

nachfolgend „Arbeitgeber" genannt

und

_____

_____

_____

_____

nachfolgend „Mitarbeiter" genannt.

Vorbemerkung

Zwischen den Vertragsparteien besteht seit dem _____ ein unbefristetes Arbeitsverhältnis. Dies vorausgeschickt, vereinbaren die Parteien Folgendes:

§ 1 Diensterfindung

1. Der Mitarbeiter verpflichtet sich, jede von ihm während der Dauer des Arbeitsverhältnisses gemachte Erfindung, die aus seiner im Betrieb ausgeübten Tätigkeit entstanden ist oder maßgeblich auf Erfahrungen oder Arbeiten des Betriebes beruht, dem Arbeitgeber unverzüglich schriftlich zu melden. In der Meldung hat der Mitarbeiter die technische Aufgabe, ihre Lösung und das Zustandekommen der Diensterfindung zu beschreiben. Ferner hat der Mitarbeiter in der Meldung die ihm dienstlich erteilten Weisungen oder Richtlinien, die benutzten Erfahrungen oder Arbeiten des Betriebes, die beteiligten Mitarbeiter einschließlich der Art und des Umfanges ihrer Mitarbeit an der Diensterfindung und den hervorzuhebenden Anteil des Mitarbeiters an der Diensterfindung anzugeben sowie der Meldung zum Verständnis der Diensterfindung erforderliche vorhandene Aufzeichnungen beizufügen.

2. Der Arbeitgeber ist berechtigt, die Diensterfindung innerhalb von 4 Monaten nach der Meldung durch schriftliche Erklärung gegenüber dem Mitarbeiter in Anspruch zu nehmen. Mit dem Zugang der Erklärung an den Mitarbeiter gehen alle Rechte an der Diensterfindung für das In- und Ausland auf den Arbeitgeber über.

3 Nach diesen Richtlinien ist zunächst der Erfindungswert zu ermitteln. Dies geschieht

■ entweder nach der Lizenzanalogie, in der der Lizenzsatz zugrunde gelegt wird, den ein unabhängiger Erfinder erhalten würde, oder
■ nach dem erfassbaren betrieblichen Nutzen oder
■ durch Schätzung.

Aus dem Erfindungswert wird unter Berücksichtigung des betrieblich veranlassten Anteils der Anteilsfaktor des einzelnen Mitarbeiters ermittelt und dieser mit dem Erfindungswert multipliziert. Das Ergebnis ist die dem Mitarbeiter zustehende Vergütung.

4 Im Unterschied zur Meldepflicht bei der Diensterfindung besteht bei der freien Erfindung eine Mitteilungspflicht des Mitarbeiters (§ 18 ArbnErfG).

5 Auch hier sollten Sie dafür Sorge tragen, dass Sie den Zugang Ihrer Annahmeerklärung innerhalb der 3-Monats-Frist des § 19 Absatz 2 ArbnErfG beweisen können.

Zusatzvereinbarung zum Arbeitsvertrag - Arbeitnehmererfindung

3 3. Nimmt der Arbeitgeber die Diensterfindung des Mitarbeiters unbeschränkt oder beschränkt in Anspruch, hat der Mitarbeiter Anspruch auf eine angemessene Vergütung. Die Art, Höhe und Fälligkeit dieser Vergütung werden nach den vom Bundesminister für Arbeit und Sozialordnung erlassenen „Richtlinien für die Vergütung von Arbeitnehmererfindungen im privaten Dienst" vom 20.07.1959 (in: Bundesanzeiger 1959 Nr. 156) in der jeweils geltenden Fassung vereinbart.

4. Sofern der Arbeitgeber die Diensterfindung nicht innerhalb von **4 Monaten** in Anspruch nimmt, kann der Mitarbeiter darüber frei verfügen.

§ 2 Freie Erfindung

4 1. Der Mitarbeiter verpflichtet sich, jede von ihm während der Dauer des Arbeitsverhältnisses gemachte freie Erfindung dem Arbeitgeber unverzüglich schriftlich mitzuteilen, sofern die Erfindung offensichtlich im Arbeitsbereich des Arbeitgebers unanwendbar ist.

5 2. Bevor der Arbeitnehmer eine freie Erfindung während der Dauer des Arbeitsverhältnisses anderweitig verwertet, hat er zunächst dem Arbeitgeber ein nichtausschließliches Recht zur Benutzung der Erfindung zu angemessenen Bedingungen anzubieten, wenn die Erfindung im Zeitpunkt des Angebotes in den vorhandenen oder vorbereiteten Arbeitsbereich des Betriebes des Arbeitgebers fällt. Nimmt der Arbeitgeber dieses Vorrecht nicht innerhalb von **3 Monaten** an, erlischt es. Im Übrigen gilt das Arbeitnehmererfindungsgesetz.

§ 3 Sonstiges

Die übrigen Bestimmungen aus dem Arbeitsvertrag werden von dieser Zusatzvereinbarung nicht berührt. Weitergehende mündliche Abreden wurden nicht getroffen.

Musterstadt, 01.11.
Ort, Datum

Karl Tillmann
Unterschrift Arbeitgeber

Detlef Bär
Unterschrift Mitarbeiter

Kopiervorlage

2/2

Zusatzvereinbarung zum Arbeitsvertrag

3. Nimmt der Arbeitgeber die Diensterfindung des Mitarbeiters unbeschränkt oder beschränkt in Anspruch, hat der Mitarbeiter Anspruch auf eine angemessene Vergütung. Die Art, Höhe und Fälligkeit dieser Vergütung werden nach den vom Bundesminister für Arbeit und Sozialordnung erlassenen „Richtlinien für die Vergütung von Arbeitnehmererfindungen im privaten Dienst" vom 20.07.1959 (in: Bundesanzeiger 1959 Nr. 156) in der jeweils geltenden Fassung vereinbart.

4. Sofern der Arbeitgeber die Diensterfindung nicht innerhalb von _____ in Anspruch nimmt, kann der Mitarbeiter darüber frei verfügen.

§ 2 Freie Erfindung

1. Der Mitarbeiter verpflichtet sich, jede von ihm während der Dauer des Arbeitsverhältnisses gemachte freie Erfindung dem Arbeitgeber unverzüglich schriftlich mitzuteilen, sofern die Erfindung offensichtlich im Arbeitsbereich des Arbeitgebers unanwendbar ist.

2. Bevor der Arbeitnehmer eine freie Erfindung während der Dauer des Arbeitsverhältnisses anderweitig verwertet, hat er zunächst dem Arbeitgeber ein nichtausschließliches Recht zur Benutzung der Erfindung zu angemessenen Bedingungen anzubieten, wenn die Erfindung im Zeitpunkt des Angebotes in den vorhandenen oder vorbereiteten Arbeitsbereich des Betriebes des Arbeitgebers fällt. Nimmt der Arbeitgeber dieses Vorrecht nicht innerhalb von _____ an, erlischt es. Im Übrigen gilt das Arbeitnehmererfindungsgesetz.

§ 3 Sonstiges

Die übrigen Bestimmungen aus dem Arbeitsvertrag werden von dieser Zusatzvereinbarung nicht berührt. Weitergehende mündliche Abreden wurden nicht getroffen.

_____
Ort, Datum

_____
Unterschrift Arbeitgeber

_____
Unterschrift Mitarbeiter

1 Hier ist von Ihnen das Datum des Beginns des Arbeitsverhältnisses mit Ihrem Arbeitnehmer einzutragen. Hierdurch erreichen Sie eine eindeutige Bezugnahme zu dem der Zusatzvereinbarung zugrunde liegenden Arbeitsvertrag.

2 In besonderen Arbeitsverhältnissen können auch weitere Verschwiegenheitsverpflichtungen notwendig sein. Das ist z. B. dann der Fall, wenn Ihr Mitarbeiter auch mit betriebsfremden Daten arbeitet, z. B. – wie in diesem Beispiel – in einem Steuerbüro. Das gilt gleichermaßen auch für Mitarbeiter im medizinischen Bereich. Zur Klarstellung sollten diese besonderen Verschwiegenheitsverpflichtungen hier noch einmal ausdrücklich in diese schriftliche Vereinbarung aufgenommen werden.

3 Die nachvertragliche Verschwiegenheitsverpflichtung können Sie – anders als bei einem nachvertraglichen Wettbewerbsverbot – ohne die Zahlung einer gesonderten Entschädigung (so genannte Karenzentschädigung) rechtswirksam vereinbaren. Die nachvertragliche Verschwiegenheitsverpflichtung folgt aus der nachwirkenden Treuepflicht Ihres Mitarbeiters.

Zusatzvereinbarung zum Arbeitsvertrag / Geheimhaltung

Zwischen

Steuerberaterbüro Holm
Bahnhofstr. 15

12345 Musterstadt

nachfolgend „Arbeitgeber" genannt

und

Herrn/Frau
Gerlinde Stute
Falkenweg 9

12345 Musterstadt

nachfolgend „Mitarbeiter" genannt.

Präambel

1 Zwischen den Arbeitsvertragsparteien besteht seit dem **01.10.** ein unbefristetes Arbeitsverhältnis. Dies vorausgeschickt, vereinbaren die Parteien Folgendes:

§ 1 Pflicht zur Verschwiegenheit, Wahrung von Betriebs- und Geschäftsgeheimnissen

1. Der Mitarbeiter verpflichtet sich, über alle ihm im Rahmen seiner Tätigkeit zur Kenntnis gelangenden geschäftlichen und betrieblichen Angelegenheiten, insbesondere Geschäfts- und Betriebsgeheimnisse sowie alle ihm bekannten Angelegenheiten, Vorgänge, Verträge und Geschäftsbeziehungen einschließlich Kundenlisten und Firmensoftware innerhalb und außerhalb des Betriebes Stillschweigen zu bewahren. Dazu gehören neben Geschäfts- und Betriebsgeheimnissen auch persönliche Verhältnisse der Mitarbeiter und Vorgesetzten. Die Geheimhaltungspflicht erstreckt sich nicht auf solche Kenntnisse, die jedermann zugänglich sind oder deren Weitergabe für die Firma ersichtlich ohne Nachteil ist. Im Zweifel sind jedoch Vorgänge und Verhältnisse, die dem Mitarbeiter im Zusammenhang mit seiner Tätigkeit bekannt werden, als Unternehmensgeheimnisse zu behandeln.

2. Weiter verpflichtet sich der Mitarbeiter, über die Höhe seines Gehaltes sowie über Prämien und/oder weitere Bezüge Stillschweigen zu bewahren. Dies gilt nicht für die Fälle, in denen der Mitarbeiter gesetzlich verpflichtet ist, entsprechende Angaben zu machen, z. B. dem Finanzamt oder dem Arbeitsamt.

2 3. Der Mitarbeiter verpflichtet sich darüber hinaus, über alle ihm zur Kenntnis gelangenden Daten von Kunden des Arbeitgebers Verschwiegenheit zu bewahren.

3 4. Diese Geheimhaltungspflicht gilt auch für die Zeit nach Beendigung des Arbeitsverhältnisses.

1/2

Kopiervorlage

Zusatzvereinbarung zum Arbeitsvertrag

Zwischen

_____

_____

_____

nachfolgend „Arbeitgeber" genannt

und

_____

_____

_____

_____

nachfolgend „Mitarbeiter" genannt.

Präambel

Zwischen den Arbeitsvertragsparteien besteht seit dem _____ ein unbefristetes Arbeitsverhältnis. Dies vorausgeschickt, vereinbaren die Parteien Folgendes:

§ 1 Pflicht zur Verschwiegenheit, Wahrung von Betriebs- und Geschäftsgeheimnissen

1. Der Mitarbeiter verpflichtet sich, über alle ihm im Rahmen seiner Tätigkeit zur Kenntnis gelangenden geschäftlichen und betrieblichen Angelegenheiten, insbesondere Geschäfts- und Betriebsgeheimnisse sowie alle ihm bekannten Angelegenheiten, Vorgänge, Verträge und Geschäftsbeziehungen einschließlich Kundenlisten und Firmensoftware innerhalb und außerhalb des Betriebes Stillschweigen zu bewahren. Dazu gehören neben Geschäfts- und Betriebsgeheimnissen auch persönliche Verhältnisse der Mitarbeiter und Vorgesetzten. Die Geheimhaltungspflicht erstreckt sich nicht auf solche Kenntnisse, die jedermann zugänglich sind oder deren Weitergabe für die Firma ersichtlich ohne Nachteil ist. Im Zweifel sind jedoch Vorgänge und Verhältnisse, die dem Mitarbeiter im Zusammenhang mit seiner Tätigkeit bekannt werden, als Unternehmensgeheimnisse zu behandeln.

2. Weiter verpflichtet sich der Mitarbeiter, über die Höhe seines Gehaltes sowie über Prämien und/oder weitere Bezüge Stillschweigen zu bewahren. Dies gilt nicht für die Fälle, in denen der Mitarbeiter gesetzlich verpflichtet ist, entsprechende Angaben zu machen, z. B. dem Finanzamt oder dem Arbeitsamt.

3. _____
_____.

4. Diese Geheimhaltungspflicht gilt auch für die Zeit nach Beendigung des Arbeitsverhältnisses.

4 Das Bundesarbeitsgericht vertritt in ständiger Rechtsprechung die Auffassung, dass es keine grundsätzlichen Bedenken gegen Vertragsstrafen in Arbeitsverträgen gäbe, mit denen der Arbeitgeber die Erhaltung vertraglicher Vereinbarungen durch den Arbeitnehmer sichern wolle. Die Vereinbarung einer Vertragsstrafenregelung mit dem Arbeitnehmer ist für den Arbeitgeber von besonderer Bedeutung. Zwar ist ein Mitarbeiter bei den aufgeführten Vertragsverstößen auch ohne diese Regelung schadensersatzpflichtig, den Ihnen als Arbeitgeber entstandenen Schaden müssen Sie jedoch bis auf den letzten Pfennig/Cent beweisen können. Dieser Beweis fällt in der Praxis oft schwer. Haben Sie eine Vertragsstrafe vereinbart, so entfällt der schwierige Beweis für die Schadenshöhe, jedenfalls bis zur Höhe der festgelegten und der vereinbarten Vertragsstrafe. Damit ist die Vertragsstrafe das wichtigste Instrument zur Durchsetzung bzw. Sicherstellung der Verschwiegenheitspflicht.

5 Die Höhe der Vertragsstrafe sollte – wenn sie Wirksamkeit entfalten soll – empfindlich sein. Die Vertragsstrafe darf jedoch nicht unverhältnismäßig hoch sein. Als Bemessungsgrundlage dient etwa das 1- bis 2-fache des Bruttomonatsgehaltes.

6 Durch diese Klausel wird sichergestellt, dass Sie für jeden nachgewiesenen Verstoß Ihres Mitarbeiters gegen seine Verschwiegenheitsverpflichtung die vereinbarte Vertragsstrafe erhalten. Die Einrede des Fortsetzungszusammenhanges würde – sofern sie nicht wie hier ausgeschlossen ist – dazu führen, dass die Vertragsstrafe auch bei mehreren hintereinander liegenden Vertragsverstößen nur ein einziges Mal zu zahlen wäre, z. B. wenn der Mitarbeiter nur einem einzigen Dritten gegenüber gleich mehrfach Daten preisgibt. Die hier gewählte Formulierung führt dazu, dass im Beispielfall der Mitarbeiter für jede einzelne Indiskretion/Vertragsverletzung erneut die Vertragsstrafe zahlen muss.

7 Sofern der tatsächlich eingetretene Schaden über der pauschalierten Vertragsstrafe liegen sollte, haben Sie über diese Vertragsbestimmung die Möglichkeit, Ihren zusätzlichen Schaden geltend zu machen. Sie müssen diesen zusätzlichen, nicht von der Vertragsstrafenregelung erfassten Schaden aber bis auf den letzten Pfennig/Cent beweisen können.

8 Änderungen sollten Sie zu Beweiszwecken immer schriftlich verfassen. Deshalb wurde hier ein Schriftformerfordernis konstituiert.

Zusatzvereinbarung zum Arbeitsvertrag / Geheimhaltung

4 ▶ **§ 2 Vertragsstrafenregelung**

1. Im Falle eines Verstoßes gegen die Verschwiegenheitsverpflichtung gemäß § 1 dieser Zusatzvereinbarung durch den Mitarbeiter verpflichtet sich dieser, an den Arbeitgeber eine Vertrags- **5** ▶ strafe in Höhe von DM 10.000,-- /EUR ... zu zahlen. Die Vertragsstrafe wird bei jedem Verstoß neu geschuldet. Die Einrede des Fortsetzungszusammenhanges ist ausgeschlossen. ◀ **6**

7 ▶ 2. Der Arbeitgeber ist berechtigt, einen weitergehenden Schaden geltend zu machen.

§ 3 Sonstiges

8 ▶ Die übrigen Vereinbarungen des Arbeitsvertrages bleiben von dieser Regelung unberührt. Mündliche Vereinbarungen sind nicht getroffen. Änderungen oder Ergänzungen dieser Zusatzvereinbarung bedürfen der Schriftform.

Musterstadt, 15.12.
Ort, Datum

Gunther Holm
Steuerberater
Unterschrift Arbeitgeber

Gerlinde Stute
Unterschrift Mitarbeiter

2/2

Kopiervorlage

Zusatzvereinbarung zum Arbeitsvertrag

§ 2 Vertragsstrafenregelung

1. Im Falle eines Verstoßes gegen die Verschwiegenheitsverpflichtung gemäß § 1 dieser Zusatzvereinbarung durch den Mitarbeiter verpflichtet sich dieser, an den Arbeitgeber eine Vertragsstrafe in Höhe von _____ zu zahlen. Die Vertragsstrafe wird bei jedem Verstoß neu geschuldet. Die Einrede des Fortsetzungszusammenhanges ist ausgeschlossen.

2. Der Arbeitgeber ist berechtigt, einen weitergehenden Schaden geltend zu machen.

§ 3 Sonstiges

Die übrigen Vereinbarungen des Arbeitsvertrages bleiben von dieser Regelung unberührt. Mündliche Vereinbarungen sind nicht getroffen. Änderungen oder Ergänzungen dieser Zusatzvereinbarung bedürfen der Schriftform.

_____

Ort, Datum

_____   _____

Unterschrift Arbeitgeber   Unterschrift Mitarbeiter

1 Sobald über einen PC eine Verbindung zum Internet hergestellt wird, besteht die Gefahr, dass die Festplatte des PC ausspioniert wird oder Viren aufgenommen werden. Um Datengeheimnisse zu schützen und Schaden durch Viren zu verhindern, sollte der Mitarbeiter nur über einen vom Netzwerk getrennten PC auf das Internet zugreifen. Geht der Mitarbeiter über das Netzwerk ins Internet, sollte dieses durch eine „Firewall" (besondere Softwareprogramme) vor fremden Zugriffen auf das Netzwerk geschützt werden.

Zusatzvereinbarung zum Arbeitsvertrag / Internetnutzung am Arbeitsplatz

Zwischen

Media Agentur
Industriestrasse 25

12345 Musterstadt

nachfolgend „Arbeitgeber" genannt

und

Herrn/Frau
Karl-Heinz Blumenstein
Moritzgasse 41

12345 Musterstadt

nachfolgend „Mitarbeiter" genannt.

Vorbemerkung

Zwischen den Vertragsparteien besteht seit dem **01.09.** ein Arbeitsverhältnis auf unbestimmte Zeit (unbefristetes Arbeitsverhältnis). Als Zusatzvereinbarung zum Arbeitsvertrag vom **15.08.** vereinbaren die Parteien Folgendes:

§ 1 Internet-Zugang

1 Der Mitarbeiter erhält Zugang zu einem PC mit Internetanschluss. Aus Gründen der Sicherheit ist dieser PC nicht an das Netzwerk der Firma angeschlossen. Die Benutzung des Internet-Zuganges unterliegt folgenden Bestimmungen:

1. Der Mitarbeiter erhält den Internet-Zugang, um seine arbeitsvertraglich geschuldete Arbeitsleistung erbringen zu können. Die private Nutzung wird hiermit ausdrücklich untersagt.

2. Der Mitarbeiter wird seinen PC mindestens einmal wöchentlich auf möglichen Virenbefall überprüfen. Hierfür stellt der Arbeitgeber Virensuchprogramme in jeweils aktueller Version zur Verfügung. Zum Nachweis der regelmäßigen Prüfung hat der Mitarbeiter ein Prüfprotokoll zu führen.

3. Daten, die aus dem Internet heruntergeladen wurden, müssen vor dem Übertragen in das Netzwerk oder auf einen anderen PC auf Viren geprüft werden. Der Mitarbeiter ist für die Virenfreiheit verantwortlich. Auch diese Arbeiten sind vom Mitarbeiter nachvollziehbar zu protokollieren.

1/2

Kopiervorlage

Zusatzvereinbarung zum Arbeitsvertrag

Zwischen

_____

_____

_____

nachfolgend „Arbeitgeber" genannt

und

_____

_____

_____

_____

nachfolgend „Mitarbeiter" genannt.

Vorbemerkung

Zwischen den Vertragsparteien besteht seit dem _____ ein Arbeitsverhältnis auf unbestimmte Zeit (unbefristetes Arbeitsverhältnis). Als Zusatzvereinbarung zum Arbeitsvertrag vom _____ vereinbaren die Parteien Folgendes:

§ 1 Internet-Zugang

Der Mitarbeiter erhält Zugang zu einem PC mit Internetanschluss. Aus Gründen der Sicherheit ist dieser PC nicht an das Netzwerk der Firma angeschlossen. Die Benutzung des Internet-Zuganges unterliegt folgenden Bestimmungen:

1. Der Mitarbeiter erhält den Internet-Zugang, um seine arbeitsvertraglich geschuldete Arbeitsleistung erbringen zu können. Die private Nutzung wird hiermit ausdrücklich untersagt.

2. Der Mitarbeiter wird seinen PC mindestens einmal wöchentlich auf möglichen Virenbefall überprüfen. Hierfür stellt der Arbeitgeber Virensuchprogramme in jeweils aktueller Version zur Verfügung. Zum Nachweis der regelmäßigen Prüfung hat der Mitarbeiter ein Prüfprotokoll zu führen.

3. Daten, die aus dem Internet heruntergeladen wurden, müssen vor dem Übertragen in das Netzwerk oder auf einen anderen PC auf Viren geprüft werden. Der Mitarbeiter ist für die Virenfreiheit verantwortlich. Auch diese Arbeiten sind vom Mitarbeiter nachvollziehbar zu protokollieren.

2 Die Gewährung des Internet-Zugangs ist keine zusätzliche Leistung des Arbeitgebers, sondern ist unmittelbar mit der Arbeitsaufgabe des Mitarbeiters verbunden. Die gesetzlichen oder tarifvertraglichen Kündigungsfristen zur Beendigung des Arbeitsverhältnisses gelten für diese Zusatzvereinbarung nicht, da diese das Arbeitsverhältnis nicht grundlegend berührt.

3 Trotz dieser Vereinbarung sollten Sie bei Kündigung des Arbeitsvertrages – gleich von welcher Partei – vorsorglich stets zusätzlich auch sämtliche Zusatzvereinbarungen zum Arbeitsvertrag ausdrücklich kündigen.

4 Änderungsvereinbarungen oder Vertragsänderungen sollten Sie zu Beweiszwecken immer schriftlich verfassen. Sofern Vertragsänderungen „wesentliche Arbeitsbedingungen" erfassen, müssen Sie diese Änderungen nach dem Nachweisgesetz sowieso schriftlich dokumentieren.

Zusatzvereinbarung zum Arbeitsvertrag / Internetnutzung am Arbeitsplatz

§ 2 Kündigung

2 Diese Vereinbarung kann unabhängig von dem zwischen den Parteien bestehenden Arbeitsvertrag vom _15.08._ mit einer Frist von _2 Wochen_ gekündigt werden. Das Recht zur außerordentlichen Kündigung bleibt hiervon unberührt. Diese Vereinbarung endet, ohne dass es einer gesonderten Kündigung bedarf, mit der Beendigung des Arbeitsverhältnisses oder mit der Ver-
3 setzung des Mitarbeiters auf eine nicht mehr internetrelevante Position.

§ 3 Sonstiges

4 Die übrigen Vereinbarungen des Arbeitsvertrages vom _15.08._ bleiben von dieser Regelung unberührt. Mündliche Vereinbarungen wurden nicht getroffen.

Musterstadt, 30.09.
Ort, Datum

Klaus Wiesemann
Geschäftsführer
Unterschrift Arbeitgeber

Karl-Heinz Blumenstein
Unterschrift Mitarbeiter

Kopiervorlage

2/2

Zusatzvereinbarung zum Arbeitsvertrag

§ 2 Kündigung

Diese Vereinbarung kann unabhängig von dem zwischen den Parteien bestehenden Arbeitsvertrag vom _____ mit einer Frist von _____ gekündigt werden. Das Recht zur außerordentlichen Kündigung bleibt hiervon unberührt. Diese Vereinbarung endet, ohne dass es einer gesonderten Kündigung bedarf, mit der Beendigung des Arbeitsverhältnisses oder mit der Versetzung des Mitarbeiters auf eine nicht mehr internetrelevante Position.

§ 3 Sonstiges

Die übrigen Vereinbarungen des Arbeitsvertrages vom _____ bleiben von dieser Regelung unberührt. Mündliche Vereinbarungen wurden nicht getroffen.

_____
Ort, Datum

_____   _____
Unterschrift Arbeitgeber   Unterschrift Mitarbeiter

1 Arbeitsverträge – mit Ausnahme der befristeten Arbeitsverträge – können auch mündlich oder durch schlüssiges Verhalten geschlossen werden. Das Nachweisgesetz verpflichtet den Arbeitgeber, spätestens 1 Monat nach dem vereinbarten Beginn des Arbeitsverhältnisses – bei Altverträgen auf Verlangen des Arbeitnehmers innerhalb von 2 Monaten – die wesentlichen für das Arbeitsverhältnis geltenden Bedingungen (Arbeitsvertragsbedingungen) schriftlich niederzulegen, zu unterschreiben und die Niederschrift dem Arbeitnehmer auszuhändigen. Das gilt jedenfalls für Verträge mit Mitarbeitern, die für einen längeren Zeitraum als 1 Monat von Ihnen angestellt wurden. Es empfiehlt sich auch dringend, die Arbeitsbedingungen schriftlich niederzulegen, da im Streitfall Sie als Arbeitgeber die mündlich mit Ihrem Mitarbeiter geschlossenen Vereinbarungen beweisen müssen, was häufig Schwierigkeiten bereitet.

2 Sie müssen die Parteien des Arbeitsvertrages genau bezeichnen. Dies ist hier bereits in der Vertragseinleitung geschehen.

3 Gemäß Nachweisgesetz müssen Sie den Beginn des Arbeitsverhältnisses festlegen. Gemeint ist der rechtliche Beginn, nicht der tatsächliche. Dies hat Auswirkungen auf die gesetzlichen Kündigungsfristen gemäß § 622 Bürgerliches Gesetzbuch (BGB), die sich für Sie als Arbeitgeber je nach Zugehörigkeitsdauer des Mitarbeiters zum Betrieb verlängern.

4 Sie sind aufgrund des Nachweisgesetzes verpflichtet, den Arbeitsort zu bezeichnen oder, falls der Mitarbeiter (Arbeitnehmer) nicht nur an einem Arbeitsort tätig sein soll, einen Hinweis auf wechselnde Arbeitsorte zu geben.

5 Das Nachweisgesetz verlangt die schriftliche Festlegung der vom Arbeitnehmer zu leistenden Tätigkeit.

---

1 ▶ **Niederlegung der Arbeitsvertragsbedingungen gemäß Nachweisgesetz zum mündlichen Arbeitsvertrag**

Zwischen

Eisenwerk Moser
Friedrichstr. 66

12345 Musterstadt

nachfolgend „Arbeitgeber" genannt

und

Herrn/Frau
Hans-Peter Klöckner
Brückenweg 37

12345 Musterstadt

nachfolgend „Mitarbeiter" genannt.

Präambel

Zwischen den Arbeitsvertragsparteien besteht seit dem **01.02.** ein unbefristetes Arbeitsverhältnis. Der Arbeitsvertrag wurde lediglich mündlich abgeschlossen. Nach Maßgabe des Nachweisgesetzes (NachwG) werden die Arbeitsbedingungen in dieser Urkunde schriftlich festgelegt. Dies vorausgeschickt, lauten die für das Arbeitsverhältnis geltenden wesentlichen Bedingungen (Arbeitsvertragsbedingungen) wie folgt:

2 ▶ 1. Das Arbeitsverhältnis wurde zwischen den oben genannten Arbeitsvertragsparteien geschlossen.

3 ▶ 2. Zeitpunkt des Beginns des Arbeitsverhältnisses: **01.02.**

3. Das Arbeitsverhältnis ist **auf unbestimmte Zeit geschlossen (unbefristeter Arbeitsvertrag)**

4 ▶ 4. Der Mitarbeiter wird am Firmensitz in **Musterstadt** beschäftigt. Der Arbeitgeber behält sich vor, den Mitarbeiter auch an einem anderen Ort einzusetzen.

5 ▶ 5. Der Mitarbeiter wird als **Schlosser** in der Abteilung **Maschinenwartung und -instandhaltung tätig.**

1/2

Kopiervorlage

Niederlegung der Arbeitsvertragsbedingungen gemäß Nachweisgesetz zum mündlichen Arbeitsvertrag

Zwischen

_____

_____

_____

nachfolgend „Arbeitgeber" genannt

und

_____

_____

_____

_____

nachfolgend „Mitarbeiter" genannt.

Präambel

Zwischen den Arbeitsvertragsparteien besteht seit dem _____ ein unbefristetes Arbeitsverhältnis. Der Arbeitsvertrag wurde lediglich mündlich abgeschlossen. Nach Maßgabe des Nachweisgesetzes (NachwG) werden die Arbeitsbedingungen in dieser Urkunde schriftlich festgelegt. Dies vorausgeschickt, lauten die für das Arbeitsverhältnis geltenden wesentlichen Bedingungen (Arbeitsvertragsbedingungen) wie folgt:

1. Das Arbeitsverhältnis wurde zwischen den oben genannten Arbeitsvertragsparteien geschlossen.

2. Zeitpunkt des Beginns des Arbeitsverhältnisses: _____ .

3. Das Arbeitsverhältnis ist _____ .

4. Der Mitarbeiter wird am Firmensitz in _____ beschäftigt. Der Arbeitgeber behält sich vor, den Mitarbeiter auch an einem anderen Ort einzusetzen.

5. Der Mitarbeiter wird als _____ in der Abteilung _____ _____ .

6 Hier müssen Sie die Zusammensetzung und die Höhe des Arbeitsentgeltes erläutern. Zudem müssen Sie angeben, inwieweit der Mitarbeiter Anspruch auf Prämien, Zuschläge und sonstige Entgeltbestandteile hat und wann das Arbeitsentgelt und die Zulagen auszuzahlen sind.

7 Bei einer Auszahlung am Monatsende müssen Sie spätestens am letzten Banktag des Monats das Arbeitsentgelt zur Zahlung anweisen.

8 Die vereinbarte Arbeitszeit ist festzulegen. In der Regel wird eine Wochenarbeitszeit angegeben.

9 Mangels einer Arbeitszeitregelung in Ihrem Betrieb können Sie hier auch die betriebsübliche Arbeitszeitverteilung vorsehen.

10 Die Dauer des jährlichen Erholungsurlaubes können Sie mit dem Mitarbeiter frei vereinbaren, sofern Sie keinen Tarifvertrag beachten müssen. Der gesetzliche Mindesturlaubsanspruch beträgt 24 Werktage.

11 Geben Sie hier die vereinbarten Kündigungsfristen an. Sie können – sofern ein Tarifvertrag nicht einschlägig ist – Kündigungsfristen auch länger wählen, als sie in § 622 BGB vorgesehen sind. Im Fall der Verlängerung müssen die Kündigungsfristen für Arbeitgeber und Arbeitnehmer gleich lang sein. Wird ein Mitarbeiter nur für höchstens 3 Monate beschäftigt oder handelt es sich bei Ihrem Unternehmen um einen Kleinbetrieb mit nicht mehr als 20 Mitarbeitern, haben Sie auch die Möglichkeit, die Grundkündigungsfrist zu verkürzen (§ 622 Absatz 5 BGB).

12 Sofern Tarif-, Dienst- oder Betriebsvereinbarungen auf das Arbeitsverhältnis Anwendung finden, müssen Sie diese hier genau bezeichnen.

13 Sofern Ihr Mitarbeiter für mehr als einen Monat im Ausland eingesetzt werden soll, müssen Sie ihm vor seiner Abreise die folgenden weiteren Informationen in einer Niederschrift zur Verfügung stellen: die Dauer der im Ausland auszuübenden Tätigkeit, die Währung, in der das Arbeitsentgelt ausgezahlt wird, die Höhe eines zusätzlichen mit dem Auslandsaufenthalt verbundenen Arbeitsentgeltes und die damit verbundenen zusätzlichen Sachleistungen sowie die vereinbarten Bedingungen für die Rückkehr des Arbeitnehmers.

Niederlegung der Arbeitsvertragsbedingungen gemäß Nachweisgesetz zum mündlichen Arbeitsvertrag

6 6. Das Arbeitsentgelt setzt sich wie folgt zusammen:

   a) <u>DM 3.250,--/EUR ... monatliches Bruttogehalt.</u>
   b) <u>DM 52,--/EUR ... vermögenswirksame Leistungen.</u>
   c) <u>Prämien, Zuschläge und Gratifikationen sind nicht vereinbart.</u>

Die Abrechnung und Auszahlung des Arbeitsentgeltes erfolgt jeweils <u>am Ende des Monats</u> **7**
Die Auszahlung erfolgt auf das vom Mitarbeiter bereits benannte Konto.

8 7. Die wöchentliche Arbeitszeit beträgt <u>40</u> Stunden. Die Arbeitszeitverteilung erfolgt <u>nach Maßgabe der für den Betrieb festgelegten Arbeitszeitregelung</u> **9**

10 8. Der Mitarbeiter hat Anspruch auf einen jährlichen Erholungsurlaub von <u>24</u> Werktagen. Es gelten die Bestimmungen des Bundesurlaubsgesetzes.

11 9. Das Arbeitsverhältnis kann von beiden Parteien unter Einhaltung <u>der gesetzlichen Kündigungsfrist</u> gekündigt werden.

12 10. Auf das Arbeitsverhältnis sind weder ein Tarifvertrag noch Betriebs- oder sonstige Dienstvereinbarungen anzuwenden.

13 11. <u>Sonstige Vereinbarungen sind nicht getroffen</u>

<u>Musterstadt, 13.03.</u>
Ort, Datum

<u>Heinz Moser</u>
Unterschrift Arbeitgeber

<u>Hans-Peter Klöckner</u>
Unterschrift Mitarbeiter

Kopiervorlage

2/2

Niederlegung der Arbeitsvertragsbedingungen gemäß Nachweisgesetz zum mündlichen Arbeitsvertrag

6. Das Arbeitsentgelt setzt sich wie folgt zusammen:

a) _____

b) _____

c) _____

Die Abrechnung und Auszahlung des Arbeitsentgeltes erfolgt jeweils _____ .
Die Auszahlung erfolgt auf das vom Mitarbeiter bereits benannte Konto.

7. Die wöchentliche Arbeitszeit beträgt ___ Stunden. Die Arbeitszeitverteilung erfolgt _____

_____ .

8. Der Mitarbeiter hat Anspruch auf einen jährlichen Erholungsurlaub von __ Werktagen. Es gelten die Bestimmungen des Bundesurlaubsgesetzes.

9. Das Arbeitsverhältnis kann von beiden Parteien unter Einhaltung _____

_____ gekündigt werden.

10. Auf das Arbeitsverhältnis sind weder ein Tarifvertrag noch Betriebs- oder sonstige Dienstvereinbarungen anzuwenden.

11. _____ .

_____
Ort, Datum

_____   _____
Unterschrift Arbeitgeber   Unterschrift Mitarbeiter

1 Mit dieser Zusatzvereinbarung werden weitere mögliche Nebenleistungen zum Arbeitsvertrag festgelegt. Zusätzliche Leistungen, die bereits in anderen Zusatzvereinbarungen geregelt sind, wie z. B. Dienstwagen, Überstunden, Altersversorgung, Gratifikationen und Ähnliches, sind in dieser Zusatzvereinbarung nicht enthalten. Das bedeutet, dass Sie nicht alle Zusatzleistungen in einer Urkunde (Zusatzvereinbarung) zusammenfassen müssen.

---

1 ▶ **Zusatzvereinbarung zum Arbeitsvertrag / Nebenleistungen**

Zwischen

__Industriebedarf__
__H. Reuter GmbH__
__Auf dem Acker 12__

__12345 Musterstadt__

nachfolgend „Arbeitgeber" genannt

und

__Herrn/Frau__
__Norbert Müller__
__Dachsweg 17__

__12345 Musterstadt__

nachfolgend „Mitarbeiter" genannt.

Vorwort

Zwischen den Vertragsparteien besteht seit dem __01.08.__ ein Arbeitsverhältnis auf unbestimmte Zeit (unbefristetes Arbeitsverhältnis). Als Zusatzvereinbarung zum Arbeitsvertrag vom __20.07.__ vereinbaren die Parteien Folgendes:

§ 1 Zusätzliche Leistungen

1. Der Arbeitgeber schließt auf seine Kosten für die Dauer des Arbeitsverhältnisses mit dem Mitarbeiter eine Unfallversicherung zugunsten des Mitarbeiters mit folgenden Deckungssummen ab:

   für den Todesfall: __DM 250.000,–/EUR...__
   für den Invaliditätsfall: __DM 500.000,–/EUR...__

   Die Ansprüche aus der Versicherung stehen unmittelbar dem Mitarbeiter oder im Todesfall dessen Erben zu.

2. Für dienstlich veranlasste Telefongespräche, die der Mitarbeiter von seinem Privatanschluss führt, erstattet der Arbeitgeber dem Mitarbeiter gegen Vorlage der monatlichen Gebührenrechnung 50 % seiner privaten Telefonrechnung.

1/2

Kopiervorlage

Zusatzvereinbarung zum Arbeitsvertrag

Zwischen

_____

_____

_____

_____

nachfolgend „Arbeitgeber" genannt

und

_____

_____

_____

_____

nachfolgend „Mitarbeiter" genannt.

Vorwort

Zwischen den Vertragsparteien besteht seit dem _____ ein Arbeitsverhältnis auf unbestimmte Zeit (unbefristetes Arbeitsverhältnis). Als Zusatzvereinbarung zum Arbeitsvertrag vom _____ vereinbaren die Parteien Folgendes:

§ 1 Zusätzliche Leistungen

1. Der Arbeitgeber schließt auf seine Kosten für die Dauer des Arbeitsverhältnisses mit dem Mitarbeiter eine Unfallversicherung zugunsten des Mitarbeiters mit folgenden Deckungssummen ab:

für den Todesfall: _____
für den Invaliditätsfall: _____

Die Ansprüche aus der Versicherung stehen unmittelbar dem Mitarbeiter oder im Todesfall dessen Erben zu.

2. Für dienstlich veranlasste Telefongespräche, die der Mitarbeiter von seinem Privatanschluss führt, erstattet der Arbeitgeber dem Mitarbeiter gegen Vorlage der monatlichen Gebührenrechnung 50 % seiner privaten Telefonrechnung.

2 Trotz dieser Vereinbarung sollten Sie bei Kündigung des Arbeitsvertrages – gleich von welcher Arbeitsvertragspartei – vorsorglich stets auch sämtliche Zusatzvereinbarungen zum Arbeitsvertrag ausdrücklich kündigen.

3 Aus Gründen der Beweissicherung empfiehlt es sich, Änderungsvereinbarungen beziehungsweise Vertragsänderungen stets schriftlich abzufassen.

Zusatzvereinbarung zum Arbeitsvertrag / Nebenleistungen

§ 3 Kündigung

Unabhängig von dem zwischen den Arbeitsvertragsparteien bestehenden Arbeitsvertrag vom **20.07.** kann diese Vereinbarung unter Einhaltung der im Arbeitsvertrag festgelegten ordentlichen Kündigungsfristen gekündigt werden. Das Recht zur außerordentlichen Kündigung bleibt hiervon unberührt. Diese Vereinbarung endet mit der Beendigung des zugrunde liegenden Arbeitsverhältnisses; einer besonderen Kündigung bedarf es hierzu nicht.

§ 4 Sonstiges

Änderungen dieser Zusatzvereinbarungen sind nur dann wirksam, wenn sie schriftlich niedergelegt werden. Im Übrigen bleiben die Vereinbarungen vom **20.07.** von dieser Regelung unberührt. Mündliche Vereinbarungen wurden nicht getroffen.

Musterstadt, 13.05.
Ort, Datum

Helmut Reuter
Geschäftsführer
Unterschrift Arbeitgeber

Norbert Müller
Unterschrift Mitarbeiter

2/2

Kopiervorlage

Zusatzvereinbarung zum Arbeitsvertrag

§ 3 Kündigung

Unabhängig von dem zwischen den Arbeitsvertragsparteien bestehenden Arbeitsvertrag vom
_____ kann diese Vereinbarung unter Einhaltung der im Arbeitsvertrag festgelegten ordentlichen Kündigungsfristen gekündigt werden. Das Recht zur außerordentlichen Kündigung bleibt hiervon unberührt. Diese Vereinbarung endet mit der Beendigung des zugrunde liegenden Arbeitsverhältnisses; einer besonderen Kündigung bedarf es hierzu nicht.

§ 4 Sonstiges

Änderungen dieser Zusatzvereinbarungen sind nur dann wirksam, wenn sie schriftlich niedergelegt werden. Im Übrigen bleiben die Vereinbarungen vom _____ von dieser Regelung unberührt. Mündliche Vereinbarungen wurden nicht getroffen.

_____
Ort, Datum

_____   _____
Unterschrift Arbeitgeber   Unterschrift Mitarbeiter

1 Der Arbeitnehmer schuldet den Einsatz seiner Arbeitskraft nur während der arbeitsvertraglich geschuldeten Zeit. Bei der Verwertung seiner Freizeit ist er frei, er darf diese auch gewinnbringend einsetzen. Das Grundgesetz garantiert allen Deutschen das Recht der freien Berufswahl und der freien Berufsausübung.

Aufgrund der allgemeinen Treuepflicht des Mitarbeiters sind jedoch solche Nebenerwerbstätigkeiten unzulässig, die dem Hauptarbeitgeber (so genannter erster Arbeitgeber) direkt oder indirekt Konkurrenz machen.

Auch solche Nebentätigkeiten sind nicht zulässig, die das Arbeitsverhältnis zum Hauptarbeitgeber in sonstiger Weise nachteilig berühren. So darf der Mitarbeiter durch die Nebentätigkeit nicht die Höchstarbeitszeit nach dem Arbeitszeitgesetz überschreiten. Arbeitet Ihr Mitarbeiter also mehr als 48 Stunden pro Woche, können Sie als Hauptarbeitgeber zu Recht die Nebenbeschäftigung untersagen. Dies gilt insbesondere dann, wenn der Arbeitnehmer durch die Nebentätigkeit nicht mehr in der Lage ist, die ihm nach dem Arbeitsvertrag obliegenden Leistungspflichten ordnungsgemäß zu erfüllen.

2 Nach dem Arbeitszeitgesetz darf der Mitarbeiter insgesamt nicht länger als 48 Stunden pro Woche arbeiten.

Zusatzvereinbarung Nebentätigkeit

Zwischen

Schuhhaus „Laufgut"
Friedrich-Ebert-Str. 97

12345 Musterstadt

nachfolgend „Arbeitgeber" genannt

und

Herrn/Frau
Lydia Aitmatow
Friedensstr. 128

12345 Musterstadt

nachfolgend „Mitarbeiter" genannt.

Vorbemerkung

Zwischen den Vertragsparteien besteht seit dem **01.04.** ein Arbeitsverhältnis auf unbestimmte Zeit (unbefristetes Arbeitsverhältnis). Als Zusatzvereinbarung zum Arbeitsvertrag vom **28.03.** vereinbaren die Parteien Folgendes:

1 ▶ **§ 1 Nebentätigkeit**

Dem Mitarbeiter wird gestattet, außerhalb der laut Arbeitsvertrag vom **28.03.** dem Arbeitgeber geschuldeten Arbeitszeit der folgenden Nebentätigkeit nachzugehen:

Zeitungsverteiler für die örtliche Zeitung

§ 2 Zeitbegrenzung

2 ▶ Durch die Ausübung der Nebentätigkeit darf die wöchentliche Höchstarbeitszeit nach dem Arbeitszeitgesetz nicht überschritten werden. Die Arbeitszeit beim Arbeitgeber beträgt **35** Stunden wöchentlich. Die Nebentätigkeit darf daher zur Zeit den Umfang von **13** Stunden wöchentlich nicht überschreiten. Wird die im Arbeitsvertrag vom **28.03.** festgelegte Arbeitszeit erhöht, reduziert sich zugleich der genehmigte Zeitumfang für die Nebentätigkeit nach dieser Vereinbarung. Hierfür ist keine besondere Zusatzvereinbarung erforderlich.

1/2

Kopiervorlage

Zusatzvereinbarung zum Arbeitsvertrag

Zwischen

_____

_____

_____

nachfolgend „Arbeitgeber" genannt

und

_____

_____

_____

_____

nachfolgend „Mitarbeiter" genannt.

Vorbemerkung

Zwischen den Vertragsparteien besteht seit dem _____ ein Arbeitsverhältnis auf unbestimmte Zeit (unbefristetes Arbeitsverhältnis). Als Zusatzvereinbarung zum Arbeitsvertrag vom _____ vereinbaren die Parteien Folgendes:

§ 1 Nebentätigkeit

Dem Mitarbeiter wird gestattet, außerhalb der laut Arbeitsvertrag vom _____ dem Arbeitgeber geschuldeten Arbeitszeit der folgenden Nebentätigkeit nachzugehen:

_____

§ 2 Zeitbegrenzung

Durch die Ausübung der Nebentätigkeit darf die wöchentliche Höchstarbeitszeit nach dem Arbeitszeitgesetz nicht überschritten werden. Die Arbeitszeit beim Arbeitgeber beträgt __ Stunden wöchentlich. Die Nebentätigkeit darf daher zur Zeit den Umfang von ___ Stunden wöchentlich nicht überschreiten. Wird die im Arbeitsvertrag vom _____ festgelegte Arbeitszeit erhöht, reduziert sich zugleich der genehmigte Zeitumfang für die Nebentätigkeit nach dieser Vereinbarung. Hierfür ist keine besondere Zusatzvereinbarung erforderlich.

3 Sie können die Genehmigung für die Nebentätigkeit sofort widerrufen, ohne eine Frist einhalten zu müssen. Dies schützt Sie als Arbeitgeber davor, einen vertragswidrigen Zustand lange hinnehmen zu müssen. Bei einem Verstoß gegen das Arbeitszeitgesetz sind Sie bereits aufgrund des Gesetzes verpflichtet, den Zustand sofort nach bekannt werden abzustellen; im Übrigen ist das zweite Arbeitsverhältnis (Nebentätigkeit) nach höchstrichterlicher Rechtsprechung nichtig, das heißt rechtsunwirksam (Bundesarbeitsgericht vom 19.06.1959, Aktenzeichen: 1 AZR 565/57, in Arbeitsrechtliche Praxis (AP) Nr. 1 zu § 611 Bürgerliches Gesetzbuch (BGB) Doppelarbeitsverhältnis). Auch Verstöße Ihres Mitarbeiters gegen seine Treuepflicht und seine Arbeitspflicht müssen Sie nicht hinnehmen.

4 Vertragsänderungen sollten Sie zu Beweiszwecken immer schriftlich verfassen.

Zusatzvereinbarung Nebentätigkeit

§ 3 Widerrufsmöglichkeit

Die Genehmigung der Nebentätigkeit kann unabhängig vom zwischen den Parteien bestehenden Arbeitsvertrag vom <u>28.03.</u> vom Arbeitgeber ohne Einhaltung von Fristen widerrufen werden, **3** sofern dringende betriebliche Interessen der Nebentätigkeit entgegenstehen. Dies ist insbesondere dann der Fall, wenn der Mitarbeiter gegen die Arbeitszeitvorschriften (§ 2 dieser Vereinbarung) verstößt, die geschuldete Arbeitsleistung nicht erbracht wird, beziehungsweise nachlässt oder sonstige betriebliche Interessen des Arbeitgebers verletzt werden.

4 **§ 4 Sonstiges**

Im Übrigen bleiben die Bestimmungen des Arbeitsvertrages vom <u>28.03.</u> von dieser Regelung unberührt. Mündliche Vereinbarungen wurden nicht getroffen.

<u>Musterstadt, 02.07.</u>
Ort, Datum

<u>Albert Jansen</u>
<u>Geschäftsführer</u>
Unterschrift Arbeitgeber

<u>Lydia Aitmatow</u>
Unterschrift Mitarbeiter

2/2

Kopiervorlage

Zusatzvereinbarung zum Arbeitsvertrag

§ 3 Widerrufsmöglichkeit

Die Genehmigung der Nebentätigkeit kann unabhängig vom zwischen den Parteien bestehenden Arbeitsvertrag vom _____ vom Arbeitgeber ohne Einhaltung von Fristen widerrufen werden, sofern dringende betriebliche Interessen der Nebentätigkeit entgegenstehen. Dies ist insbesondere dann der Fall, wenn der Mitarbeiter gegen die Arbeitszeitvorschriften (§ 2 dieser Vereinbarung) verstößt, die geschuldete Arbeitsleistung nicht erbracht wird, beziehungsweise nachlässt oder sonstige betriebliche Interessen des Arbeitgebers verletzt werden.

§ 4 Sonstiges

Im Übrigen bleiben die Bestimmungen des Arbeitsvertrages vom _____ von dieser Regelung unberührt. Mündliche Vereinbarungen wurden nicht getroffen.

_____
Ort, Datum

_____   _____
Unterschrift Arbeitgeber   Unterschrift Mitarbeiter

1 Ihre Mitarbeiter sind grundsätzlich nicht verpflichtet, Überstunden oder Mehrarbeit zu leisten. Überstunden liegen vor, wenn der Mitarbeiter über die für sein Beschäftigungsverhältnis geltende Arbeitszeit hinaus arbeitet. Davon zu unterscheiden ist die Mehrarbeit, die Ihr Mitarbeiter erbringt, wenn seine tatsächlich geleistete Arbeitszeit die gesetzlich festgelegte Höchstarbeitszeit überschreitet. Die gesetzliche Höchstarbeitszeit beträgt 8 Stunden werktäglich (von Montag bis Samstag, § 3 Satz 1 Arbeitszeitgesetz (ArbZG). Sie kann verlängert werden

- auf bis zu 10 Stunden werktäglich, wenn innerhalb von 6 Kalendermonaten oder 24 Wochen durch Ausgleichsmaßnahmen im Durchschnitt 8 Stunden werktäglich nicht überschritten werden, § 3 Satz 2 ArbZG,
- in Not- und außergewöhnlichen Fällen, § 14 ArbZG,
- in einem Tarifvertrag oder in einer Betriebsvereinbarung aufgrund eines Tarifvertrages, § 7 ArbZG.

Um Ihre Mitarbeiter zu Überstunden und Mehrarbeit verpflichten zu können, müssen Sie dies vorher vertraglich vereinbaren.

2 Leistet Ihr Mitarbeiter Überstunden oder Mehrarbeit, obwohl diese weder angeordnet, mit dem Mitarbeiter vereinbart oder aus dringenden betrieblichen Gründen notwendig waren, brauchen Sie die Überstunden oder Mehrarbeit nicht zu vergüten.

Zusatzvereinbarung zum Arbeitsvertrag - Überstunden

Zwischen

Berndzen Aluminium GmbH
Industriestr. 105

12345 Musterstadt

nachfolgend „Arbeitgeber" genannt

und

Herrn/Frau
Stefan Meyer
Tulpenstr. 30

12345 Musterstadt

nachfolgend „Mitarbeiter" genannt.

Vorbemerkung

Zwischen den Vertragsparteien besteht seit dem <u>01.01.</u> ein unbefristetes Arbeitsverhältnis. Dies vorausgeschickt, vereinbaren die Parteien Folgendes:

1 ▶ **§ 1 Überstunden und Mehrarbeit**

Der Mitarbeiter ist verpflichtet, Überstunden und Mehrarbeit in gesetzlich vorgesehenem Umfang zu leisten.

2 ▶ **§ 2 Voraussetzungen für Überstunden- und Mehrarbeit**

Voraussetzung für die Leistung und Vergütung von Überstunden oder Mehrarbeit ist, dass der Arbeitgeber diese mit dem Mitarbeiter vereinbart und angeordnet hat oder aber, dass die Überstunden oder die Mehrarbeit aus dringenden betrieblichen Interessen (z. B. in Notfällen) erforderlich waren und der Mitarbeiter Beginn und Ende der Überstunden oder der Mehrarbeit spätestens am folgenden Tag dem Arbeitgeber bzw. der Geschäftsleitung anzeigt.

1/2

Kopiervorlage

Zusatzvereinbarung zum Arbeitsvertrag

Zwischen

_____

_____

_____

nachfolgend „Arbeitgeber" genannt

und

_____

_____

_____

_____

nachfolgend „Mitarbeiter" genannt.

Vorbemerkung

Zwischen den Vertragsparteien besteht seit dem _____ ein unbefristetes Arbeitsverhältnis. Dies vorausgeschickt, vereinbaren die Parteien Folgendes:

§ 1 Überstunden und Mehrarbeit

Der Mitarbeiter ist verpflichtet, Überstunden und Mehrarbeit in gesetzlich vorgesehenem Umfang zu leisten.

§ 2 Voraussetzungen für Überstunden- und Mehrarbeit

Voraussetzung für die Leistung und Vergütung von Überstunden oder Mehrarbeit ist, dass der Arbeitgeber diese mit dem Mitarbeiter vereinbart und angeordnet hat oder aber, dass die Überstunden oder die Mehrarbeit aus dringenden betrieblichen Interessen (z. B. in Notfällen) erforderlich waren und der Mitarbeiter Beginn und Ende der Überstunden oder der Mehrarbeit spätestens am folgenden Tag dem Arbeitgeber bzw. der Geschäftsleitung anzeigt.

3 Es ist gesetzlich nicht vorgeschrieben, Überstunden oder Mehrarbeit mit einem bestimmten Zuschlag zu vergüten. Sofern ein für Ihren Betrieb geltender Tarifvertrag keine Regelung hierzu enthält, können Sie die Höhe des Überstunden- oder Mehrarbeitzuschlages mit Ihren Mitarbeitern frei aushandeln.

Zusatzvereinbarung zum Arbeitsvertrag - Überstunden

§ 3 Höhe der Überstunden- und Mehrarbeitvergütung

Angeordnete vereinbarte oder aus dringenden betrieblichen Interessen erforderliche und spätestens am folgenden Tag dem Arbeitgeber bzw. der Geschäftsleitung angezeigte Mehrarbeit oder Überstunden werden pro Stunde wie folgt vergütet:

1/<u>173</u>	des Monatsgehaltes (Stundensatz) zuzüglich
<u>25 %</u>	<u>Zuschlag</u>
<u>50 %</u>	<u>Zuschlag an Samstagen ab der dritten Überstunde/Mehrarbeitsstunde sowie in derZeit von 22.00 Uhr bis 6.00 Uhr</u>
<u>100 %</u>	<u>Zuschlag an Sonn- und Feiertagen</u>

Treffen mehrere Zuschläge zusammen, wird jeweils nur der höchste Zuschlagssatz vergütet.

§ 4 Sonstiges

Die übrigen Bestimmungen aus dem Arbeitsvertrag werden von dieser Zusatzvereinbarung nicht berührt. Weitergehende mündliche Abreden wurden nicht getroffen.

<u>Musterstadt, 15.06.</u>
Ort, Datum

<u>Reinhard Berndzen</u>
<u>Geschäftsführer</u>
Unterschrift Arbeitgeber

<u>Stefan Meyer</u>
Unterschrift Mitarbeiter

2/2

Kopiervorlage

Zusatzvereinbarung zum Arbeitsvertrag

§ 3 Höhe der Überstunden- und Mehrarbeitvergütung

Angeordnete vereinbarte oder aus dringenden betrieblichen Interessen erforderliche und spätestens am folgenden Tag dem Arbeitgeber bzw. der Geschäftsleitung angezeigte Mehrarbeit oder Überstunden werden pro Stunde wie folgt vergütet:

1/___   des Monatsgehaltes (Stundensatz) zuzüglich

_____   _____

_____   _____

         _____

_____   _____

Treffen mehrere Zuschläge zusammen, wird jeweils nur der höchste Zuschlagssatz vergütet.

§ 4 Sonstiges

Die übrigen Bestimmungen aus dem Arbeitsvertrag werden von dieser Zusatzvereinbarung nicht berührt. Weitergehende mündliche Abreden wurden nicht getroffen.

_____

Ort, Datum

_____   _____

Unterschrift Arbeitgeber   Unterschrift Mitarbeiter

1 Ihrem Mitarbeiter steht der volle jährliche Erholungsurlaub erst nach erfüllter Wartezeit zu. Dies bedeutet, dass das Arbeitsverhältnis mit Ihrem Mitarbeiter mindestens 6 Monate bestanden haben muss, § 4 Bundesurlaubsgesetz (BUrlG). Hat Ihr Mitarbeiter die Wartezeit erfüllt und scheidet er in der

■ ersten Hälfte des Kalenderjahres aus, können Sie als Arbeitgeber zuviel gezahltes Urlaubsentgelt nicht mehr zurückfordern, § 5 Absatz 3 BUrlG;

■ zweiten Hälfte des Kalenderjahres aus, steht Ihrem Mitarbeiter der volle Anspruch auf jährlichen Erholungsurlaub zu. Auch hier können Sie nichts von Ihrem Mitarbeiter zurückfordern, selbst wenn Sie ihm bereits den vollen Urlaub gewährt haben.

Scheidet Ihr Mitarbeiter allerdings vor erfüllter Wartezeit aus, hat er nur Ansprüche auf Teilurlaub. Haben Sie Ihrem Mitarbeiter zu viele Urlaubstage gewährt, können Sie das zuviel gezahlte Urlaubsentgelt zurückfordern. Das gilt jedoch nur, wenn Sie mit Ihrem Mitarbeiter eine Rückzahlungsvereinbarung geschlossen haben.

2 Diese Klausel bietet Ihnen eine einfache Möglichkeit, das von Ihnen zuviel gezahlte Urlaubsentgelt zurückzuerhalten.

Zusatzvereinbarung Urlaub

Zwischen

Wohnstift Haus Horst
Metzenweg 11

12345 Musterstadt

nachfolgend „Arbeitgeber" genannt

und

Herrn/Frau
Peter Hart
Webschulstraße 22

12345 Musterstadt

nachfolgend „Mitarbeiter" genannt.

Vorbemerkung

Zwischen den Vertragsparteien besteht seit dem **30.06.** ein unbefristetes Arbeitsverhältnis. Dies vorausgeschickt, vereinbaren die Parteien Folgendes:

1 ▶ **§ 1 Rückzahlungsvereinbarung**

1. Dem Mitarbeiter ist bekannt, dass die Vergütung (Urlaubsentgelt nach § 11 BUrlG) für von ihm – vor Erfüllung der Wartezeit – genommene Urlaubstage ohne Rechtsanspruch erfolgt, soweit diese über seinen Anspruch auf Teilurlaub hinausgehen.

2. Sofern der Mitarbeiter vor erfüllter Wartezeit ausscheidet, ist der Arbeitgeber berechtigt, die dem Mitarbeiter zuviel gezahlte Urlaubsvergütung zurückzufordern.

2 ▶ 3. Der Arbeitgeber ist in diesem Fall berechtigt, die dem Mitarbeiter zuviel gezahlte Urlaubsvergütung mit dessen letzter Gehalts- bzw. Lohnabrechnung zu verrechnen.

§ 2 Sonstiges

Die übrigen Bestimmungen aus dem Arbeitsvertrag vom **18.06.** werden von dieser Zusatzvereinbarung nicht berührt. Weitergehende mündliche Abreden wurden nicht getroffen.

Musterstadt, 15.06.
Ort, Datum

Hans Onkelbach
Geschäftsführer
Unterschrift Arbeitgeber

Peter Hart
Unterschrift Mitarbeiter

1/1

Kopiervorlage

Zusatzvereinbarung Urlaub

Zwischen

_____

_____

_____

nachfolgend „Arbeitgeber" genannt

und

_____

_____

_____

_____

nachfolgend „Mitarbeiter" genannt.

Vorbemerkung

Zwischen den Vertragsparteien besteht seit dem _____ ein unbefristetes Arbeitsverhältnis. Dies vorausgeschickt, vereinbaren die Parteien Folgendes:

§ 1 Rückzahlungsvereinbarung

1. Dem Mitarbeiter ist bekannt, dass die Vergütung (Urlaubsentgelt nach § 11 BUrlG) für von ihm – vor Erfüllung der Wartezeit – genommene Urlaubstage ohne Rechtsanspruch erfolgt, soweit diese über seinen Anspruch auf Teilurlaub hinausgehen.

2. Sofern der Mitarbeiter vor erfüllter Wartezeit ausscheidet, ist der Arbeitgeber berechtigt, die dem Mitarbeiter zuviel gezahlte Urlaubsvergütung zurückzufordern.

3. Der Arbeitgeber ist in diesem Fall berechtigt, die dem Mitarbeiter zuviel gezahlte Urlaubsvergütung mit dessen letzter Gehalts- bzw. Lohnabrechnung zu verrechnen.

§ 2 Sonstiges

Die übrigen Bestimmungen aus dem Arbeitsvertrag vom _____ werden von dieser Zusatzvereinbarung nicht berührt. Weitergehende mündliche Abreden wurden nicht getroffen.

_____
Ort, Datum

_____   _____
Unterschrift Arbeitgeber   Unterschrift Mitarbeiter

1 Die Zahlung einer Weihnachtsgratifikation ist – zumindest im ersten Jahr und wenn kein anwendbarer Tarifvertrag mit einer entsprechenden Tarifvorschrift besteht – eine freiwillige Leistung Ihrerseits. Sie haben die Möglichkeit, in diesem ersten Jahr die Weichen für die Weihnachtsgratifikation so zu stellen, dass Sie diese bestmöglich zur Motivation Ihrer Mitarbeiter einsetzen können. In den Folgejahren entsteht schon nach 3-maliger vorbehaltloser Zahlung eine so genannte betriebliche Übung. Das bedeutet, dass – sofern Sie Ihren Mitarbeitern gegenüber einen solchen Vertrauenstatbestand entstehen lassen – diese einen vertraglichen Anspruch auf Zahlung der Gratifikation für die Folgejahre erwerben können. Dies können Sie dadurch verhindern, indem Sie „Gewohnheitsrecht" in Form einer „betrieblichen Übung" gar nicht erst entstehen lassen. Wechseln Sie dazu in jedem Jahr den Auszahlungszeitpunkt und die Auszahlungshöhe. Zudem sollten Sie in Ihrer Zusage stets den Zusatz beibehalten, dass die Auszahlung freiwillig und ohne Begründung einer Rechtspflicht erfolgt. Der Motivation Ihres Mitarbeiters dient insbesondere die Tatsache, dass Sie bereits Monate vor der Auszahlung eine Vereinbarung darüber mit ihm treffen. Sie könnten auch einfach mit der Zahlung der Gratifikation einige Zeilen an Ihren Mitarbeiter richten. Versäumen Sie es in diesem Fall aber nicht, die Auszahlungsmodalitäten festzulegen. Nur zu leicht wird sonst aus Ihrem Schreiben eine betriebliche Übung.

2 Die Weihnachtsgratifikation ist steuerpflichtig, unterliegt also der Lohnsteuer. Der Gesetzgeber ist durch das Bundesverfassungsgericht (BVerfG vom 24.05.2000 – Aktenzeichen: 1 BvL 1/98, 1 BvL 4/98) verpflichtet worden, Gratifikationen sozialversicherungsfrei zu stellen. Wann die Neuregelung in Kraft tritt, ist noch offen. Die Weihnachtsgratifikation ist daher vorerst noch sozialversicherungspflichtig.

3 Führen Sie auf, wann die Weihnachtsgratifikation zur Auszahlung kommen soll. Ohne besondere Regelung des Fälligkeitszeitpunktes wird die Gratifikation im Zweifel sofort geschuldet.

4 Sofern Sie die Gratifikation nicht ausschließlich als zusätzliches Arbeitsentgelt zahlen wollen, sondern damit zugleich den Mitarbeiter an Ihr Unternehmen binden wollen, ist es von Bedeutung, nur die Mitarbeiter an der Gratifikation teilhaben zu lassen, die auch zukünftig Ihrem Unternehmen zur Verfügung stehen.

5 Ohne den hier vorgesehenen Kürzungsvorbehalt hätte der Mitarbeiter Anspruch auf Zahlung der Weihnachtsgratifikation in voller Höhe.

6 Gemäß § 4 a Entgeltfortzahlungsgesetz (EFZG) ist eine Kürzung um maximal 1/4 des durchschnittlichen arbeitstäglichen Entgeltes möglich. Hierbei wird der Jahresdurchschnitt zugrunde gelegt. Die Kürzung ist jedoch an die Bedingung geknüpft, dass der Arbeitgeber mit dem Arbeitnehmer hierüber eine Vereinbarung getroffen hat. Ohne Vereinbarung ist eine Kürzung unzulässig.

Zusatzvereinbarung Weihnachtsgratifikation

Zwischen

Pardey Fernsehservice
Provinzialstr. 385

12345 Musterstadt

nachfolgend „Arbeitgeber" genannt

und

Herrn/Frau
Heinz Kaiser
Herner Str. 21

12345 Musterstadt

nachfolgend „Mitarbeiter" genannt.

Präambel

Zwischen den Vertragsparteien besteht seit dem **01.02.** ein unbefristetes Arbeitsverhältnis. Zusätzlich zum Arbeitsvertrag vom **01.02.** vereinbaren die Parteien Folgendes:

1 § 1 Weihnachtsgratifikation
Der Mitarbeiter erhält jährlich eine Weihnachtsgratifikation in Höhe von **DM 1.500,--/EUR...** ◀ **2**
3 brutto. Die Abrechnung und Auszahlung erfolgt **mit dem November-Gehalt**.

Die Weihnachtsgratifikation ist eine freiwillige Leistung des Arbeitgebers und begründet keinen Rechtsanspruch auf Zahlung im Folgejahr.

§ 2 Auszahlungsmodalitäten
4 Die Gewährung und Auszahlung ist davon abhängig, dass das Arbeitsverhältnis zum Auszahlungszeitpunkt ungekündigt ist.

5 Für den Fall, dass das Arbeitsverhältnis aufgrund von Erziehungsurlaub, Wehr- oder Ersatzdienst zum Auszahlungszeitpunkt ruht, wird die Gratifikation zeitanteilig gekürzt. Bei einer Arbeitsunfähigkeit infolge Krankheit wird gemäß § 4 a Entgeltfortzahlungsgesetz die Weihnachtsgratifika-
6 tion ebenfalls gekürzt; die Kürzung beläuft sich auf 1/4 des Arbeitsentgeltes, das im Jahresdurchschnitt auf einen Arbeitstag entfällt.

1/2

Kopiervorlage

Zusatzvereinbarung zum Arbeitsvertrag

Zwischen

—————————————

—————————————

—————————————

nachfolgend „Arbeitgeber" genannt

und

—————————————

—————————————

—————————————

—————————————

nachfolgend „Mitarbeiter" genannt.

Präambel

Zwischen den Vertragsparteien besteht seit dem _____ ein unbefristetes Arbeitsverhältnis. Zusätzlich zum Arbeitsvertrag vom _____ vereinbaren die Parteien Folgendes:

§ 1 Weihnachtsgratifikation

Der Mitarbeiter erhält jährlich eine Weihnachtsgratifikation in Höhe von _____ brutto. Die Abrechnung und Auszahlung erfolgt _____.

Die Weihnachtsgratifikation ist eine freiwillige Leistung des Arbeitgebers und begründet keinen Rechtsanspruch auf Zahlung im Folgejahr.

§ 2 Auszahlungsmodalitäten

Die Gewährung und Auszahlung ist davon abhängig, dass das Arbeitsverhältnis zum Auszahlungszeitpunkt ungekündigt ist.

Für den Fall, dass das Arbeitsverhältnis aufgrund von Erziehungsurlaub, Wehr- oder Ersatzdienst zum Auszahlungszeitpunkt ruht, wird die Gratifikation zeitanteilig gekürzt. Bei einer Arbeitsunfähigkeit infolge Krankheit wird gemäß § 4 a Entgeltfortzahlungsgesetz die Weihnachtsgratifikation ebenfalls gekürzt; die Kürzung beläuft sich auf 1/4 des Arbeitsentgeltes, das im Jahresdurchschnitt auf einen Arbeitstag entfällt.

7 Sie haben das Recht, die Rückzahlung der Gratifikation zu verlangen, wenn Ihr Mitarbeiter vor Erfüllung der Bindungsfrist aus dem Arbeitsverhältnis ausscheidet unter der Voraussetzung, dass die Auszahlung mehr als DM 200,--/EUR... betrug. Zahlen Sie mindestens ein halbes Bruttomonatsgehalt, können Sie Ihren Mitarbeiter bei Ausscheiden innerhalb von 3 Monaten nach dem Auszahlungszeitpunkt wirksam zur Rückzahlung der Weihnachtsgratifikation verpflichten. Bei einer Auszahlung von einem Bruttomonatsgehalt verlängert sich die Bindungsfrist auf 6 Monate.

8 Hierbei ist es grundsätzlich gleichgültig, wer das Arbeitsverhältnis kündigt und aus welchem Rechtsgrund dies geschieht. Sinn und Zweck der Gratifikation ist unter anderem die Bindung des Mitarbeiters an Ihr Unternehmen. Mussten Sie jedoch aus betrieblichen Gründen innerhalb der Frist das Arbeitsverhältnis beenden (betriebsbedingte Kündigung), kann Ihr Mitarbeiter – von ihm unverschuldet – seine Betriebstreue nicht beweisen. Eine Rückforderung der Gratifikation ist in diesem Ausnahmefall nach der Rechtsprechung des Bundesarbeitsgerichtes nicht gerechtfertigt.

9 Vertragsänderungen sollten Sie zu Beweiszwecken immer schriftlich verfassen.

Zusatzvereinbarung Weihnachtsgratifikation

§ 3 Bindungsfrist, Rückzahlung

Die Weihnachtsgratifikation ist zurückzuzahlen, wenn der Mitarbeiter innerhalb von **3** Monaten ◄ **7**
nach Auszahlung der Gratifikation aus dem Arbeitsverhältnis ausscheidet; dies gilt nicht für den
8 ► Fall der betriebsbedingten Kündigung durch den Arbeitgeber.

§ 4 Sonstiges

9 ► Die übrigen Vereinbarungen des Arbeitsvertrages vom __01.02.__ bleiben von dieser Regelung
unberührt. Mündliche Vereinbarungen wurden nicht getroffen.

__Musterstadt, 15.01.__
Ort, Datum

__Max Pardey__
__Geschäftsführer__
Unterschrift Arbeitgeber

__Heinz Kaiser__
Unterschrift Mitarbeiter

2/2

Kopiervorlage

Zusatzvereinbarung zum Arbeitsvertrag

§ 3 Bindungsfrist, Rückzahlung

Die Weihnachtsgratifikation ist zurückzuzahlen, wenn der Mitarbeiter innerhalb von **3** Monaten nach Auszahlung der Gratifikation aus dem Arbeitsverhältnis ausscheidet; dies gilt nicht für den Fall der betriebsbedingten Kündigung durch den Arbeitgeber.

§ 4 Sonstiges

Die übrigen Vereinbarungen des Arbeitsvertrages vom _____ bleiben von dieser Regelung unberührt. Mündliche Vereinbarungen wurden nicht getroffen.

_____

Ort, Datum

_____   _____

Unterschrift Arbeitgeber   Unterschrift Mitarbeiter

1 Der Abschluss eines nachvertraglichen Wettbewerbsverbotes ist nur unter engen Voraussetzungen möglich, da die Berufsfreiheit des Einzelnen in Artikel 12 Grundgesetz geschützt ist. Haben Sie mit Ihrem Mitarbeiter ein nachvertragliches Wettbewerbsverbot vereinbart, müssen Sie ihm daher für die Zeit nach der Beendigung des Arbeitsverhältnisses eine Karenzentschädigung zahlen.

Die Dauer des Wettbewerbsverbotes ist auf 2 Jahre begrenzt. Eine längere Dauer dürfen Sie mit Ihrem Mitarbeiter also nicht vereinbaren (§ 74a Absatz 1 Handelsgesetzbuch (HGB)). Zudem können Sie das Wettbewerbsverbot nur auf einen angemessenen Umkreis zu Ihrem Betrieb erstrecken (so genannte örtliche Eingrenzung des Wettbewerbsverbotes).

2 Die örtliche Eingrenzung des Wettbewerbsverbotes bereitet Schwierigkeiten, da sie das berufliche Fortkommen Ihres Mitarbeiters unbillig erschweren kann. In ländlichen Gebieten können Sie den Umkreis jedoch grundsätzlich weiter ziehen als im städtischen Bereich. Grund dafür ist, dass in ländlichen Gebieten nicht davon auszugehen ist, dass sich Konkurrenzunternehmen zu Ihrem Betrieb in unmittelbarer Nachbarschaft befinden.

3 Tragen Sie hier die Tätigkeitsgebiete Ihres Betriebes ein, auf die sich das nachvertragliche Wettbewerbsverbot erstrecken soll.

4 Vereinbaren Sie mit Ihrem Mitarbeiter ein Wettbewerbsverbot, sind Sie nach dem für alle Arbeitnehmer geltenden § 74 Absatz 2 HGB verpflichtet, ihm eine Karenzentschädigung zu zahlen. Andernfalls ist das Wettbewerbverbot unwirksam. Die Höhe der Karenzentschädigung muss mindestens die Hälfte der Vergütung betragen, die Ihr Mitarbeiter zuletzt bezogen hat.

Zusatzvereinbarung Wettbewerbsverbot

Zwischen

Bierbaum Alarmanlagen GmbH & CO. KG
Seestr. 11

12345 Musterstadt

nachfolgend „Arbeitgeber" genannt

und

Herrn/Frau
Thomas Claßen
Am Ziegelweiher 9

12345 Musterstadt

nachfolgend „Mitarbeiter" genannt.

Vorbemerkung

Zwischen den Vertragsparteien besteht seit dem **01.05.** ein unbefristetes Arbeitsverhältnis. Dies vorausgeschickt, vereinbaren die Parteien Folgendes:

1 **§ 1 Nachvertragliches Wettbewerbsverbot**

Der Mitarbeiter verpflichtet sich, **zwei** Jahre lang nach Beendigung seines Arbeitsverhältnisses nicht für eine Firma, eine Einzelperson oder Gesellschaft **im Umkreis von 15 Kilometern des** **2** **Betriebes des Arbeitgebers** tätig zu sein, die zu dem Betrieb des Arbeitgebers in Wettbewerb stehen.

3 Als zu dem Betrieb des Arbeitgebers in Wettbewerb stehende Unternehmen gelten solche, die **Alarmanlagen nebst elektronischem Zubehör** herstellen oder vertreiben.

Dem Mitarbeiter ist jede unselbstständige und selbstständige Konkurrenztätigkeit nicht gestattet. Er darf insbesondere kein festes Arbeitsverhältnis oder ein freies Beratungs- oder Vertretungsverhältnis bei solchen Unternehmen eingehen, die zu dem Arbeitgeber in Wettbewerb stehen. Der Mitarbeiter darf auch nicht selbst ein Konkurrenzunternehmen errichten, erwerben oder sich daran beteiligen.

§ 2 Karenzentschädigung

4 Für die Dauer des Wettbewerbsverbotes zahlt der Arbeitgeber dem Mitarbeiter eine Karenzentschädigung. Diese beträgt die Hälfte der von dem Mitarbeiter zuletzt bezogenen vertragsmäßigen Vergütung, zahlbar an den Mitarbeiter in monatlichen Raten jeweils am Monatsende.

1/2

Kopiervorlage

Zusatzvereinbarung

Zwischen

_____

_____

_____

nachfolgend „Arbeitgeber" genannt

und

_____

_____

_____

nachfolgend „Mitarbeiter" genannt.

Vorbemerkung

Zwischen den Vertragsparteien besteht seit dem _____ ein unbefristetes Arbeitsverhältnis. Dies vorausgeschickt, vereinbaren die Parteien Folgendes:

§ 1 Nachvertragliches Wettbewerbsverbot

Der Mitarbeiter verpflichtet sich, _____ Jahre lang nach Beendigung seines Arbeitsverhältnisses nicht für eine Firma, eine Einzelperson oder Gesellschaft _____ _____ tätig zu sein, die zu dem Betrieb des Arbeitgebers in Wettbewerb stehen.

Als zu dem Betrieb des Arbeitgebers in Wettbewerb stehende Unternehmen gelten solche, die _____ herstellen oder vertreiben.

Dem Mitarbeiter ist jede unselbstständige und selbstständige Konkurrenztätigkeit nicht gestattet. Er darf insbesondere kein festes Arbeitsverhältnis oder ein freies Beratungs- oder Vertretungsverhältnis bei solchen Unternehmen eingehen, die zu dem Arbeitgeber in Wettbewerb stehen. Der Mitarbeiter darf auch nicht selbst ein Konkurrenzunternehmen errichten, erwerben oder sich daran beteiligen.

§ 2 Karenzentschädigung

Für die Dauer des Wettbewerbsverbotes zahlt der Arbeitgeber dem Mitarbeiter eine Karenzentschädigung. Diese beträgt die Hälfte der von dem Mitarbeiter zuletzt bezogenen vertragsmäßigen Vergütung, zahlbar an den Mitarbeiter in monatlichen Raten jeweils am Monatsende.

5 Übt Ihr Mitarbeiter in einem anderen Unternehmen, das nicht unter das Wettbewerbsverbot fällt, eine Beschäftigung aus, muss er sich seinen dort erzielten Verdienst (anderweitiger Erwerb) auf die Karenzentschädigung anrechnen lassen. Sie sollten daher darauf bestehen, dass Ihnen Ihr Mitarbeiter den anderweitigen Erwerb offen legt.

6 Verstößt Ihr Mitarbeiter gegen das Wettbewerbsverbot, ist er Ihnen gegenüber zwar schadensersatzpflichtig. Sie müssen jedoch den Ihnen entstandenen Schaden exakt darlegen und beweisen. Die Vereinbarung einer Vertragsstrafe bietet Ihnen den erheblichen Vorteil, dass Sie den entstandenen Schaden nicht mühselig nachweisen müssen, sondern die Vertragsstrafe beanspruchen können.

7 Die Höhe der Vertragsstrafe sollte so bemessen sein, dass Ihr Mitarbeiter von Zuwiderhandlungen abgeschreckt wird. Als Richtlinie können Sie in etwa das 1- bis 2-fache der üblichen Monatsvergütung Ihres Mitarbeiters ansetzen.

8 Den so genannten Fortsetzungszusammenhang sollten Sie unbedingt ausschließen. Fortsetzungszusammenhang bedeutet, dass Ihr Mitarbeiter die Vertragsstrafe nur ein einziges Mal zu zahlen hat, wenn er während des Wettbewerbsverbotes nur bei einem einzigen Ihrer Konkurrenten – für diesen allerdings auf Dauer – tätig ist. Zudem sollten Sie klarstellen, dass die Vertragsstrafe bei einem fortdauernden Verstoß jeden Monat neu zu zahlen ist.

9 Sie können nur vor Beendigung des Arbeitsverhältnisses einseitig auf das Wettbewerbsverbot verzichten. Bei oder nach der Beendigung des Arbeitsverhältnisses kann auf das Wettbewerbsverbot nur noch mit Zustimmung des Mitarbeiters verzichtet werden.

10 Wollen Sie sich von dem Wettbewerbsverbot wieder lösen, müssen Sie auf Folgendes achten:

■ Erfolgen Lösung vom Wettbewerbsverbot und Beendigung des Arbeitsverhältnisses gleichzeitig, gilt das Wettbewerbsverbot ein weiteres Jahr. Sie sind daher auch für dieses Jahr zur Zahlung der Karenzentschädigung verpflichtet.

■ Wird das Arbeitsverhältnis erst nach Ablauf der Jahresfrist beendet, müssen Sie keine Karenzentschädigung zahlen. Erfolgt die Beendigung des Arbeitsverhältnisses jedoch innerhalb der Jahresfrist, sind Sie bis zum Ablauf dieses Jahres verpflichtet, die Karenzentschädigung zu leisten.

Zusatzvereinbarung Wettbewerbsverbot

Der Mitarbeiter muss sich anderweitigen Erwerb auf die Entschädigung anrechnen lassen. Er verpflichtet sich daher, dem Arbeitgeber während der Dauer der Wettbewerbsvereinbarung unaufgefordert jeweils am Schluss eines Kalendervierteljahres die Höhe seines Verdienstes aus der Verwertung seiner Arbeitskraft mitzuteilen sowie die Höhe seines Verdienstes dem Arbeitgeber auf **5** dessen Verlangen durch prüfbare Unterlagen zu belegen. Der Mitarbeiter verpflichtet sich ferner, jeden Wechsel seines Wohnsitzes während der Dauer der Wettbewerbsvereinbarung dem Arbeitgeber anzuzeigen.

§ 3 Vertragsstrafe

6 Für jeden Fall der Zuwiderhandlung gegen das Wettbewerbsverbot verpflichtet sich der Mitarbeiter zur Zahlung einer Vertragsstrafe in Höhe von <u>DM 20.000,--/EUR ...</u>. Der Mitarbeiter schul- **8** det diese Vertragsstrafe jeden Monat neu, die Einrede des Fortsetzungszusammenhanges ist ausgeschlossen. Der Arbeitgeber behält sich ausdrücklich vor, einen weitergehenden Schadensersatzanspruch geltend zu machen. ◄**7**

§ 4 Lösungsrecht

9 Der Arbeitgeber ist berechtigt, vor Beendigung des Arbeitsverhältnisses mit dem Mitarbeiter durch schriftliche Erklärung auf das Wettbewerbsverbot zu verzichten. In diesem Fall wird der Arbeitgeber nach Ablauf eines Jahres seit dem Zeitpunkt seiner Verzichtserklärung von seiner Verpflichtung frei, dem Mitarbeiter eine Karenzentschädigung zu zahlen, unbeschadet dessen, ob **10** das Arbeitsverhältnis dann noch besteht.

§ 5 Sonstiges
Des Weiteren gelten die gesetzlichen Vorschriften der §§ 74 ff. HGB.

Die übrigen Bestimmungen aus dem Arbeitsvertrag werden von dieser Zusatzvereinbarung nicht berührt. Weitergehende mündliche Abreden wurden nicht getroffen.

<u>Musterstadt, 30.09.</u>
Ort, Datum

<u>Josef Bierbaum</u>
<u>Geschäftsführer</u>
Unterschrift Arbeitgeber

<u>Thomas Claßen</u>
Unterschrift Mitarbeiter

2/2

Kopiervorlage

Zusatzvereinbarung

Der Mitarbeiter muss sich anderweitigen Erwerb auf die Entschädigung anrechnen lassen. Er verpflichtet sich daher, dem Arbeitgeber während der Dauer der Wettbewerbsvereinbarung unaufgefordert jeweils am Schluss eines Kalendervierteljahres die Höhe seines Verdienstes aus der Verwertung seiner Arbeitskraft mitzuteilen sowie die Höhe seines Verdienstes dem Arbeitgeber auf dessen Verlangen durch prüfbare Unterlagen zu belegen. Der Mitarbeiter verpflichtet sich ferner, jeden Wechsel seines Wohnsitzes während der Dauer der Wettbewerbsvereinbarung dem Arbeitgeber anzuzeigen.

§ 3 Vertragsstrafe

Für jeden Fall der Zuwiderhandlung gegen das Wettbewerbsverbot verpflichtet sich der Mitarbeiter zur Zahlung einer Vertragsstrafe in Höhe von _____. Der Mitarbeiter schuldet diese Vertragsstrafe jeden Monat neu, die Einrede des Fortsetzungszusammenhanges ist ausgeschlossen. Der Arbeitgeber behält sich ausdrücklich vor, einen weitergehenden Schadensersatzanspruch geltend zu machen.

§ 4 Lösungsrecht

Der Arbeitgeber ist berechtigt, vor Beendigung des Arbeitsverhältnisses mit dem Mitarbeiter durch schriftliche Erklärung auf das Wettbewerbsverbot zu verzichten. In diesem Fall wird der Arbeitgeber nach Ablauf eines Jahres seit dem Zeitpunkt seiner Verzichtserklärung von seiner Verpflichtung frei, dem Mitarbeiter eine Karenzentschädigung zu zahlen, unbeschadet dessen, ob das Arbeitsverhältnis dann noch besteht.

§ 5 Sonstiges

Des Weiteren gelten die gesetzlichen Vorschriften der §§ 74 ff. HGB.

Die übrigen Bestimmungen aus dem Arbeitsvertrag werden von dieser Zusatzvereinbarung nicht berührt. Weitergehende mündliche Abreden wurden nicht getroffen.

_____
Ort, Datum

_____   _____
Unterschrift Arbeitgeber   Unterschrift Mitarbeiter

1 Die Ausgleichsquittung soll nach Beendigung des Arbeitsverhältnisses zwischen den ehemaligen Arbeitsvertragsparteien klare Verhältnisse schaffen und künftigen Streit verhindern. Die Ausgleichsquittung enthält regelmäßig zwei verschiedene rechtliche Bestandteile, die Empfangsbestätigung und den Verzicht auf Ansprüche. Die Ausgleichsquittung hat in der Praxis große Bedeutung, weil der Arbeitnehmer gegenüber dem Arbeitgeber auf vermeintliche Ansprüche verzichtet, indem er bestätigt, gegen den Arbeitgeber keine Ansprüche mehr aus dem Arbeitsverhältnis und seiner Beendigung zu haben. Handelt es sich bei dem Arbeitnehmer um einen Minderjährigen, so kann auch dieser wirksam in Form einer Ausgleichsquittung auf Ansprüche aus dem Arbeits- oder Ausbildungsverhältnis verzichten, wenn er vom gesetzlichen Vertreter nach § 113 Bürgerliches Gesetzbuch (BGB) ermächtigt worden ist (so genannte Arbeitsmündigkeit).

Die Ausgleichsquittung ist von der Ausgleichsklausel zu unterscheiden, mit der sich Arbeitgeber und Arbeitnehmer bestätigen, keine wechselseitigen Ansprüche mehr aus dem Vertragsverhältnis und seiner Beendigung zu haben.

2 Der Arbeitgeber ist verpflichtet, bei Beendigung des Arbeitsverhältnisses dem Arbeitnehmer die Arbeitspapiere herauszugeben. Für den Arbeitgeber besteht Aushändigungspflicht. Er darf die Arbeitspapiere nicht zurückhalten, das heißt er hat kein Zurückbehaltungsrecht nach § 273 BGB, etwa aus dem Grund, weil er gegen den Arbeitnehmer einen Gegenanspruch hat. Dies gilt selbst für den Fall der fristlosen Entlassung oder bei Arbeitsvertragsbruch des Arbeitnehmers. Ihr Mitarbeiter muss die Arbeitspapiere im Betrieb abholen (so genannte Holschuld, § 269 BGB), für Sie als Arbeitgeber besteht keine Bringschuld. Etwas anderes gilt nur dann, wenn Sie die Arbeitspapiere zum Zeitpunkt der tatsächlichen Beendigung des Arbeitsverhältnisses nicht aushändigen können und dadurch in Verzug geraten (§ 284 BGB). In diesem Fall haben Sie als Arbeitgeber die Arbeitspapiere auf Ihre Gefahr und Ihre Kosten dem Arbeitnehmer zu übersenden (§ 292 BGB).

3 Der Arbeitnehmer kann auf so genannte „unverzichtbare Ansprüche" rechtswirksam grundsätzlich nicht verzichten. Hierzu gehören:

■ Ansprüche aus einem Tarifvertrag. Auf solche Ansprüche kann nur in einem von den Tarifvertragsparteien gebilligten Vergleich verzichtet werden (§ 4 Tarifvertragsgesetz (TVG)).

■ Ansprüche aus einer Betriebsvereinbarung. Ein Verzicht ist nur mit Zustimmung des Betriebsrates zulässig (§ 77 Absatz 4 Betriebsverfassungsgesetz (BetrVG)).

■ Gesetzliche Urlaubs- und Urlaubsabgeltungsansprüche. Hierauf kann auch nach beendetem Arbeitsverhältnis nicht rechtswirksam verzichtet werden.

■ Noch nicht entstandene Entgeltfortzahlungsansprüche.

■ Versorgungsansprüche und Versorgungsanwartschaften. Diese werden nach Auffassung des Bundesarbeitsgerichtes nur dann erfasst, wenn diese Rechte ausdrücklich und unmissverständlich in der Ausgleichsquittung bezeichnet sind.

■ Der Anspruch auf ein qualifiziertes Zeugnis vor Beendigung des Arbeitsverhältnisses. Ein vor Beendigung des Arbeitsverhältnisses, das heißt vor Zugang der Kündigungserklärung beim Arbeitnehmer, erklärter Verzicht des Arbeitnehmers auf ein solches Zeugnis ist unwirksam.

---

1 ▶ **Ausgleichsquittung**

Für Herrn/Frau

Anton Tschechow
Rehwinkel 32
12345 Musterstadt

2 ▶ 1. Herr Tschechow bestätigt – aus Anlass der Beendigung des Arbeitsverhältnisses zum 31.05. – die folgenden ordnungsgemäß ausgefüllten Arbeitspapiere und Zahlungen erhalten zu haben:

■ Lohnsteuerkarte für das Jahr 2001
■ Sozialversicherungsausweis
■ Meldung zur Sozialversicherung (Versicherungsnachweis auf einem amtlichen Vordruck der Krankenkasse)
■ Arbeitsbescheinigung für das Arbeitsamt
■ Urlaubsbescheinigung
■ Lohn-/Gehaltsabrechnung
■ Zeugnis
■ sonstige Arbeitspapiere, _____ zum Beispiel die (alten) Bewerbungsunterlagen des Arbeitnehmers (Zeugnisse, nicht jedoch Bewerbungsschreiben und Lebenslauf).

2. Herr Tschechow erkennt an, dass damit alle Ansprüche aus und im Zusammenhang mit dem Arbeitsverhältnis sowie für die Zeit nach Beendigung des Arbeitsverhältnisses gegenüber der Firma Westfälische Eisenhandel GmbH erledigt und abgegolten sind; er erkennt darüber hinaus an, dass er keine weitergehenden Ansprüche gegen die Firma Westfälische Eisenhandel **3** ▶ GmbH hat.

3. Herr Tschechow bestätigt die ordnungsgemäße Beendigung des Arbeitsverhältnisses zum 31.05. . Insbesondere erhebt Herr Tschechow gegen die Kündigung keine Einwendungen. Herr Tschechow verzichtet ausdrücklich auf das Recht, den Fortbestand des Arbeitsverhältnisses aus irgendeinem Rechtsgrund gerichtlich geltend zu machen. Insbesondere wird Herr **4** ▶ Tschechow keine Kündigungsschutzklage erheben; eine etwa bereits mit diesem Ziel erhobene Klage wird er zurücknehmen.

4. Herr Tschechow erkennt an, dass die Abrechnung des restlichen Arbeitslohnes sowie die Urlaubsabgeltung richtig sind. Herr Tschechow ist damit einverstanden, dass der Betrag in Höhe von insgesamt DM 7.650,00 /EUR... bis zum 31.05. auf sein Konto bei der Volksbank Musterstadt, Konto-Nr.: 022455, BLZ: 370 300 00 überwiesen wird.

5. Herr Tschechow bestätigt, dass die Ausgleichsquittung ihm heute von Herrn/Frau Mustar übersetzt wurde und in schriftlicher Übersetzung ausgehändigt wurde.

Musterstadt, 31.05.
Ort, Datum

Anton Tschechow
Unterschrift Arbeitnehmer

1/1

Kopiervorlage

---

4 Solange das Arbeitsverhältnis ungekündigt besteht, kann Ihr Mitarbeiter nicht wirksam auf die Geltendmachung des Kündigungsschutzes verzichten. Die Sachlage ist eine andere, wenn der Arbeitnehmer die Kündigung erhalten hat. Ihr Mitarbeiter kann dann auf den Kündigungsschutz verzichten. Nach der Rechtsprechung des Bundesarbeitsgerichtes muss der Verzicht in der Ausgleichsquittung unmissverständlich ausgedrückt werden, etwa in der Weise, dass der Arbeitnehmer erklärt, er wolle von seinem Recht, das Fortbestehen des Arbeitsverhältnisses geltend zu machen, Abstand nehmen oder eine mit diesem Ziel bereits erhobene Klage nicht mehr durchführen. Aus diesem Grunde sollten Sie daher unbedingt eine solche Verzichtserklärung Ihres Mitarbeiters in die Ausgleichsquittung aufnehmen.

Ausgleichsquittung

Für Herrn/Frau

_____

_____

_____

1. _____ bestätigt – aus Anlass der Beendigung des Arbeitsverhältnisses zum _____ – die folgenden ordnungsgemäß ausgefüllten Arbeitspapiere und Zahlungen erhalten zu haben:

   - Lohnsteuerkarte für das Jahr _____
   - Sozialversicherungsausweis
   - Meldung zur Sozialversicherung (Versicherungsnachweis auf einem amtlichen Vordruck der Krankenkasse)
   - Arbeitsbescheinigung für das Arbeitsamt
   - Urlaubsbescheinigung
   - Lohn-/Gehaltsabrechnung
   - Zeugnis
   - sonstige Arbeitspapiere, _____ zum Beispiel die (alten) Bewerbungsunterlagen des Arbeitnehmers (Zeugnisse, nicht jedoch Bewerbungsschreiben und Lebenslauf).

2. _____ erkennt an, dass damit alle Ansprüche aus und im Zusammenhang mit dem Arbeitsverhältnis sowie für die Zeit nach Beendigung des Arbeitsverhältnisses gegenüber der Firma _____ erledigt und abgegolten sind; er erkennt darüber hinaus an, dass er keine weitergehenden Ansprüche gegen die Firma _____ _____ hat.

3. _____ bestätigt die ordnungsgemäße Beendigung des Arbeitsverhältnisses zum _____ . Insbesondere erhebt _____ gegen die Kündigung keine Einwendungen. Herr Tschechow verzichtet ausdrücklich auf das Recht, den Fortbestand des Arbeitsverhältnisses aus irgendeinem Rechtsgrund gerichtlich geltend zu machen. Insbesondere wird ____ _____ keine Kündigungsschutzklage erheben; eine etwa bereits mit diesem Ziel erhobene Klage wird er zurücknehmen.

4. _____ erkennt an, dass die Abrechnung des restlichen Arbeitslohnes sowie die Urlaubsabgeltung richtig sind. _____ ist damit einverstanden, dass der Betrag in Höhe von insgesamt _____ bis zum _____ auf sein Konto bei der _____ _____, Konto-Nr.: _____, BLZ: _____ überwiesen wird.

5. _____ bestätigt, dass die Ausgleichsquittung ihm heute von _____ übersetzt wurde und in schriftlicher Übersetzung ausgehändigt wurde.

_____

Ort, Datum

_____

Unterschrift Arbeitnehmer

1 Die Ausgleichsquittung spielt bei der Beendigung von Arbeitsverhältnissen eine große Rolle. Ihr Mitarbeiter verzichtet mit Unterzeichnung der Ausgleichsquittung auf Ansprüche aus dem Arbeitsverhältnis gegen Sie als Arbeitgeber. Auch ein Minderjähriger kann wirksam im Wege einer Ausgleichsquittung auf Ansprüche aus dem Arbeitsverhältnis verzichten, wenn er nach § 113 Bürgerliches Gesetzbuch (BGB) (so genannte Arbeitsmündigkeit) vom gesetzlichen Vertreter ermächtigt wurde, das Arbeitsverhältnis mit Ihnen einzugehen.

2 Ein Verzicht Ihres Mitarbeiters auf seine bereits entstandenen Ansprüche, die in einem Tarifvertrag festgeschrieben sind, ist in Form einer Ausgleichsquittung nicht möglich. Hierzu ist vielmehr ein Vergleich erforderlich, der von den an dem jeweils geltenden Tarifvertrag beteiligten Parteien gebilligt werden muss, § 4 Absatz 4 Satz 1 Tarifvertragsgesetz (TVG). Es ist allerdings Sache Ihres Mitarbeiters, ob er solche Ansprüche innerhalb der in dem Tarifvertrag vorgesehenen Ausschluss- und Verfallsfristen überhaupt geltend machen möchte.

3 Sofern keine tarifvertraglichen Regelungen wie beispielsweise ein Wiedereinstellungsanspruch Ihres Mitarbeiters bestehen, kann er nach einer Kündigung wirksam darauf verzichten, den allgemeinen und besonderen Kündigungsschutz geltend zu machen. Besonders wichtig ist allerdings, dass in der Ausgleichsquittung ausdrücklich erwähnt wird, dass Ihr Mitarbeiter auf die Erhebung einer Kündigungsschutzklage verzichtet. Geschieht dies nicht, ist Ihr Mitarbeiter trotz seines Verzichtes auf den allgemeinen und besonderen Kündigungsschutz berechtigt, eine Kündigungsschutzklage zu erheben.

4 Tragen Sie hier den Betrag ein, den Ihr Mitarbeiter bei seinem Ausscheiden aus dem Arbeitsverhältnis noch zu erhalten hat. Das Anerkenntnis Ihres Mitarbeiters, dass die Abrechnung zutreffend ist, ist aber nicht wirksam, wenn Ihrem Mitarbeiter beispielsweise aus einer falschen Eingruppierung in eine tarifliche Lohngruppe noch Entgeltansprüche zustehen. Ihr Mitarbeiter kann in diesem Fall den tarifvertraglich festgelegten Lohn, den er nicht erhalten hat, noch geltend machen.

5 Fügen Sie hier den Namen Ihres Betriebes oder Unternehmen, ein. Auch hier gilt, dass das Anerkenntnis Ihres Mitarbeiters nur hinsichtlich der Ansprüche wirksam ist, die nicht tarifvertraglich gesichert sind.

Ausgleichsquittung

Zwischen

Metallbau Weinert GmbH & Co. KG
Zeppelin Str. 101

12345 Musterstadt

nachfolgend „Arbeitgeber" genannt

und

Herrn/Frau
José Cepera
Blücher Str. 24

12345 Musterstadt

nachfolgend „Mitarbeiter" genannt

wird folgende

1 ▶ **Ausgleichsquittung**

vereinbart:

2 ▶ **Herr Cepera** bestätigt, dass das zwischen den Parteien bestehende Arbeitsverhältnis ordnungsgemäß zum **30.09.** beendet wurde. Soweit keine tarifvertraglichen Ansprüche zu seinen Gunsten entstanden sind, erklärt Herr Cepera, dass er

3 ▶ ■ auf das Recht, den Fortbestand des Arbeitsverhältnisses aus irgendeinem Rechtsgrund gerichtlich geltend zu machen, insbesondere im Wege einer Kündigungsschutzklage, ausdrücklich verzichtet;

4 ▶ ■ die Abrechnung seines restlichen Arbeitsentgeltes sowie die Abgeltung etwaiger Urlaubsansprüche und/oder Ansprüche auf Freizeitausgleich wegen Überstunden/Mehrarbeit über einen Betrag in Höhe von insgesamt **DM 5.700,-/EUR...** als zutreffend anerkennt;

5 ▶ ■ ebenfalls anerkennt, keine über die vorgenannte Abrechnung hinausgehenden Ansprüche aus und in Verbindung mit dem Arbeitsverhältnis und seiner Beendigung gegen die **Metallbau Weinert GmbH & Co. KG** zu haben.

1/2

Kopiervorlage

Ausgleichsquittung

Zwischen

_____

_____

_____

nachfolgend „Arbeitgeber" genannt

und

_____

_____

_____

_____

nachfolgend „Mitarbeiter" genannt

wird folgende

Ausgleichsquittung

vereinbart:

_____ bestätigt, dass das zwischen den Parteien bestehende Arbeitsverhältnis ordnungsgemäß zum _____ beendet wurde. Soweit keine tarifvertraglichen Ansprüche zu seinen
Gunsten entstanden sind, erklärt Herr Cepera, dass er

- auf das Recht, den Fortbestand des Arbeitsverhältnisses aus irgendeinem Rechtsgrund gerichtlich geltend zu machen, insbesondere im Wege einer Kündigungsschutzklage, ausdrücklich verzichtet;

- die Abrechnung seines restlichen Arbeitsentgeltes sowie die Abgeltung etwaiger Urlaubsansprüche und/oder Ansprüche auf Freizeitausgleich wegen Überstunden/Mehrarbeit über
einen Betrag in Höhe von insgesamt _____ als zutreffend anerkennt;

- ebenfalls anerkennt, keine über die vorgenannte Abrechnung hinausgehenden Ansprüche
aus und in Verbindung mit dem Arbeitsverhältnis und seiner Beendigung gegen die _____
_____ zu haben.

6 Als Arbeitgeber sind Sie nur verpflichtet, Ihrem Mitarbeiter die Arbeitspapiere bei Beendigung des Arbeitsverhältnisses herauszugeben. Nachzusenden brauchen Sie Ihrem Mitarbeiter die Papiere hingegen nicht, da es sich dabei um eine so genannte Holschuld handelt. Ihr Mitarbeiter muss also die Papiere und Unterlagen entweder selbst oder durch einen legitimierten Vertreter bei Ihnen abholen; dies gilt nicht, wenn Sie die Arbeitspapiere nicht rechtzeitig fertiggestellt haben.

7 Tragen Sie hier das Jahr ein, für das die Lohnsteuerkarte Ihres Mitarbeiters gilt.

8 Ausgleichsquittungen sind gegenüber Ihren ausländischen Mitarbeitern nur wirksam, wenn die Mitarbeiter auch den Inhalt verstanden haben. Mussten oder konnten Sie als Arbeitgeber erkennen, dass Ihr ausländischer Mitarbeiter den Inhalt der Ausgleichsquittung nicht verstanden hat, kann er die von ihm unterschriebene Ausgleichsquittung nach § 119 BGB anfechten. Die Ausgleichsquittung wird im selben Zeitpunkt hinfällig, das heißt unwirksam. Um unliebsame Überraschungen zu vermeiden, müssen Sie also den Inhalt der Ausgleichsquittung in die Landessprache Ihres Mitarbeiters übersetzen oder einen Dolmetscher hinzuziehen.

9 Eine Ausgleichsquittung kann hinsichtlich ihrer Rechtswirksamkeit durch einfache Erklärung angefochten werden. Ihr Mitarbeiter kann nur unter bestimmten Voraussetzungen die Ausgleichsquittung anfechten. Legt er dar und beweist er, dass er sich über den Wortlaut oder Inhalt der Ausgleichsquittung geirrt hat, ist er zur Anfechtung berechtigt, § 119 BGB. Das ist insbesondere der Fall, wenn Ihr Mitarbeiter glaubt, er habe nur eine einfache Quittung über den Erhalt der Arbeitspapiere unterzeichnet. Ihr Mitarbeiter kann die Ausgleichsquittung jedoch nicht anfechten, wenn er sie ungelesen unterschreibt. Ihr Mitarbeiter kann die Ausgleichsquittung auch anfechten, wenn Sie ihn über deren Inhalt arglistig täuschen oder ihm widerrechtlich drohen, damit er die Quittung unterschreibt, § 123 BGB.

Ausgleichsquittung

6 Herr Cepera bestätigt weiter den Erhalt folgender, ordnungsgemäß ausgefüllter Arbeitspapiere und Unterlagen:

7 1. Lohnsteuerkarte für das Jahr 2001 /Ersatzbescheinigung;

2. Sozialversicherungsnachweisheft einschließlich Versicherungskarte und Sozialversicherungsausweis;

3. Arbeitsbescheinigung für das Arbeitsamt;

4. Urlaubsbescheinigung;

5. Lohn-/Gehaltsabrechnung;

6. Arbeitszeugnis.

8 Herr Cepera bestätigt zudem, dass ihm diese Ausgleichsquittung in seine Landessprache übersetzt worden ist.

9 Abschließend bestätigt Herr Cepera, dass er die Ausgleichsquittung sorgfältig gelesen und deren Inhalt verstanden hat.

Musterstadt, 31.10.
Ort, Datum

Klaus Weinert
Geschäftsführer
Unterschrift Arbeitgeber

José Cepera
Unterschrift Mitarbeiter

2/2

Kopiervorlage

Ausgleichsquittung

_____ bestätigt weiter den Erhalt folgender, ordnungsgemäß ausgefüllter Arbeitspapiere und Unterlagen:

1. Lohnsteuerkarte für das Jahr _____/Ersatzbescheinigung;

2. Sozialversicherungsnachweisheft einschließlich Versicherungskarte und Sozialversicherungsausweis;

3. Arbeitsbescheinigung für das Arbeitsamt;

4. Urlaubsbescheinigung;

5. Lohn-/Gehaltsabrechnung;

6. Arbeitszeugnis.

_____ bestätigt zudem, dass ihm diese Ausgleichsquittung in seine Landessprache übersetzt worden ist.

Abschließend bestätigt _____, dass er die Ausgleichsquittung sorgfältig gelesen und deren Inhalt verstanden hat.

_____
Ort, Datum

_____   _____
Unterschrift Arbeitgeber   Unterschrift Mitarbeiter

Liebe Leserin, lieber Leser,

beim Abschluss eines Arbeitsvertrages können Sie als Arbeitgeber nicht vorsichtig genug sein, ganz gleich, ob Sie sich für lange Zeit oder nur befristet an einen Arbeitnehmer binden wollen.

Viele Arbeitgeber tun sich mit dem Abschluss von Arbeitsverträgen schwer, weil ihnen für ihren jeweiligen Fall nicht der passende rechtssichere Mustervertrag vorliegt.

Genau hier setzt unser neuartiger **„Vertrags-Check Arbeitsrecht" mit Band 1: Basisverträge und Band 2: Spezialverträge** an. Mit über 90 verschiedenen Musterarbeitsverträgen und -vertragsklauseln bietet Ihnen diese Formularsammlung eine Vielzahl von Vertragsgestaltungen, die Ihren gesamten Personalbereich abdecken. Mit Hilfe der umfangreichen Erläuterungen und Rechtstipps zu einzelnen Vertragsklauseln und unseren Ausfüllhilfen können Sie ohne weiteres die Musterarbeitsverträge direkt übernehmen oder auf Ihren Fall abändern. Natürlich erhalten Sie alle Vertragsmuster auch als bewährte Kopiervorlage sowie auf CD-ROM zum Anpassen, Ausdrucken auf Ihrem Briefpapier und zur Übernahme in Ihre eigene Textverarbeitung.

Die Musterarbeitsverträge und -vertragsklauseln liegen sowohl für **Unternehmen mit Tarifbindung,** als auch für **Unternehmen ohne Tarifbindung** vor.

Ob Ihr Betrieb oder Unternehmen tarifgebunden ist, müssen Sie vor Vertragsabschluss klären. Ein Tarifvertrag findet auf jeden Fall dann auf ein Arbeitsverhältnis Anwendung, wenn er für allgemeinverbindlich erklärt wurde. Eine Liste der für allgemeinverbindlich erklärten Tarifverträge können Sie beim Bundesministerium für Arbeit und Sozialordnung anfordern.

Weiterhin gilt ein Tarifvertrag, wenn sowohl Sie als Arbeitgeber durch die Mitgliedschaft in einem Arbeitgeberverband, als auch Ihr Mitarbeiter als Gewerkschaftsmitglied tarifgebunden sind.

Häufig werden Arbeitgeber durch ihre Mitgliedschaft im Arbeitgeberverband zudem verpflichtet, auch die nicht in der Gewerkschaft organisierten Mitarbeiter genauso zu behandeln wie die tarifgebundenen Mitarbeiter. In diesem Fall gilt der Tarifvertrag aber nicht aufgrund beiderseitiger Tarifbindung, sondern aufgrund der Vereinbarung zwischen Ihnen und Ihrem Mitarbeiter.

Fehlt Ihnen ein Vertrag? **Band 1 des „Vertrags-Check Arbeitsrecht"** schließt diese Lücke mit einer Vielzahl von Basisverträgen: Unbefristete und befristete Arbeitsverträge, Teilzeit- sowie Jobsharing-Verträge, Fragebögen für Ihre Bewerber und geringfügig Beschäftigte und vieles weitere mehr sind in diesem Band aufgeführt. Natürlich ebenfalls mit Ausfüllhilfen und umfangreichen Erläuterungen sowie Rechtstipps versehen.

Der „Vertrags-Check Arbeitsrecht" ermöglicht es Ihnen, zu jeder Zeit den richtigen Vertrag zur Hand zu haben. Mit diesen beiden Bänden schaffen Sie die optimale Vertragsstruktur im Personalbereich Ihres Unternehmens.

Ihre

Stephanie Kreuzhage
Herausgeberin
Vertrags-Check Arbeitsrecht

Liebe Leserin, lieber Leser,

wie sieht Ihr Alltag in Ihrem Büro aus? Was kennzeichnet Ihren Arbeitstag als Chef und Vorgesetzter? Die zentralen Themen drehen sich sicher auch bei Ihnen um Führungsfragen, Arbeitsrecht und Organisation.

Ist es nicht so: Ärger mit Mitarbeitern, Streit unter Kollegen, und schon sind Sie **Krisenmanager**. Sie müssen an alles denken, Sie dürfen keine Fehler machen, Sie müssen Entscheidungen treffen und oftmals sofort umsetzen.

Gerade der sensible Bereich **Personal** erfordert Wissen, Sachkompetenz und Fingerspitzengefühl. Da ist schnell der richtige Moment für ein klärendes Gespräch verpasst, ein böses Wort zuviel gesprochen oder ein Fehlverhalten zu spät erkannt. Und schon sinkt die Motivation Ihrer Mitarbeiter, die Arbeitslust, die Zuverlässigkeit, und damit auch Ihr Erfolg und der Erfolg Ihres Unternehmens.

Jetzt gibt es eine neuartige **Formularsammlung**, mit der Sie alle arbeitsrechtlichen Aspekte, alle wiederkehrenden Aufgaben und alle Motivationsstrategien auf einen Griff verfügbar haben. Im Falle des Falles und bei der täglichen Arbeit. Das hocheffiziente Formularbuch

Personal-Check – als Kopiervorlage und auf CD-ROM

Sie müssen eine **Stellenbeschreibung** formulieren und einen geeigneten Bewerber auswählen? Seite 12 des **Personal-Check** zeigt Ihnen auf der linken Seite, worauf Sie achten sollten, und auf der rechten Seite haben Sie bereits die fertige Checkliste „So suchen Sie erfolgreich Personal per Inserat".

Geprüfte aktuelle **Musterformulare** und **-vereinbarungen** bieten Ihnen **Rechtssicherheit** und ersparen Ihnen Anwaltskosten, Zeit und Ärger. Damit treten Sie ab sofort bei allen Personalfragen sicher und souverän auf. Antworten Sie noch heute und testen Sie das Formularbuch **Personal-Check**.

Sie müssen eine **Kündigung** aussprechen und gegebenenfalls vorher den **Betriebsrat anhören**? Auf Seite 138 erklären wir Ihnen, worauf Sie achten sollten. Mit dem fertigen Formular auf der gegenüberliegenden Seite können Sie die Kündigung und Ihr Anhörungsschreiben im Handumdrehen erstellen.

Oder Sie wollen Ihr **Führungsverhalten** testen und Ihren **Führungsstil** bestimmen? Nutzen Sie die Testauswertung auf Seite 46 und wenden Sie diesen Test auch auf Ihre Führungskräfte in Ihrem Unternehmen und Ihre Mitarbeiter an.

Für alle **Rechts- und Führungsfragen im Personalbereich** haben Sie ab sofort eine kurze, sachlich fundierte und rechtlich abgesicherte Antwort zur Hand. Nutzen Sie das Formularbuch **Personal-Check** für Ihren Erfolg – jeden Tag!

Ihre

Anke Bahlmann

Anke Bahlmann
Redaktion und Produktmanagement

P.S. Sie können jedes Blatt als fertige Kopiervorlage zeitsparend in der täglichen Personalarbeit nutzen. Die Daten der CD-ROM können Sie in Ihre eigene Textverarbeitung übernehmen und bearbeiten oder direkt über Ihren Drucker ausdrucken.

Geben Sie vor der nächsten Sitzung das Formular **Teambesprechung** aus (Seite 148). Das Formular kann gleich nach der Sitzung ausgefüllt und anschließend verteilt werden. So weiß jeder sofort, wer was bis wann zu erledigen hat. Viel Erfolg!

Antworten Sie noch heute – Sie gehen keinerlei Risiko damit ein!

Bestellen Sie einfach:

Per Telefon: Rufen Sie jetzt bei unserem freundlichen Kundenservice an **02 28 / 95 50 130**
Per E-mail: Schicken Sie Ihre Bestellung einfach an **bm@vnr.de**
Per Fax: Kopieren Sie dieses vorbereitete Bestellformular und schicken Sie es per Fax an **02 28 / 35 97 10**

Ja, ich möchte die wichtigen Formulare, Checklisten und Planungshilfen stets griffbereit und einsetzbar haben und das Formularbuch **Personal-Check** 4 Wochen unverbindlich testen. Wenn ich das Formularbuch **Personal-Check** und die CD-ROM danach behalten will, zahle ich einmalig DM 149,80.

PEC 0122

_____ _____ X _____
Name/Vorname   ggfs. Firma

_____ _____ _____
Straße/Nr.   PLZ/Ort   Datum/Unterschrift

4-Wochen-Test-Garantie

Das Formularbuch **Personal-Check** bekommen Sie 4 Wochen zur Ansicht. Kostenlos und ohne Risiko. Innerhalb dieser 4 Wochen nach Erhalt können Sie das Formularbuch **Personal-Check** jederzeit wieder zurückschicken. Zur Fristwahrung genügt die rechtzeitige Absendung an den Fachverlag für Recht und Führung, Frau Anke Bahlmann, Theodor-Heuss-Str. 2-4, 53095 Bonn.

Das Formularbuch **Personal-Check** erscheint im Fachverlag für Recht und Führung, ein Unternehmensbereich der VNR Verlag für die Deutsche Wirtschaft AG, Sitz: Bonn, AG Bonn, HRB 8165, Vorstand: Helmut Graf

PC-Zeugnismanager®

Schluss mit zeitaufwendigen Zeugnisformulierungen!
Arbeitszeugnisse jetzt schnell und rechtssicher per Mausklick formuliert und interpretiert!

Liebe Leserin, Lieber Leser,

sicher kennen Sie diese Situation auch: Sie sind mitten im Tagesgeschäft, wissen kaum, was Sie zuerst oder zuletzt erledigen sollen, und dann müssen Sie sich auch noch die Zeit nehmen, um für einen ausscheidenden Mitarbeiter ein Arbeitszeugnis zu schreiben.

Eigentlich haben Sie gar keine Lust, sich mit den komplizierten Formulierungen auseinanderzusetzen, die eine passende Beurteilung Ihres Mitarbeiters widerspiegeln. Und genau hier kostet Sie das Zeugnis Zeit und Nerven. Denn der Text für ein rechtssicheres Arbeitszeugnis muss gut überlegt sein.

Die Gerichte verlangen, dass ein Arbeitszeugnis sowohl „wohlwollend" als auch „wahr" ist. Sie müssen also einerseits aufpassen, dass Sie der Leistung Ihres Mitarbeiters gerecht werden. Andererseits müssen Sie aber auch den künftigen Arbeitgeber über Stärken und Schwächen Ihres Mitarbeiters informieren. Im schlimmsten Fall können Sie sogar zum Schadenersatz verpflichtet sein. Zum Beispiel, wenn Sie Ihrem Mitarbeiter bescheinigen, dass er vertrauenswürdig ist, obwohl er bei Ihnen Geld unterschlagen hat.

Das neue Software-Programm **„PC-Zeugnismanager®"** hilft Ihnen jetzt bei dieser unliebsamen Aufgabe.

- Fix und fertige Musterzeugnisse für Führungskräfte, Angestellte, Arbeiter und Auszubildende
- Jedes Musterzeugnis erhalten Sie in den Noten "sehr gut" bis "mangelhaft"
- Individuelle Arbeitszeugnisgestaltung per Mausklick
- 555 Musterformulierungen zur Auswahl
- Geheimcodes im Zeugnis werden entschlüsselt
- Integrierter Rechts-Assistent mit Interpretationshilfen für eingereichte Arbeitszeugnisse

Mit dem **„PC-Zeugnismanager®"** können Sie in wenigen Minuten rechtssichere Arbeitszeugnisse erstellen. Unsere Musterformulierungen wählen Sie einfach per Mausklick aus. So erstellen Sie spielend eine treffende Beurteilung von Arbeitsweise, Erfolg, Leistungs- und Führungsverhalten etc. Ihres Mitarbeiters und arbeiten dabei sein individuelles Profil genau heraus.

Der **„PC-Zeugnismanager®"** hilft Ihnen aber nicht nur bei der Erstellung von Arbeitszeugnissen. Mit unserem Rechts-Assistenten geben wir Ihnen auch eine wertvolle Hilfe bei der Analyse von Bewerber-Zeugnissen an die Hand. Lesen Sie, welche Geheimcodes andere Arbeitgeber benutzen, um Sie vor Bummelanten, Schwätzern und Versagern zu warnen.

Überzeugen Sie sich selbst vom hohen Nutzwert dieses Software-Programms.

Mit den besten Grüßen
Ihre

Anke Bahlmann

Anke Bahlmann
Redaktion und Produktmanagement

Bestellen Sie einfach:

Per Telefon: Rufen Sie jetzt bei unserem freundlichen Kundenservice an **02 28 / 95 50 130**
Per E-mail: Schicken Sie Ihre Bestellung einfach an **bm@vnr.de**
Per Fax: Kopieren Sie dieses vorbereitete Bestellformular und schicken Sie es per Fax an **02 28 / 35 97 10**

Ja, ich möchte Arbeitszeugnisse schnell und rechtssicher per Mausklick formulieren. Senden Sie mir deshalb die Einzelplatzversion des neuen **„PC-Zeugnismanagers®"** zum exklusiven Sonderpreis von nur 198 DM inkl. Porto und Verpackung. Ich nehme automatisch am Update-Service des „PC-Zeugnismanagers®" teil. Ich erhalte dann in regelmäßigen Abständen (wenn sich z. B. die Rechtsprechung geändert hat), jedoch mindestens einmal pro Jahr, die neueste Version des PC-Zeugnismanagers® zum Vorzugspreis von nur 79,80 DM zzgl. Porto und Verpackung. Den Bezug der Update-CD-ROMs kann ich jederzeit stoppen. Eine kurze schriftliche Mitteilung genügt.

PCZ 0139

_____	_____	X _____
Name/Vorname	ggfs. Firma	Datum/Unterschrift
_____	_____	
Straße/Nr.	PLZ/Ort	

Der **„PC-Zeugnismanager®"** erscheint im Fachverlag für Recht und Führung, ein Unternehmensbereich der VNR Verlag für die Deutsche Wirtschaft AG, Sitz: Bonn, AG Bonn, HRB 8165, Vorstand: Helmut Graf

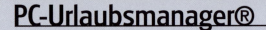

PC-Urlaubsmanager®

Nie mehr Fehler bei der Urlaubsgenehmigung!
Nie mehr zu wenig Mitarbeiter in der Urlaubszeit!

Sehr geehrte Leserin, sehr geehrter Leser,

Sie kennen das: Da kommt einer Ihrer Mitarbeiter und möchte gern Urlaub haben. Vom soundsovielten bis zum soundsovielten. Seine Frau bekommt nur in diesem Zeitraum Urlaub... Und weil er einer Ihrer besten Mitarbeiter ist, möchten Sie ihm diesen Urlaub natürlich auch gern genehmigen. Sie sagen also JA! – Sie übersehen dabei, dass die Mindestbelegung der Abteilung unterschritten wird, weil ein anderer Mitarbeiter in dieser Zeit auf Dienstreise geht. Das hätten Sie vermeiden können!

Unterschreiben Sie deshalb niemals vorschnell einen Urlaubsantrag.

Ähnlich fatal ist es, wenn einer Ihrer Mitarbeiter in Urlaub geht, ohne dass er alle wichtigen Informationen an seine Urlaubsvertretung übergeben hat: Verzweifelt werden dann Schubladen und Ordner durchsucht! Wenn Sie mit der Genehmigung des Urlaubs gleich einen Vertreter festlegen, denkt der Urlauber viel früher an die Übergabe und bereitet sich viel besser vor.

Genehmigen Sie deshalb niemals einen Urlaub, bevor Sie die Urlaubsvertretung festgelegt haben.

Genauso riskant kann die voreilige Genehmigung einer Dienstreise sein:

1.) Wenn ein anderer Mitarbeiter erkrankt und nicht sicher ist, ob er vorher wieder gesund sein wird.
2.) Wenn Sie bereits vor längerer Zeit einen Sonderurlaub genehmigt haben und dieser nicht in Ihrer Urlaubsliste auftaucht, weil er unabhängig vom normalen Urlaub berechnet wird.
3.) Wenn bereits andere Mitarbeiter auf einem Seminar oder aus anderen Gründen außer Haus sind.

Bewilligen Sie deshalb niemals Urlaub, bevor Sie diese 3 Punkte geprüft haben.

Sicher kennen Sie alle diese Regeln und wissen, dass es gar nicht so einfach ist, die Urlaubswünsche aller Mitarbeiter perfekt zu koordinieren und bestmöglich aufeinander abzustimmen. Ein kleiner Fehler kann eine ganze Abteilung lahmlegen und schwerwiegende Folgen für das ganze Unternehmen haben.

Hier gibt Ihnen jetzt das völlig neuartige Software-Programm, der **PC-Urlaubsmanager®** höchste Sicherheit. Es zeigt Ihnen auf einen Blick, was in jeder Abteilung los ist: Wer anwesend sein wird und wer nicht. Wer noch wieviele Urlaubstage hat. Wer schon wieder krank war. Wer noch Überstunden abzufeiern hat. Und, und, und...

Überzeugen Sie sich selbst vom hohen Nutzwert dieses Software-Programms. Wir selbst halten es für genial, weil es das komplette Urlaubsmanagement so einfach macht.

Mit den besten Grüßen

Anke Bahlmann

Anke Bahlmann
Redaktion und Produktmanagement

120 Muster-Stellenbeschreibungen

Liebe Leserin, Lieber Leser,

eine aussagefähige Stellenbeschreibung ist heute nahezu unentbehrlich für die erfolgreiche Führung von Mitarbeitern. Je selbständiger die Mitarbeiter arbeiten sollen, desto wichtiger ist es, zum einen ihre Aufgaben und Kompetenzen zu beschreiben, zum anderen herauszustellen, welche Ziele und Anforderungen mit der Stelle verbunden sind.

Gute Mitarbeiter finden und halten

Daher haben wir für Sie eine Sammlung mit über 120 Muster-Stellenbeschreibungen für Ihre wichtigsten Mitarbeiter zusammengestellt. Sie erhalten u.a. Stellenbeschreibungen für:

- Leitende Angestellte: vom Lagerverwalter bis zum Geschäftsführer.
- Sachbearbeiter: von der Büroassistentin bis zur Spezial-Stellenbeschreibung für Mitarbeiter in Ihrer Telefonzentrale.
- Externe Mitarbeiter u.v.m.

Sie sparen viel Zeit

Statt bei jedem neuen Mitarbeiter das Rad und die Stellenbeschreibung neu zu erfinden und zu entwickeln, sehen Sie jetzt einfach auf Ihrer CD-ROM nach. Mit unseren Mustern können Sie Stellenbeschreibungen jetzt ab sofort per Mausklick am PC selbst verfassen.

Alle diese Stellenbeschreibungen können Sie sofort in Ihrer Textverarbeitung verwenden und ganz einfach Ihren Bedürfnissen anpassen. Sie sparen sich Stunden aufwendiger Entwicklungsarbeit!

Mit den besten Grüßen
Ihre

Anke Bahlmann

Anke Bahlmann
Redaktion und Produktmanagement

Bestellen Sie einfach:

Per Telefon: Rufen Sie jetzt bei unserem freundlichen Kundenservice an **02 28 / 95 50 130**
Per E-mail: Schicken Sie Ihre Bestellung einfach an **bm@vnr.de**
Per Fax: Kopieren Sie dieses vorbereitete Bestellformular und schicken Sie es per Fax an **02 28 / 35 97 10**

Ja, ich möchte sofort die ufassende Sammlung von über 120 praxisbewährten und vorbildlichen **Muster-Stellenbeschreibungen** per Mausklick am PC nutzen und von den treffsicheren Formulierungen profitieren. Senden Sie mir deshalb bitte die CD-ROM mit über 120 Muster-Stellenbeschreibungen für 119 DM (zzgl. Porto und Verpackung).

ASU 5001

_____   _____   X _____
Name/Vorname   ggfs. Firma   Datum/Unterschrift

_____   _____
Straße/Nr.   PLZ/Ort

Die CD-ROM „**120 Musterstellenbeschreibungen**" erscheint im Fachverlag für Recht und Führung, ein Unternehmensbereich der VNR Verlag für die Deutsche Wirtschaft AG, Sitz: Bonn, AG Bonn, HRB 8165, Vorstand: Helmut Graf

Starten Sie mit uns ins Internet

http://www.recht-und-fuehrung.de

sicher • gut • beraten

Mit unserem kostenlosen Newsletter halten wir Sie auch zwischen unseren Ausgaben immer auf dem laufenden, z. B. wenn ein wichtiges Urteil verkündet wurde oder eine Gesetzänderung ansteht.

Informieren Sie sich per Mausklick über weitere interessante Produkte des Fachverlags für Recht und Führung.

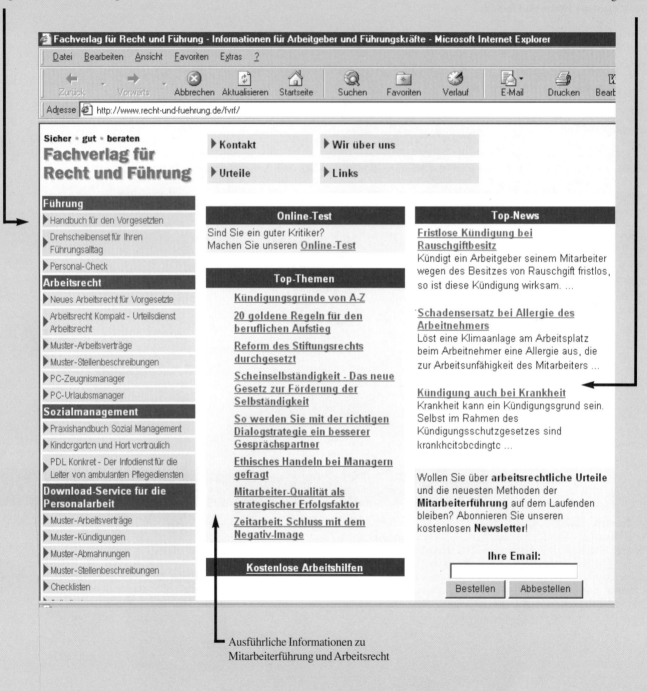

Ausführliche Informationen zu Mitarbeiterführung und Arbeitsrecht

Kostenloser Service

- Zusammenfassung der wichtigsten arbeitsrechtlichen Urteile
- Checklisten für die Personalarbeit
- Newsletter
- Muster, Formulare und Übersichten
- Online-Tests